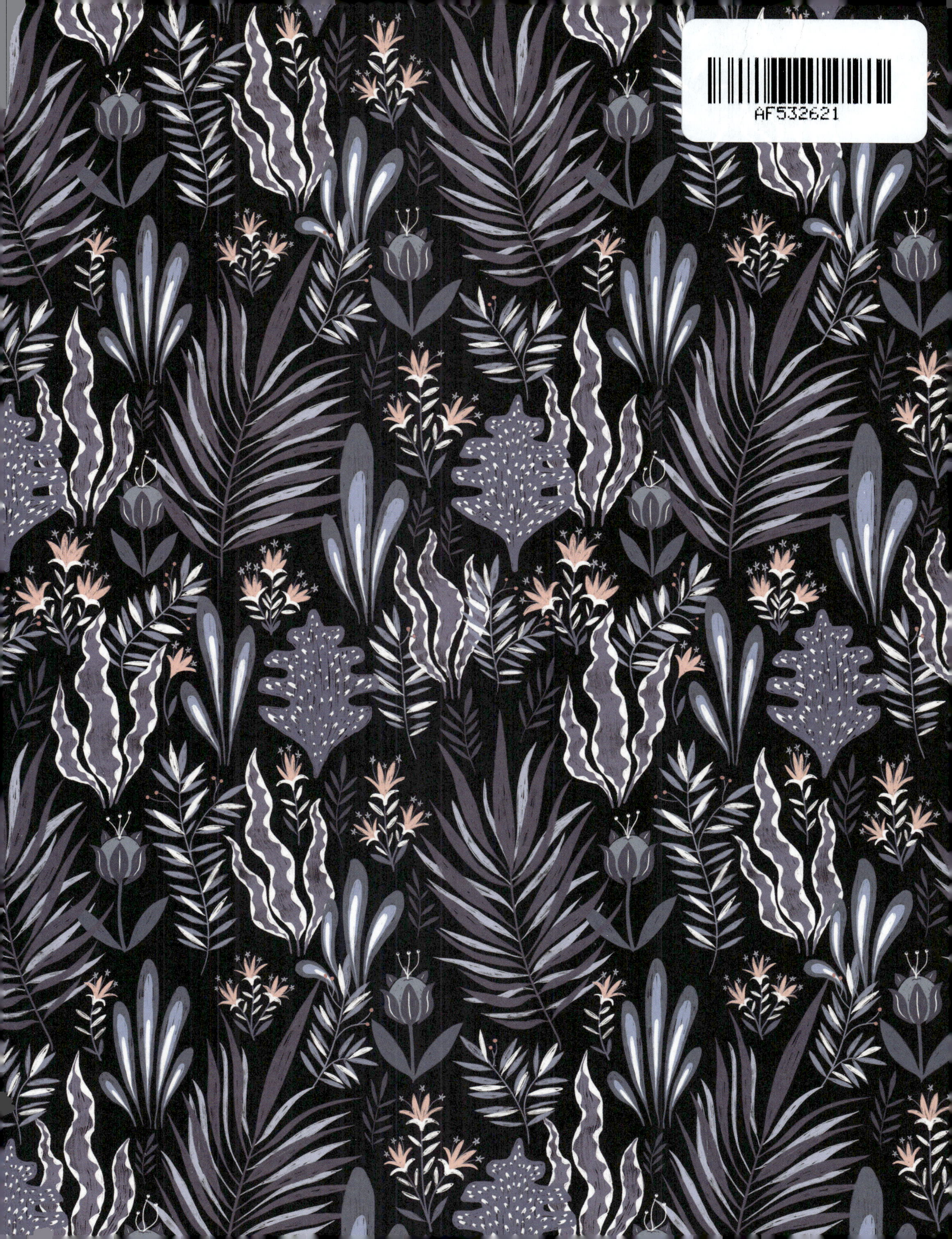
AF532621

Im ZAUBER WALD

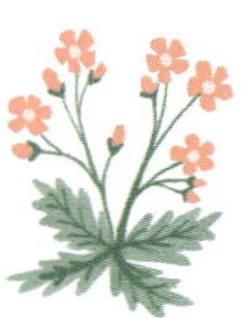

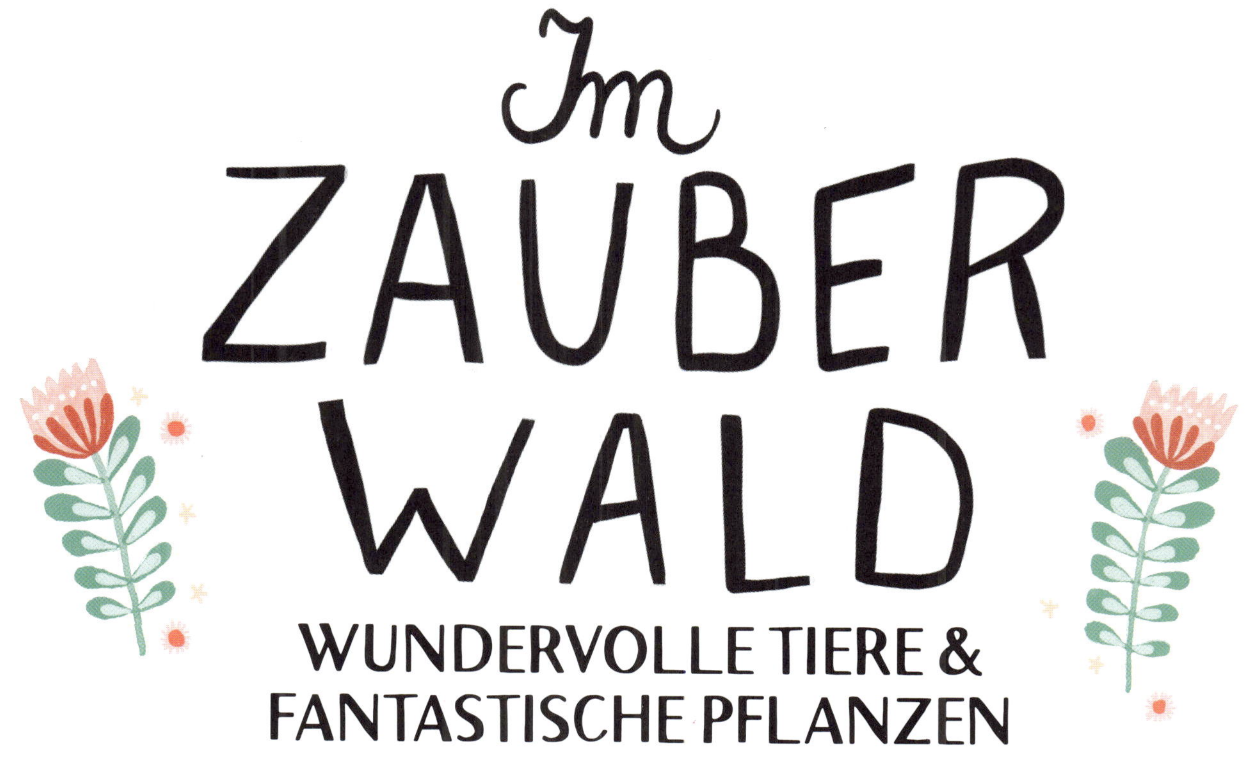

VON HARRY & ZANNA GOLDHAWK

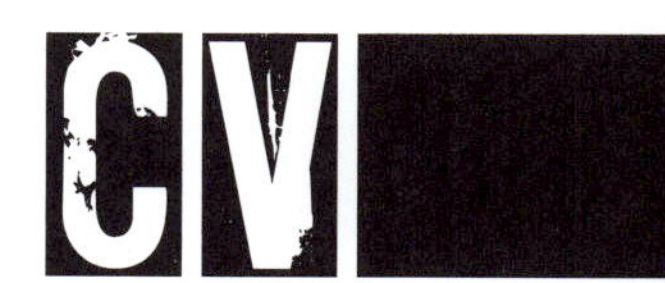

IMPRESSUM

Originalausgabe unter dem Titel *The Creature Garden* erschienen bei:

Programmleitung: Rage Kindelsperger
Creative Director: Merideth Harte
Art Director: Phil Buchanan
Layout: Aura Lewis
Lektorat: John Foster
Redaktion: Erin Canning

Für die deutsche Ausgabe:
Übersetzung und Satz: Karin Leonhart
Redaktion: Clemens Hoffmann
Umschlaggestaltung: Leeloo Molnár
Printed in China

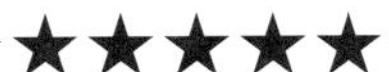

Sind Sie mit diesem Titel zufrieden? Dann würden wir uns über Ihre Weiterempfehlung freuen. Erzählen Sie es im Freundeskreis, berichten Sie Ihrem Buchhändler oder bewerten Sie bei Onlinekauf. Und wenn Sie Kritik, Korrekturen, Aktualisierungen haben, freuen wir uns über Ihre Nachricht an
Christian Verlag, Postfach 40 02 09,
D-80702 München oder per E-Mail an
lektorat@verlagshaus.de.

Unser komplettes Programm finden Sie unter
www.christophorus-verlag.de

Die Deutsche Nationalbibliothek verzeichnet diese Publikation in der Deutschen Nationalbibliografie; detaillierte bibliografische Daten sind im Internet über http://dnb.d-nb.de abrufbar.

ISBN 978-3-8388-3754-3

Besuchen Sie uns im Internet: www.christophorus-verlag.de

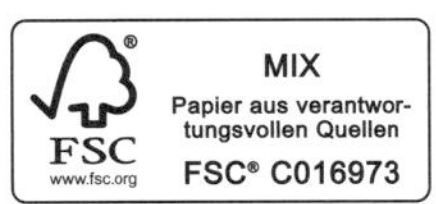

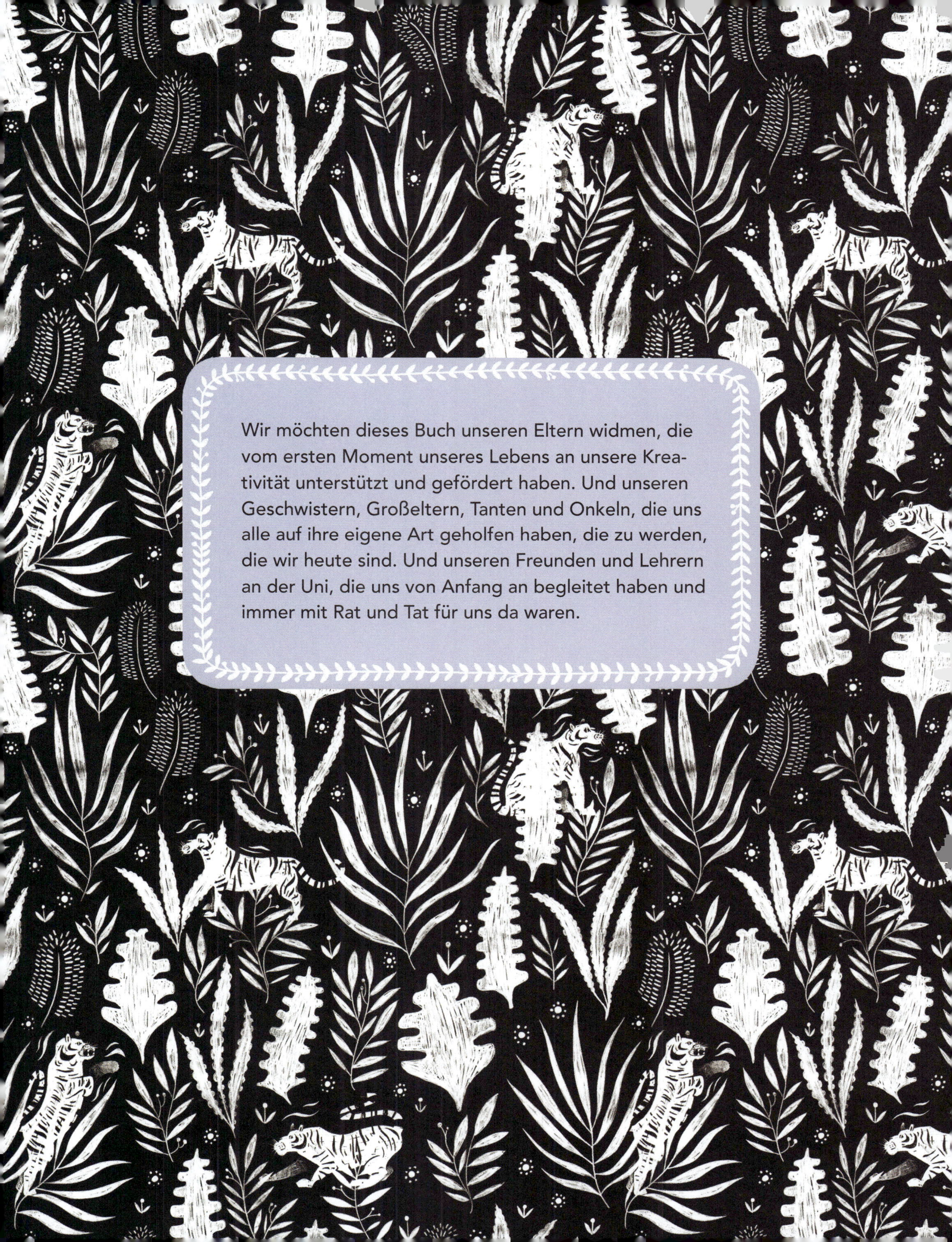

Wir möchten dieses Buch unseren Eltern widmen, die vom ersten Moment unseres Lebens an unsere Kreativität unterstützt und gefördert haben. Und unseren Geschwistern, Großeltern, Tanten und Onkeln, die uns alle auf ihre eigene Art geholfen haben, die zu werden, die wir heute sind. Und unseren Freunden und Lehrern an der Uni, die uns von Anfang an begleitet haben und immer mit Rat und Tat für uns da waren.

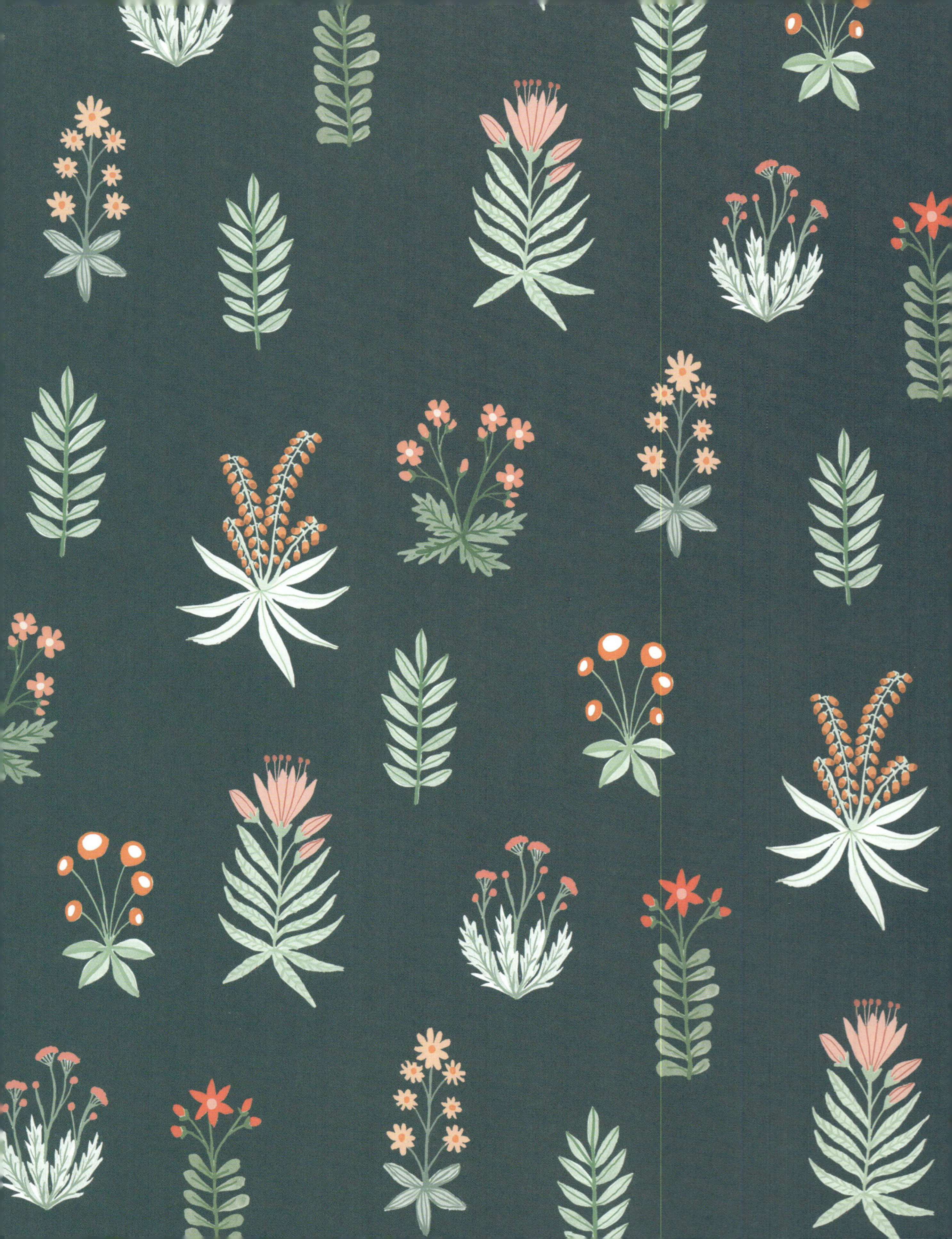

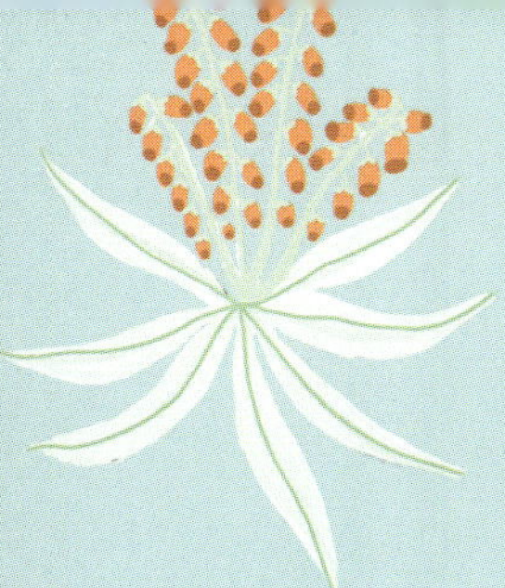

Inhalt

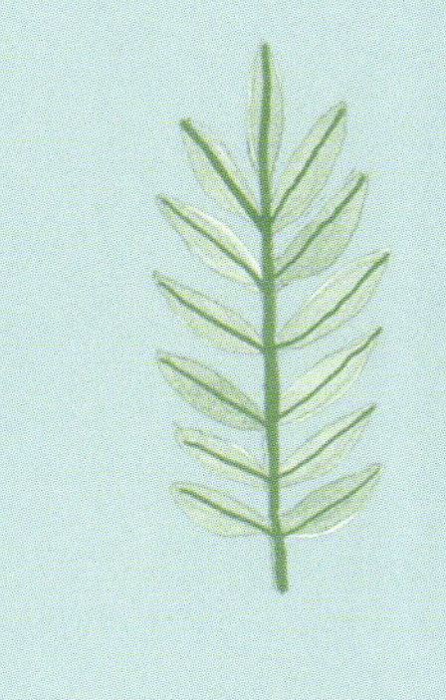

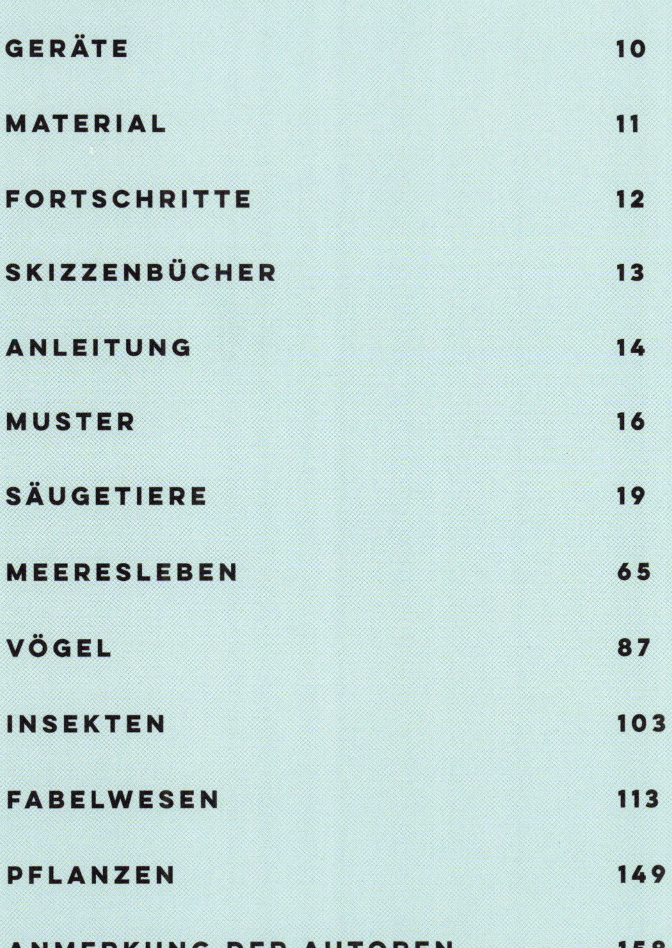

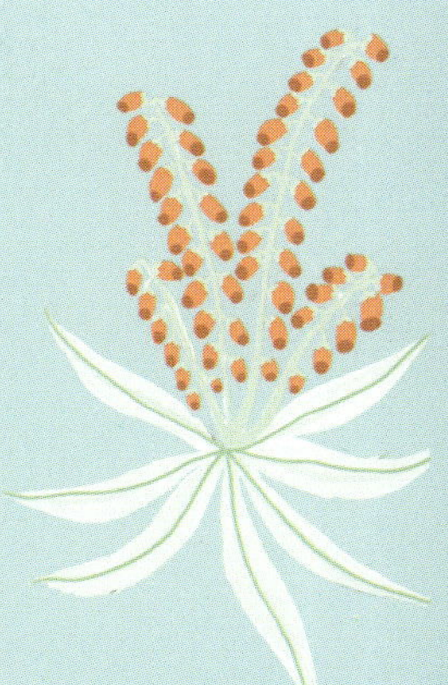

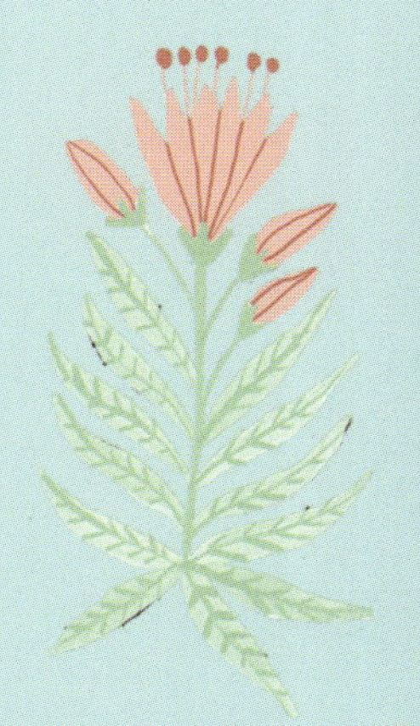

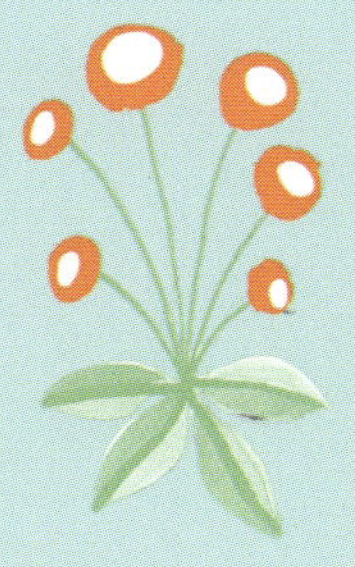

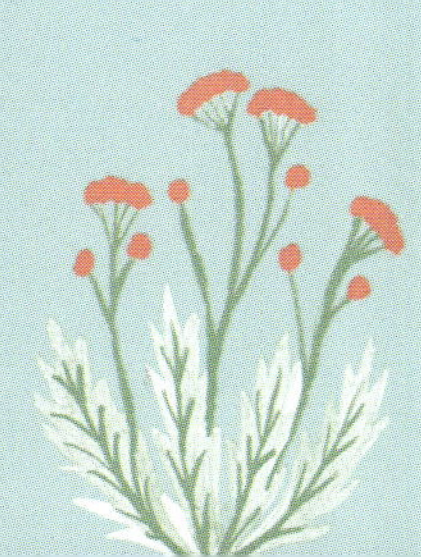

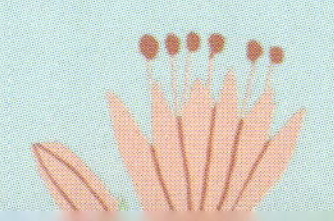

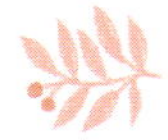

TIERE ZEICHNEN

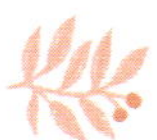

Es überrascht nicht, dass es bei den meisten unserer Werke um Natur geht. Ich, Zanna, wuchs im schönen Cornwall in Großbritannien auf und streifte den Großteil meiner Kindeheit in Wäldern voller Wildpflanzen umher oder suchte Muscheln in den Tümpeln der Felsküste. Harry wuchs auf wie ich: Er erforschte das Land rund um seine beiden Heimatorte in Nottingham und Peterborough. Obwohl wir über 300 km voneinander entfernt groß wurden, verlief unsere Kindheit ähnlich – beide waren wir kreativ und hatten Eltern, die unser künstlerisches Talent förderten und voranbrachten. Vielleicht waren es diese Ähnlichkeiten, die uns 2012 zum Zeichenstudium an die Univerität Gloucestershire führten.

Nach vielen im Atelier verbrachten Nächten entdeckten Harry und ich unsere gemeinsame Liebe zur Natur und zur Farbe. Sie führte uns dazu, dass wir in vielen Projekten zusammenarbeiteten. 2014 fanden wir endlich unseren Weg, als wir PapioPress gründeten. Unsere eigene Firma verschaffte uns die künstlerische Freiheit zu zeichnen, was wir wollten. Das war der Zeitpunkt, an dem unsere Arbeit immer besser wurde und zu dem führte, was sie heute ist.

Harry und ich sind überglücklich, dass unser Team so gut klappt. Harry arbeitet am liebsten im Hintergrund, wie in der Produktfotografie oder im Webdesign. Ich hingegen gehe gern nach außen, beschäftige mich mit Social Media und mag den Umgang mit Kunden. Aus diesem Grund schreibe ich das Buch für uns beide, doch es ist eine Kombination unserer gemeinsamen Kenntnisse, Fähigkeiten und Ideen.

Auch wenn wir dir in diesem Buch viele Anleitungen zum Zeichnen vorstellen, ist die beste Methode zum Zeichnenlernen die Praxis. Ich habe schon drei Jahre vor meinem Zeichenkurs an der Universität begonnen, mich mit Zeichentechnik zu beschäftigen. Obwohl ich das Zeichnen liebte, fehlte meinen Werken etwas. An der Uni ging ich zu meiner ersten Exkursion ins Museum. Dort sollte ich abbilden, was ich wollte, mit der einzigen Auflage, zehn Seiten zu füllen. Am Ende gelangen mir meine besten Werke, weil ich mir Zeit genommen hatte, richtig hinzusehen und die Objekte vor mir zu verstehen.

Mein Rat an dich: Nimm dir Zeit, die Wesen, die du zeichnest, zu verstehen. Schaue dir YouTube-Videos an (ich liebe die Filme von David Attenborough), beobachte, wie sich Tiere bewegen, wie sich ihre Beine beugen und wie viele Füße den Boden gleichzeitig berühren, wenn sie laufen. Noch besser besuchst du einen Zoo oder ein naturhistorisches Museum, wo du ein Tier von ganz nah betrachten kannst. Welche Form hat seine Nase? Wo genau sitzen Ohren und Augen? Nach einem Foto zu zeichnen bringt dich nicht weiter. Ein Foto ist eine festgefahrene Vorstellung von der Natur, wohingegen Zeichnungen eine Geschichte erzählen und die Energie hinter einem Augenblick oder einem Charakter einfangen.

Habe vor allem Vertrauen und halte durch! Auch wenn du dich mal quälst, gib nie etwas auf, das du liebst. Wenn du neugierig und aufmerksam bist, lernst und experimentierst, kommst du mit der Zeit weiter. Du könntest plötzlich bemerken, dass du ein Hobby gefunden hast oder sogar einen Beruf, der dir lebenslang Freude bereitet.

Viel Erfolg!

Zanna + Harry xo

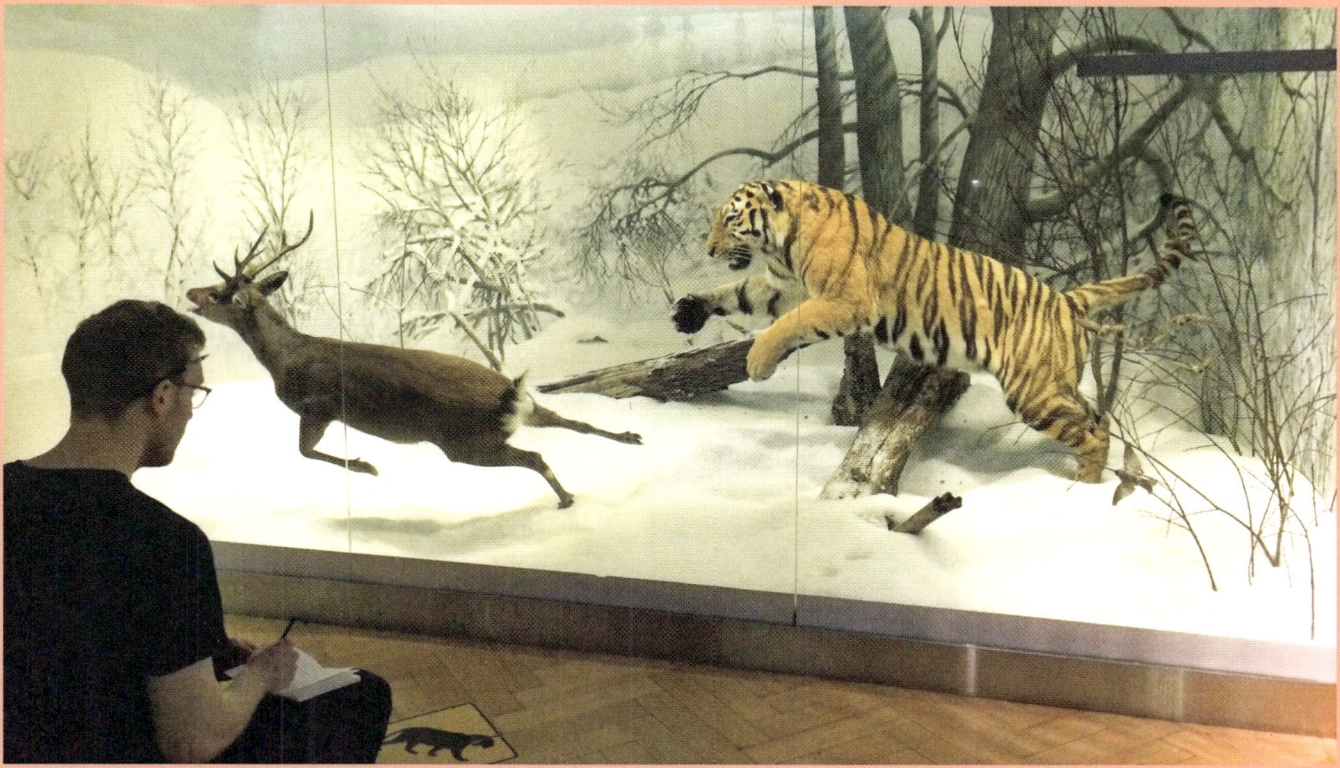

HARRY BEIM ZEICHNEN IM NATURHISTORISCHEN MUSEUM IN HELSINKI, FINNLAND.

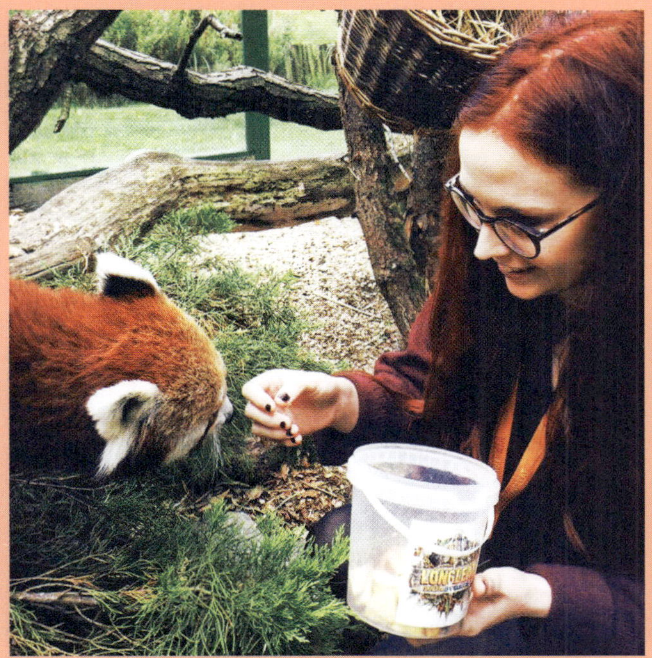

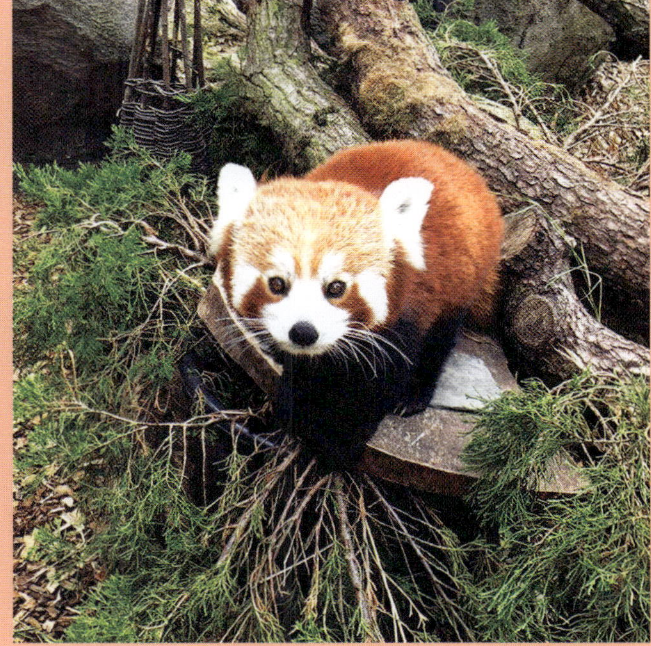

ZANNAS BEGEGNUNG MIT EINEM ROTEN PANDA IM LONGLEAT SAFARI PARK IN WILTSHIRE, GROSSBRITANNIEN.

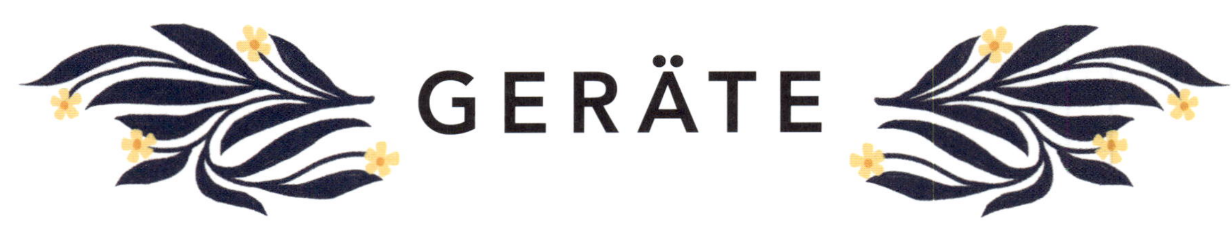

GERÄTE

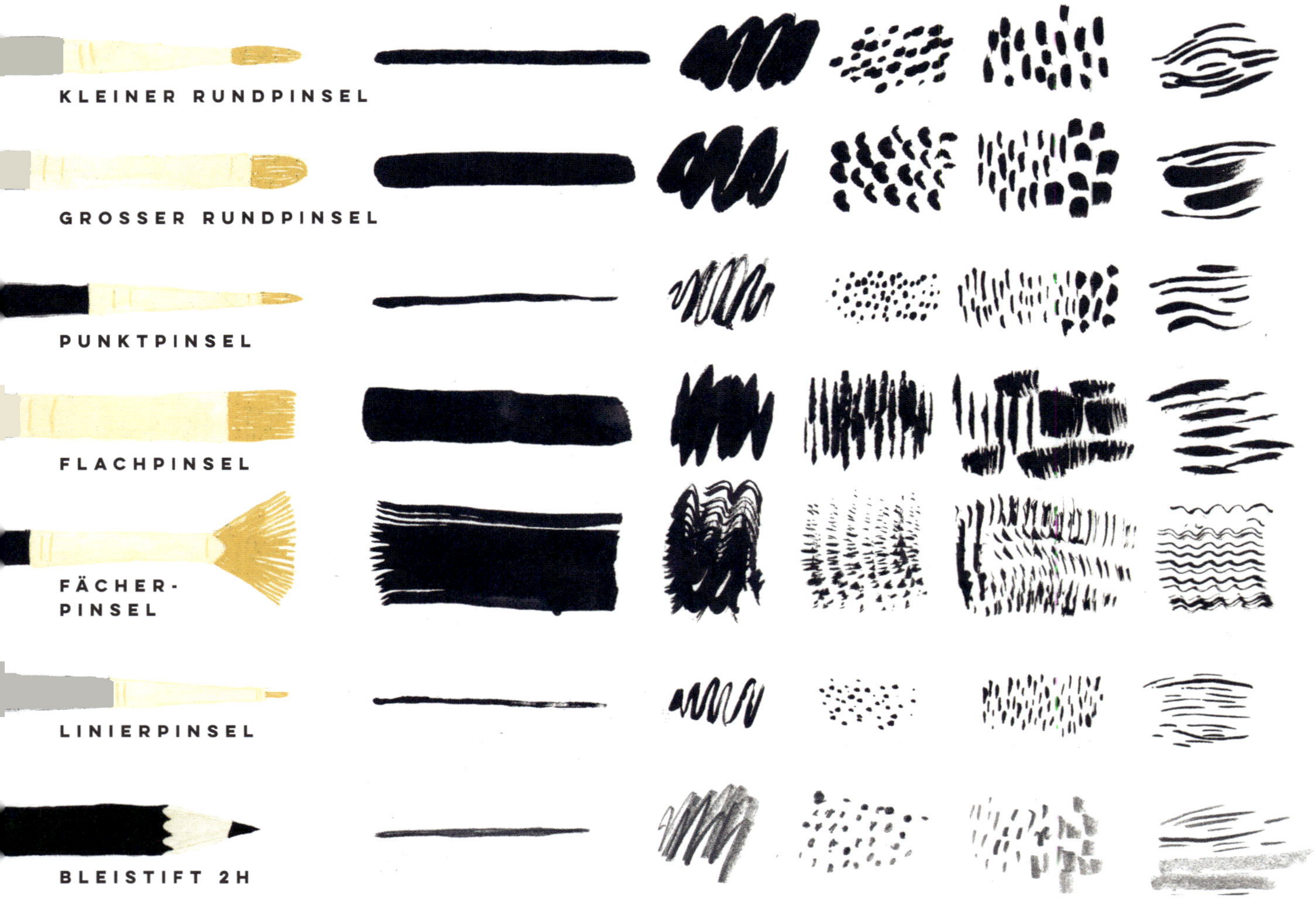

KLEINER RUNDPINSEL

GROSSER RUNDPINSEL

PUNKTPINSEL

FLACHPINSEL

FÄCHER-PINSEL

LINIERPINSEL

BLEISTIFT 2H

Die verwendeten Zeichengeräte haben einen starken Einfluss auf dein Werk. Oben siehst du die verschiedenen Texturen der einzelnen Zeichengeräte.

Zuerst musst du entscheiden, ob deine Zeichnung eine Textur haben soll. Viele Illustratoren erzeugen schöne Arbeiten in einem glatten, grafischen Stil. Es ist eine Frage des Geschmacks. Wir lieben das Spiel mit Texturen in unseren Arbeiten und verbringen viel Zeit damit, Verschiedenes auszuprobieren. Experimentiere, bevor du richtig loslegst! Nimm verschiedene Zeichengeräte und gegensätzliche Materialien und versuche, unterschiedliche Texturen zu zeichnen, die aussehen wie Fell oder Federn. Mache dir noch keine Gedanken um die Form. Wenn du mit deinem Material vertraut bist, tust du dich mit den Schritt-für-Schritt-Anleitungen später leichter. Und jetzt leg los!

MATERIAL

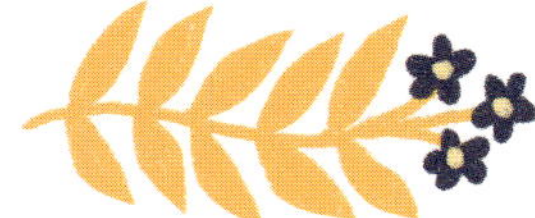

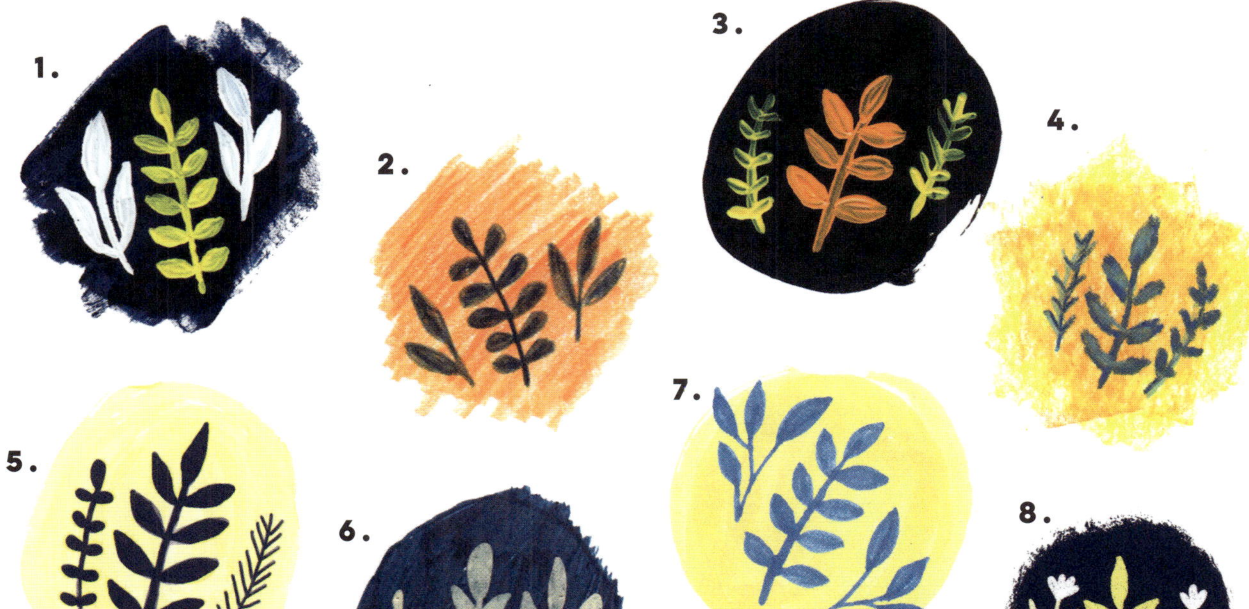

1. **GOUACHE** eignet sich für flächiges und sauberes Malen. Die dicke Konsistenz erlaubt es, Schwarz mit Weiß zu übermalen, ohne dass das Schwarz durchscheint.

2. **BUNTSTIFTE** können eine hübsche Textur schaffen. Sie ähneln Pastellkreiden, sind aber leichter zu verarbeiten und geben sattere Farben. Achte auf Künsterqualität, Buntstifte für Kinder sind nicht geeignet.

3. **ACRYL** ist dünner als Gouache und ein wenig flexibler. Sie ist wasserverdünnbar für texturiertere Werke und ist trotzdem flächig zu verarbeiten.

4. **PASTELLKREIDEN** sind flutschig und können großes Chaos verursachen. Es ist nicht einfach, mit Kreiden satte Farben hinzubekommen; jede Farbschicht lässt die untere jeweils durchscheinen.

5. **AQUARELLFARBEN** sind mein Lieblingsmedium. Mit Wasser verdünnt, wird die Farbe mit jeder zugefügten Schicht satter. So lassen sich überraschende Texturen erreichen. Man kann allerdings nur von Hell nach Dunkel malen.

6. **MARKER** sind gerade sehr beliebt. Sie geben kräftige Farben und haben die gleiche flächige Wirkung wie Gouache, jedoch ohne den Kampf mit dem Pinsel. Der Nachteil ist, dass man Farben nicht mischen kann.

7. **TUSCHE** lässt sich ähnlich wie Aquarellfarbe durch Wasser zu einem helleren Ton verdünnen. Man kann nur von Hell nach Dunkel malen. Tusche gibt es in vielen Farben, die sich untereinander mischen lassen. Sie eignet sich für feine Striche und kann auch mit Federhalter und verschieden großen Federn eingesetzt werden. Man kann damit sogar zeichnen.

8. Harry liebt es, **DIGITAL** zu arbeiten. Die Abbildung oben wird dem allerdings nicht gerecht. Mit digitalen Tools lässt sich ein ähnlicher Effekt wie in den Beispielen oben erzeugen. Der Vorteil ist, dass alles sehr leicht abzuändern und zu korrigieren ist.

FORTSCHRITTE

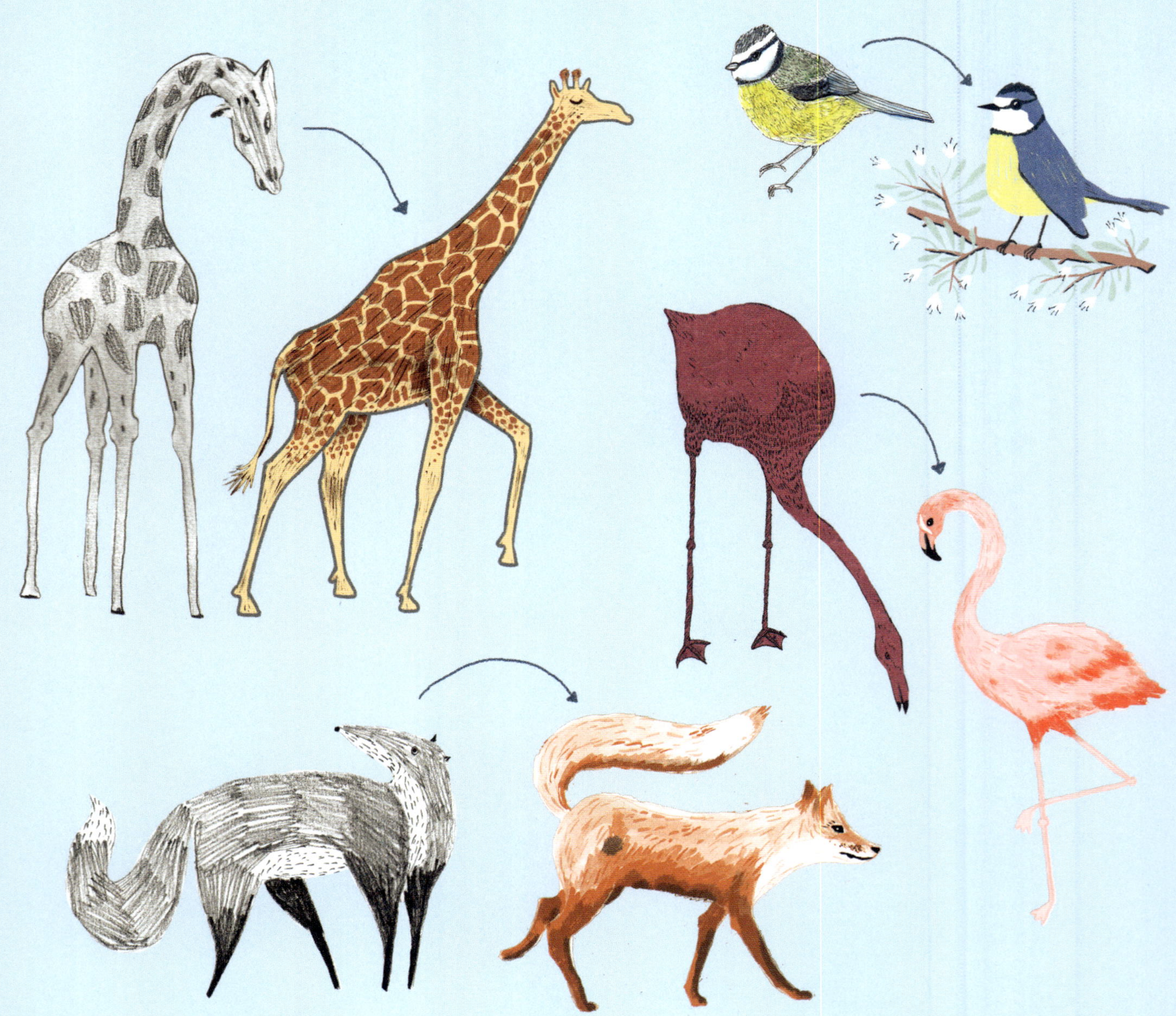

Bevor du anfängst, möchte ich betonen, dass du dich nie mit anderen Künstlern vergleichen solltest! Der Künstler, den du im Auge hast, kann schon zehn oder auch 20 Jahre Erfahrung haben. Und wenn du noch am Beginn deiner Reise stehst, wäre es unfair, sich daran zu messen! Jeder von uns hat seinen eigenen Stil und seine eigene Herangehensweise.

Um dir vor Augen zu führen, wie wir uns entwickeln, siehst du oben ein paar alte Zeichnungen von mir. Du kannst sie mit den Werken in diesem Buch vergleichen. Die Skizzen oben sind zwischen 2011 und 2014 entstanden, und ich hatte damals schon mindestens zwei Jahre Zeichenerfahrung. Wenn du kontinuierlich übst, wirst du dich auch weiterentwickeln!

SKIZZENBÜCHER

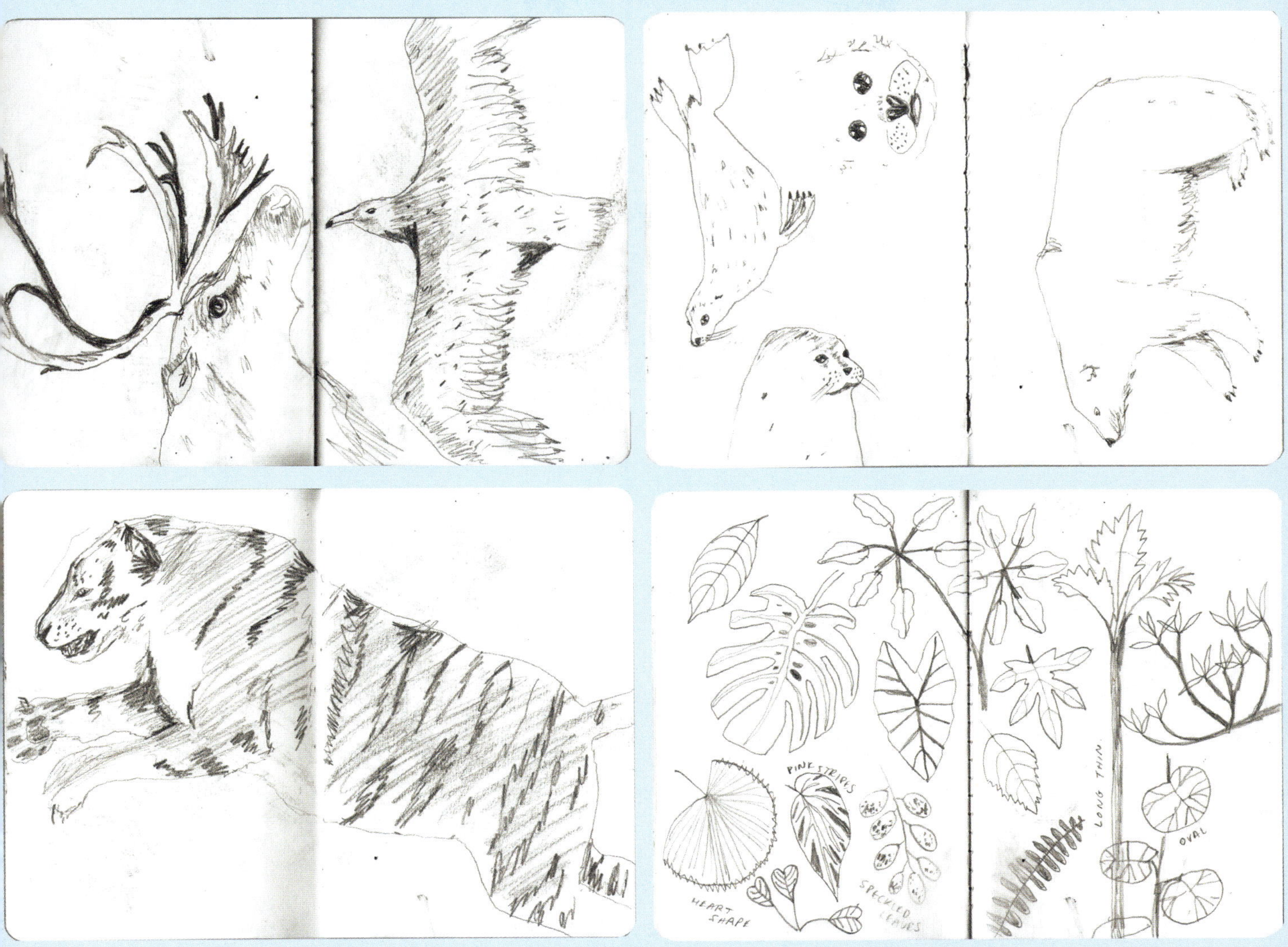

Ich möchte dir auch ein paar neuere Zeichnungen aus meinem Skizzenbuch zeigen. Ein Skizzenbuch ist ein Blick ins Innenleben des Künstlers: Dort kann man Scheußlichkeiten oder grobe Skizzen schaffen oder sich visuelle Notizen machen, die man erst später bearbeitet. Diese Skizzen entstanden in naturhistorischen Museen und botanischen Gärten, und auch wenn es peinlich und nervig sein kann, zu zeichnen, während einem andere über die Schulter schauen, kenne ich keine andere Art von Übung, die für meine Fortschritte effektiver war.

Ein Skizzenbuch zu führen ist wichtig, weil es dort chaotisch und unkonventionell zugehen darf. Du allein gibst ihm einen Sinn. Für jede gute Zeichnung habe ich vorher unzählige schlechte angefertigt. Wenn du frustriert bist, denke daran, dass auch das Teil des Prozesses ist!

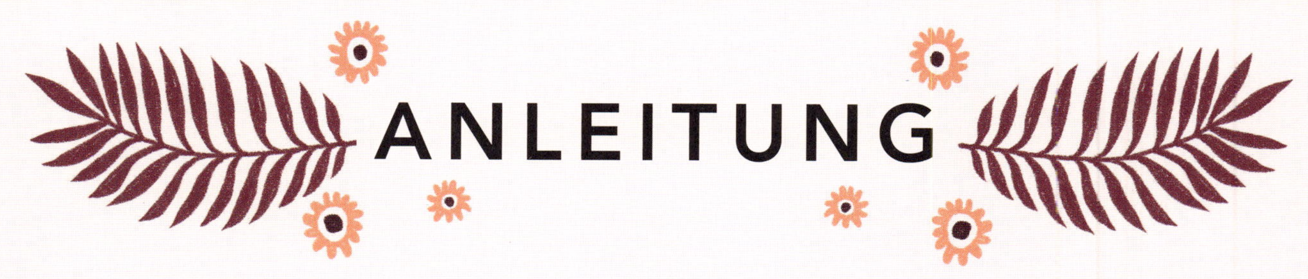

ANLEITUNG

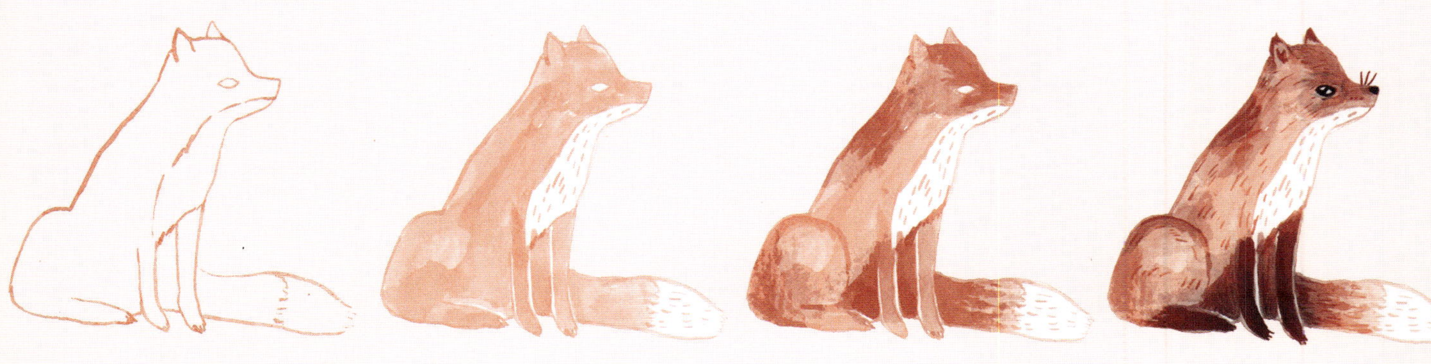

Aquarellzeichnung von Zanna

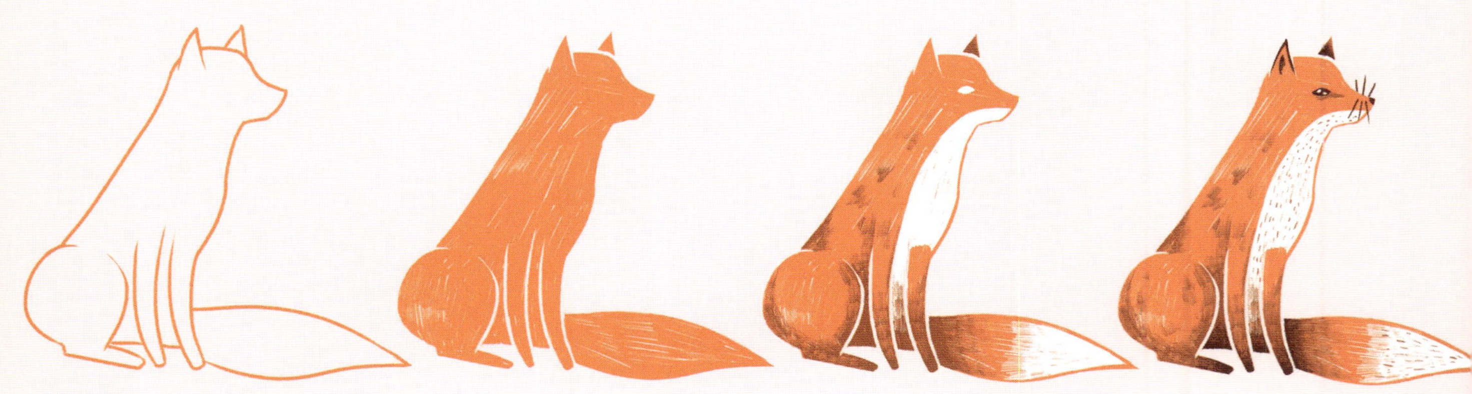

Digitale Zeichnung von Harry

Harry und ich benutzen unterschiedliche Werkzeuge und Techniken für unsere Werke, deswegen unterscheiden sich auch die Tutorials. Ich verwende Aquarellfarben, darum bewegen sich alle meine Tutorials von Hell zu Dunkel. Harry malt oft digital, so können seine Arbeiten von Dunkel zu Hell gehen. An den Schritten oben kannst du die Unterschiede unserer Methoden erkennen.

Trotz der kleinen Unterschiede kannst du in den Tutorials jedes von dir bevorzugte Material oder Gerät verwenden und musst die Technik nur geringfügig anpassen. Wenn du zum Beispiel in einem Tutorial von Harry Aquarellfarben benutzen möchtest, beginnst du lediglich mit den hellen Farben und setzt die dunkleren darauf.

Auf der nächsten Seite siehst du einige fertige Zeichnungen mit unterschiedlichen Materialien. Keines ist falsch, sie sind nur verschieden. Statt jeden Schritt perfekt auszuführen, setze lieber deine Kreativität und Fantasie bei dem hier Gezeigten ein. Zeichne die Tiere in anderen Positionen oder experimentiere mit einem anderen Material oder benutze ungewöhnliche Farben. Das macht Illustration aus!

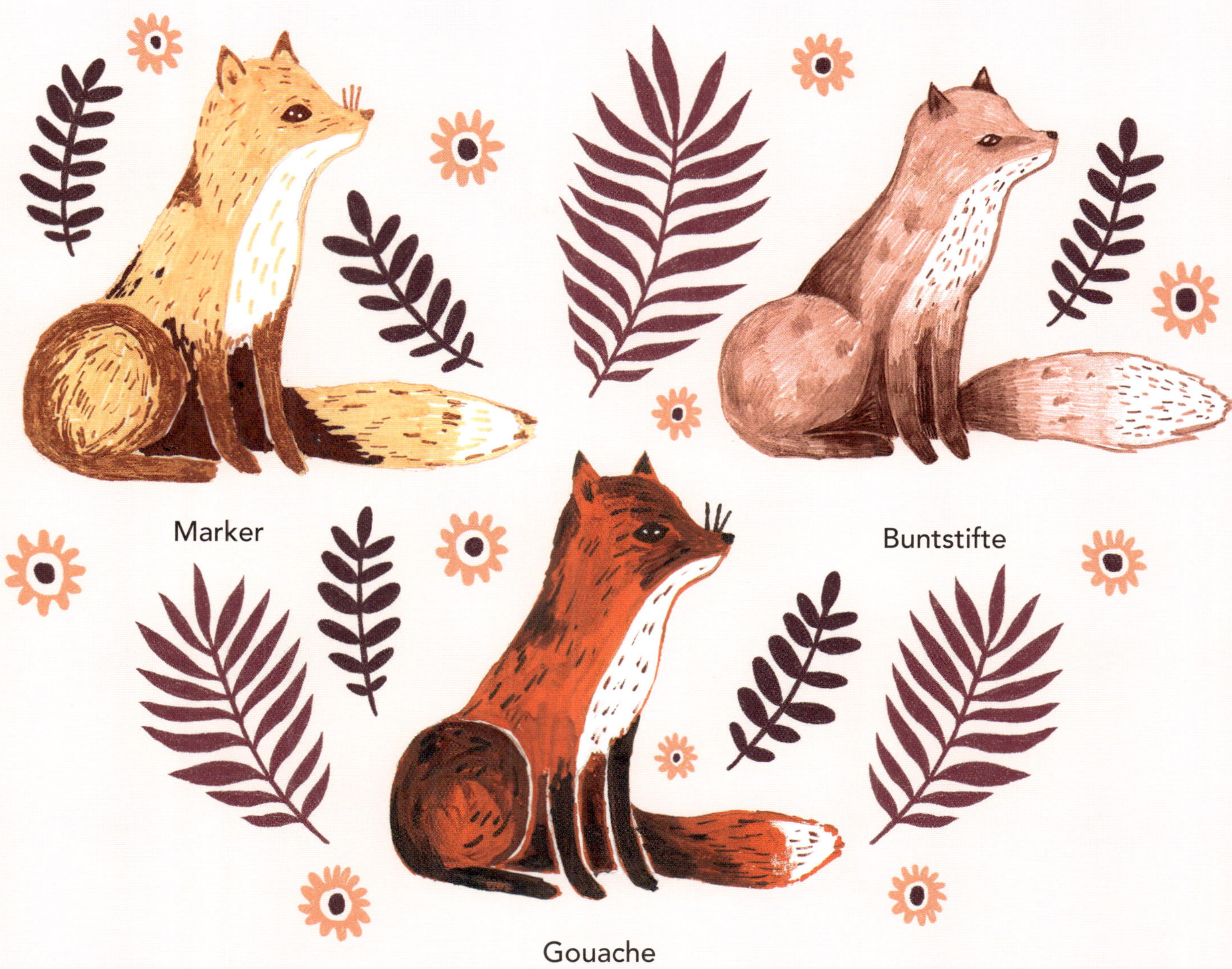

Wenn du denkst, du hast den Dreh beim Tierezeichnen endlich raus, dann versuche mal Folgendes:

- Benutze ein Material, mit dem du nicht so vertraut bist. Du wirst staunen, wie viel Spaß es macht, und neue Erfahrungen machen.
- Fertige eines der Tiere dreidimensional an. Verwende dazu schnell trocknende Modelliermasse oder auch Kinderknete. So wird die Form des Tieres leicht nachvollziehbar.
- Setze dein Tier in Szene. Stelle dir vor, wie sein Nest oder sein Bau aussieht und wo du es in der Wildnis finden kannst.
- Male ein Tier in einer anderen Farbe. Vielleicht einen pinken Tiger oder einen grünen Elefanten?
- Kombiniere zwei Tiere miteinander und erfinde dein eigenes Fabelwesen!

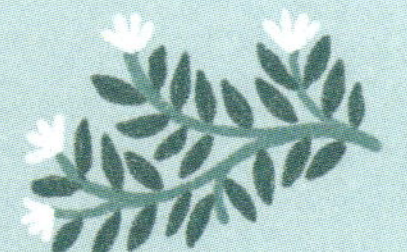

MUSTER

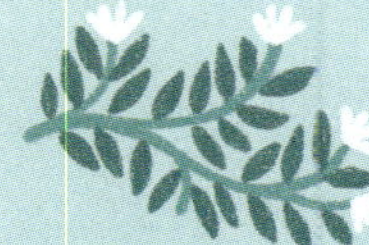

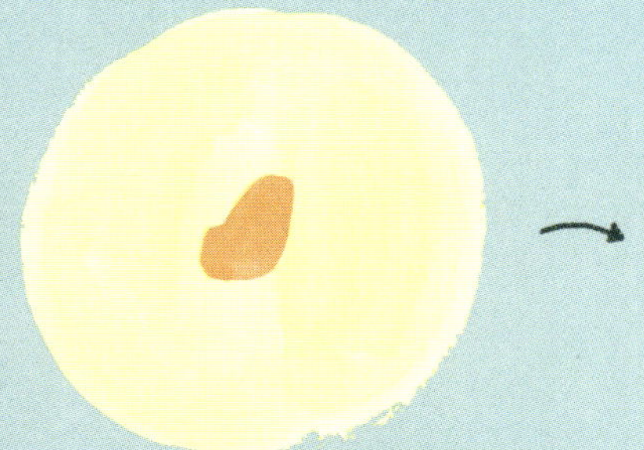

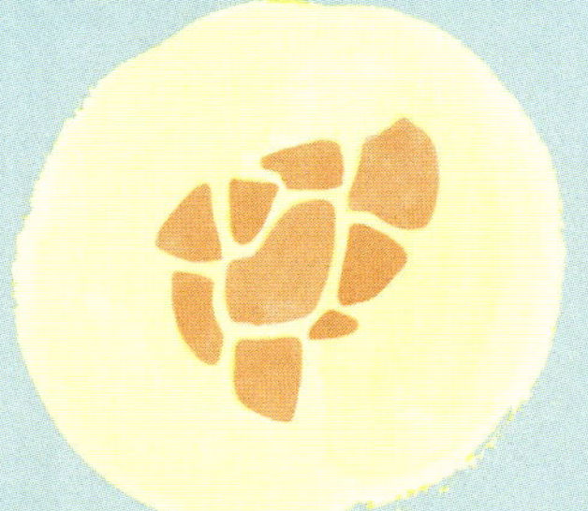

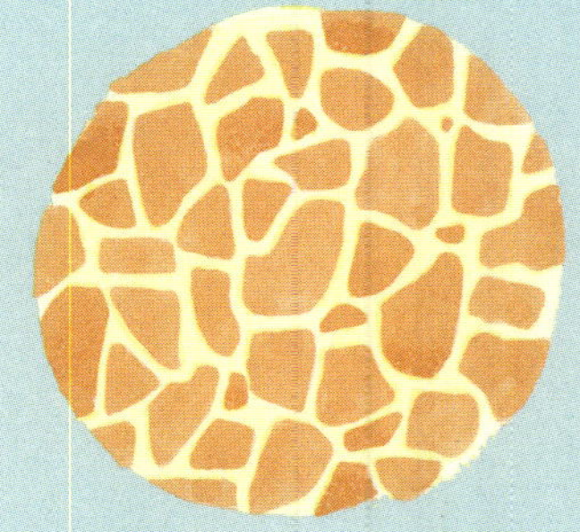

SCHRITT 1. Male mit der Grundfarbe. Beginne das Muster mit einem einzigen asymmetrischen Punkt auf der Grundfarbe.

SCHRITT 2. Male um den ersten Fleck rundherum weitere Flecken, wie eine Umarmung. Halte zwischen den einzelnen Flecken etwas Abstand. Ausgehend von dem ersten asymmetrischen Fleck malst du neue, ungleichmäßige Flecken.

SCHRITT 3. Arbeite dich weiter nach außen vor, bis du die Kontur deines Tieres erreicht hast.

Fellmuster können erst mal eine ganz schöne Herausforderung darstellen, aber du wirst schnell merken, dass dem gar nicht so ist. Du musst sie nur in einfache einzelne Schritte zerlegen! Als Beispiel dient hier das Giraffenmuster. Beginne mit einer Form und setze dann viele ähnliche Formen drumherum. Wiederhole das, bis die gesamte Fläche ausgefüllt ist. Versuche, jede Form leicht abzuwandeln – manche kleiner, manche mittelgroß, andere ganz groß. Das lässt die Zeichnung realistischer und natürlicher wirken.

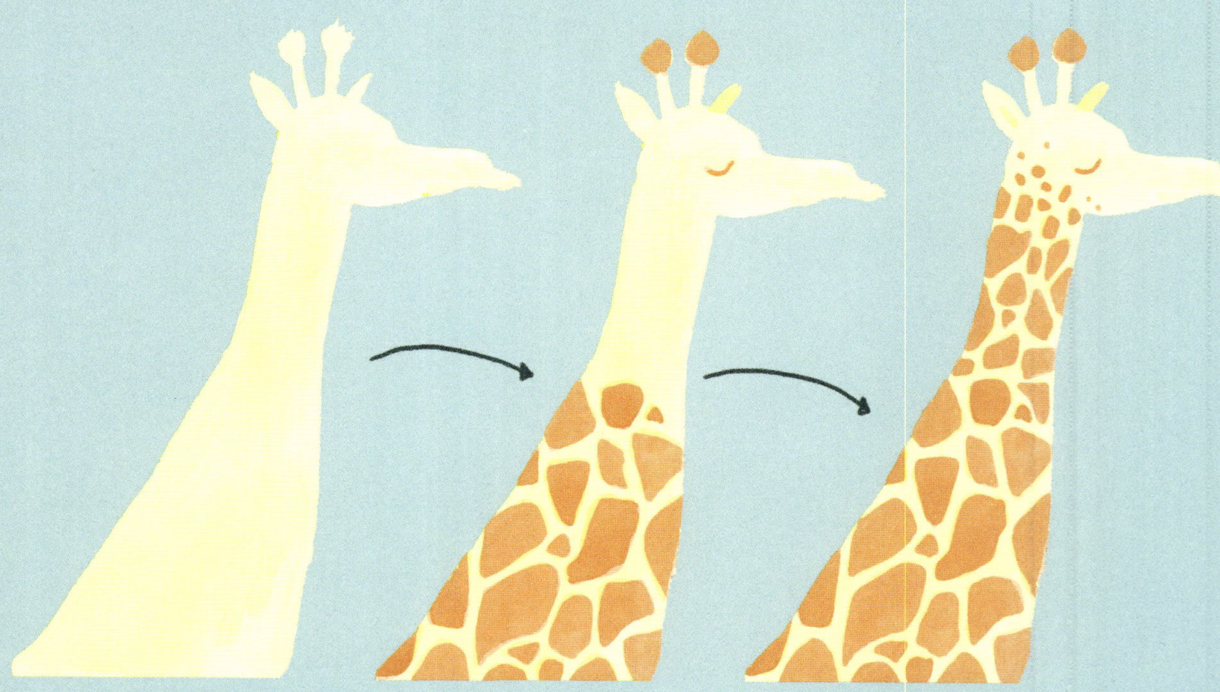

TIPP: Achte darauf, dass die Flecken innerhalb der Konturen des Tierkörpers bleiben. In Richtung Kopf und Extremitäten werden sie kleiner und spärlicher.

SCHRITT 1. Beginne für die Leopardenflecken mit der Grundfarbe.

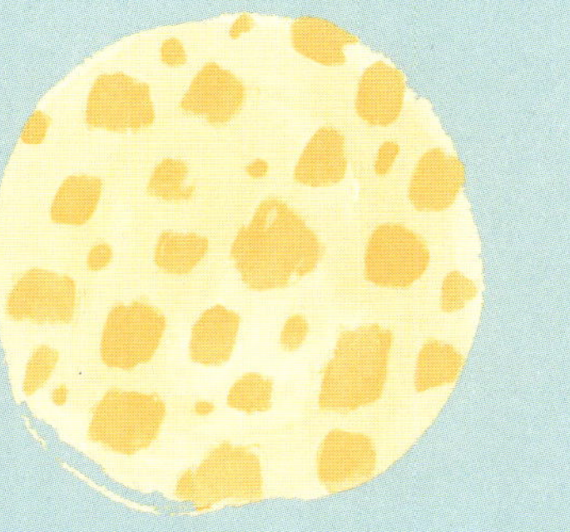

SCHRITT 2. Füge große und kleine Flecken in einer dunkleren Nuance der Grundfarbe hinzu.

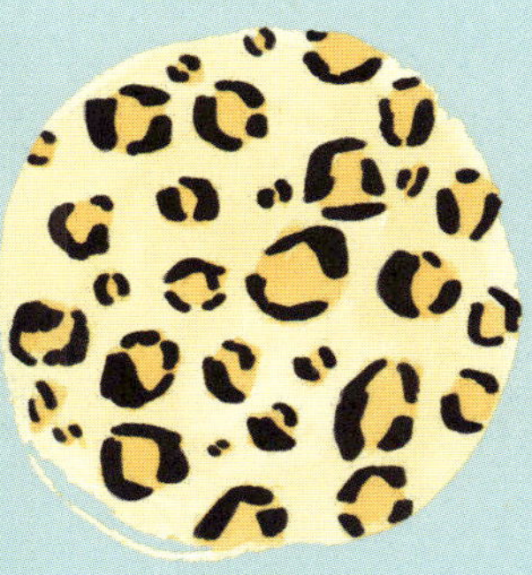

SCHRITT 3. Umrande die Flecken stellenweise mit Schwarz, aber schließe die Linien nie zu einem Kreis.

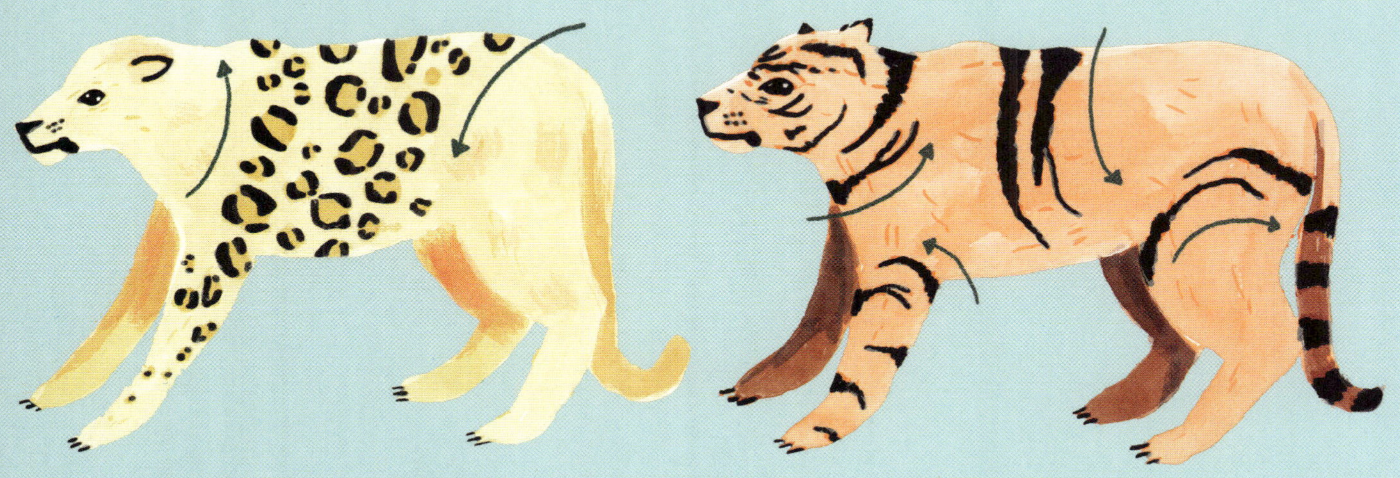

Wenn du den Dreh mit den Mustern raushast, kannst du das auf die Form deines Tieres anwenden. Dabei solltest du aber einiges im Hinterkopf behalten. Oben habe ich die Formen, je näher sie am Gesicht sind, kleiner werden lassen, so wirken sie, als ob sie ganz natürlich auslaufen würden. Ebenso habe ich die Muster über den Körperumriss laufen lassen, als ob sie rund um den Tierkörper wanderten.

Und noch ein Beispiel, um das Muster zu vereinfachen: Für die Leopardenflecken ganz oben auf dieser Seite habe ich zuerst den Hintergrund gemalt und dann dunklere Flecken hinzugefügt. Zuletzt habe ich schwarze Flecken darüber- und daruntergesetzt. Wenn du genau hinschaust, siehst du, dass diese Umrandungen immer wieder unterbrochen sind und so jeder Fleck einzigartig erscheint.

Doch am besten gelingen dir die Muster, wenn du dir das Tier dreidimensional vorstellst. Schaue mal, wie wir die Tigerstreifen rund um seinen Körper geformt haben und wie die Streifen um seine Beine laufen. Leoparden haben eine ähnliche Form, und deshalb lässt sich diese Technik auch auf ihre Flecken anwenden. Sowohl die Leopardenflecken als auch die Tigerstreifen werden Richtung Beine und in Gesichtsnähe kleiner, und bei beiden verläuft das Muster über den Körperrand hinaus, als ob sie rund um den Körper führten.

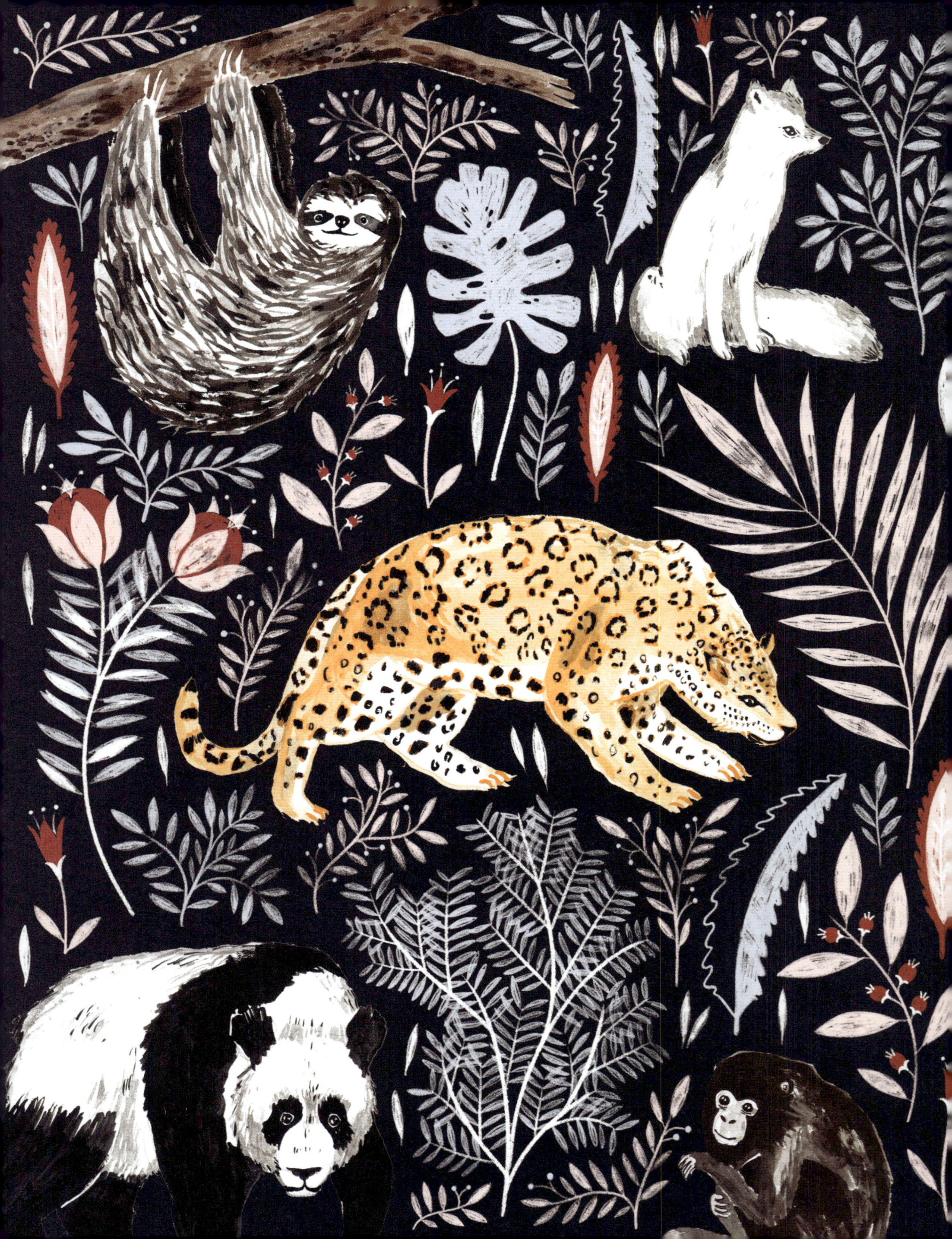

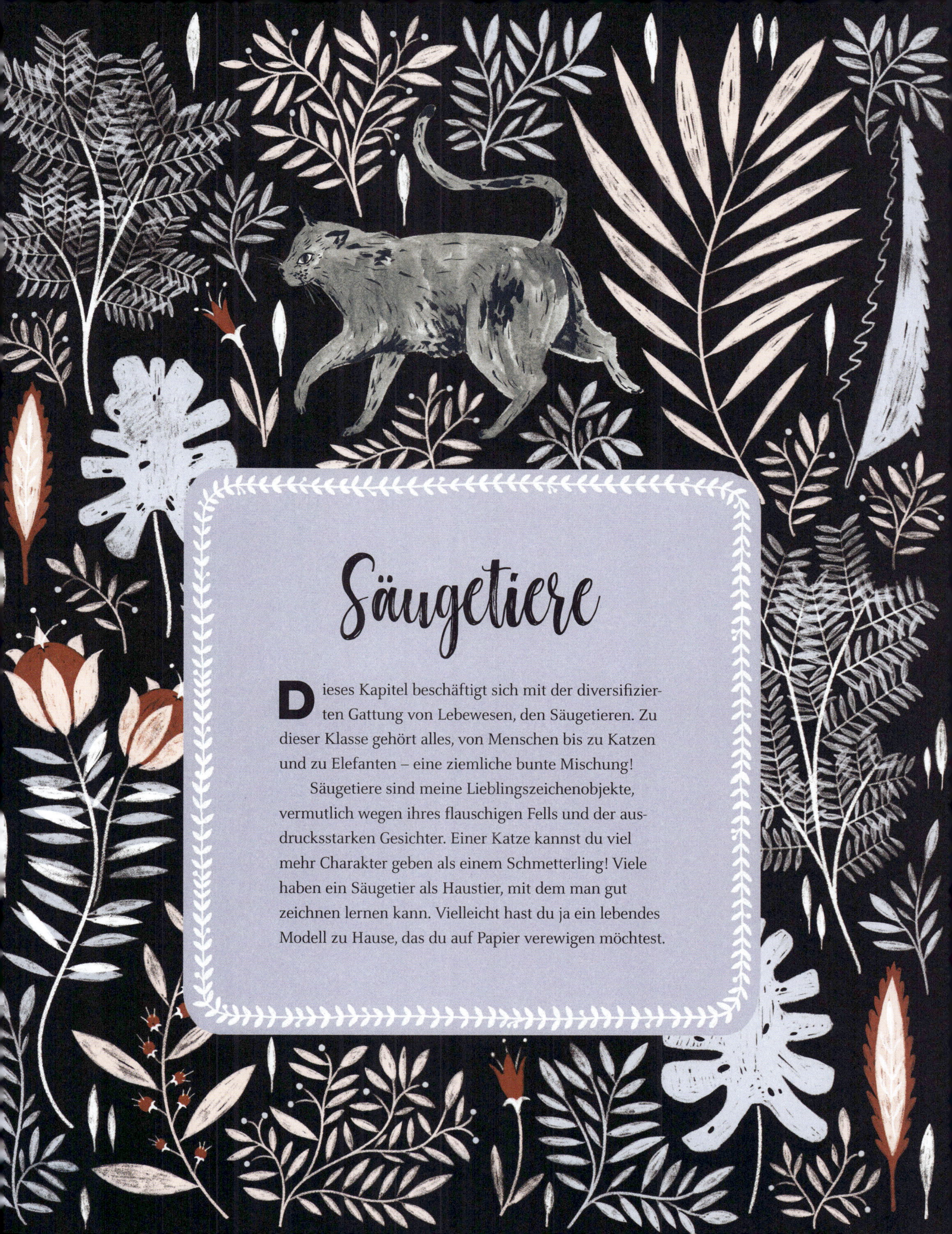

Säugetiere

Dieses Kapitel beschäftigt sich mit der diversifizierten Gattung von Lebewesen, den Säugetieren. Zu dieser Klasse gehört alles, von Menschen bis zu Katzen und zu Elefanten – eine ziemliche bunte Mischung!

Säugetiere sind meine Lieblingszeichenobjekte, vermutlich wegen ihres flauschigen Fells und der ausdrucksstarken Gesichter. Einer Katze kannst du viel mehr Charakter geben als einem Schmetterling! Viele haben ein Säugetier als Haustier, mit dem man gut zeichnen lernen kann. Vielleicht hast du ja ein lebendes Modell zu Hause, das du auf Papier verewigen möchtest.

GROSSKATZEN

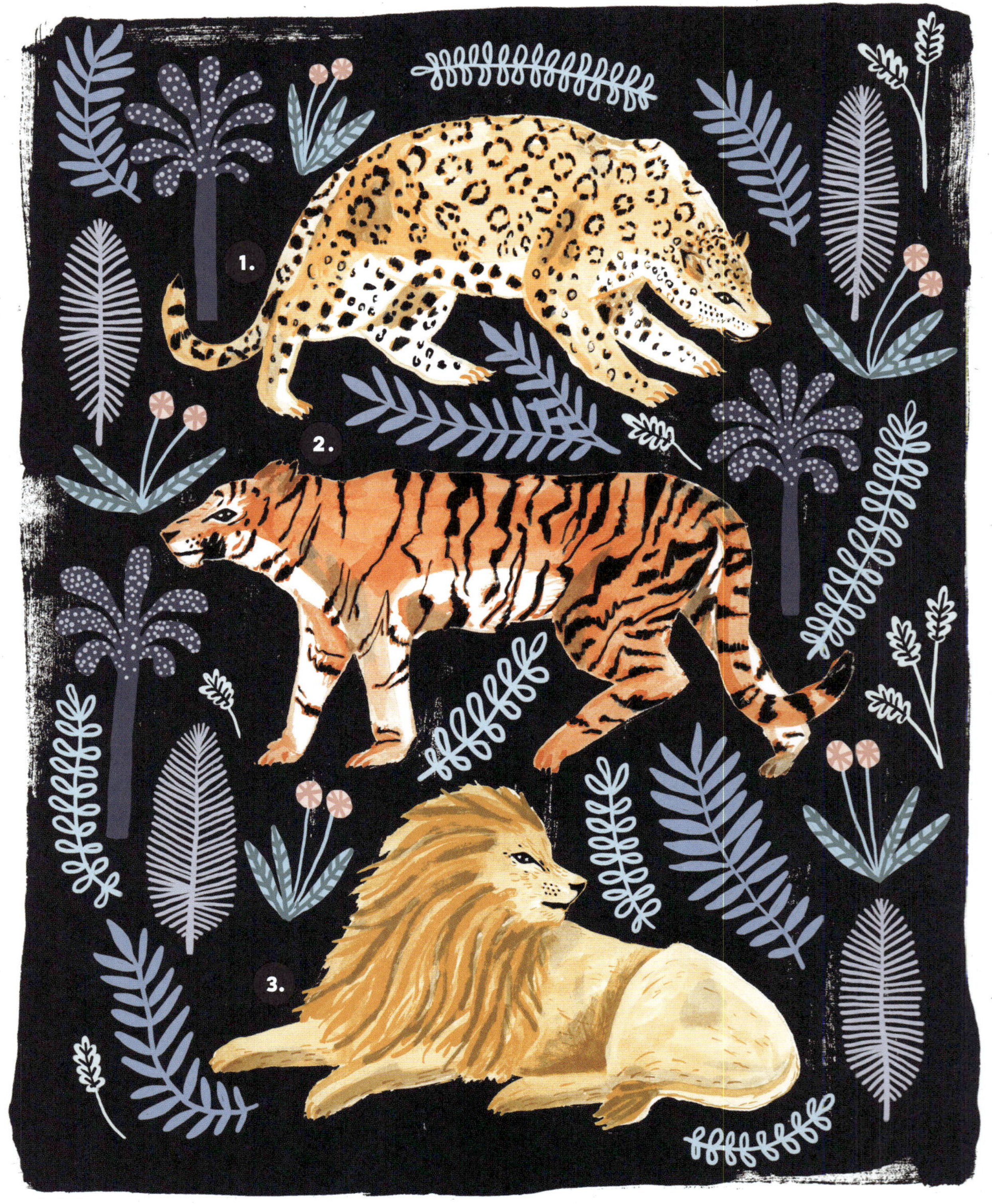

1. JAGUAR (*PANTHERA ONCA*)
2. TIGER (*PANTHERA TIGRIS*)
3. LÖWE (*PANTHERA LEO*)

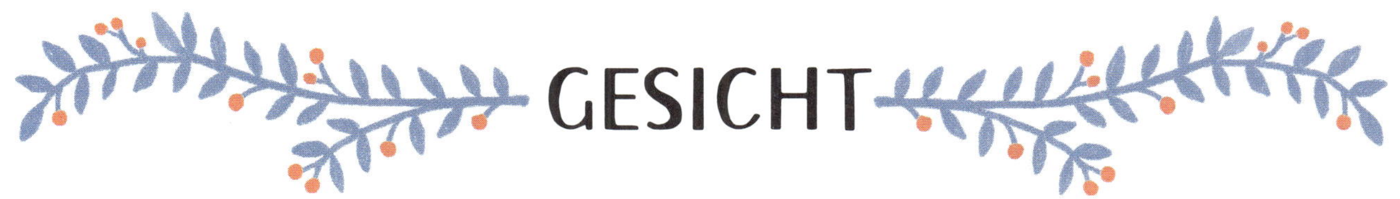

GESICHT

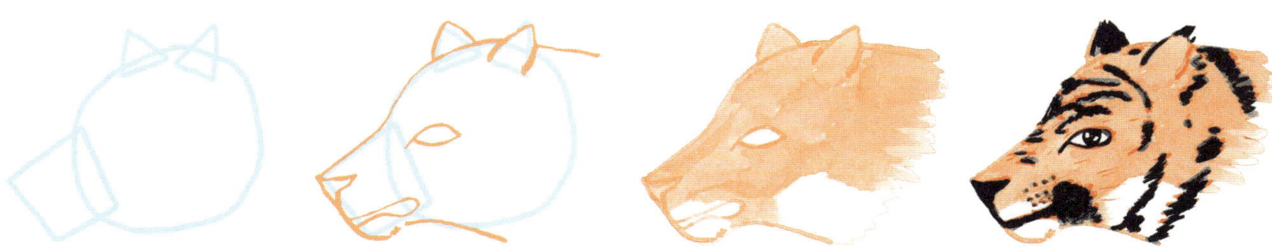

Großkatzen sind in vielerlei Hinsicht einzigartig, doch bei näherem Betrachten haben sie sehr ähnliche Gesichtsformen, die sich mit einem Kreis und einem überlappenden Rechteck für Kopf und Schnauze skizzieren lassen. Du kannst das Gesicht in seiner Form verändern. Wenn das Tier eine lange Schnauze hat, zeichnest du ein längeres Rechteck. Für ein breiteres Gesicht machst du den Kreis weiter. Ganz einfach!

HINTERBEINE

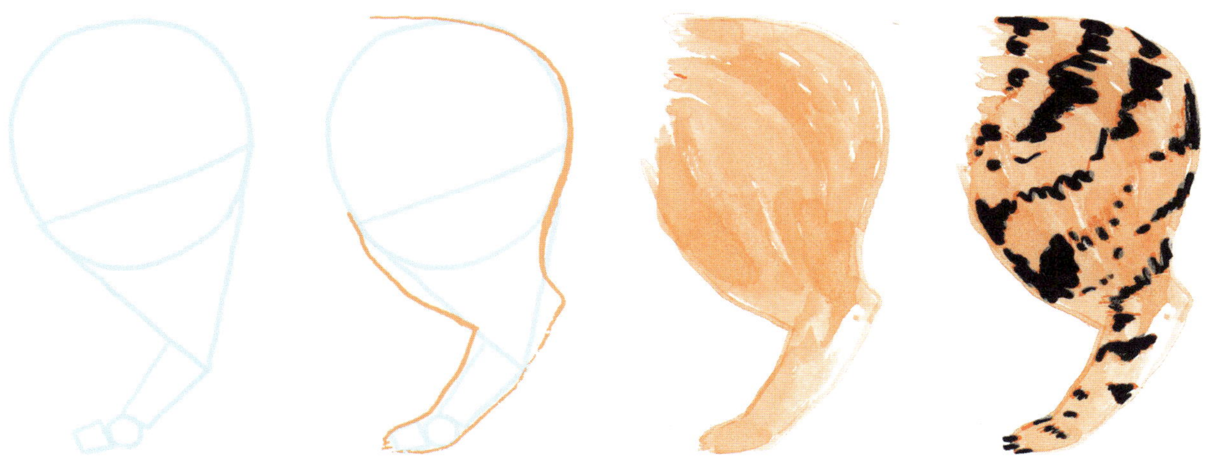

Die Hinterbeine der meisten Vierbeiner zeigen in eine andere Richtung als beim Menschen. Außerdem haben sie große, runde Schenkel. Um sie zu zeichnen, beginnst du mit einem Kreis für den Schenkel und baust das Hinterbein daran.

SCHRITT 1. Mit einfachen Formen schaffst du ein Gerüst für deine Großkatze. Zeichne für Kopf, Brust und Schenkel große Kreise.

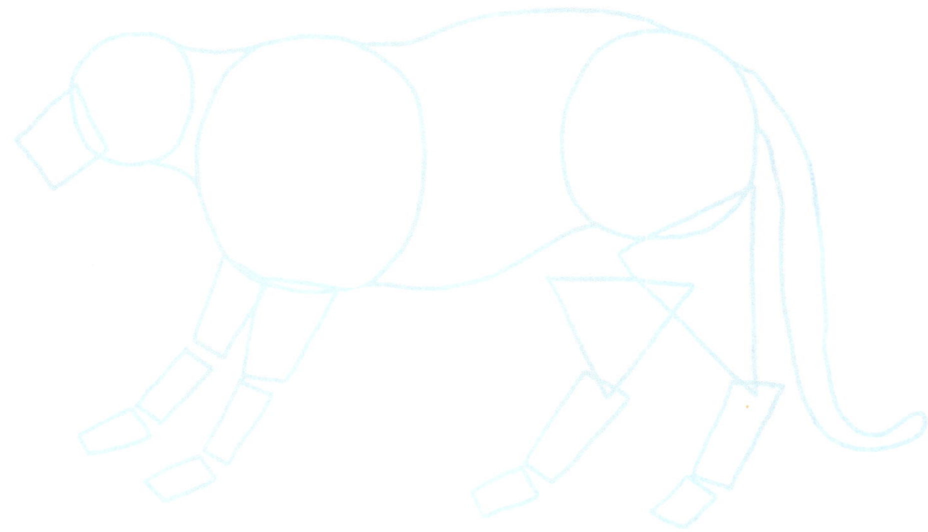

SCHRITT 2. Konturiere den Umriss deiner Großkatze mit der Grundfarbe. Nun kannst du Augen, Ohren und Mund hinzufügen. Ist der Umriss fertig, übermale die Grundformen oder radiere sie aus.

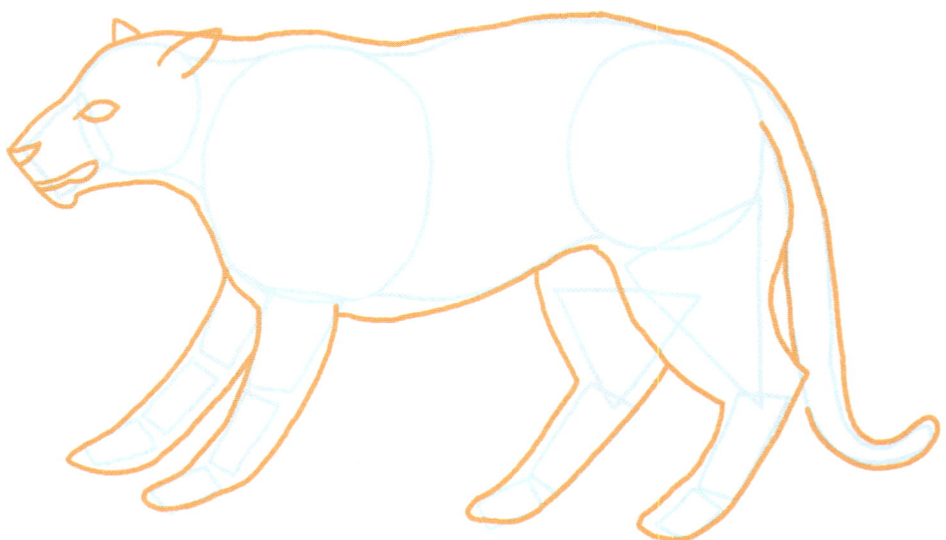

Auch wenn sich die einzelnen Arten leicht unterscheiden, sind die Körperformen im Großen und Ganzen gleich. Großkatzen ähneln zwar den Hauskatzen, doch ihr Körper ist viel muskulöser. Um diese Muskelpartien zu zeichnen, setzt du einen weiteren Kreis für die Brust und einen etwas kleineren für den Schenkel. Wenn du den Dreh mit der Hauptform raushast, kannst du mit Länge, Farbe und Muster des Fells experimentieren, um zu definieren, welche Katze du darstellen willst.

JAGUAR

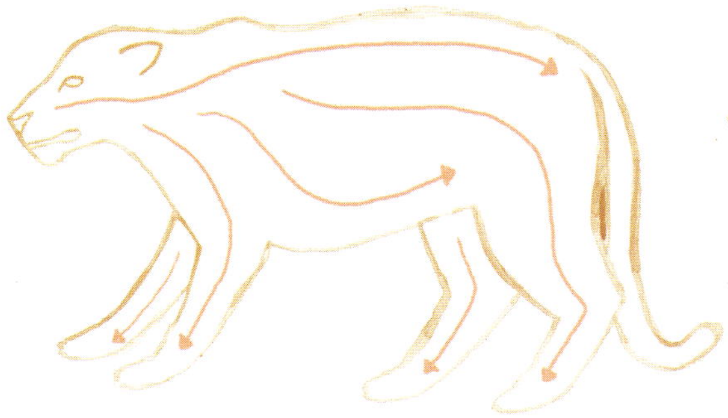

SCHRITT 1. Zeichne die Form einer Großkatze, wie in Schritt 1 links. Umrande sie mit deiner Grundfarbe, dann übermale die Grundformen oder radiere sie aus. Beachte, wie das Tier fließt; die Pfeile oben zeigen dir, in welcher Richtung du ausmalst.

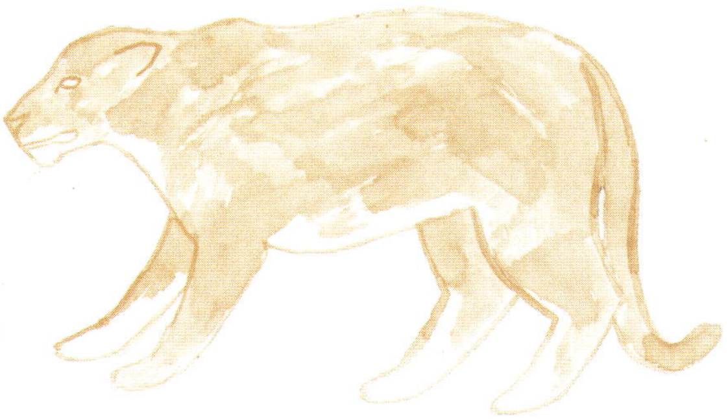

SCHRITT 2. Folge den Richtungspfeilen und male den Jaguar mit der Grundfarbe aus. Setze lange, unregelmäßige Pinselstriche für das Fell. Lass Bauch, Nacken und Beininnenseiten weiß.

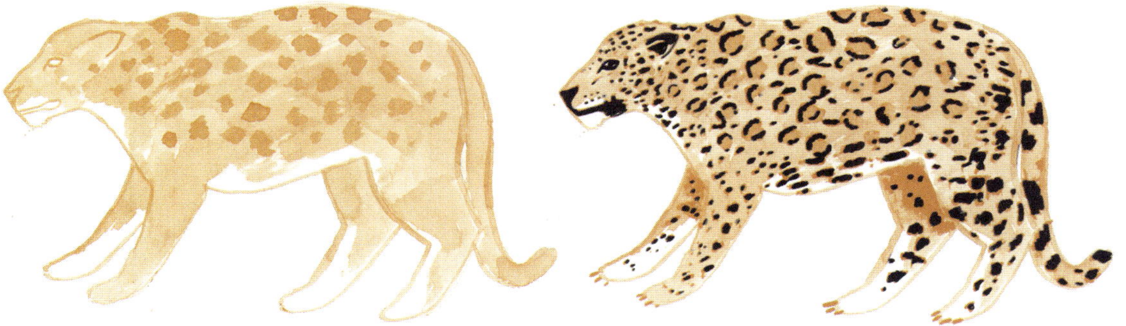

SCHRITT 3. Mit einer dunkleren Schattierung der Grundfarbe setzt du Flecken auf Rücken und Hinterteil.

SCHRITT 4. Nun füge den Schwarz hinzu. Umrande die Flecken teilweise und ergänze die Konturen für Mund, Augen, Ohren und Nase. Danach malst du gefüllte Flecken auf Unterseite, Beine und Schwanz. Mit der Grundfarbe zeichnest du auf jeder Pfote drei kleine Krallen auf.

Jaguare leben im südamerikanischen Dschungel. Wegen der hohen Temperaturen in ihrer Heimat haben sie ein kurzes Fell. Da sie sehr wendig sind, können sie ihre Beute fast lautlos jagen. Ihre Besonderheit sind ihre Flecken. Um einen Jaguar darzustellen, zeichne zuerst eine einfache große rotbraune Katze. Dann konzentriere dich auf die schwarz-orangen Flecken auf ihrem Körper und die schwarzen Streifen um Mund und Ohren (siehe Muster, S. 16–17).

LÖWE

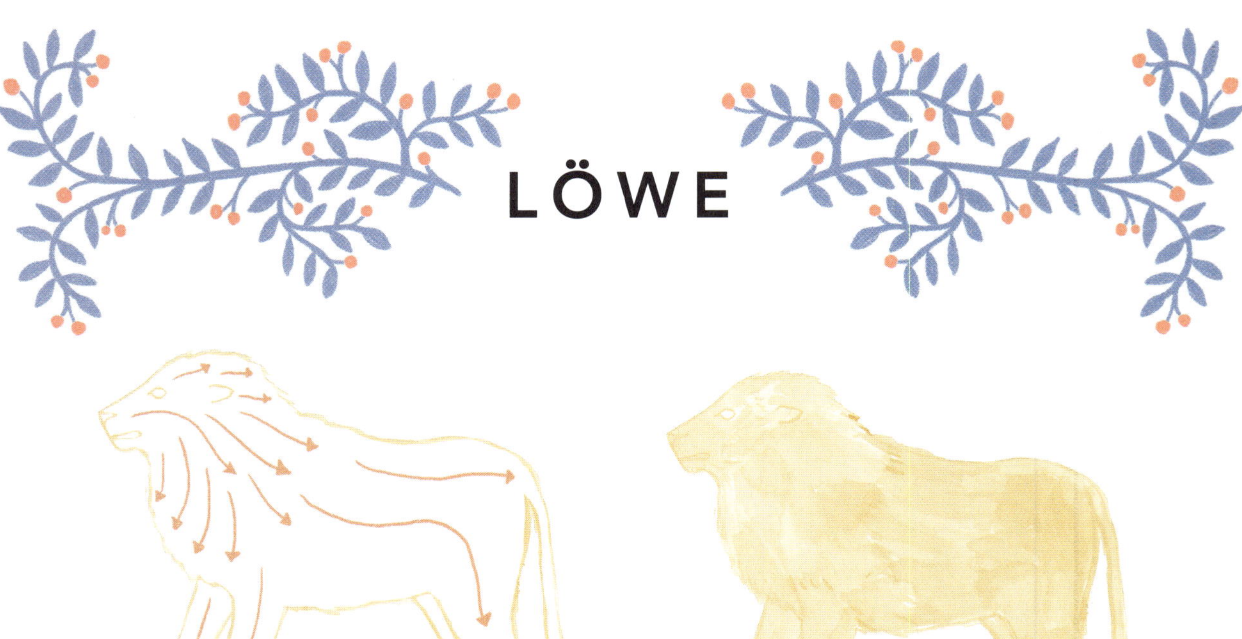

SCHRITT 1. Zeichne die Grundform einer Großkatze wie in Schritt 1 auf Seite 22. Mit der Grundfarbe konturierst du Kopf, Hals, Brust und Schwanzspitze mit flauschigem Fell, dann übermale die Formen oder radiere sie aus. Benutze die Richtungspfeile für deinen Pinsel- oder Stiftstrich.

SCHRITT 2. Fülle die Kontur mit der Grundfarbe.

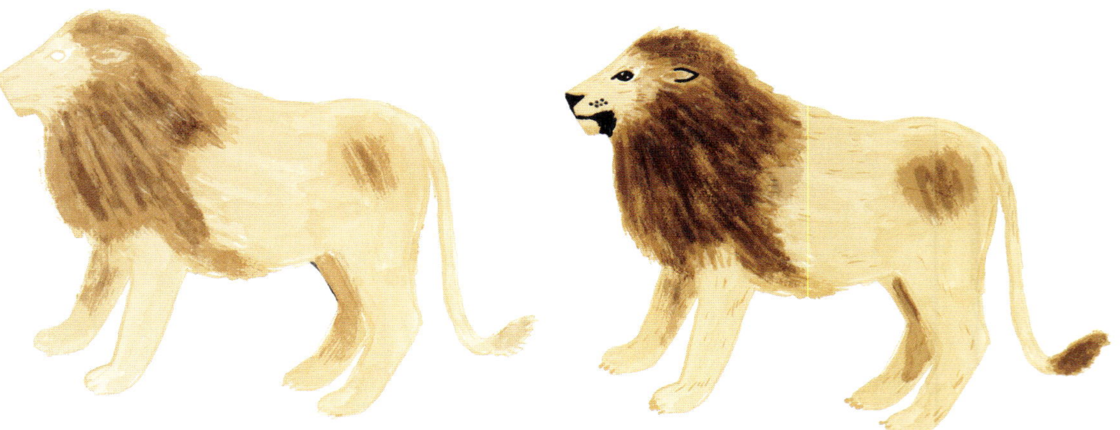

SCHRITT 3. Mit einer dunkleren Farbe und unregelmäßigen Pinselstrichen bringst du an Kopf und Hals die Mähne auf (vergiss nicht, Platz zu lassen für die Ohren!). Benutze dann die gleiche Farbe für das Fell an Bauch und Schenkeln und für die Schattierungen der Innenseiten von Vorder- und Hinterbeinen.

SCHRITT 4. Mit einer noch dunkleren Farbe betonst du Mähne und Schwanz. Dann konturiere mit Schwarz die Gesichtsdetails. Nun füge noch die Krallen auf den Pfoten hinzu.

Löwen sind muskulös und kompakt. Sie haben stärkere Beine und Körper als andere Großkatzen. Ihr Fell ist kurz, mit Ausnahme der Mähne bei Männchen, die häufig von der Kopfoberseite bis zum Bauch reicht (im Zweifel zeichnest du sie so, sie reicht meist weiter, als man denkt!). Ein Löwe mit hoch erhobenem Kopf wirkt edel und Ehrfurcht gebietend. Eigenschaften, die diesen majestätischen Tieren in Erzählungen und Legenden oft zugeschrieben werden.

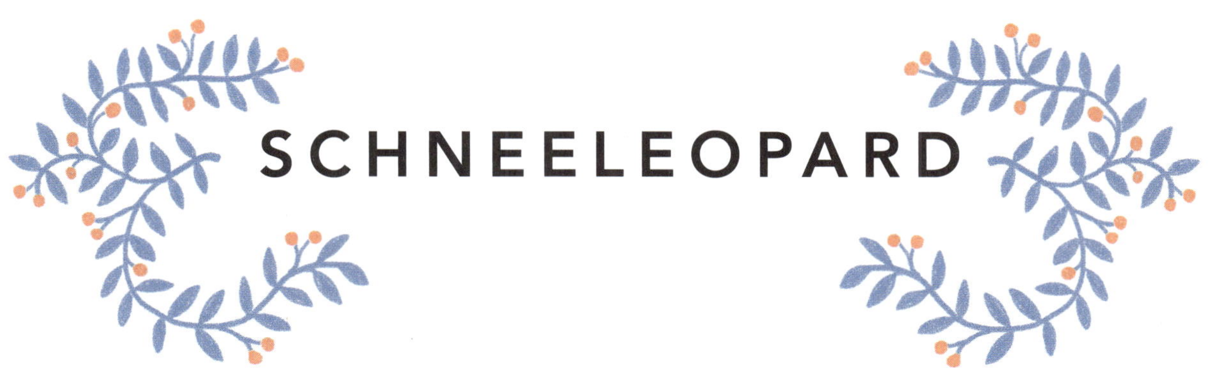

SCHNEELEOPARD

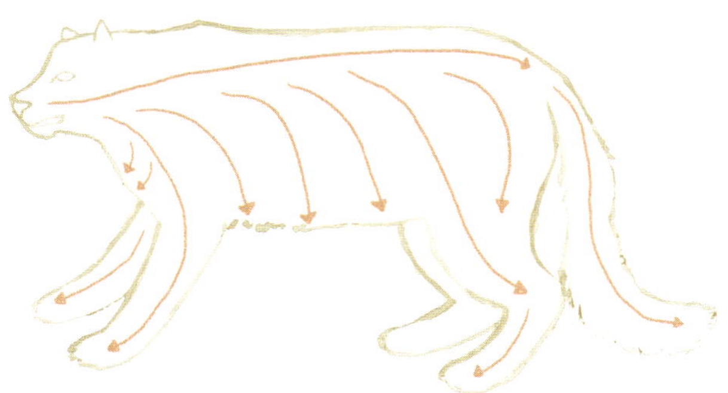

SCHRITT 1. Zeichne die Grundform einer Großkatze wie in Schritt 1 auf Seite 22. Mit der Grundfarbe konturierst du Kopf, Hals, Brust und Schwanzspitze mit flauschigem Fell, dann übermale die Formen oder radiere sie aus. Beachte, wie die Richtungspfeile in das Fell des Leoparden verlaufen.

SCHRITT 2. Lass die Unterseite von Gesicht, Schwanz und Beinen überwiegend weiß und fülle die oberen zwei Drittel des Schneeleoparden mit der Grundfarbe.

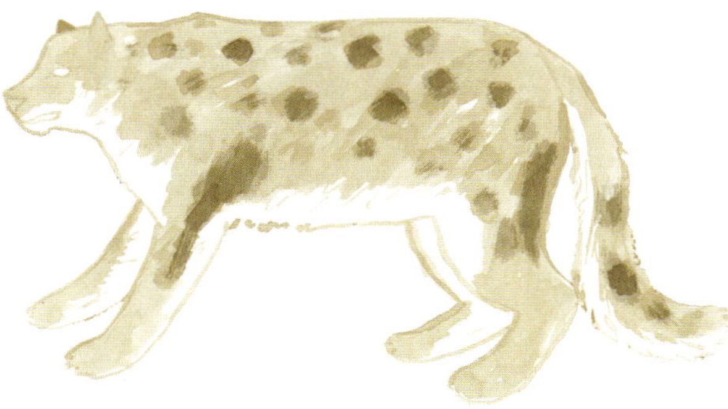

SCHRITT 3. Bringe auf Rücken und Schwanz dunklere Flecken auf. Beachte, dass der Schneeleopard ähnliche Flecken hat wie der Jaguar (siehe S. 23).

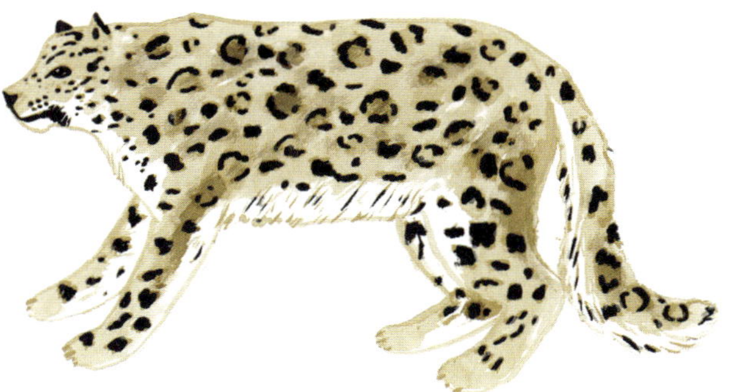

SCHRITT 4. Umrande die Flecken mit Schwarz, dann füge weitere unregelmäßige schwarze Flecken drumherum hinzu. Als Nächstes konturierst du die Gesichtsdetails in Schwarz.

Schneeleoparden haben einen dicken, langen Pelz, der sie breiter aussehen lässt, als sie in Wirklichkeit sind. Ihr Schwanz, der ihnen in großer Höhe hilft, das Gleichgewicht zu halten, ist lang und flauschig. Gib deinem Schneeleoparden unregelmäßige Striche an den Kanten. Schneeleoparden haben, wie Jaguare, typische Flecken. Konzentriere dich auf ihr Farbmuster, um dieses Merkmal gut herauszuarbeiten (siehe Muster, S. 16–17).

TIGER

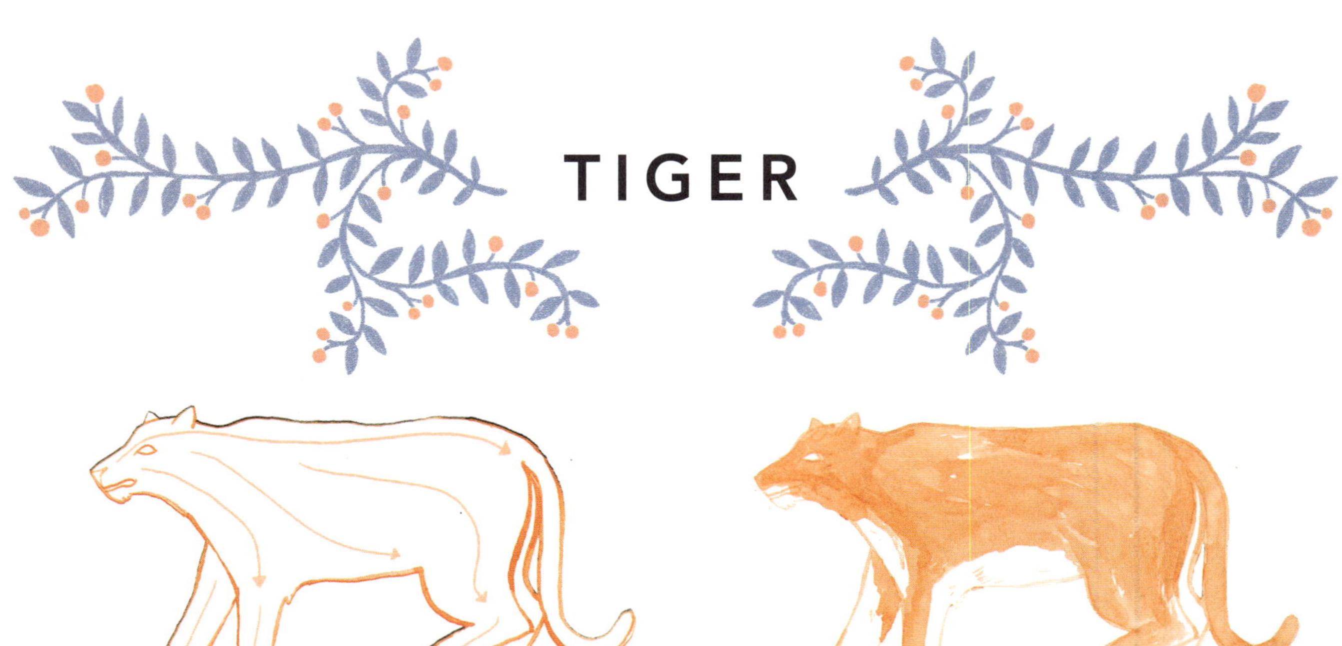

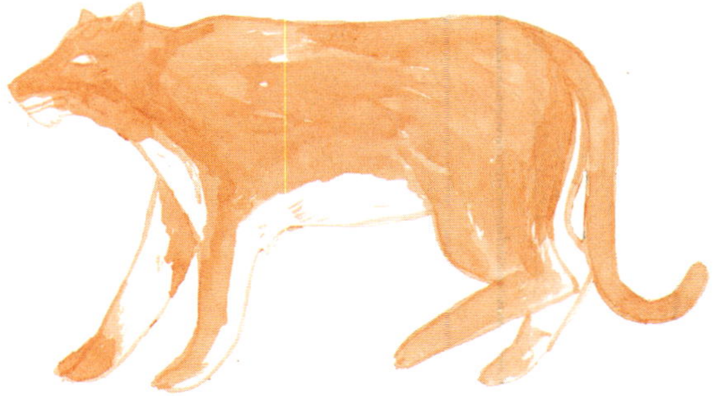

SCHRITT 1. Zeichne die Grundform einer Großkatze wie in Schritt 1 auf Seite 22. Konturiere sie mit der Grundfarbe und übermale die Formen oder radiere sie aus.

SCHRITT 2. Fülle nun die Konturen mit der Grundfarbe, lass dabei die Unterseite – Kinn, Bauch, Brust und Beininnenseiten – weiß.

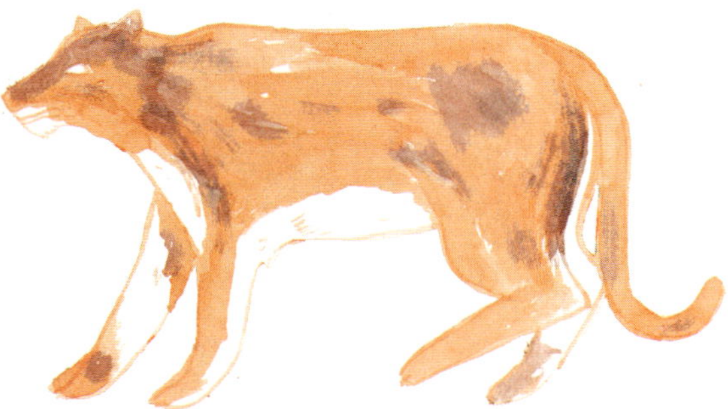

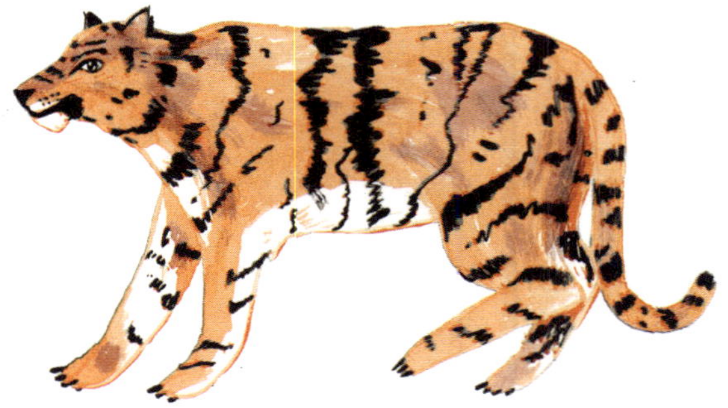

SCHRITT 3. Betone Schnauze, Brust, Schenkel und Schwanz des Tigers mit einer dunkleren Schattierung von Orangebraun.

SCHRITT 4. Nun kommt das Beste – die Streifen! Setze feste Striche vor und zurück, die langsam nach unten in einem Punkt auslaufen. Variiere sie in Größe und Form und folge den Rundungen des Tigerkörpers (siehe Muster, S. 16–17). Zuletzt zeichnest du die Gesichtsdetails in Schwarz.

Tiger haben ein kurzes Fell, das ihnen in den heißen Regionen Indiens und Asiens, in denen sie leben, zugutekommt. Sie sind die größten Mitglieder in der Familie der Großkatzen. Darum solltest du sie mit einem großen, muskulösen Körper und breitem Gesicht darstellen. Was sie natürlich von den anderen unterscheidet, ist ihr orangefarbenes Fell mit den schwarzen Streifen. Tiger sind Einzelgänger und Nachtjäger. Leider nimmt ihr Bestand, wie der vieler anderer Großkatzen, drastisch ab. Man schätzt, dass weniger als 3000 von ihnen noch in freier Wildbahn leben. Weiße Tiger, wie der auf der gegenüberliegenden Seite, sind besonders selten, da sie wegen ihrer einmaligen Pigmentierung gejagt werden.

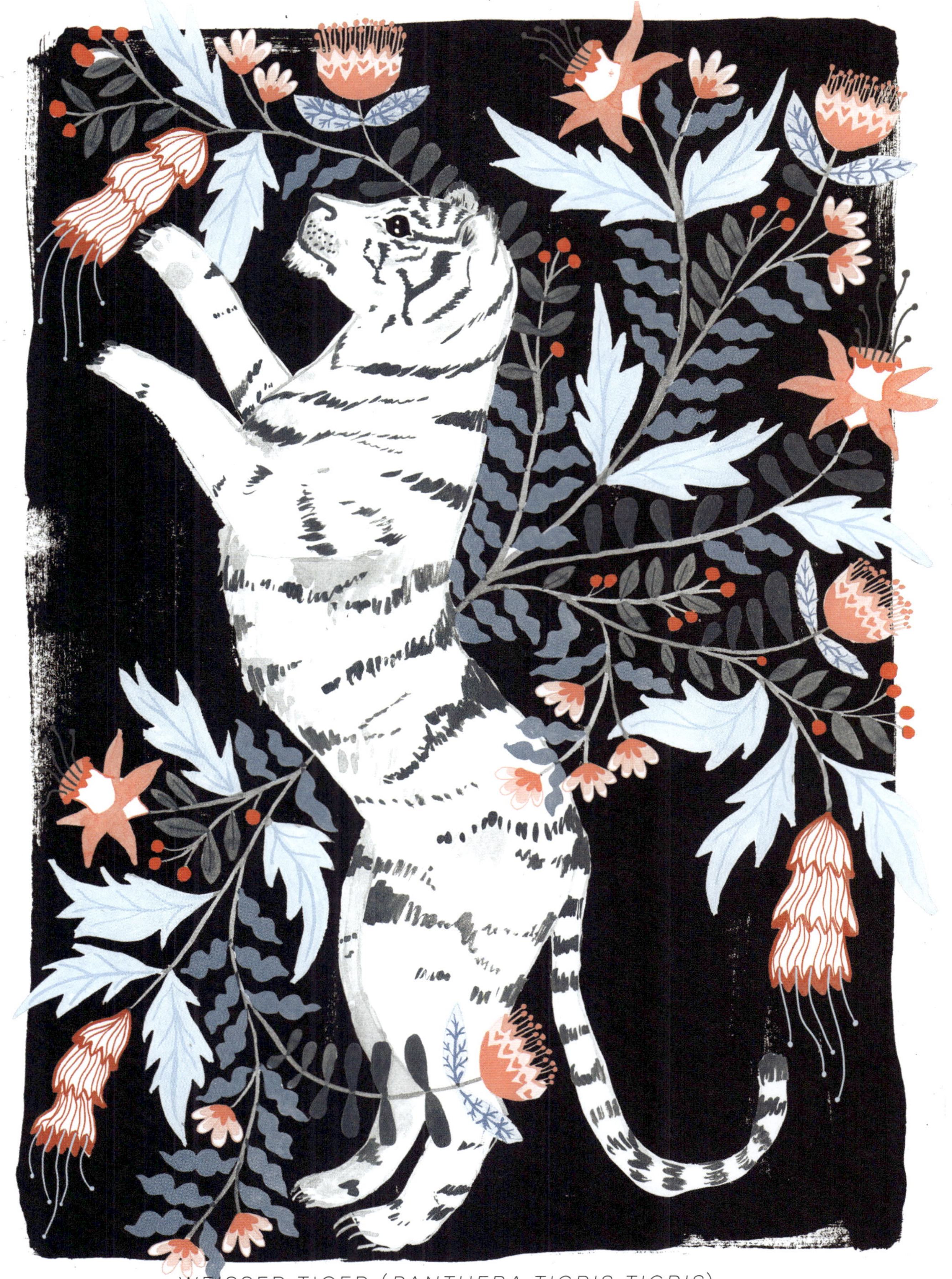

WEISSER TIGER (*PANTHERA TIGRIS TIGRIS*)

KATZEN

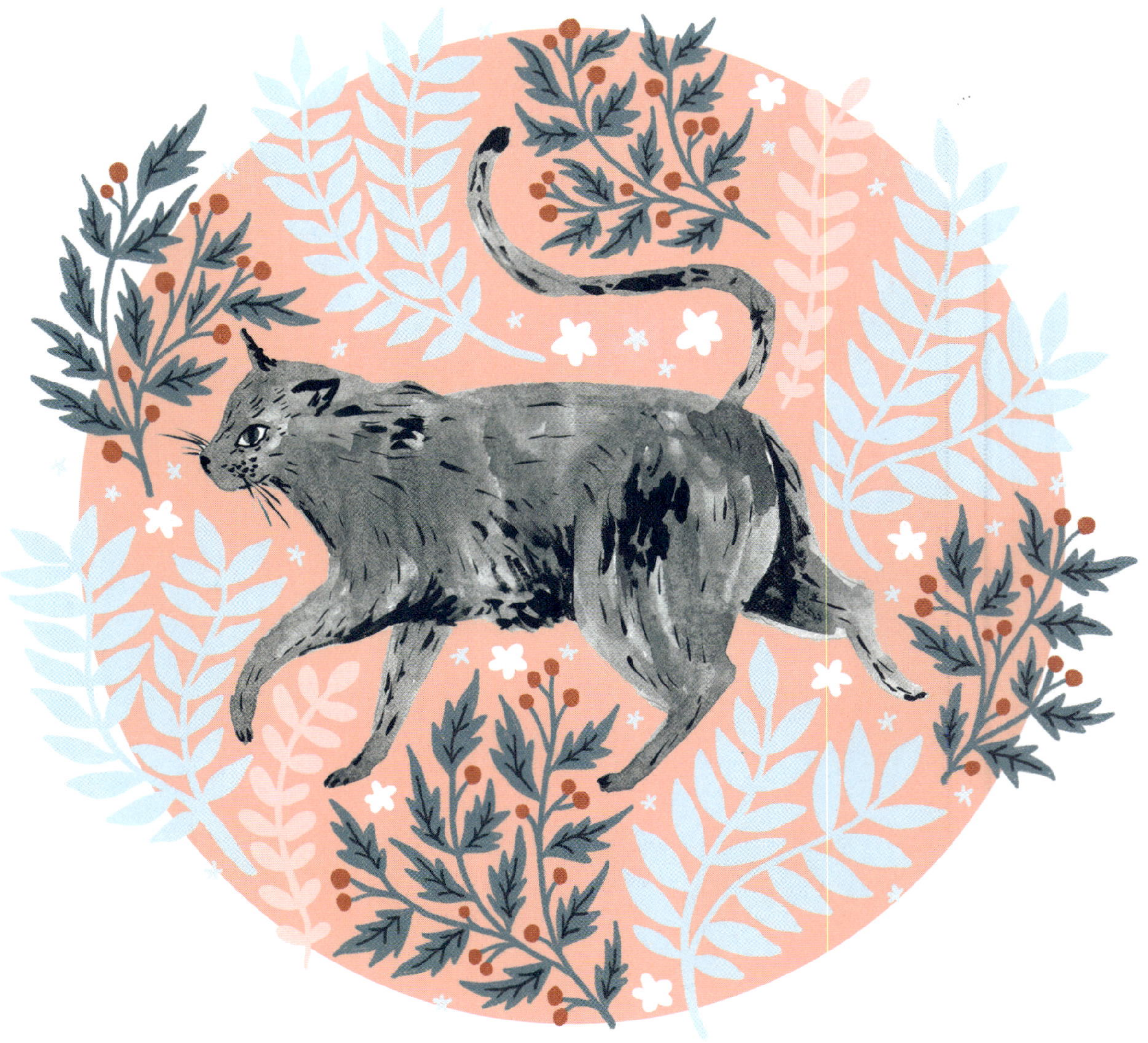

HAUSKATZE (*FELIS CATUS*)

Seit vielen Tausend Jahren halten sich Menschen Hauskatzen. Auch wenn manche meinen, dass sie einst wegen der Liebe, der Zuneigung und der Streicheleinheiten die Nähe von Menschen suchten, ist es doch Fakt, dass diese grazilen Wesen eher von den Mäusen und Ratten rund um menschliche Behausungen angezogen wurden! Viele Hauskatzen sind ziemlich rundlich, da sie meist gut gefüttert werden und sich ihr Essen nur selten selbst erjagen müssen. Wenn du eine Katze zeichnest, benutze große Kreise für Brust und Schenkel, die in dünne Beine auslaufen. Erhobene Pfoten solltest du anmutig darstellen. Da man Katzen häufig begegnet, sind sie das perfekte Studienobjekt zum Zeichnenlernen. Beobachte ihre Bewegungen und ihren Ausdruck und fange beides so gut wie möglich in deiner Zeichnung ein.

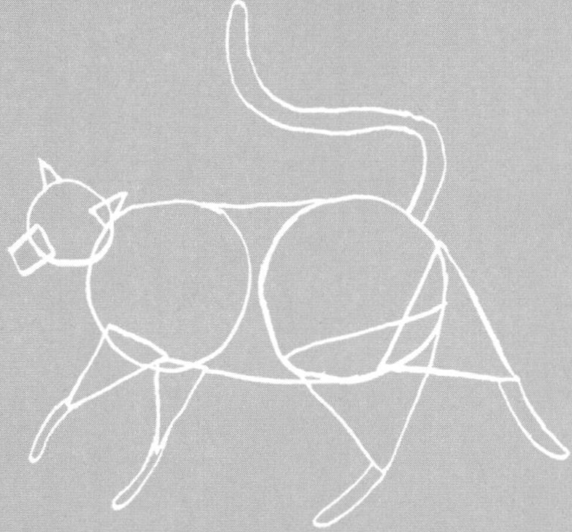

SCHRITT 1. Benutze für den Umriss einfache Formen. Große Kreise für Brust und Schenkel und zierliche, gebogene Formen für Füße und Pfoten.

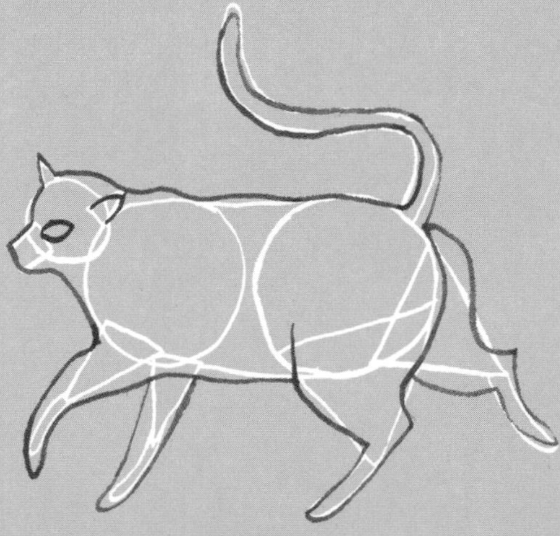

SCHRITT 2. Mit der Grundfarbe konturierst du die Katze, dann radierst du die Formen aus oder übermalst sie.

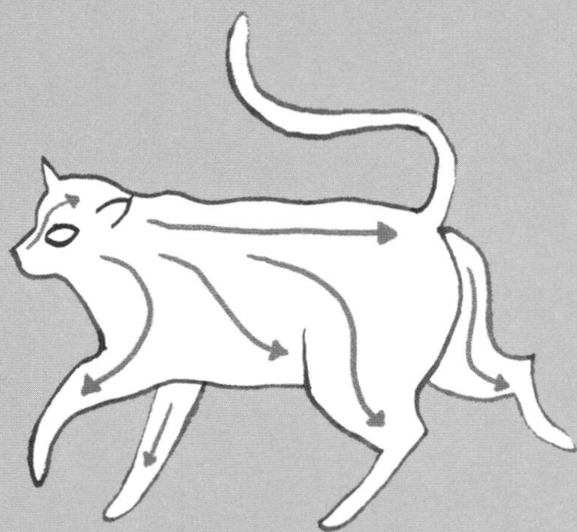

SCHRITT 3. Die Richtungspfeile oben helfen dir, dass die Textur des Katzenfells den natürlichen Fall bekommt.

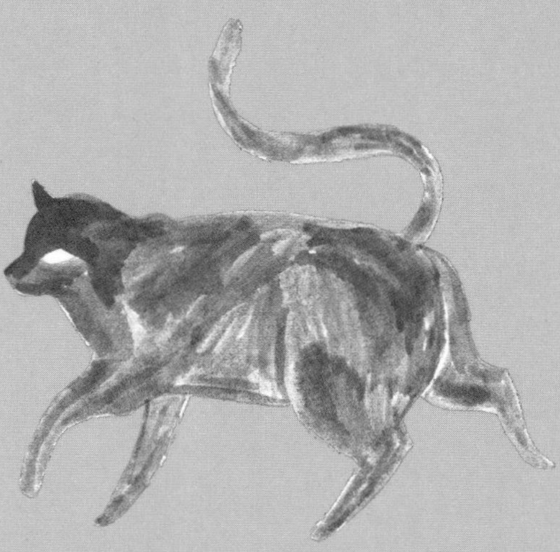

SCHRITT 4. Nun malst du die Katze mit der Grundfarbe aus. Unregelmäßige Pinselstriche lassen das Fell mehrschichtig aussehen. Lass genug Weiß vom Hintergrund stehen, das verstärkt die Textur.

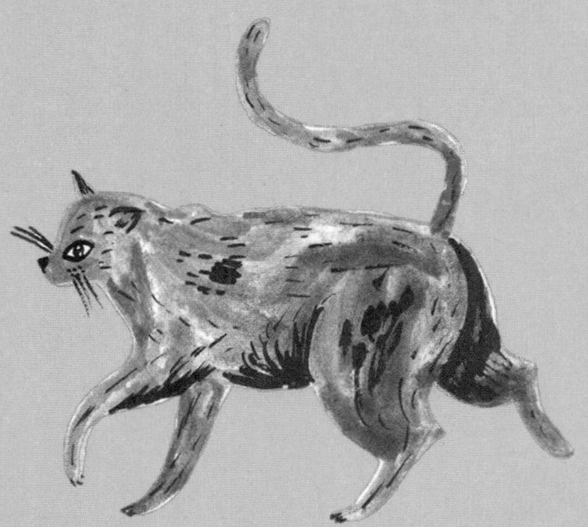

SCHRITT 5. Für die schattierte, gemusterte oder gefleckte Fellzeichnung verwendest du einen dunkleren Ton deiner Grundfarbe.

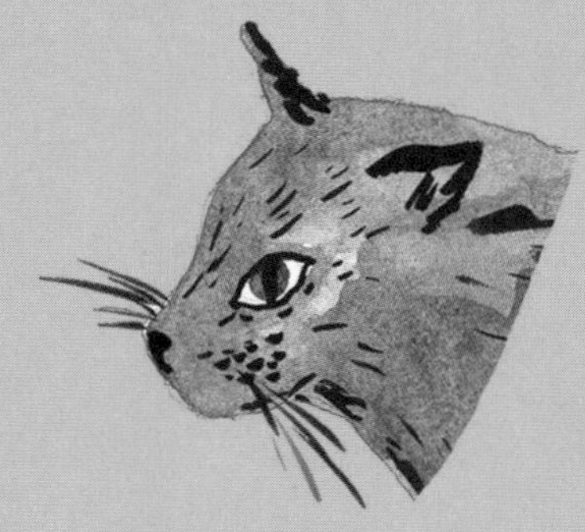

SCHRITT 6. Für die Gesichtsdetails konturierst du Augen, Ohren und Nase in Schwarz. Zuletzt ergänzt du ein paar dünne kleine Schnurrhaare.

HUNDE

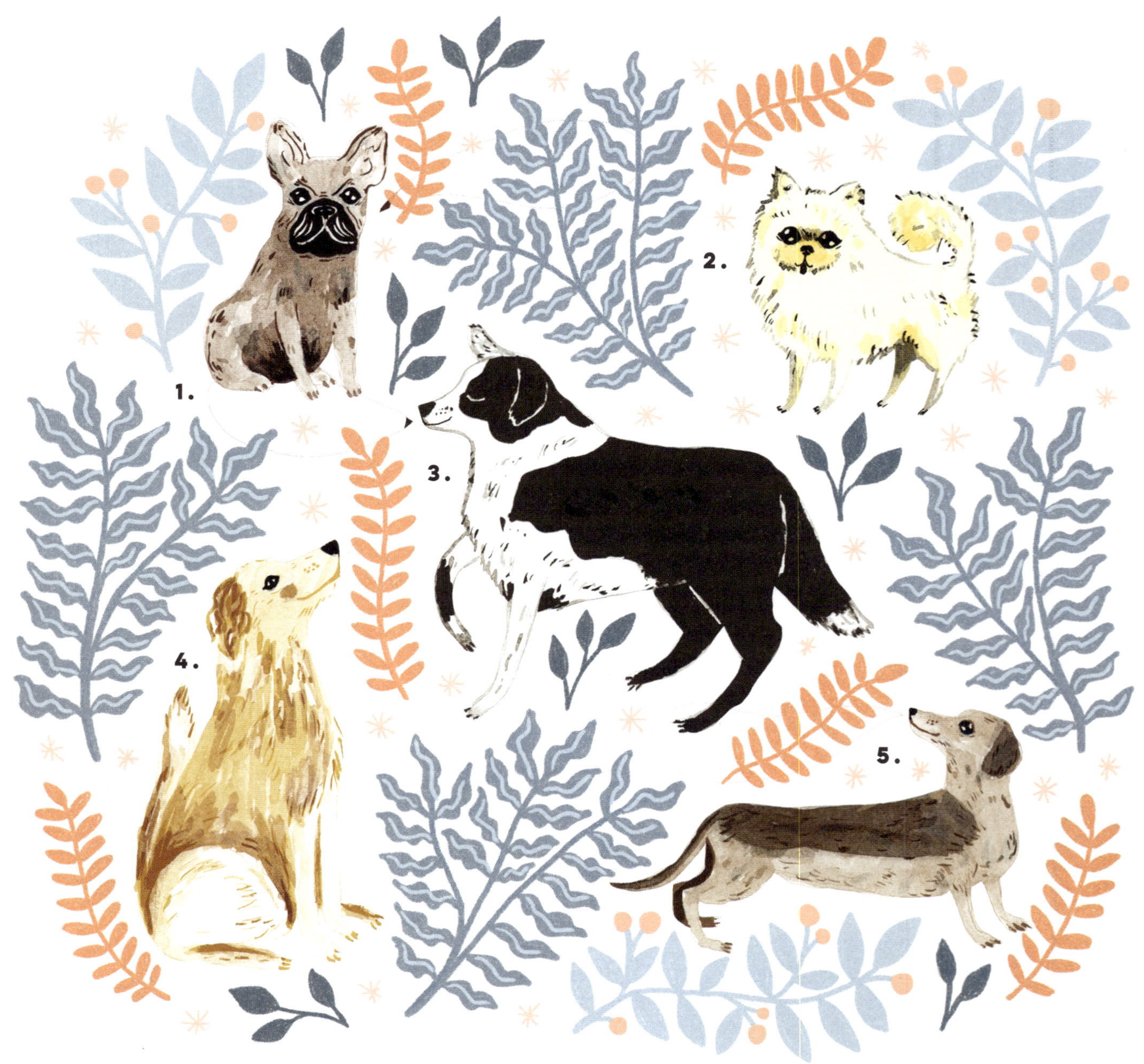

1. FRANZÖSISCHE BULLDOGGE (*CANIS FAMILIARIS*)
2. ZWERGSPITZ (*CANIS FAMILIARIS*)
3. BORDER COLLIE (*CANIS FAMILIARIS*)
4. GOLDEN RETRIEVER (*CANIS FAMILIARIS*)
5. DACKEL (*CANIS FAMILIARIS*)

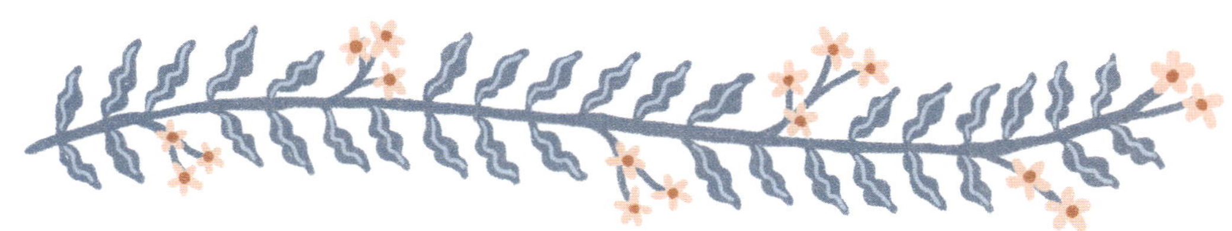

SCHRITT 1. Verwende einfache Formen für die Umrisse. Beachte, dass Brust, Hals und Schenkel breit sind, während die Beine dünn und zierlich sind.

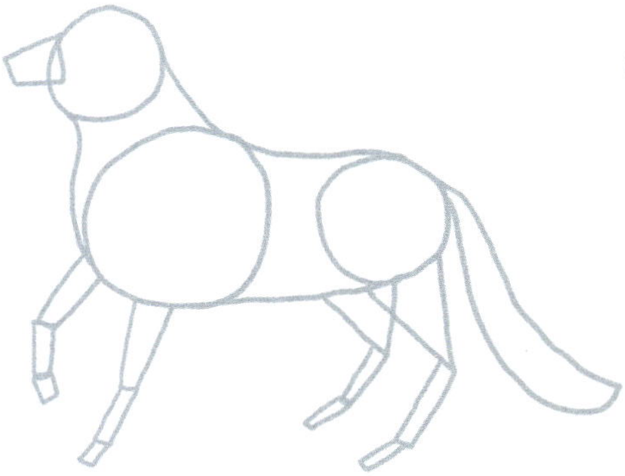

SCHRITT 2. Konturiere den Hund in der Grundfarbe und gib ihm Schlappohren und etwas dickeres Fell rund um die Brust. Radiere die Grundformen aus oder übermale sie.

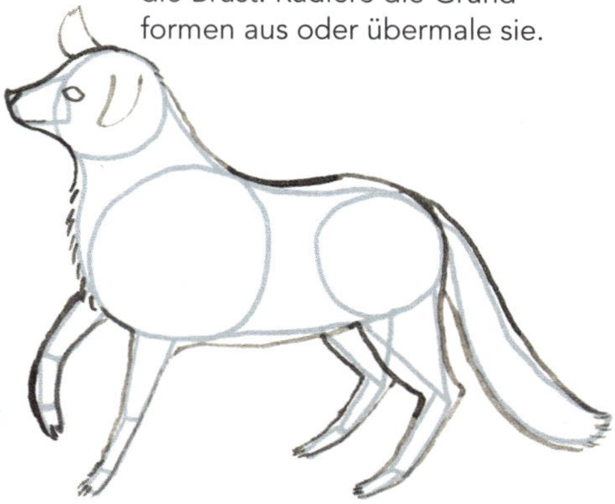

SCHRITT 3. Halte dich beim Malen des Fells an die Richtungspfeile. Beachte, dass das Fell eher nach unten als nach hinten verläuft.

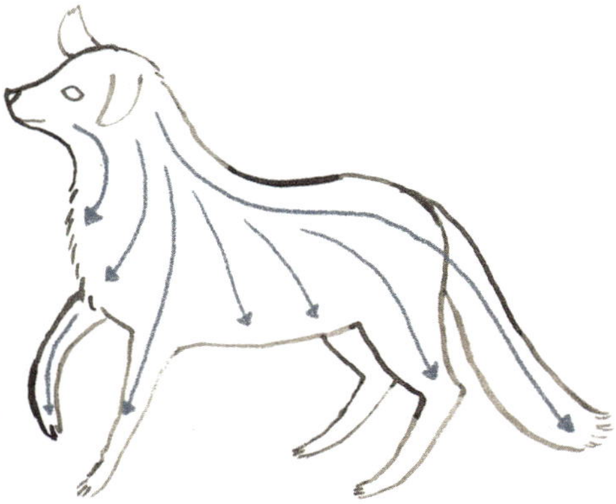

SCHRITT 4. Ergänze nun die richtigen Farben und das Muster der von dir gewählten Hunderasse. Unserer ist ein Collie! Hund haben selten Flecken oder eine Fellzeichnung, mit Ausnahme bestimmter Rassen, wie etwa Dalmatiner.

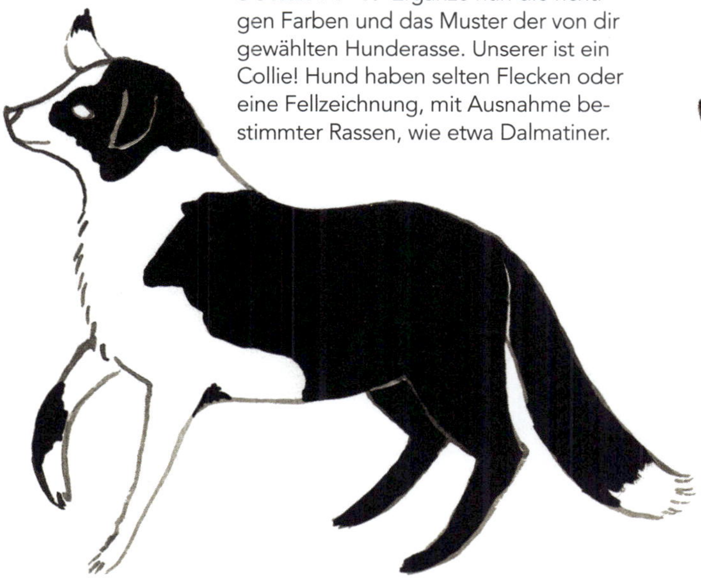

SCHRITT 5. Zuletzt bringst du mit einem dünnen Pinsel schwarze Striche auf die weißen Partien des Hundes für das Fell auf. Ergänze dann die Krallen und die Gesichtsdetails.

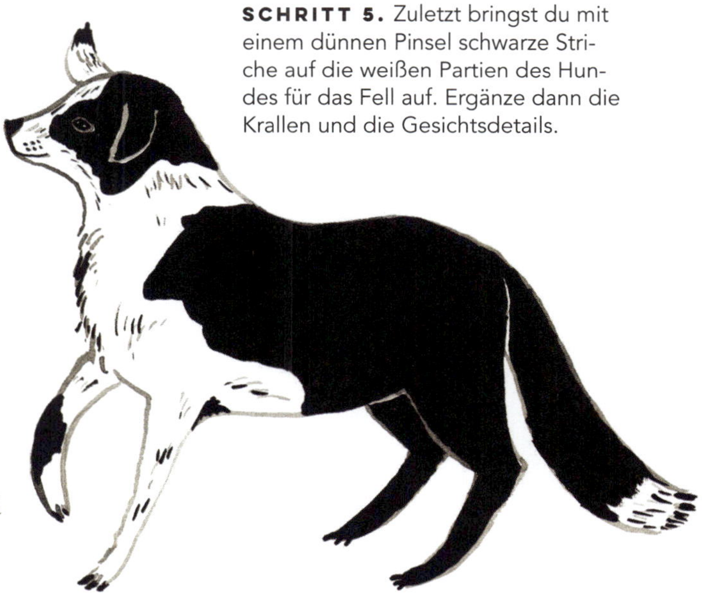

Es gibt kein Schema F, Hunde zu malen, da jede Rasse verschieden ist. Die meisten Hunde haben eine breite Brust und einen Hals, der in etwa so breit ist wie ihre Brust. Zuerst zeichnest du die vorderen Konturen größer als die des hinteren Bereichs. Diese Formen definieren die Breite von Brust und Kopf eines durchschnittlichen Hundes. Am stärksten prägt einen Hund seine Persönlichkeit – ist dein Hund eher mutig, nervös, schnell oder träge? Male erst einen Hund, den du kennst, so kannst du seine Bewegungen und Stimmungen abbilden.

WÖLFE

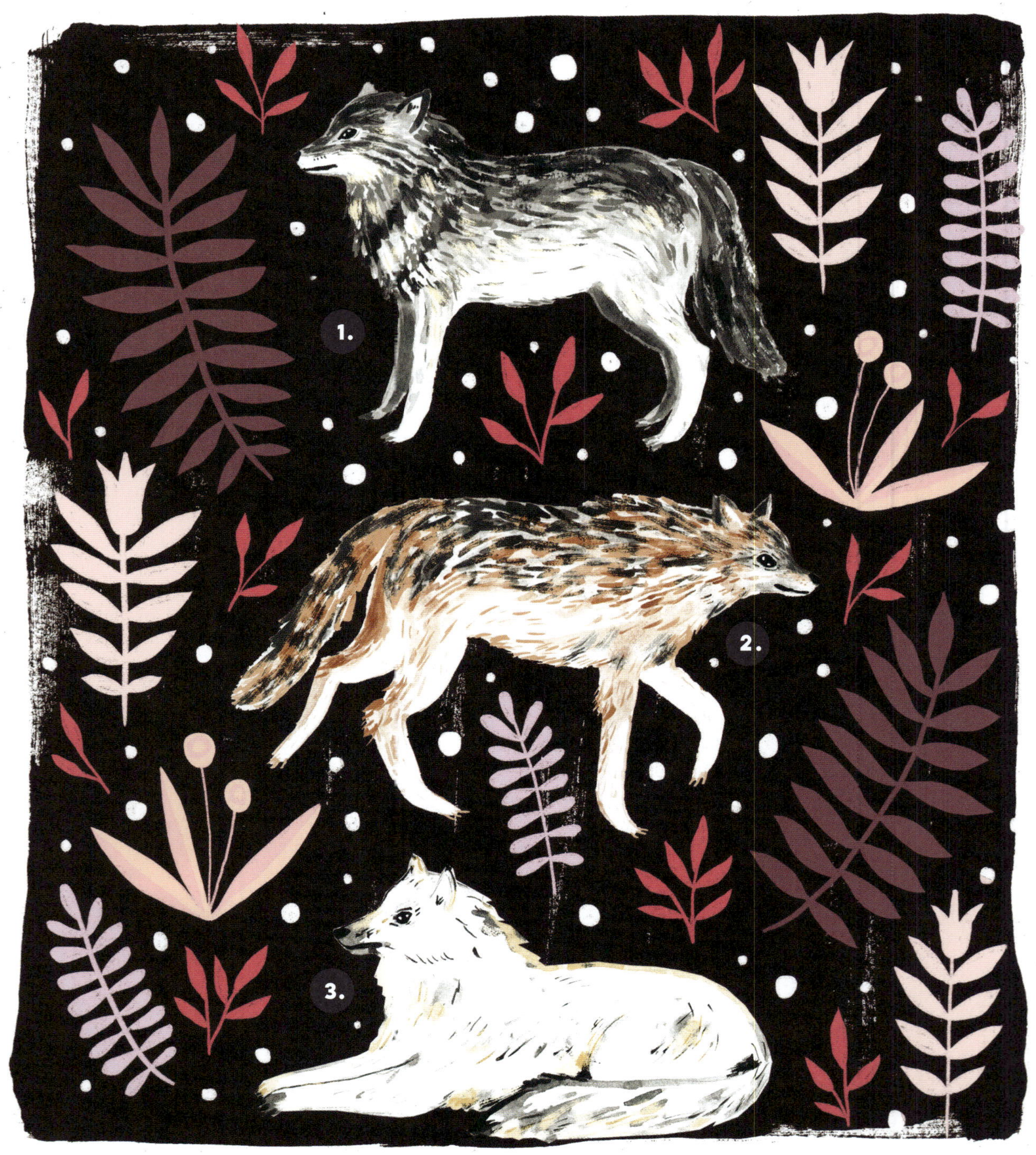

1. GRAUWOLF (*CANIS LUPUS*)
2. ROTWOLF (*CANIS LUPUS RUFUS*)
3. POLARWOLF (*CANIS LUPUS ARCTOS*)

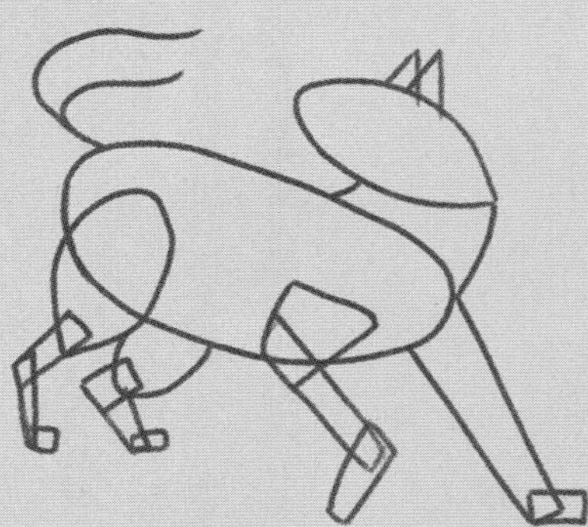

SCHRITT 1. Zeichne die Grundform des Körpers, der wendiger und dünner ist als der von Hunden. Auch der Schwanz ist breiter.

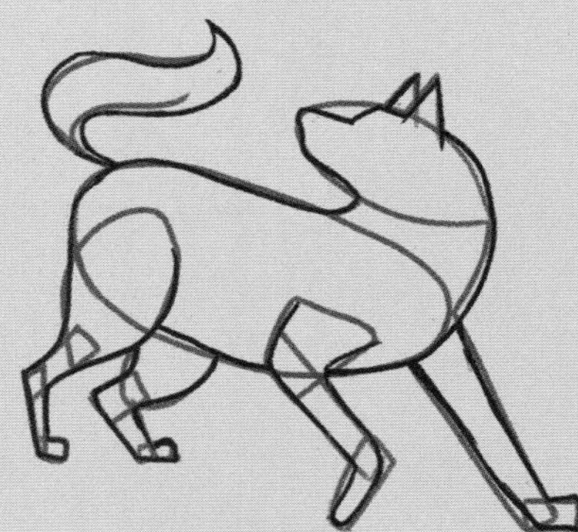

SCHRITT 2. Konturiere den Wolf mit deiner Grundfarbe und ergänze dünne, wolfähnliche Punkte auf Gesicht und Schwanz. Radiere die Grundformen aus oder übermale sie.

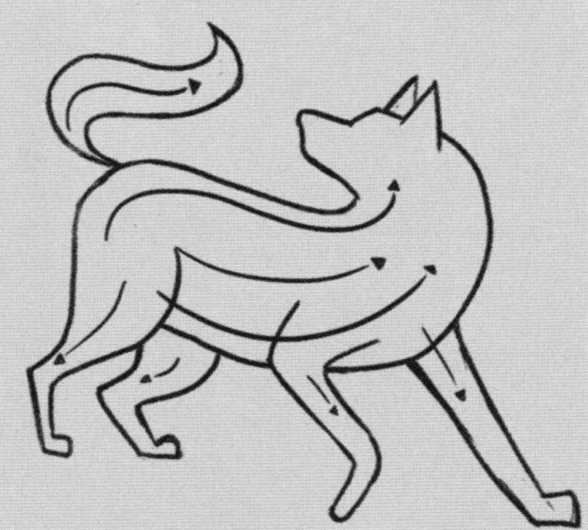

SCHRITT 3. Richte dich beim Malen des Fells nach den Richtungspfeilen, um den natürlichen Fall des Wolfsfells wiederzugeben.

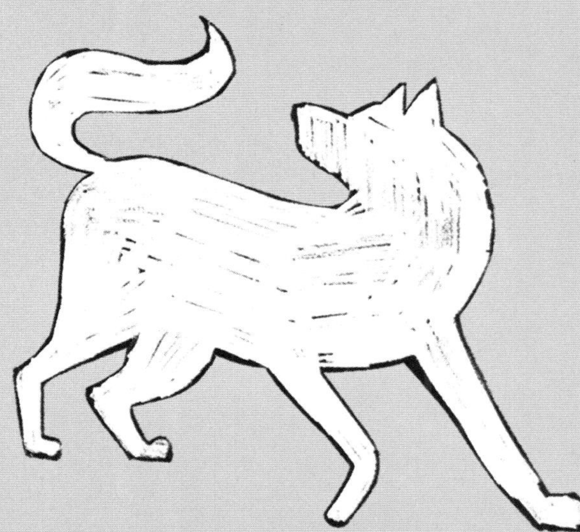

SCHRITT 4. Mit unregelmäßigen Pinselstrichen malst du den Wolf in einer helleren Farbe aus. Ergänze kleine dunklere Details und Striche für eine fellige Textur.

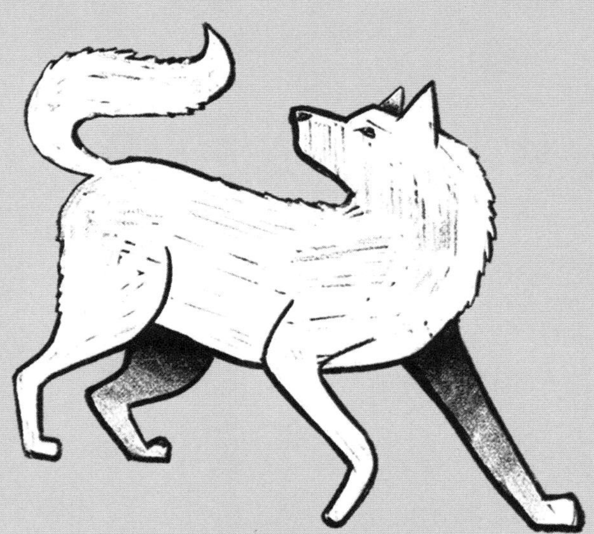

SCHRITT 5. Benutze ein dunkleres Grau oder Schwarz für den Schatten auf dem Unterbauch und das zottelige Fell an Schwanz, Rücken und Hals. Zuletzt ergänzt du die Gesichtsdetails in Schwarz.

Es ist eine Schande, dass Wölfe in Märchen immer die Bösewichte sind, wo sie doch genauso schön sind wie die meisten Haushunde. Aber nicht jede Kultur verdammt Wölfe, bei den Indianern Nordamerikas stehen sie für Mut, Treue und Stärke. Einen Wolf zeichnest du ähnlich wie einen Hund, allerdings haben Wölfe mehr Fell rund um Kopf und Nacken, und ihr Schwanz ist buschiger. Du kannst diese Details ein wenig übertreiben, damit man den Wolf gleich erkennt. Deine Zeichnungen müssen nicht immer absolut realistisch sein, erlaube deiner Kreativität, einzelne Details zu ergänzen und zu betonen, die dein Werk in deinen Augen verbessern.

FÜCHSE

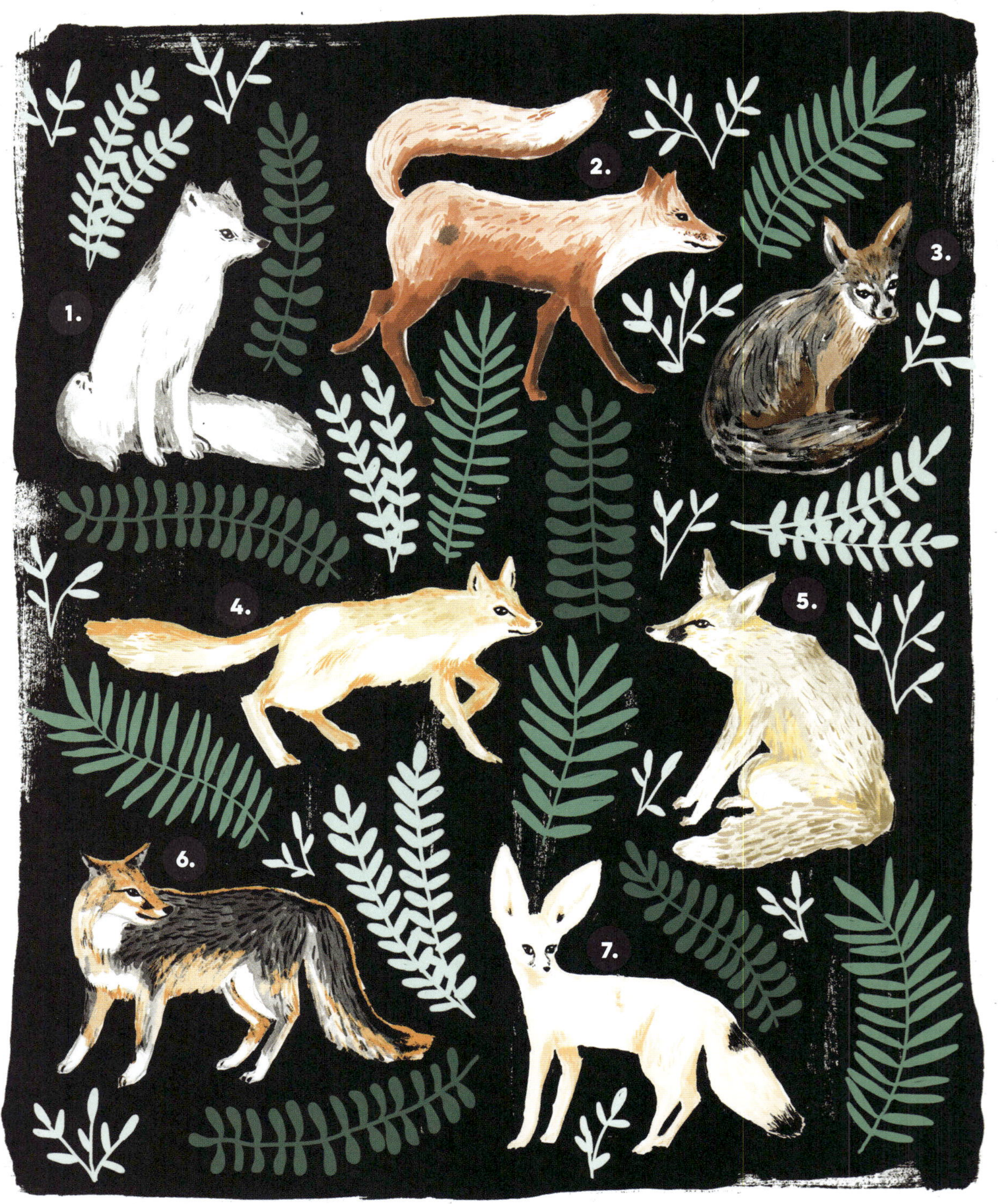

1. POLARFUCHS (*VULPES LAGOPUS*) 2. ROTFUCHS (*VULPES VULPES*) 3. KITFUCHS (*VULPES MACROTIS*) 4. SWIFTFUCHS (*VULPES VELOX*) 5. SANDFUCHS (*VULPES RUEPPELLII*) 6. GRAUFUCHS (*UROCYON CINEREROARGENTEUS*) 7. FENNEK (*VULPES ZERDA*)

SCHRITT 1. Zeichne die Grundform deines Fuchses. Die Gliedmaßen sind zierlich wie bei einer Katze und der Schwanz breit und spitz zulaufend.

SCHRITT 2 UND 3. Konturiere den Fuchs mit deiner Grundfarbe. Radiere die Grundformen aus oder übermale sie. Folge beim Malen des Fells den Richtungspfeilen.

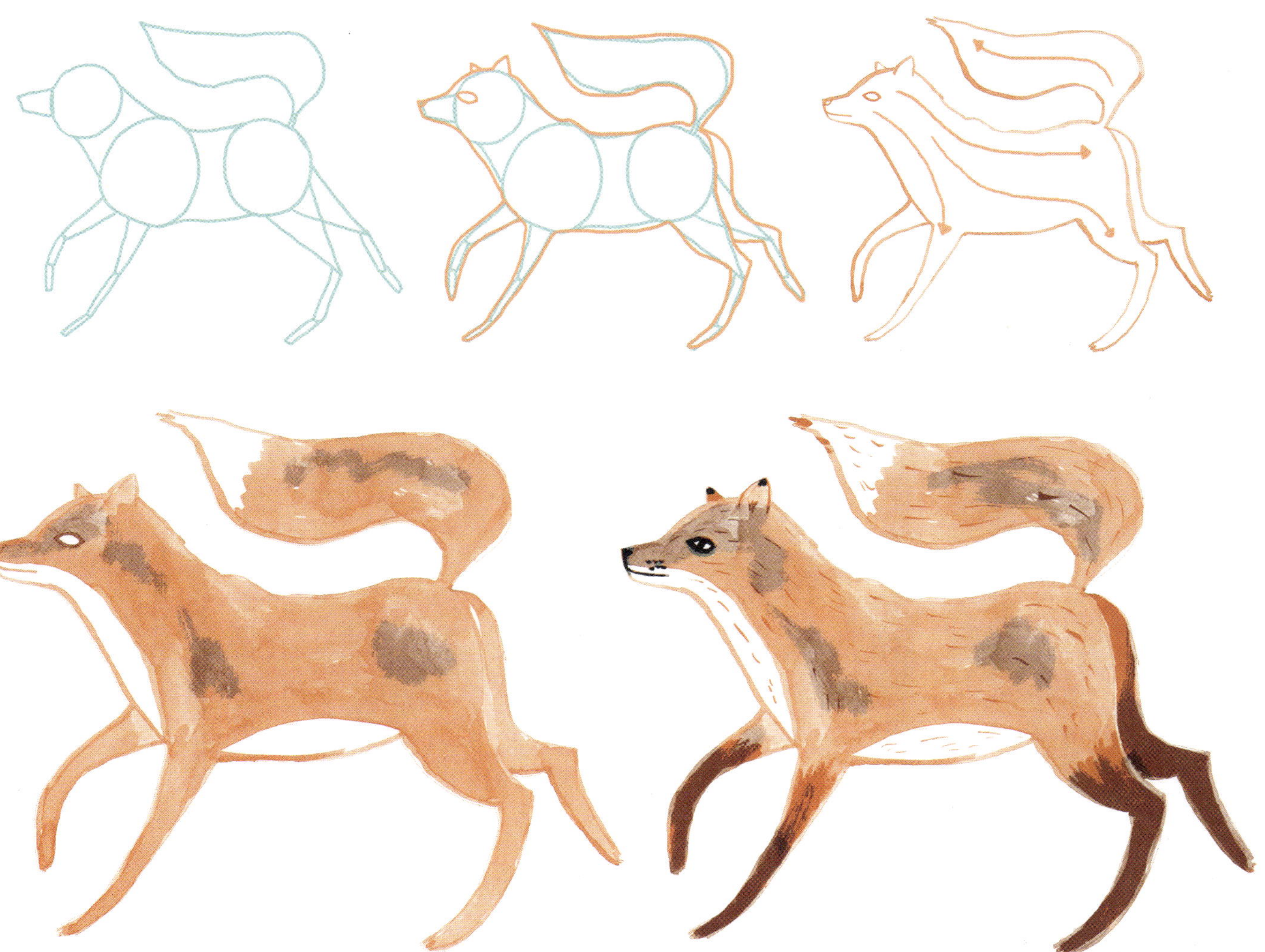

SCHRITT 4. Male den Fuchs mit der Grundfarbe aus. Lass die Körperunterseite und die Schwanzspitze weiß.

SCHRITT 5. Betone Ohren, Pfoten und Schwanzspitze mit einer dunkleren Farbe. Dann zeichnest du mit einem kleinen Pinsel Striche für das Fell und die Gesichtsdetails.

Der Fuchs ist uns eine Art Seelentier. An dem Abend, als Harry und ich beschlossen, unsere Jobs zu kündigen, um Vollzeit-Illustratoren zu werden, huschte ein schöner roter Fuchs über unseren Weg, als wir unseren Entschluss mit einem Eis feiern wollten. Für uns war das wie die Segnung unseres Vorhabens. Wenn du einen Fuchs malst, betone die markanten Merkmale, wie den dicken buschigen Schwanz und die lange dünne Nase. Füchse brauchen, im Gegensatz zu Hund und Wolf, keine breite Brust und Kopf. Gib ihm stattdessen die Geschmeidigkeit einer Katze.

PFERDE

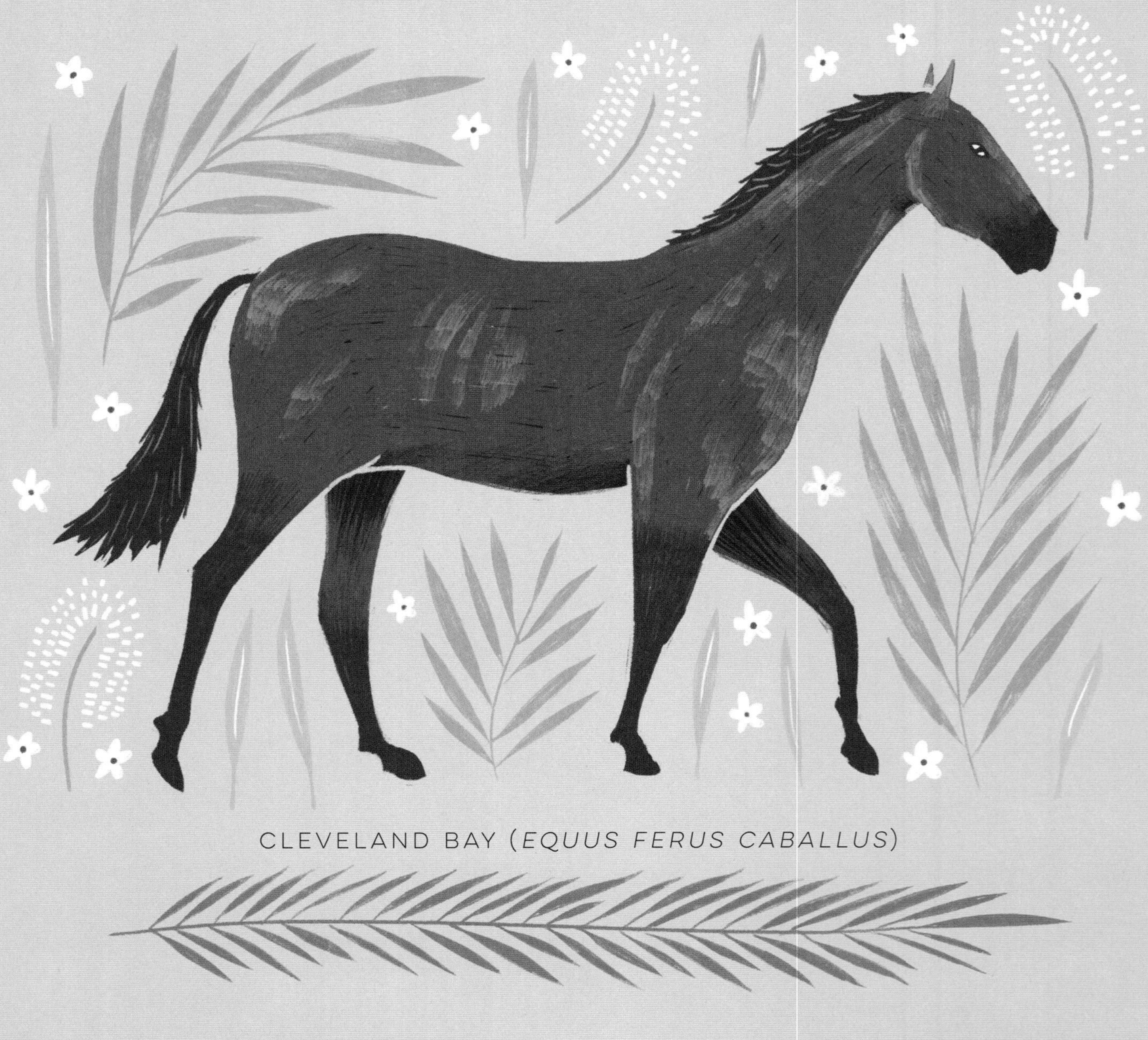

CLEVELAND BAY (*EQUUS FERUS CABALLUS*)

Menschen haben eine lange und traditionsreiche Beziehung zu Pferden, und in vielen Geschichten tauchen sie als unsere Gefährten und Freunde auf. Es gibt mehr als 350 Pferderassen mit einer großen Bandbreite an Eigenschaften. Wir wählten einen Cleveland Bay, da seine Form und Farbe dem entspricht, was die meisten sich unter einem Pferd vorstellen.

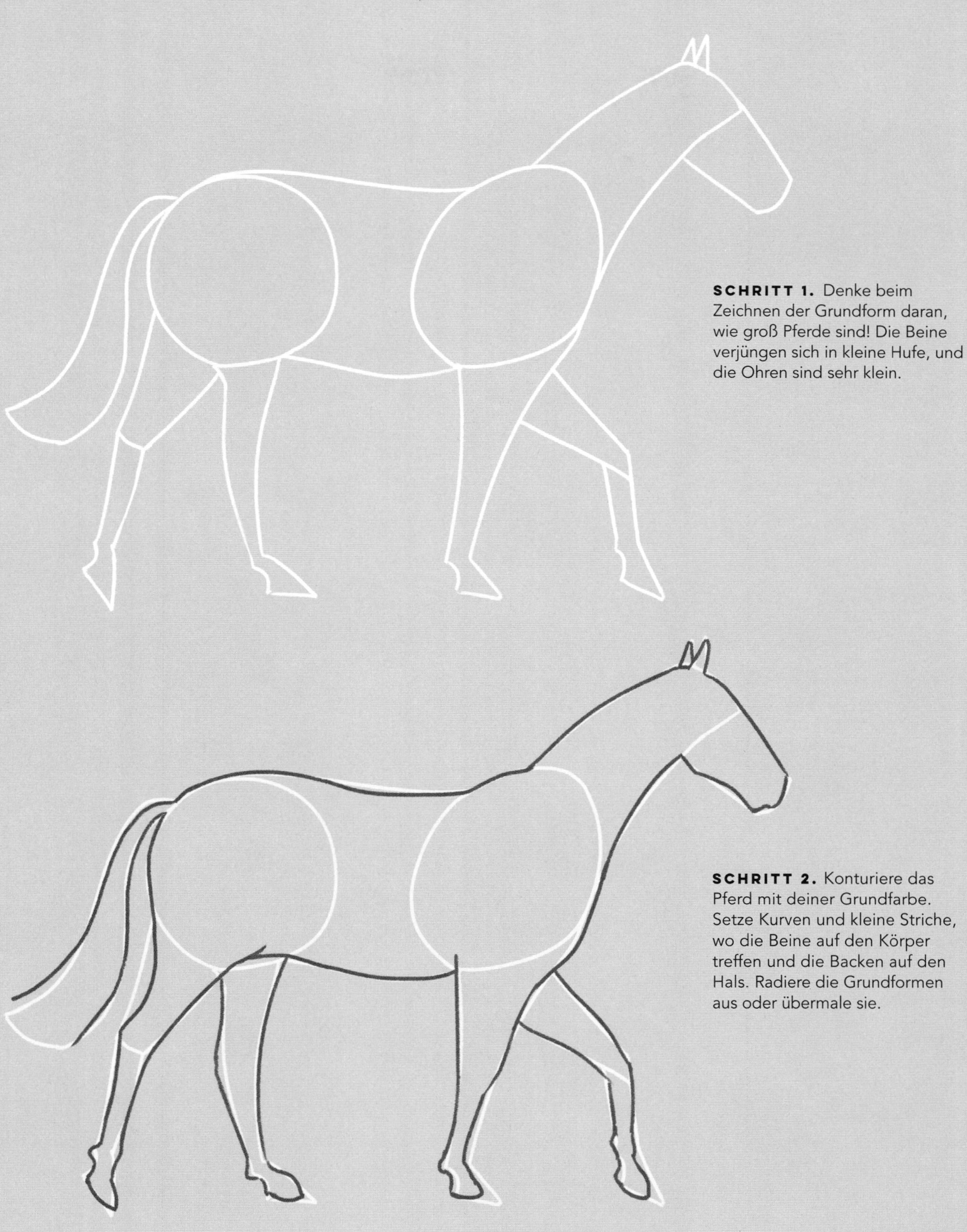

SCHRITT 1. Denke beim Zeichnen der Grundform daran, wie groß Pferde sind! Die Beine verjüngen sich in kleine Hufe, und die Ohren sind sehr klein.

SCHRITT 2. Konturiere das Pferd mit deiner Grundfarbe. Setze Kurven und kleine Striche, wo die Beine auf den Körper treffen und die Backen auf den Hals. Radiere die Grundformen aus oder übermale sie.

SCHRITT 3. Folge beim Malen des Fells den Richtungspfeilen. Da Pferde mit dem Kopf voran laufen, setze deine Pinselstriche nach oben und Richtung Gesicht. Male das Pferd mit der Grundfarbe aus.

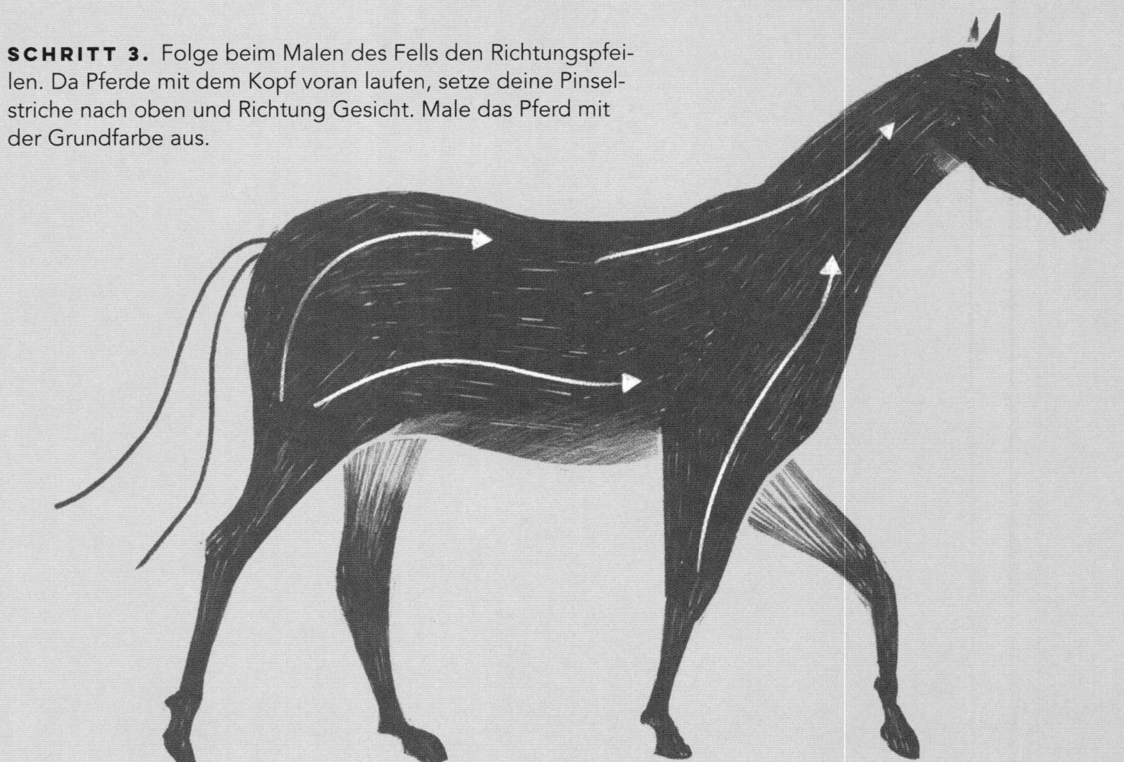

SCHRITT 4. Male Schwanz und Mähne mit einer dunkleren Schattierung der Grundfarbe aus und betone die Beine und die Spitze des Kopfes. Mit derselben Farbe kannst du auch Schatten unter das Kinn und die Beine setzen.

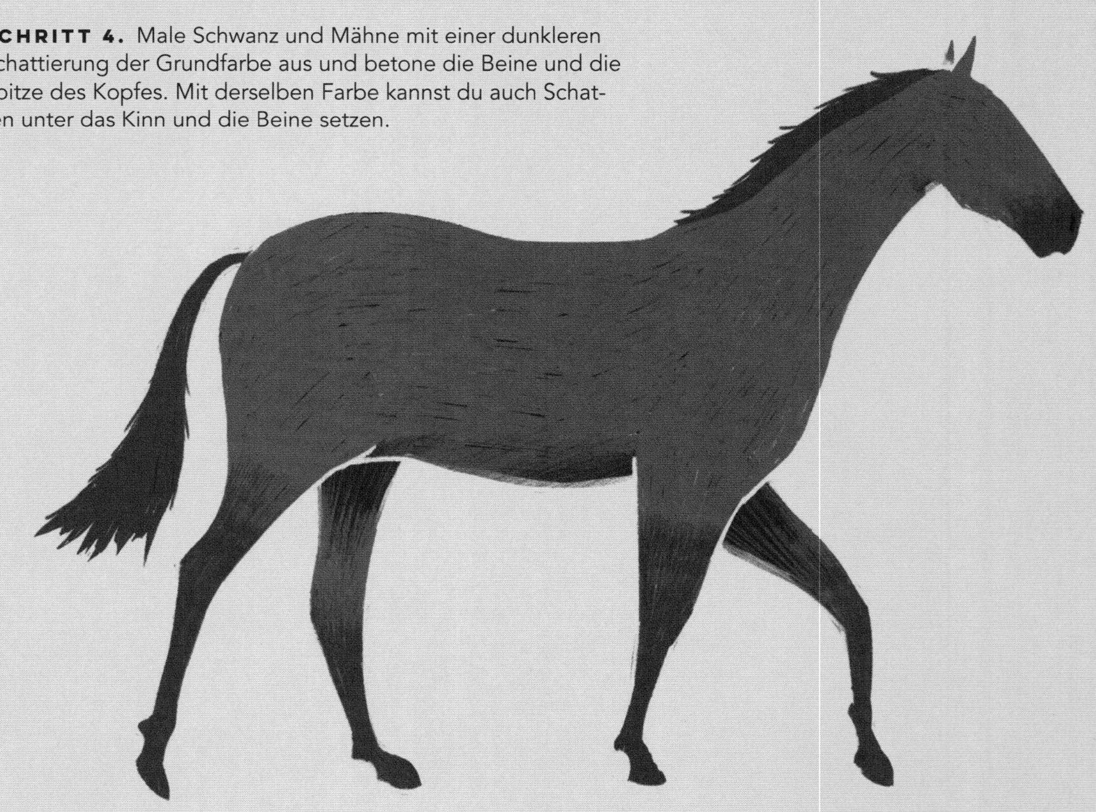

SCHRITT 5. Setze mit einer helleren Schattierung der Grundfarbe großzügig Akzente auf Brust und Schenkel, ebenso Striche in das Haar. Zuletzt ergänzt du die Gesichtsdetails mit Schwarz.

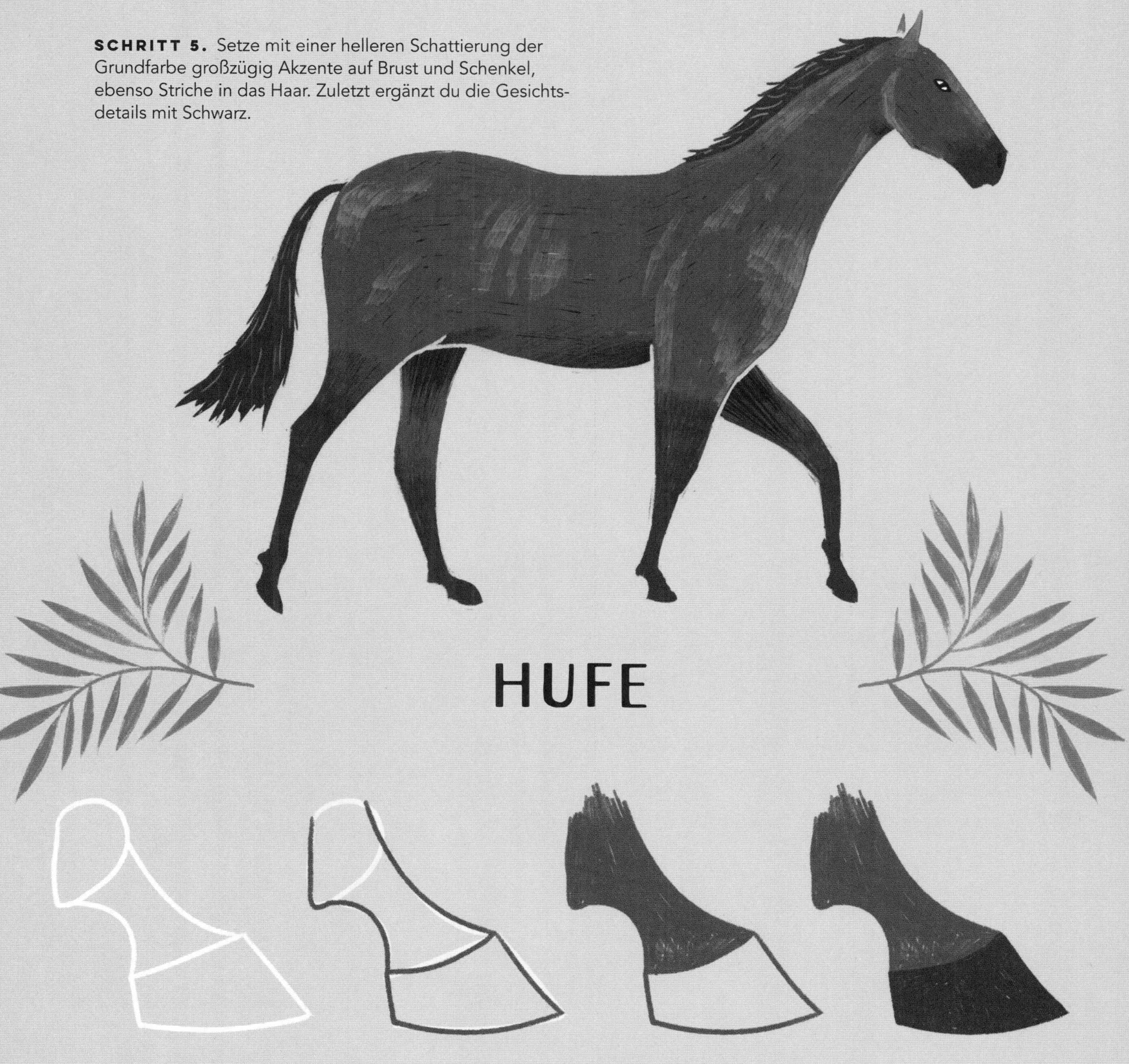

HUFE

Wenn du ein Pferd zeichnest, solltest du den Hufen besondere Beachtung schenken. Schaue, wie sie leicht über das Bein hinausstehen. Auch die Augen sitzen weiter oben am Kopf, als du vermutlich denkst! Diese noch so kleinen Details sind ein gutes Beispiel dafür, wie sich unsere Wahrnehmung manchmal von dem wirklichen Aussehen von Tieren unterscheidet.

ROTWILD

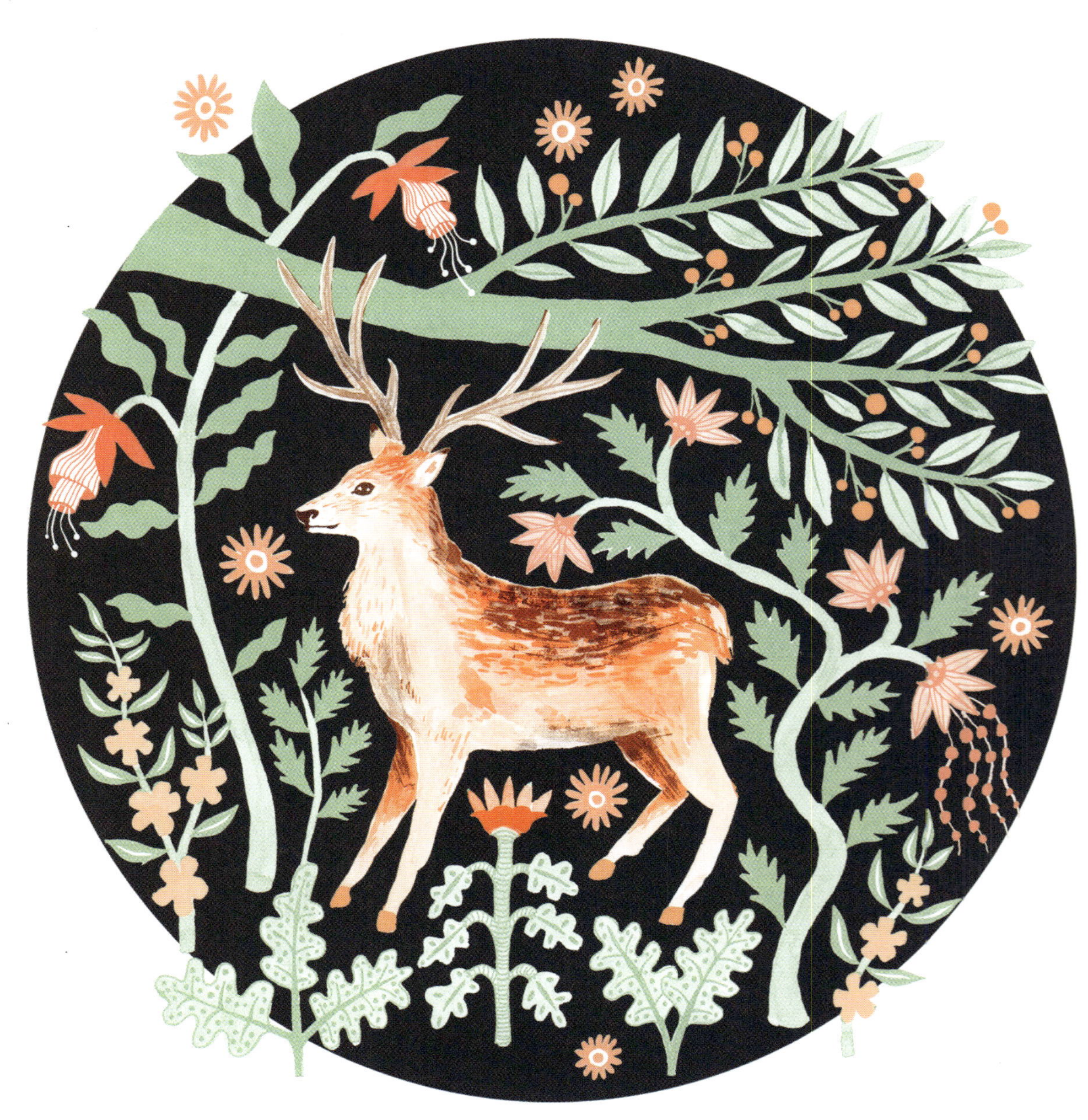

ROTHIRSCH (*CERVUS ELAPHUS*)

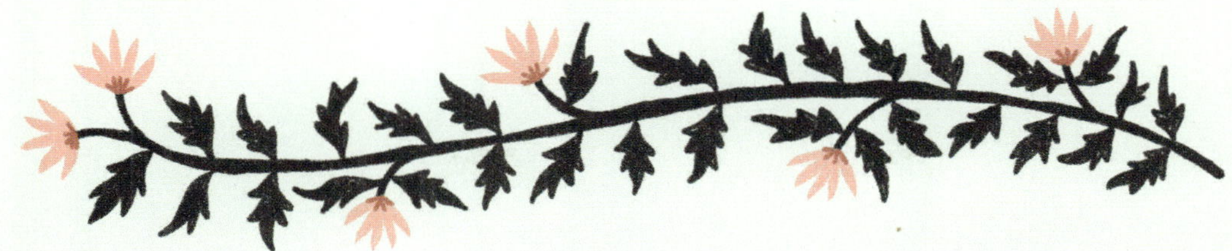

SCHRITT 1. Der Körper von Rotwild ähnelt dem eines Pferdes (siehe S. 37), nur etwas kleiner und zierlicher. Beine und Hufe sollten klein und zart sein, damit das Tier ungehindert springen kann. Setze das Geweih in einfachen Strichen auf den Kopf.

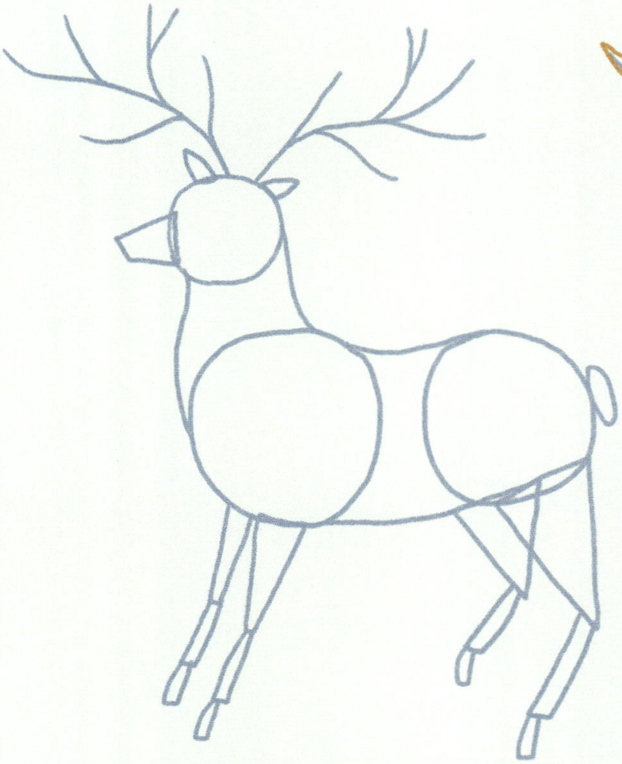

SCHRITT 2. Male dein Wild mit der Grundfarbe aus und setze rund um die Brust ein dickeres Fell. Nimm dir für das Geweih Zeit, da die Form einzigartig ist. Radiere die Grundformen aus oder übermale sie.

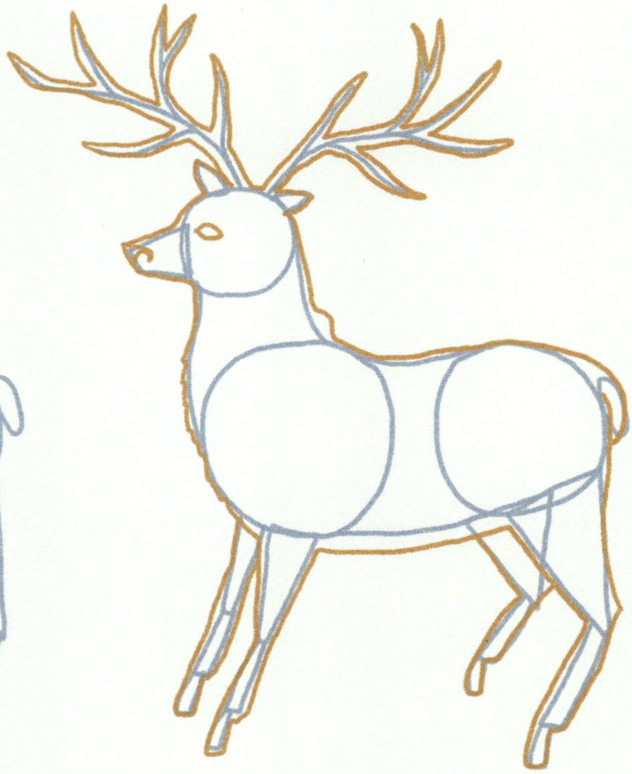

Männliches und weibliches Rotwild, also Hirsch und Ricke, haben unterschiedliche Formen und Merkmale. Ricken sind zierlicher und haben ein kürzeres Fell, während Hirsche (auch Böcke genannt) breiter und stärker sind, mit flauschigem Fell am Nacken und großem Geweih auf dem Kopf.

Wild hält den Kopf, außer beim Grasen, hoch erhoben und bleibt so, um ein Auge auf Raubtiere zu haben. Hier haben wir unser Wild mit erhobenem Kopf gezeichnet, sodass dieser über dem Körper steht.

SCHRITT 3 UND 4. Folge beim Malen des Fells den Richtungspfeilen und lass die Unterseiten von Bauch, Brust und Kopf weiß.

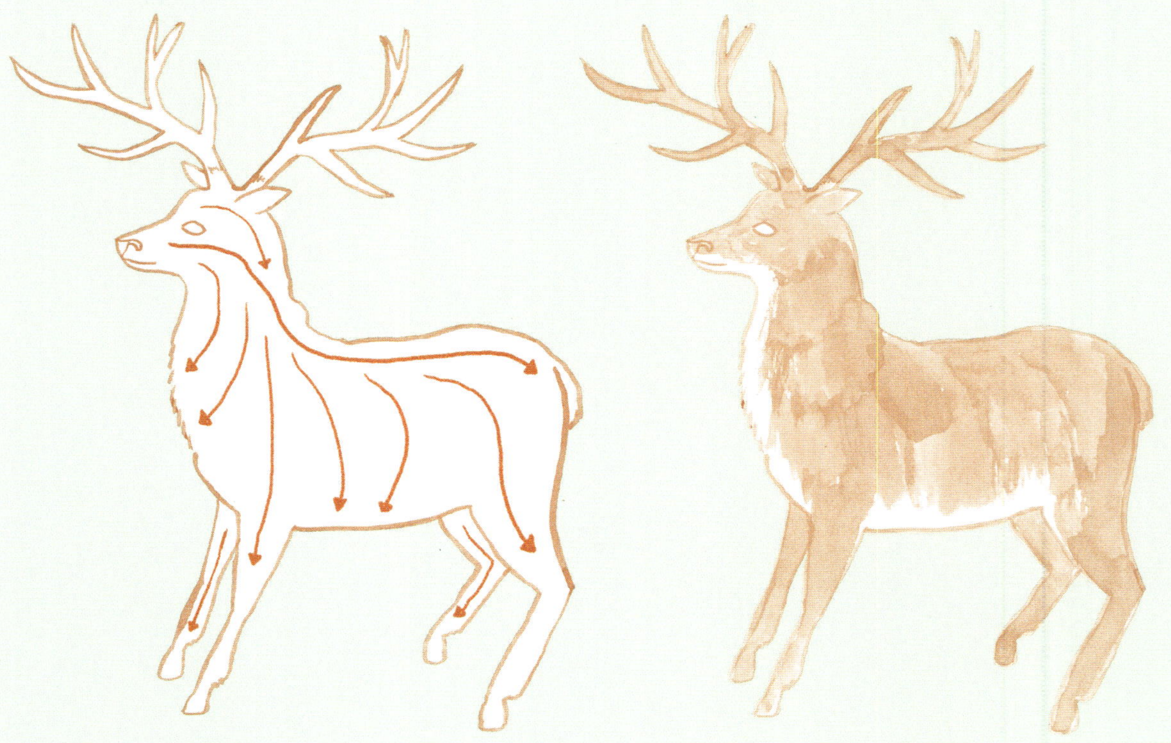

SCHRITT 5. Setze eine leicht dunklere Farbschicht auf den Rücken und die Beininnenseiten des Tieres. Vergiss nicht, rund um den Geweihansatz das Fell ein wenig dunkler zu malen, damit es wirkt, als ob das Geweih direkt aus dem Kopf wachsen würde!

SCHRITT 6. Benutze eine dunklere Schattierung für das Fell auf der Oberseite. Male die Hufe mit einem kleinen Pinsel aus. Wenn du magst, ergänze Musterstriche auf dem Geweih für eine holzähnliche Textur.

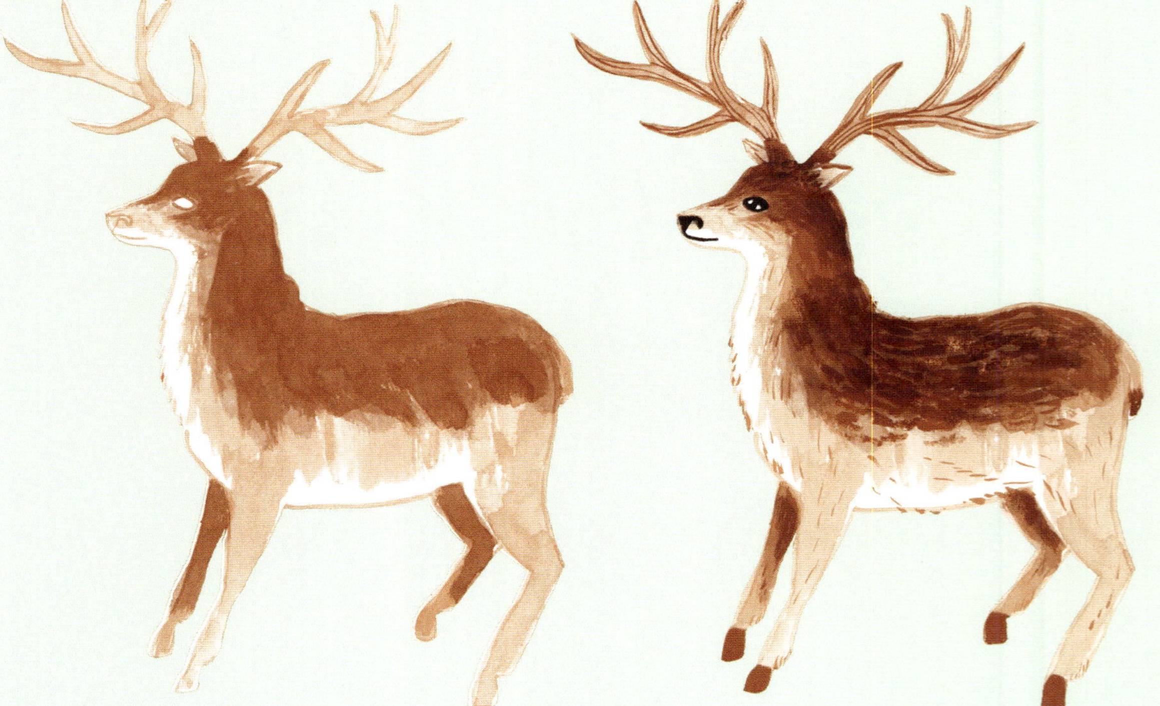

GEWEIHE

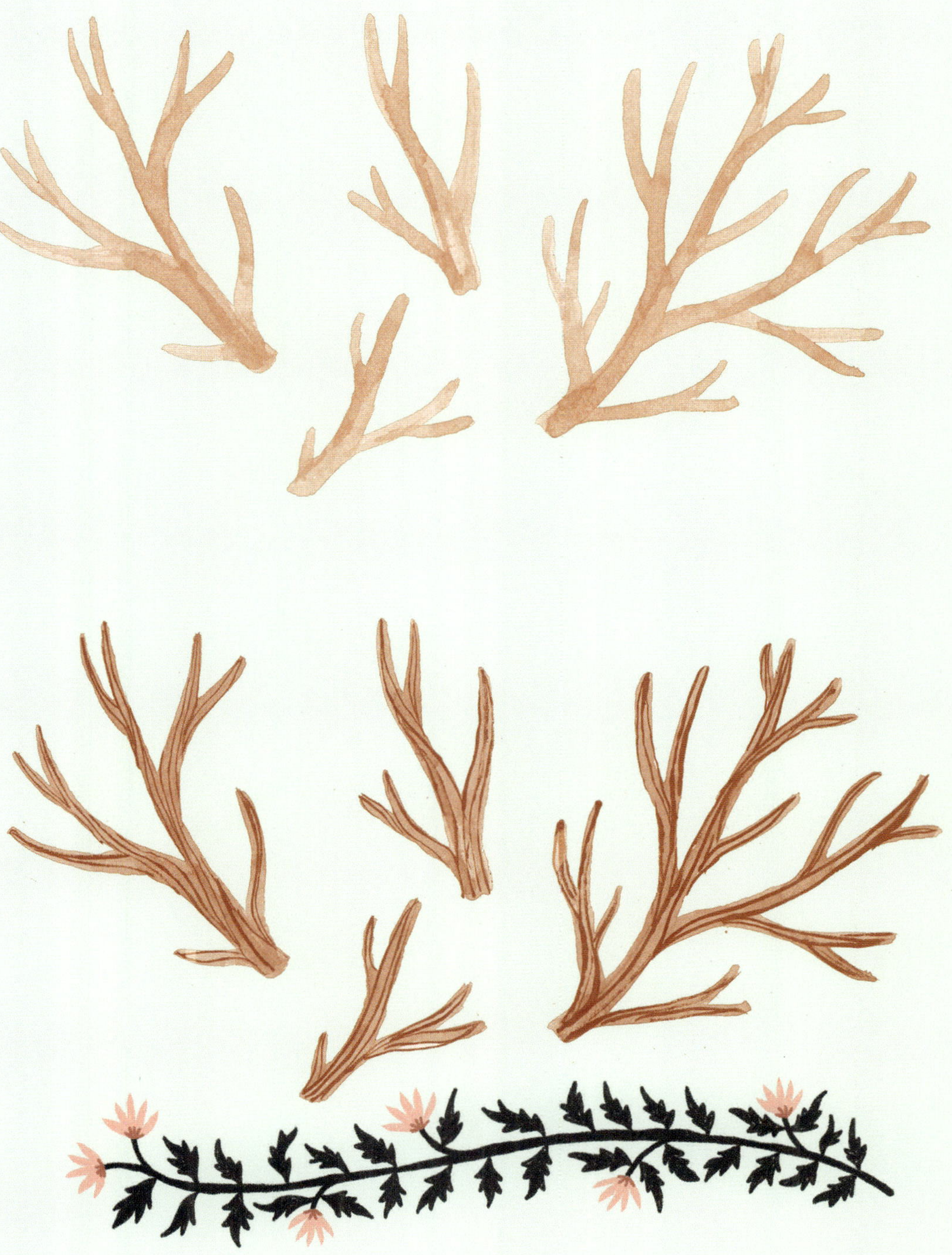

Form und Größe eines Geweihs unterscheiden sich von Hirsch zu Hirsch, vor allem weil sie es jedes Jahr abwerfen und ein neues nachwächst.

Zeichne das Geweih groß und kunstvoll. Male das Geweih aus und setze dünne Striche in einer dunkleren Farbe, um die Rillen im Geweih wiederzugeben.

HASEN

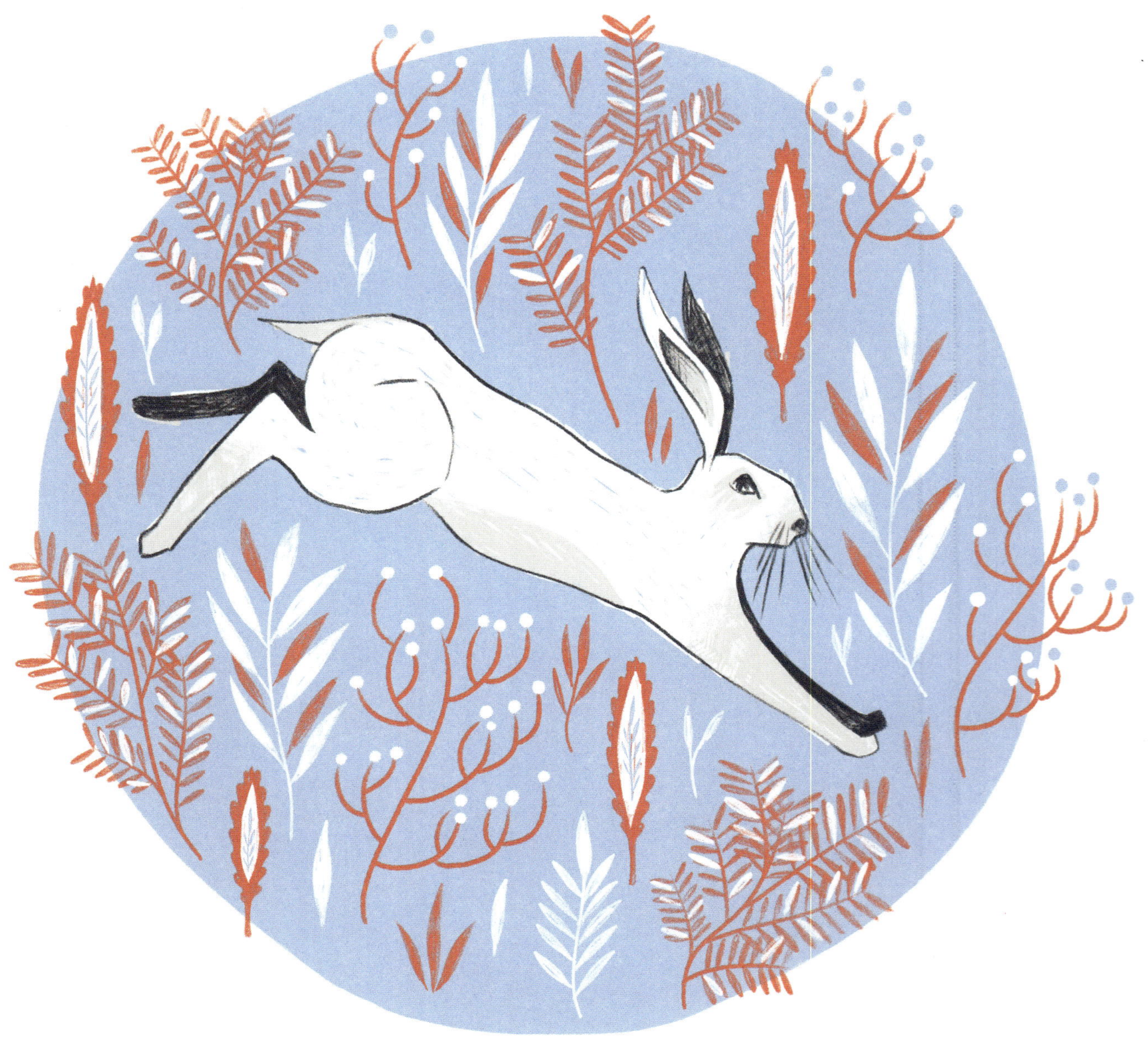

SCHNEEHASE (*LEPUS TIMIDUS*)

Hasen sind nicht, wie viele meinen, Nagetiere – Hasen und Kaninchen haben eine eigene Familie, die *Leporidae*. Obwohl sie als gewöhnlich gelten, sind Hasen doch ganz besondere Tiere. Bei Gefahr können sie mit ihren dünnen Beinen auf über 50 km/h beschleunigen.

SCHRITT 1. Zeichne die Grundform des Hasen (siehe S. 22), konzentriere dich auf die Schenkel, wo seine Schnell- und Sprungkraft liegen. Ein Hase in Bewegung ist gestreckt und lang. Zeichne deshalb den restlichen Körper lang und dünn.

SCHRITT 2. Konturiere den Hasen mit deiner Grundfarbe. Male mit einer dunkleren Farbe die dunklen kleinen Äuglein, Schnurrhaare, Innenohr und die Gliedmaßen im Hintergrund aus. Radiere die Grundformen aus oder übermale sie.

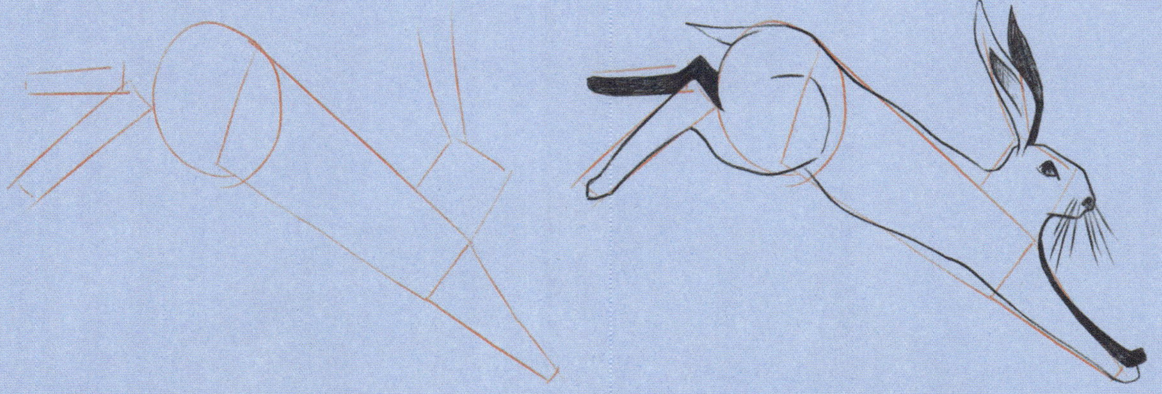

SCHRITT 3 UND 4. Male den Hasenkörper mit langen, gleichmäßigen Pinselstrichen mit der Grundfarbe aus. Dann setze ein paar einfache Akzente mit einer dunkleren Farbe auf Bauch, Gliedmaßen und Kopf.

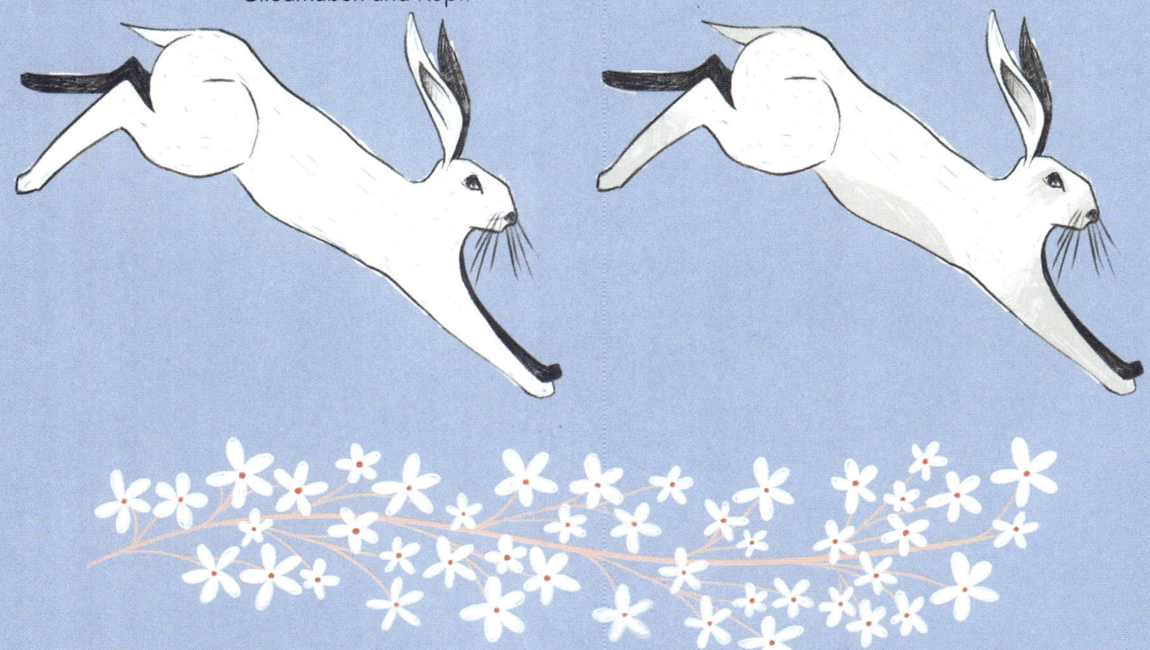

Wenn ich Hasen und Kaninchen zeichne, mache ich die Ohren immer größer, da sie ein wichtiges Erkennungszeichen sind. Aber du solltest auch auf die Hinterläufe achten. Sie mögen zwar den Hinterbeinen anderer Säuger ähneln, die Hinterläufe von Hasen sind jedoch länger. Hier haben wir einen Hasen in Bewegung gezeichnet, erkennbar an Ohren und Beinen. Wie oben zu sehen, haben wir für die Konturen des Fells hellere Striche gesetzt und Muster ergänzt, die scheinbar nach hinten fliegen – um darzustellen, wie der Hase beim Erblicken des Familienhunds die Flucht ergreift.

ROTER PANDA

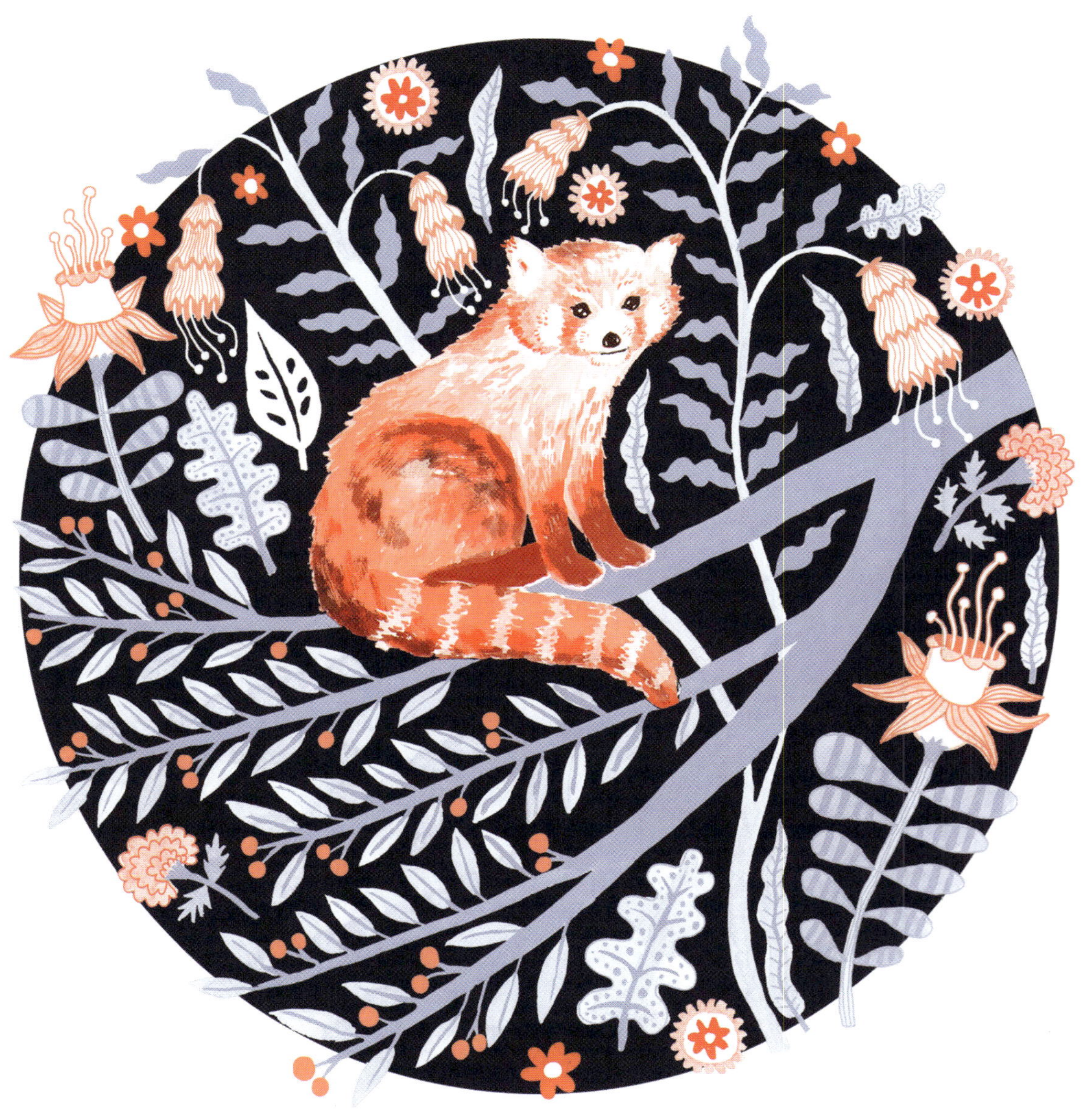

ROTER PANDA (*AILURUS FULGENS*)

SCHRITT 1. Für die Grundform deines Pandas beginnst du mit einem großen Kreis für das Hinterbein und einem Oval für den Kopf. Verbinde die beiden Formen und ergänze Nase, Schwanz und Vorderpfoten.

SCHRITT 2 UND 3. Konturiere den Panda mit der Grundfarbe. Beachte, dass der Panda rund um Schwanz, Gesicht und Schenkel mehr Fell hat. Radiere die Grundformen aus oder übermale sie. Die Richtungspfeile zeigen dir, wie deine Pinselstriche in den felligen Partien verlaufen sollen, also aus dem Gesicht, um die Rundung des hinteren Beines und nach unten zum Schwanz.

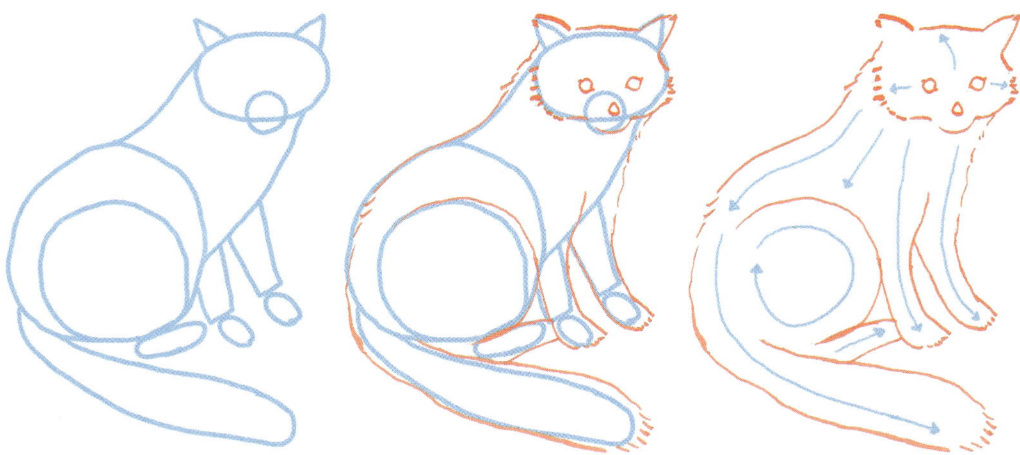

SCHRITT 4. Male den Panda in der Grundfarbe aus. Spare die weißen Flächen aus, insbesondere die Linien im Gesicht und auf dem Schwanz. Denke an den charakteristischen weißen Bereich in der Mitte des Gesichts, ebenso wie an die Bereiche unterhalb und rechts der Augen.

SCHRITT 5 UND 6. Nimm eine dunklere Schattierung, um die Umrisse zu betonen. Mache sie noch dunkler, wo nötig. Mit einem kleinen Pinsel oder einem Stift ergänzt du rundum kleine rote Fellstriche. Zuletzt zeichnest du mit einem dunkleren Ton die Gesichtsdetails.

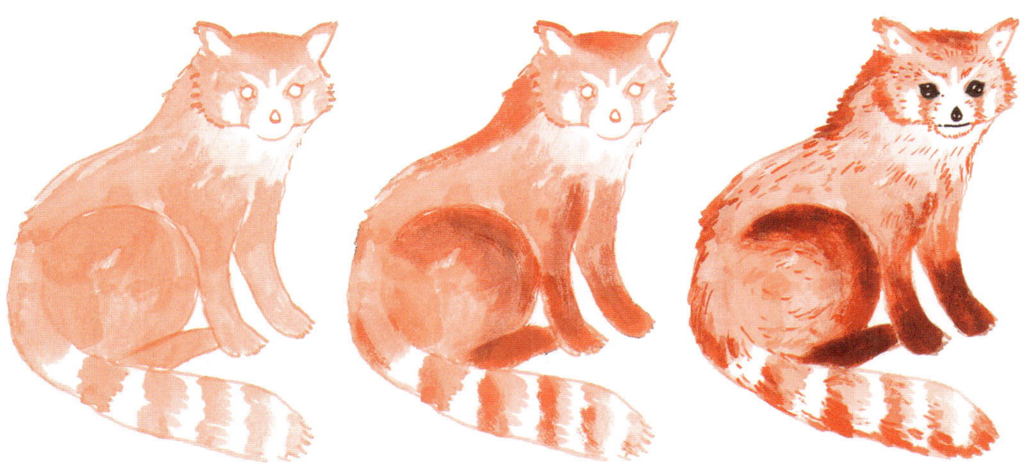

Der Rote Panda ist vermutlich mein Lieblingstier. Ich hatte das Glück, einem in einem Safari-Park zu begegnen. Ihn von Nahem zu sehen half mir, als ich ihn zu Hause zeichnete. Ich begriff seinen sanftmütigen Charakter, den ich versuchte, in meine Arbeit einfließen zu lassen. Obwohl Körper und Schwanz des Pandas elegant und fuchsähnlich sind, sind Gesicht und Schenkel rund und die Pfoten breit und mit Krallen. Achte bei der Haltung auf das Rundliche und Sanfte. Achte ebenso auf das besondere Muster im Gesicht und auf dem Schwanz, da sie seine Kennzeichen sind.

FAULTIERE

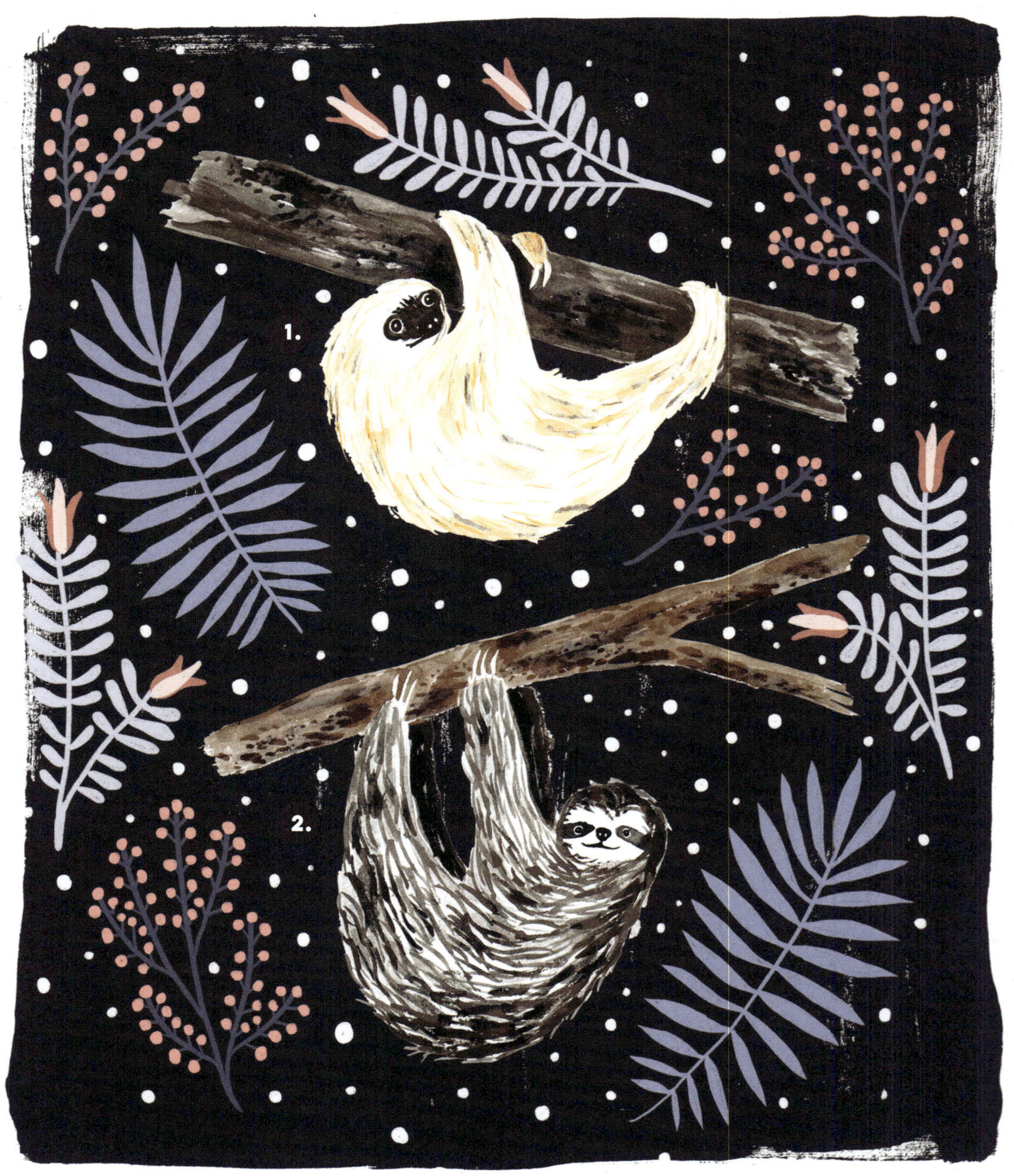

1. HOFFMANN ZWEIFINGERFAULTIER (*CHOLOEPUS HOFFMANNI*)
2. ZWERGFAULTIER (*BRADYPUS PYGMAEUS*)

SCHRITT 1. Die Grundform deines Faultiers setzt sich aus großen Kreisen und Ovalen zusammen, die mit Linien verbunden sind (siehe S. 22). Während du sie zeichnest, kannst du schon Nase und Augen hinzufügen – sie stechen so hervor, dass du dir sicher merken willst, wo sie liegen.

SCHRITT 2. Konturiere das Tier mit der Grundfarbe, die Ränder zeichnest du pelzartig. Zeichne an jeden Arm zwei oder drei Klauen (je nachdem, welche Faultierrasse du darstellst). Radiere die Grundformen aus oder übermale sie.

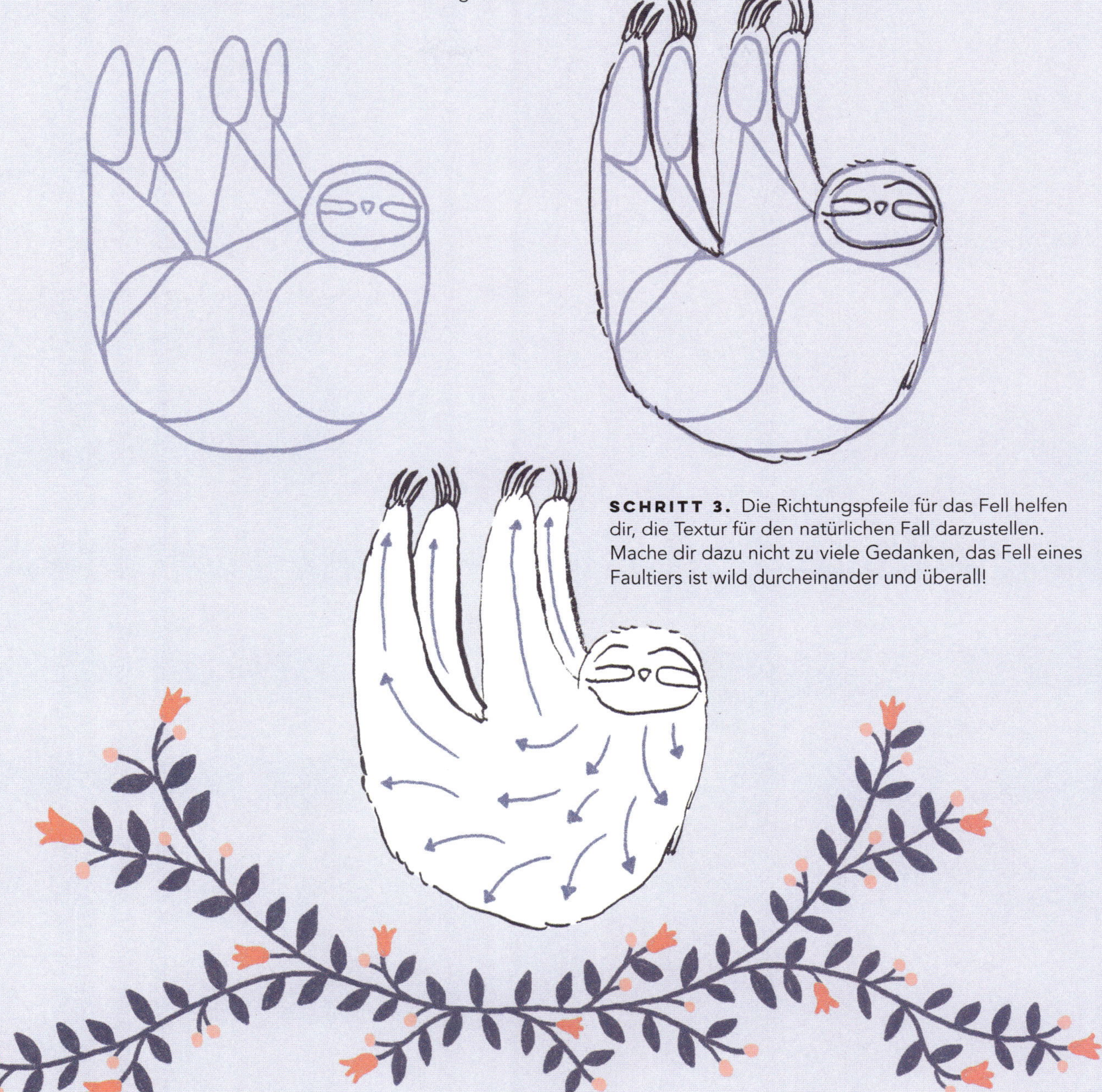

SCHRITT 3. Die Richtungspfeile für das Fell helfen dir, die Textur für den natürlichen Fall darzustellen. Mache dir dazu nicht zu viele Gedanken, das Fell eines Faultiers ist wild durcheinander und überall!

Jeder weiß, dass Faultiere langsam sind, aber was vielleicht nicht viele wissen, ist, dass aufgrund ihrer Langsamkeit Algen auf ihrem Fell wachsen! Sie sorgen für eine sichere Tarnung in ihrem Lebensraum, dem Regenwald. Wenn du ein Faultier zeichnest, mache für den Körper ein riesiges U mit Klauen an den Enden – das lässt sie wie ein Bündel Niedlichkeit hängen. Vermutlich ist das Schwierigste beim Zeichnen von Faultieren, ihre runden, süßen Gesichter dazustellen. Das ist dem Umstand geschuldet, dass Nase und Augen auf derselben Höhe sitzen (mehr dazu auf S. 51).

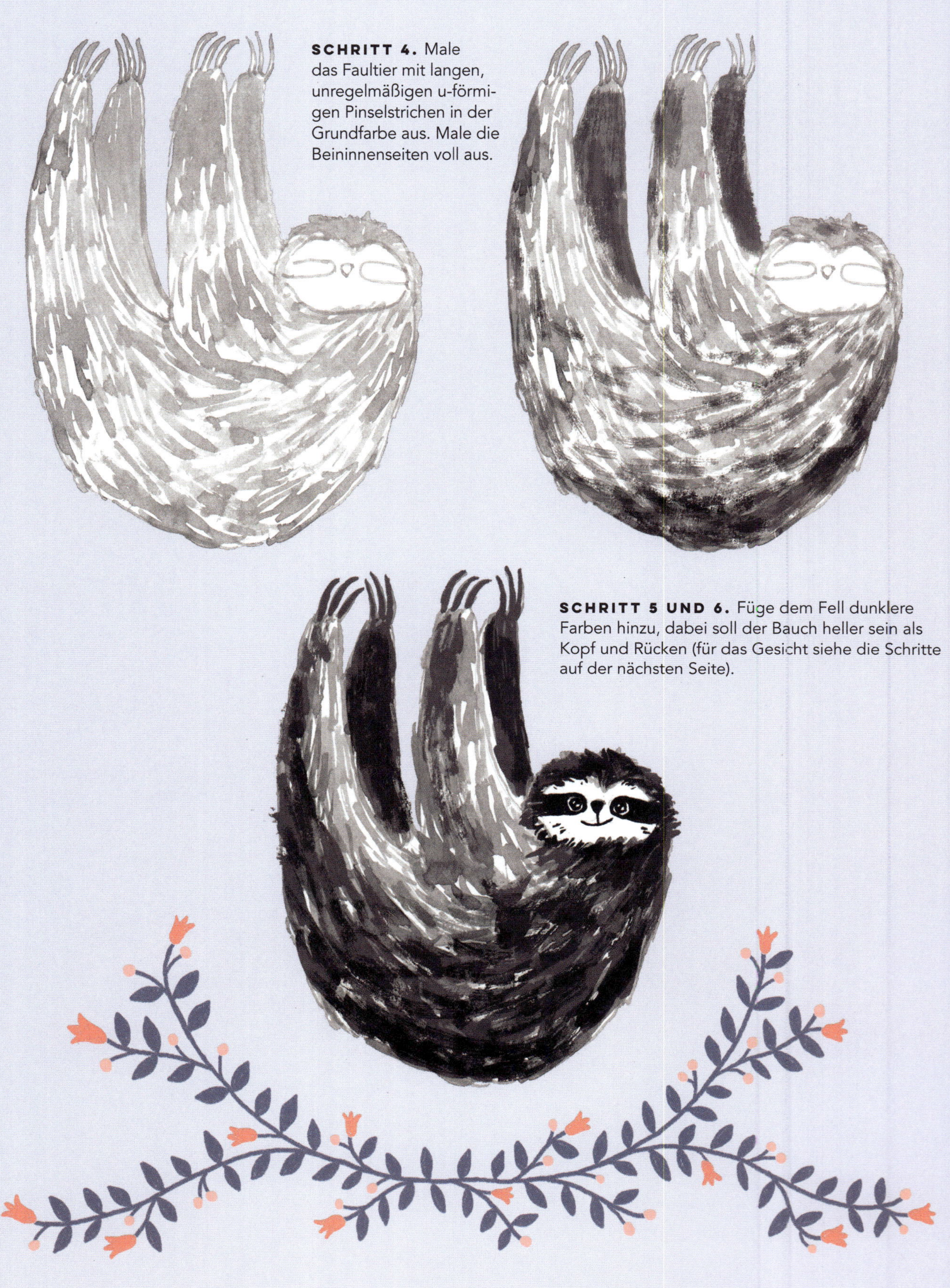

SCHRITT 4. Male das Faultier mit langen, unregelmäßigen u-förmigen Pinselstrichen in der Grundfarbe aus. Male die Beininnenseiten voll aus.

SCHRITT 5 UND 6. Füge dem Fell dunklere Farben hinzu, dabei soll der Bauch heller sein als Kopf und Rücken (für das Gesicht siehe die Schritte auf der nächsten Seite).

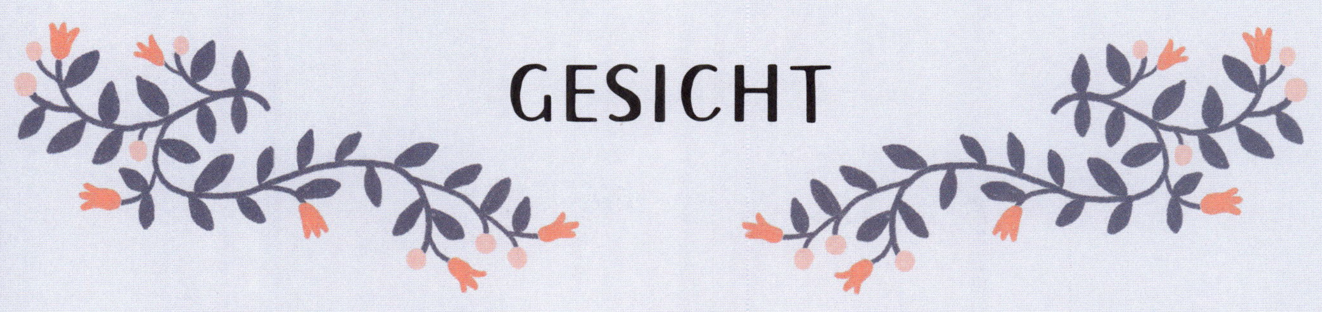

GESICHT

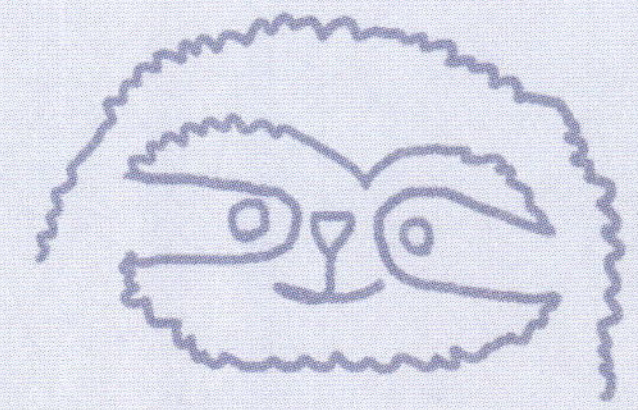

SCHRITT 1. Konturiere das Gesicht.

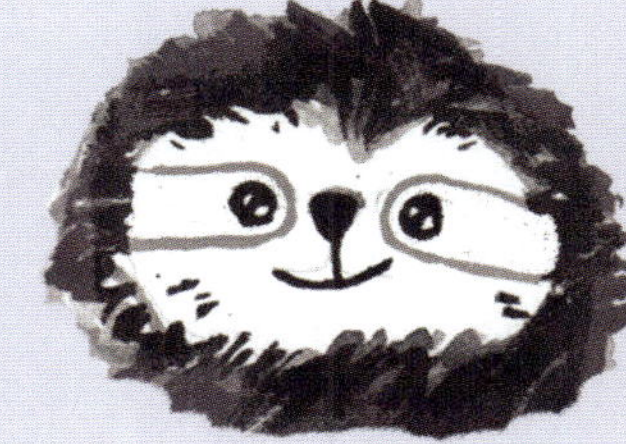

SCHRITT 2. Male Fell, Nase und Mund aus.

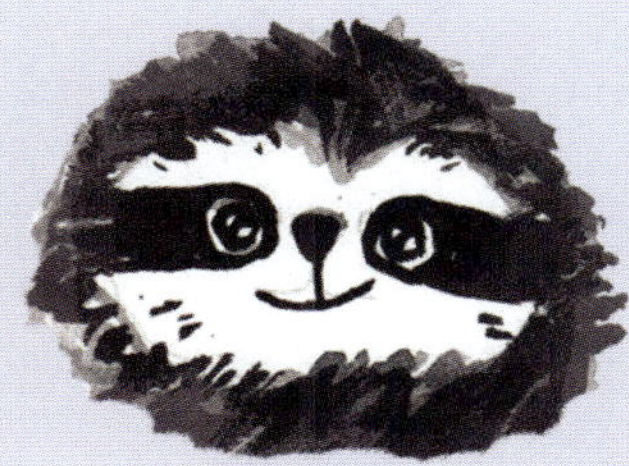

SCHRITT 3. Umrande die Augen mit Schwarz.

Augen und Nase befinden sich beim Faultier auf einer Linie. Eine der auffälligsten Partien in einem Faultiergesicht sind die kleinen schwarzen Kreise rund um die Augen. Ein guter Tipp ist es, die Augen zuerst zu malen und dann erst die Kreise außenherum.

KLAUEN

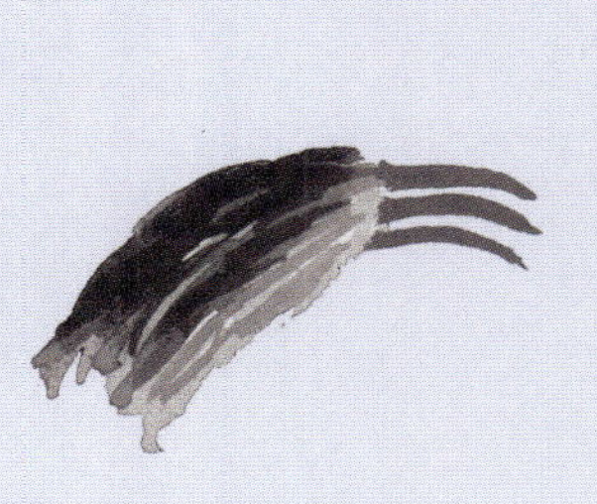

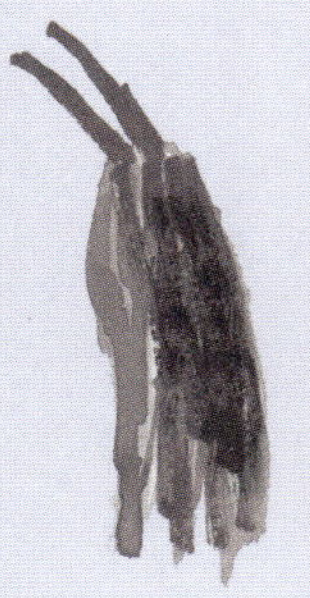

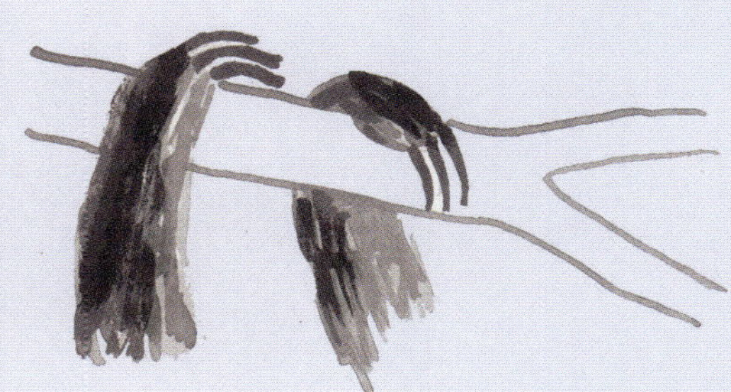

Je nach Rasse haben Faultiere zwei oder drei Klauen (oder Zehen), die sie zum Klettern und Festhalten benutzen. Wenn du noch einen Ast hinzufügst, ist das ein toller Rahmen für dein Faultier – sobald du die Klauen an den Ast gezeichnet hast, zeichnet sich der Körper fast von allein!

BÄREN

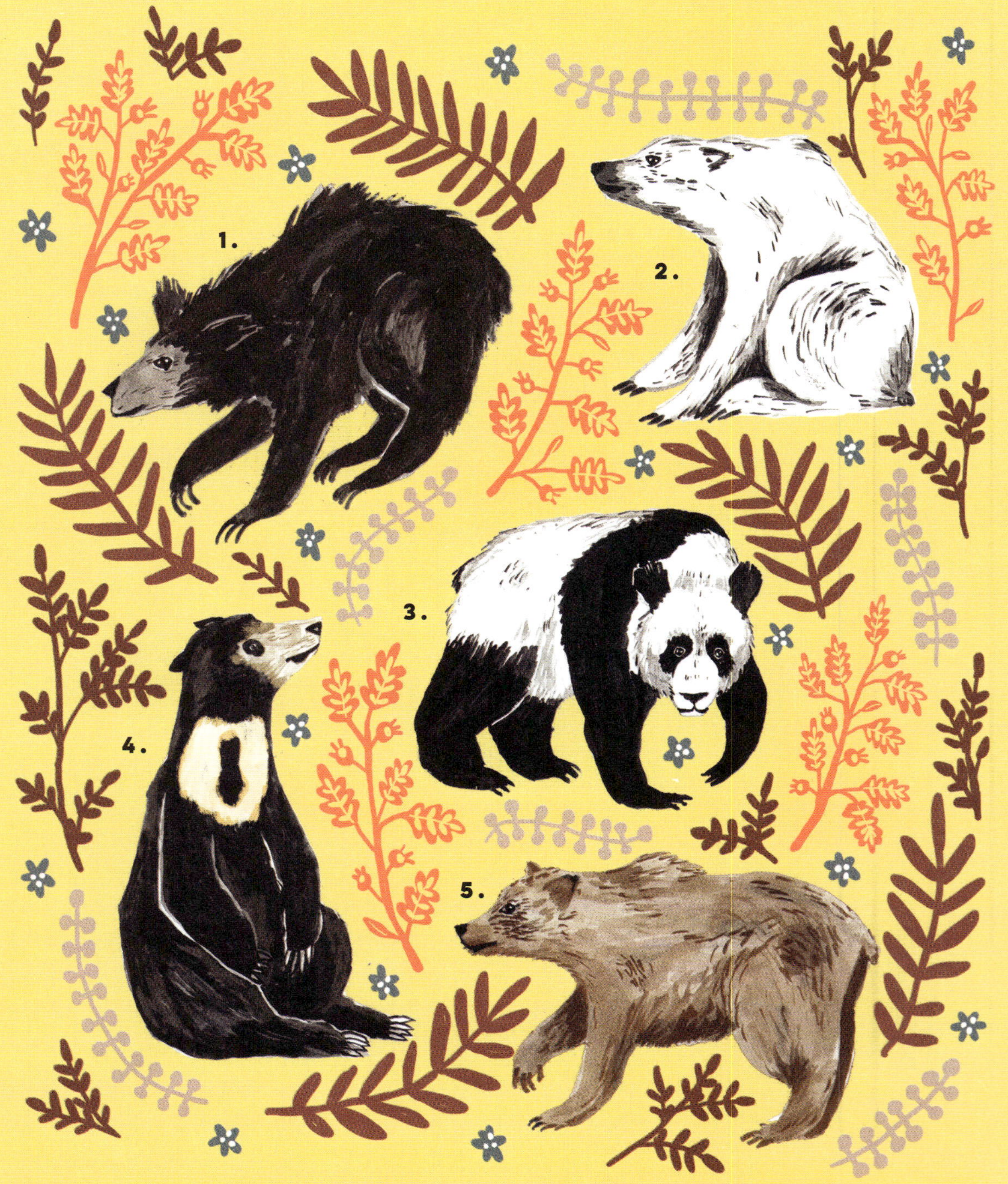

1. LIPPENBÄR (*MELURSUS URSINUS*)
2. EISBÄR (*URSUS MARITIMUS*)
3. RIESENPANDA (*AILUROPODA MELANOLEUCA*)
4. MALAIENBÄR (*HELARCTOS MALAYANUS*)
5. BRAUNBÄR (*URSOS ARCTOS*)

RIESENPANDA

SCHRITT 1. Benutze für deine Bärengrundform zwei große Kreise (siehe S. 22). Hierbei ist wichtig zu beachten, dass der Bärenkopf auf derselben Höhe oder nur wenig unterhalb von Rücken und Schultern sitzt. Vergiss den winzigen Schwanz nicht!

SCHRITT 2. Konturiere den Bären mit deiner Grundfarbe, lass viel Platz für das dicke Fell rund um Gesicht und Bauch. Damit aus dem Bären ein Panda wird, zeichne nun die Konturen seiner Augenumrandung. Radiere die Grundformen aus oder übermale sie.

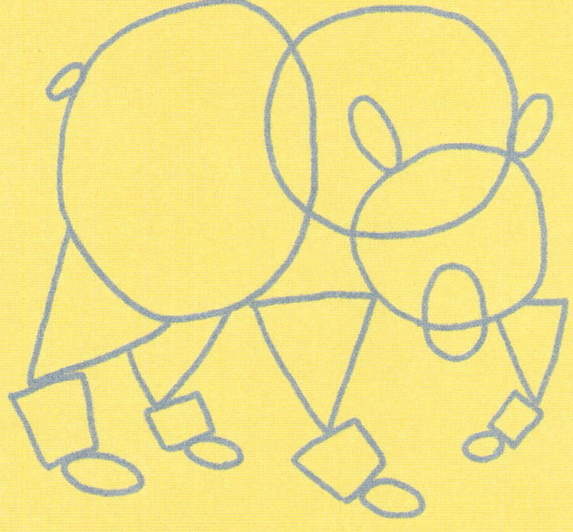

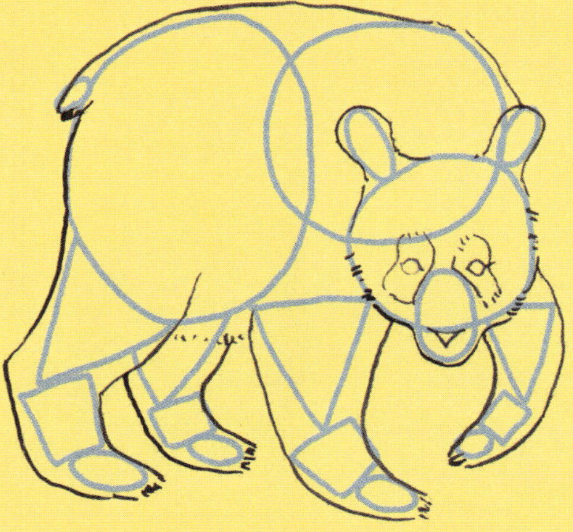

SCHRITT 3 UND 4. Die Richtungspfeile unten zeigen dir, wie du die Pinselstriche in den pelzigen Partien setzt. Beachte, wie das Fell im Gesicht von den Augen wegfließt, während es an Rücken und Schultern auf und ab verläuft.

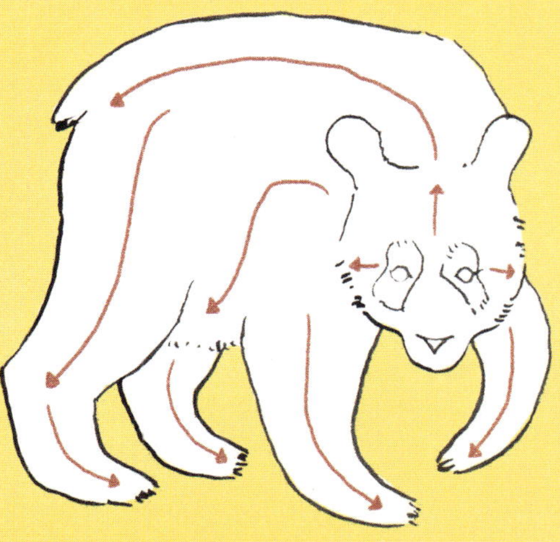

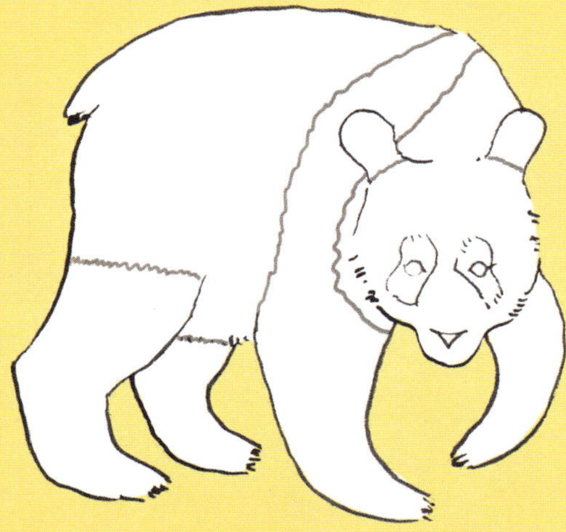

Wenn du einen Panda malst oder zeichnest, wechsle gegen Ende deiner Arbeit zu einem kleineren Pinsel und benutze helle Grautöne. Für Textur und Umfang setzt du kleine, exakte Pinselstriche in Schwarz. Für eine eher grafische Darstellung hörst du nach Schritt 5 auf. Wenn du den Panda lieber nicht, wie wir ihn dargestellt haben, mit dem Kopf voran haben möchtest, kannst du ihn auch lockerer zeichnen – nur der Bauch sollte sich nach außen und nicht nach innen wölben.

SCHRITT 5. Male die schwarzen Flecken und die Gesichtsdetails des Pandas. Wenn du einen grafischen Stil bevorzugst, schließt du deinen Panda mit diesem Schritt ab.

SCHRITT 6. Für die Textur verwendest du Dunkelgrau rund um die Ränder des Pandas, mit dem du Schatten und dünne Pelzstriche entlang seines Körpers malst.

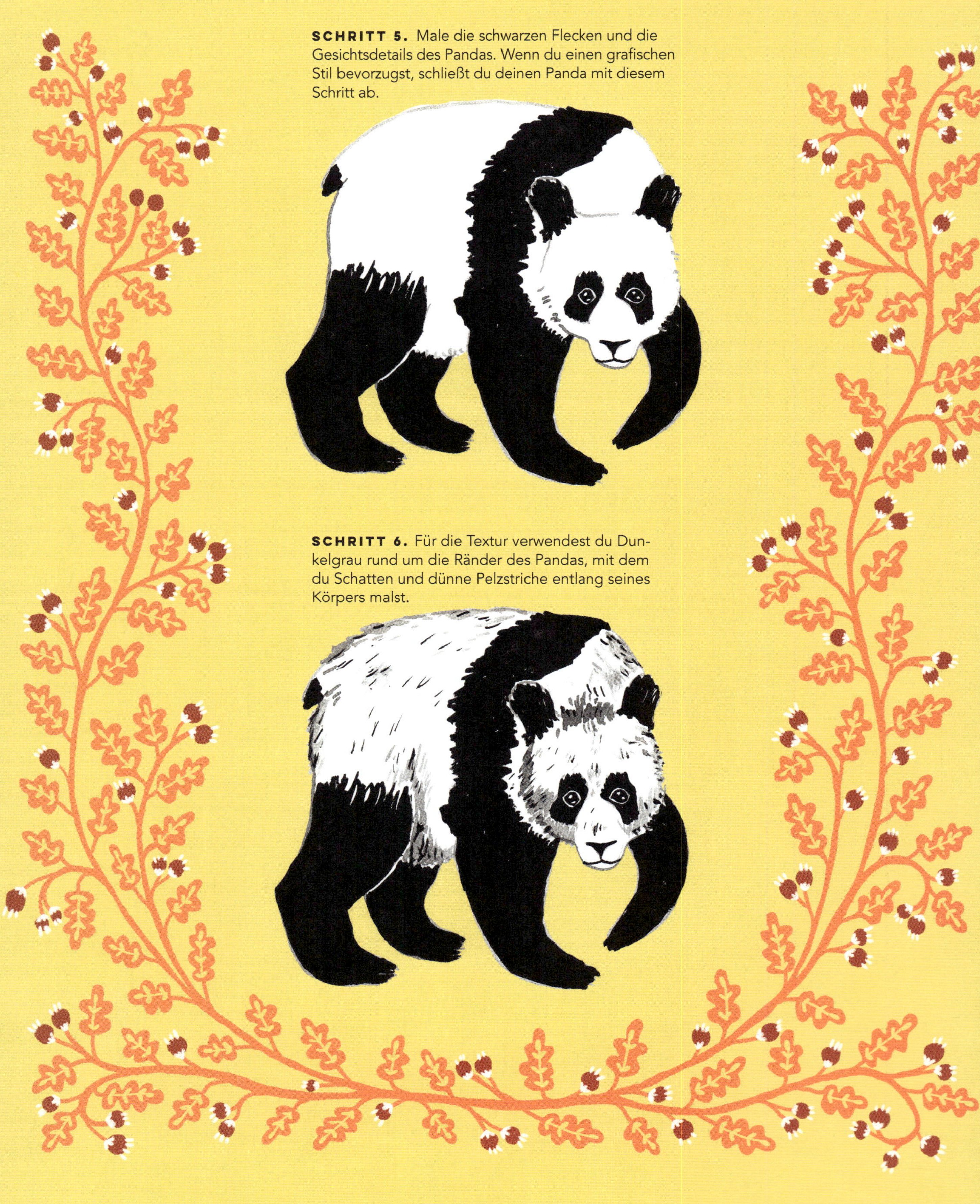

BRAUNBÄR

SCHRITT 1. Da Bären breit sind, kann der Rumpf für die Grundform aus nur einem langen Oval bestehen (siehe S. 22). Die Pfoten sollten, verglichen mit denen anderer Säugetiere, dick und breit aussehen.

SCHRITT 2. Konturiere den Bären mit deiner Grundfarbe und füge an den Rändern einen Flaum dazu – ebenso an den kleinen Ohren und am Schwanz. Radiere die Grundformen aus oder übermale sie.

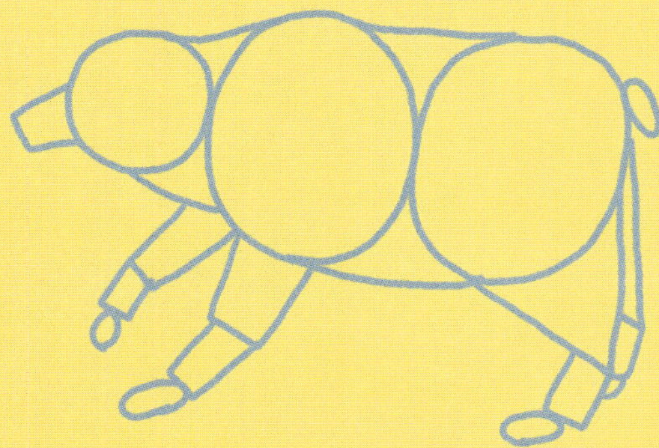

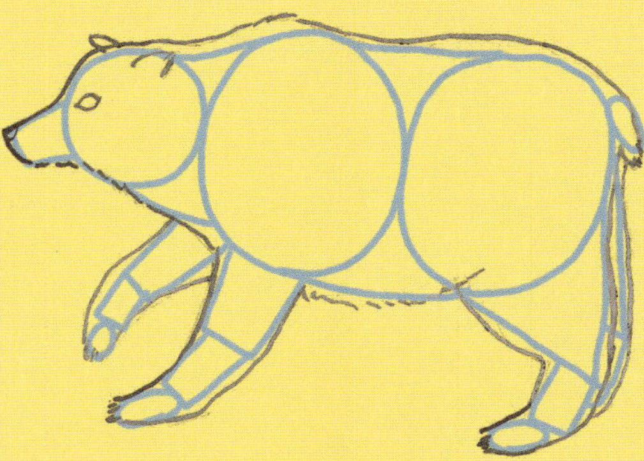

SCHRITT 3 UND 4. Die Richtungspfeile helfen dir beim Zeichnen des Fells, die seinen Fall über seinen großen breiten Körper aufzeigen. Male ihn mit unregelmäßigen Pinselstrichen in der Grundfarbe aus, sodass er besonders pelzig wirkt.

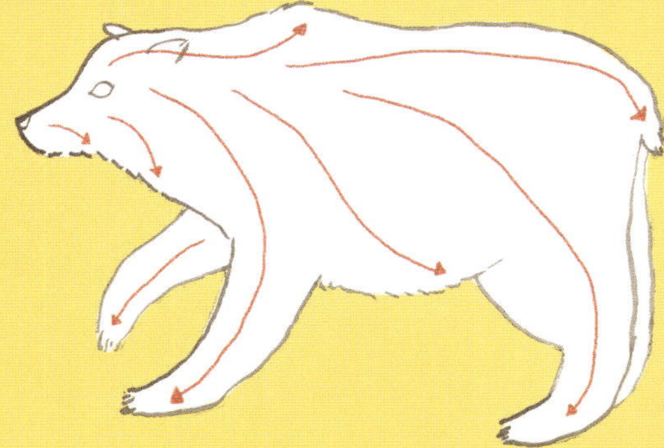

SCHRITT 5. Mit einem dunkleren Ton der Grundfarbe setzt du Akzente und Schatten rund um die Außenkanten des Bären. Jedoch nicht zu viele – der Bär sollte überwiegend in der Grundfarbe gemalt sein.

SCHRITT 6. Für die Abstufungen benutzt du einen dunkleren Ton der Grundfarbe, dann fügst du für den Pelz kurze schwarze Striche hinzu. Zuletzt ergänzt du schwarze Linien im Gesicht und scharfe schwarze Klauen an den Pfoten.

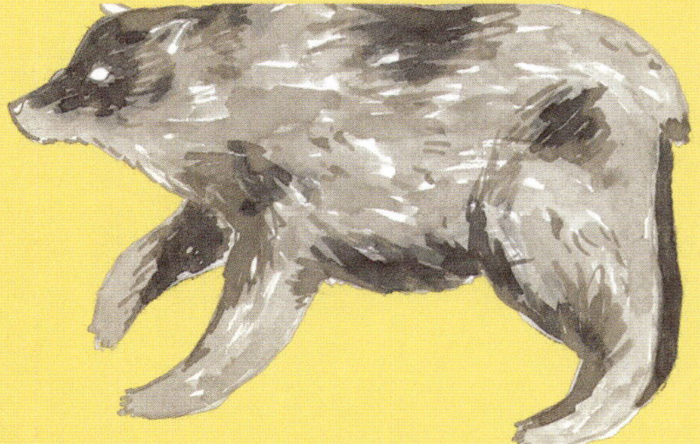

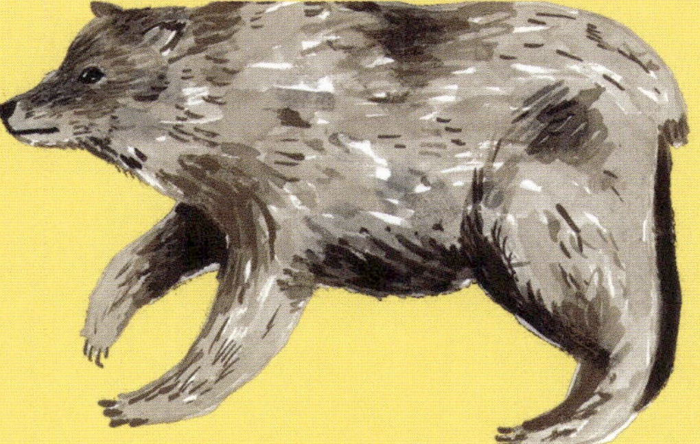

Der beste Tipp für eine Bärenzeichnug ist, den Kopf auf Höhe des Rückens zu platzieren, oder ein wenig darunter. Die meisten Bären brauchen viel Fell und Fettreserven, damit sie sich warm halten. Deswegen male ihren Körper und die Beine dick und flauschig – was sich auch bis zu ihren breiten, flachen Pfoten und ihrer Nase erstrecken sollte. Bären halten jedes Jahr Winterschlaf. Das Tier bekommt mehr Charakter, wenn du es darstellst, als ob es gerade aufgewacht wäre!

ASIATISCHE ELEFANTEN

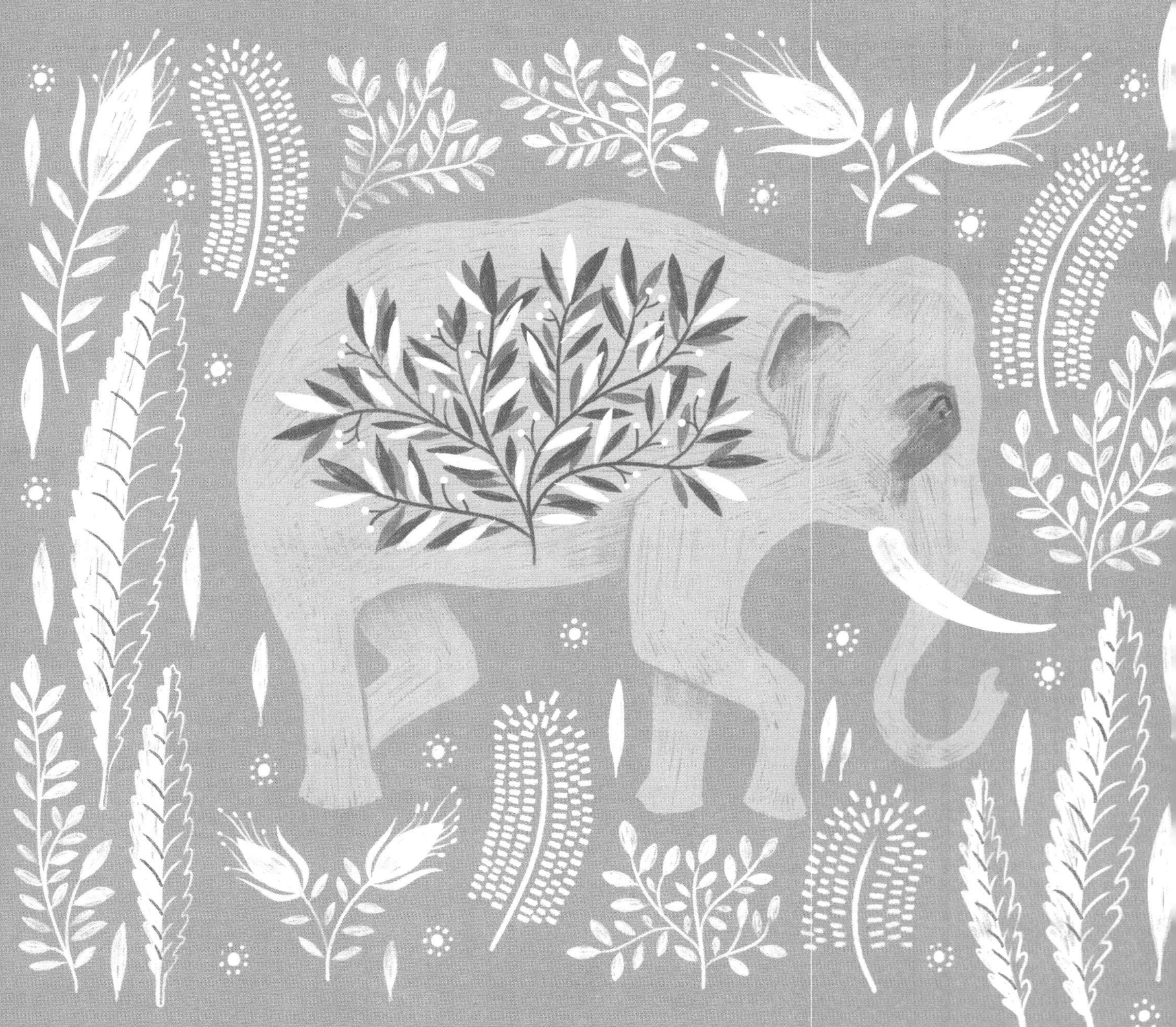

ASIATISCHER ELEFANT (*ELEPHAS MAXIMUS*)

SCHRITT 1. Elefanten sind ein bisschen knifflig zu zeichnen, da ihre Beine sich anders bewegen als bei anderen Säugetieren. Ich rate dir, ein paar Videos anzusehen, in denen Elefanten sich bewegen. Benutze für den Körper große, einfache Formen (siehe S. 22).

SCHRITT 2. Male den Elefanten mit deiner Grundfarbe aus und nimm dir einen Moment, um die kleine Delle am Rücken, die über der Nase, die Rundung im Rüssel und den Rest des Körpers zu ergänzen. Sollte das am Anfang nicht klappen – mit etwas Übung hast du den Dreh bald raus. Radiere die Grundformen aus oder übermale sie.

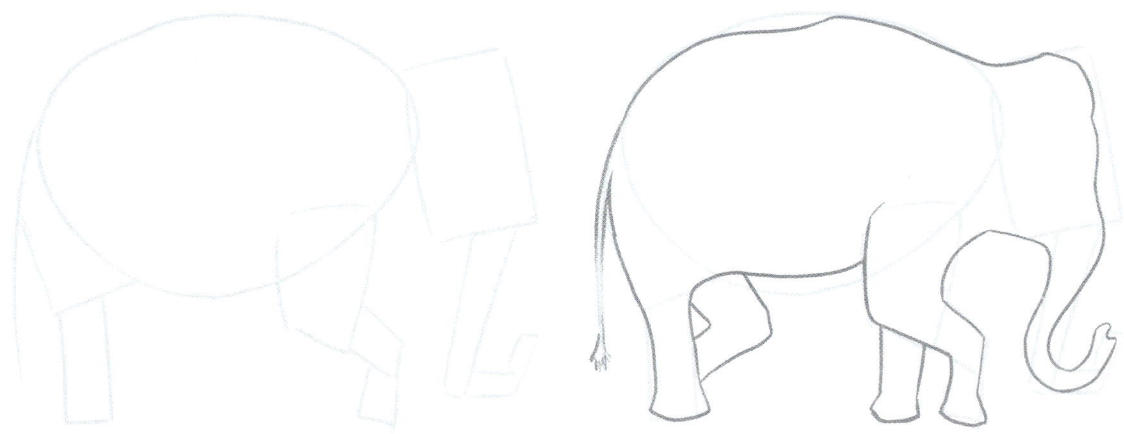

SCHRITT 3 UND 4. Eine zusätzliche Grundierung kann deiner Zeichnung Textur und Tiefe verleihen, wenn du die richtigen Werkzeuge benutzt. Du kannst diese beiden Schritte auch auslassen, wenn du möchtest, und direkt zu den Schritten 5 und 6 gehen. Ansonsten nutze die Richtungspfeile unten für die Pinselstriche deiner Grundierung.

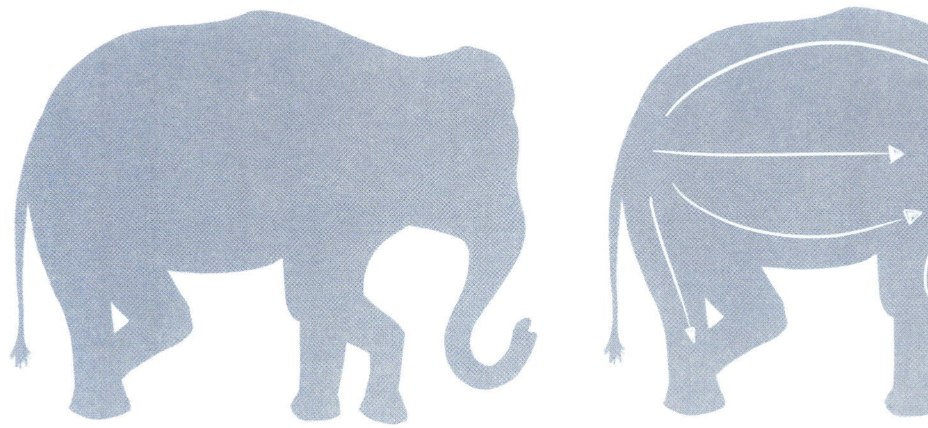

Elefanten sind die größten Landsäugetiere der Welt, mit einem Gewicht von bis zu 5,5 Tonnen. Der Asiatische Elefant (gegenüber) ist etwas kleiner als der Afrikanische (ohne Abbildung) und kann in der freien Wildbahn bis zu 60 Jahre alt werden. Elefanten haben auch die längste Tragzeit unter den Säugetieren, bis zu 22 Monate (das sind fast zwei Jahre)! Wir haben alle schon gehört, dass Elefanten nichts vergessen. Elefanten, die mit Menschen arbeiten, erinnern sich an viele Kommandos und sind sehr sensibel. Beachte, dass der Kopf fast so hoch ist wie der Körper und direkt in den Rüssel übergeht. Schließe den Rüssel mit einer leichten Rundung ab, dessen Spitze wie eine winzige hohle Hand aussieht.

SCHRITT 5 UND 6. Male den Elefanten in Grau aus. Wenn du eine dunklere Grundierung gewählt hast, scheint diese durch, was mehr Textur verleiht. Wenn du nicht grundiert hast, füge nach der ersten Schicht Grau einige dünne, texturierte Pinselstriche in einem dunkleren Grau dazu. So erhältst du den gleichen Effekt.

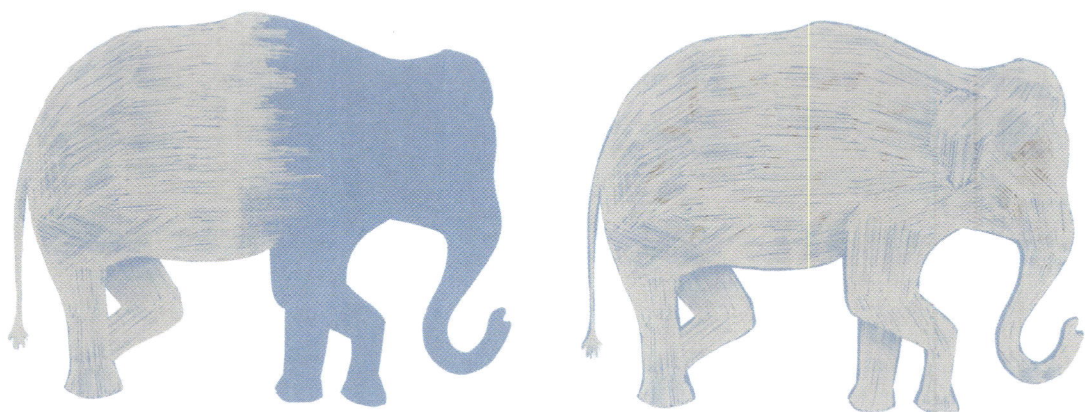

SCHRITT 7 UND 8. Male rund um Kopf, Ohren und Augen dicke graue Flecken. Soll dein Elefant Stoßzähne haben, male sie jetzt (Tipps dazu siehe nächste Seite). Dann umrande die graue Fläche am Ohr und zeichne das Auge hinein.

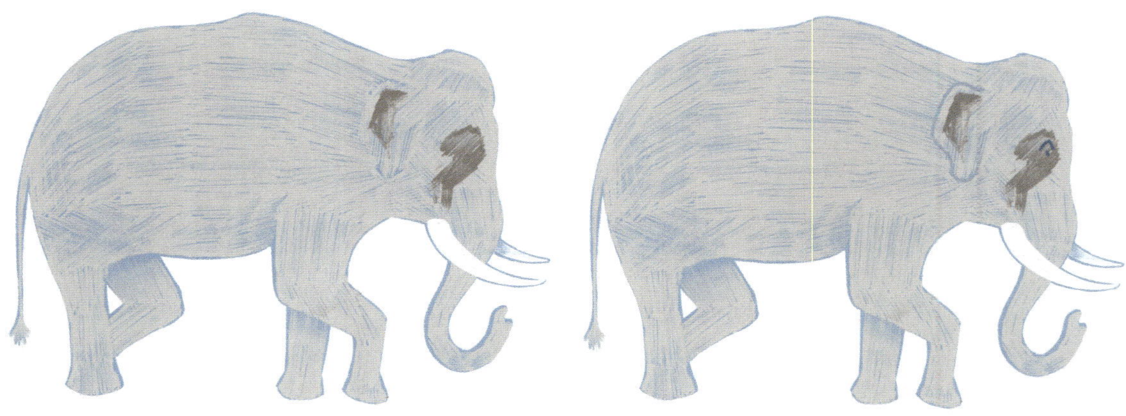

SCHRITT 9. Da Elefanten große Körper haben, haben wir unseren mit einem Pflanzenmotiv verziert, das an asiatische Teppiche erinnert.

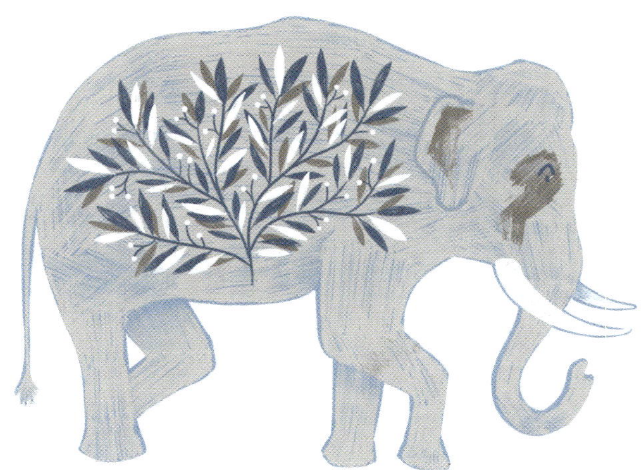

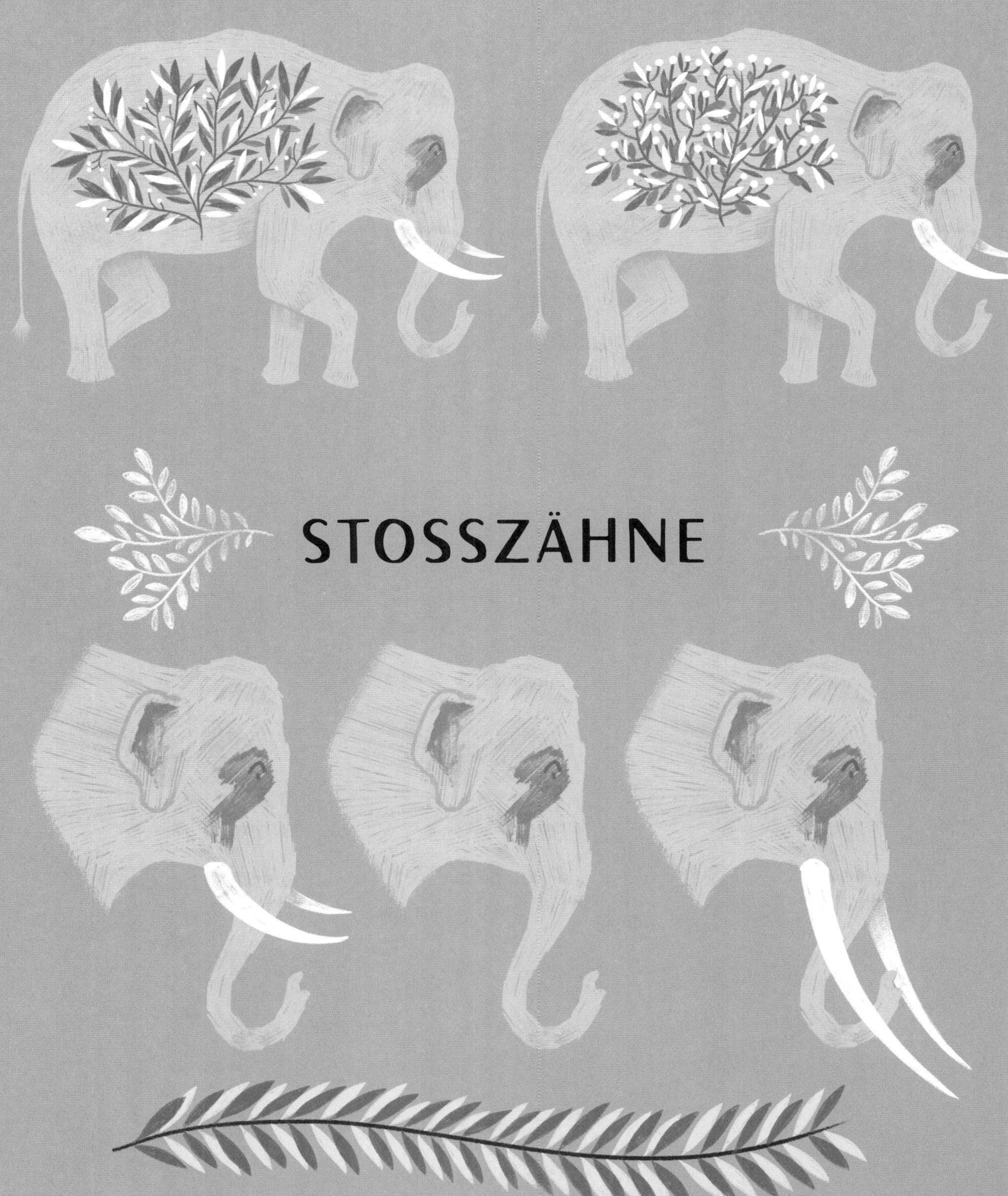

STOSSZÄHNE

Ein Elefant setzt seine Stoßzähne für viele Zwecke ein, etwa für Futtersuche und Verteidigung. Ältere Bullen stellen sie oft zur Schau; zeichne die Stoßzähne ganz nach Belieben länger oder kürzer, je nachdem, ob du einen weiblichen oder männlichen Elefanten darstellen willst. Traurigerweise werden jedes Jahr Zehntausende von Elefanten wegen ihrer Stoßzähne getötet. Unsere unendliche Bewunderung gilt den Menschen, die dagegen vorgehen.

GIRAFFEN

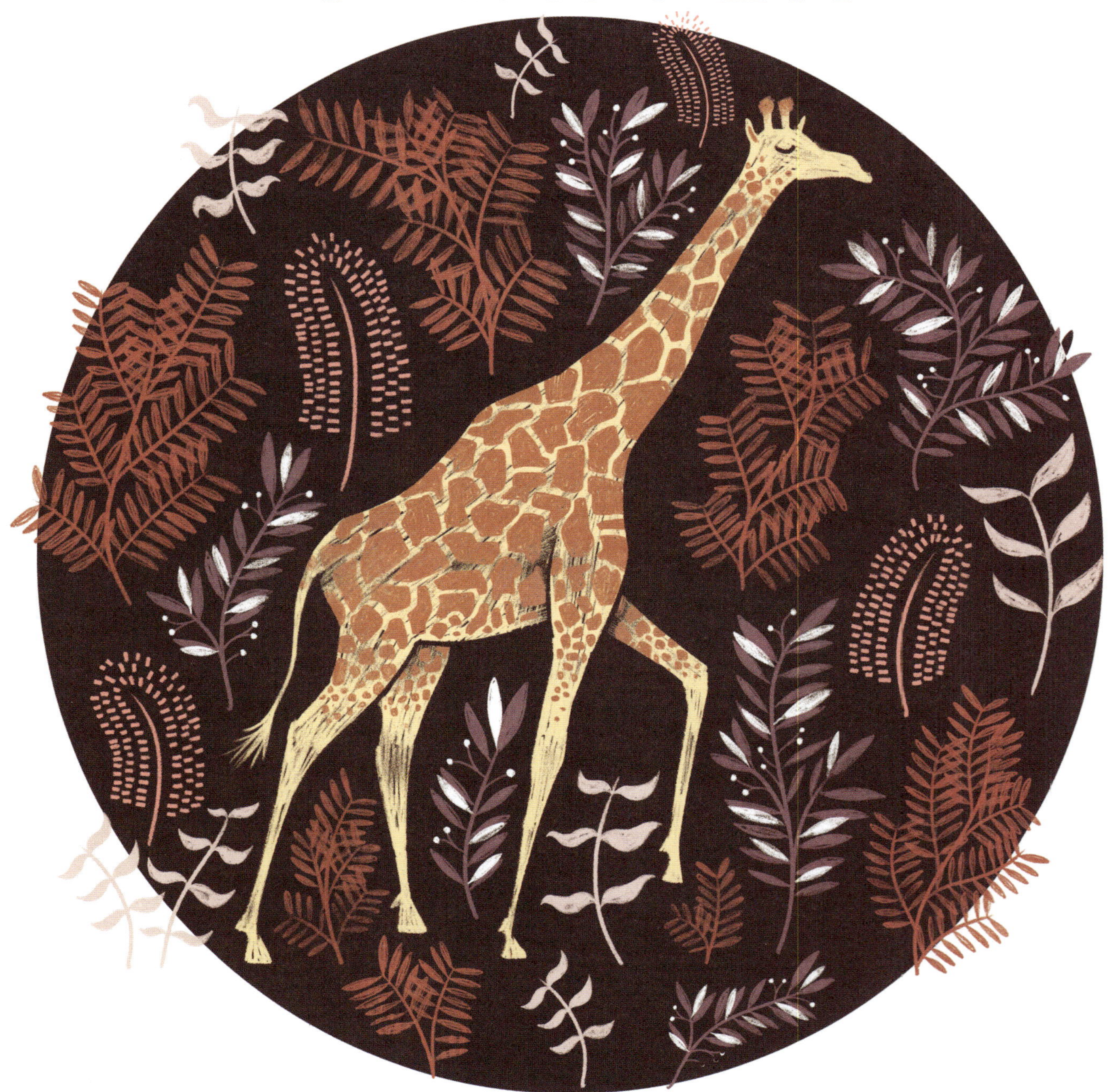

GIRAFFE (*GIRAFFA CAMELOPARDALIS*)

Mit bis zu sechs Metern sind Giraffen die höchsten Landsäugetiere der Erde – allein ihre Beine sind größer als die meisten Menschen. Sie wandern in kleinen Gruppen mit bis zu sechs Mitgliedern in den Steppen umher und können in freier Wildbahn bis zu 25 Jahre alt werden. Sie sind sehr majestätische Lebewesen. Nimm dir Zeit bei den Konturen, da ihre Beine dünner sind, als du dir wahrscheinlich vorstellst! Zeichne ein Bein ein paarmal, bevor du mit deiner richtigen Zeichnung beginnst.

SCHRITT 1. Für das Gerüst deiner Giraffe brauchst du verschieden große Rechtecke. Benutze sie für Hals und Beine; Körper und Kopf bekommen die Form eines Ovals. Vergiss die Hörner nicht (auch bekannt als »Ossikone«)!

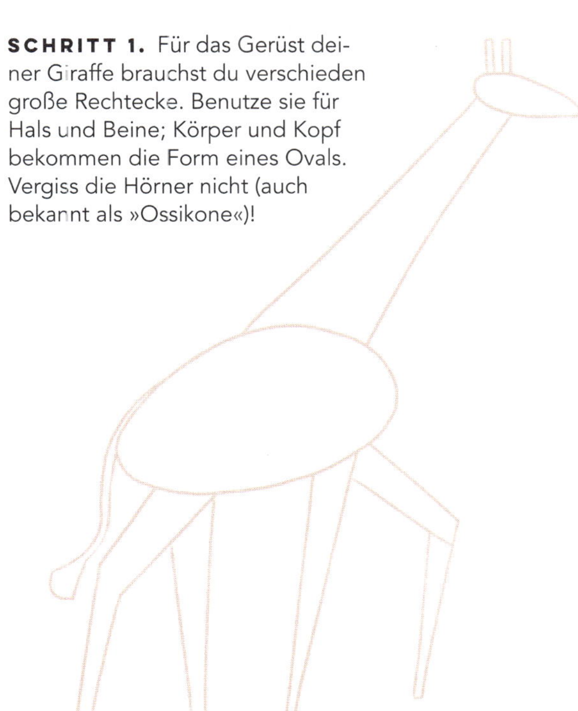

SCHRITT 2. Konturiere die Giraffe mit deiner Grundfarbe, mit vielen Dellen und Kurven im hinteren Höcker, Beinen und Kopf. Schaue dir Bilder oder Videos von Giraffen an, damit deine Zeichnung realistischer wird.

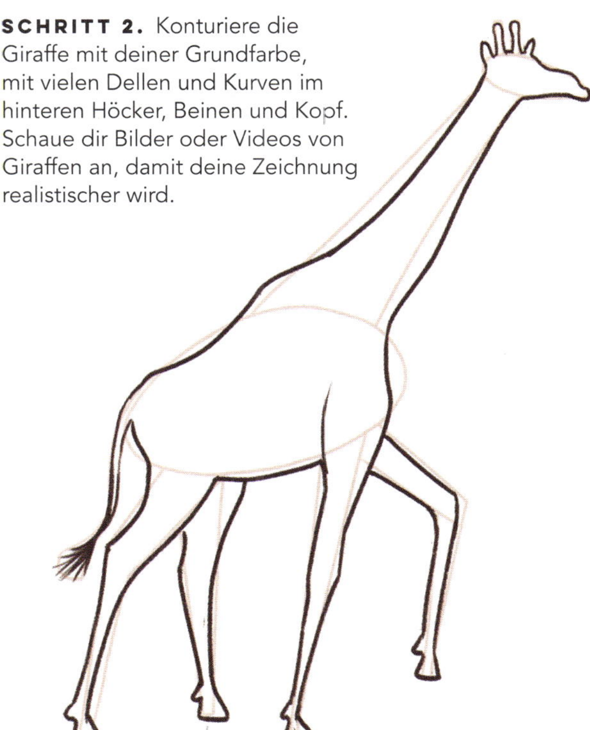

SCHRITT 3 UND 4. Wie bei Elefanten (siehe S. 57–58) kannst du auch hier wahlweise eine dunkle Grundierung malen. Wenn nicht, gehe gleich zu Schritt 5 und 6! Ansonsten folge den Richtungspfeilen unten für deine Grundierung.

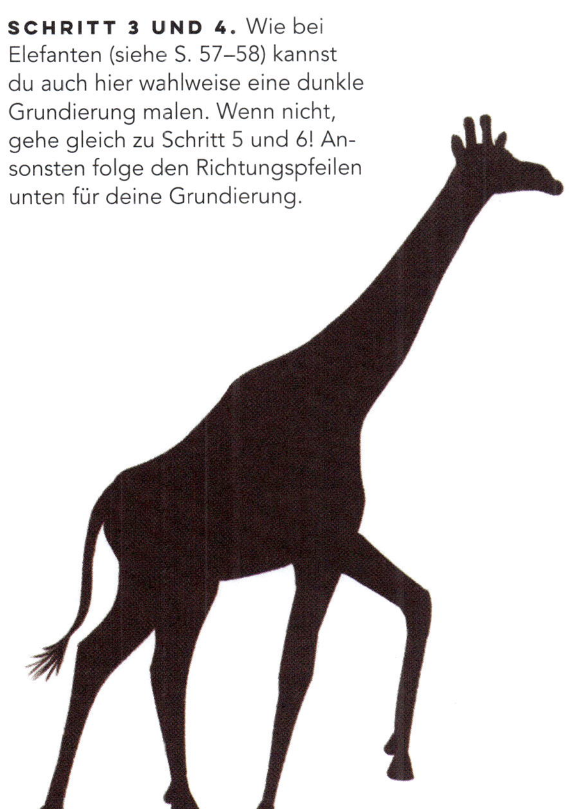

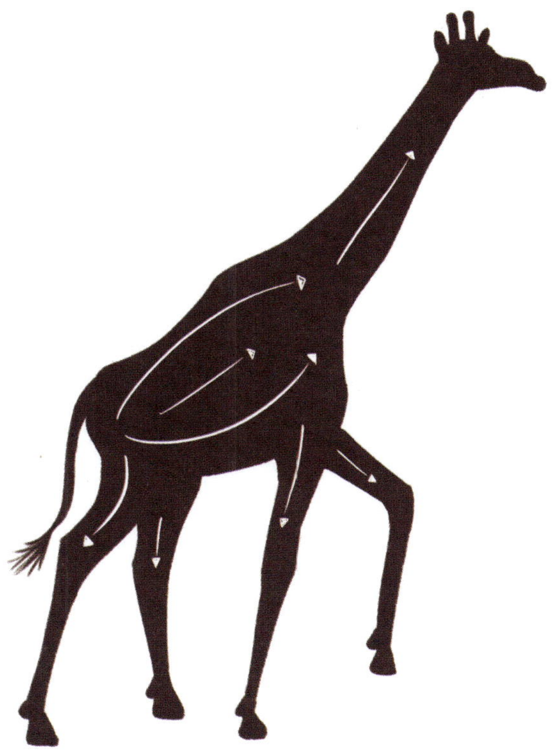

SCHRITT 5 UND 6. Male die Giraffe in Strohgelb aus. Wenn du eine dunklere Grundierung gemalt hast, scheint diese durch, was mehr Textur verleiht. Wenn du nicht grundiert hast, füge nach der ersten Schicht Gelb einige dünne, texturierte Pinselstriche in einem dunkleren Ton dazu. So erhältst du den gleichen Effekt.

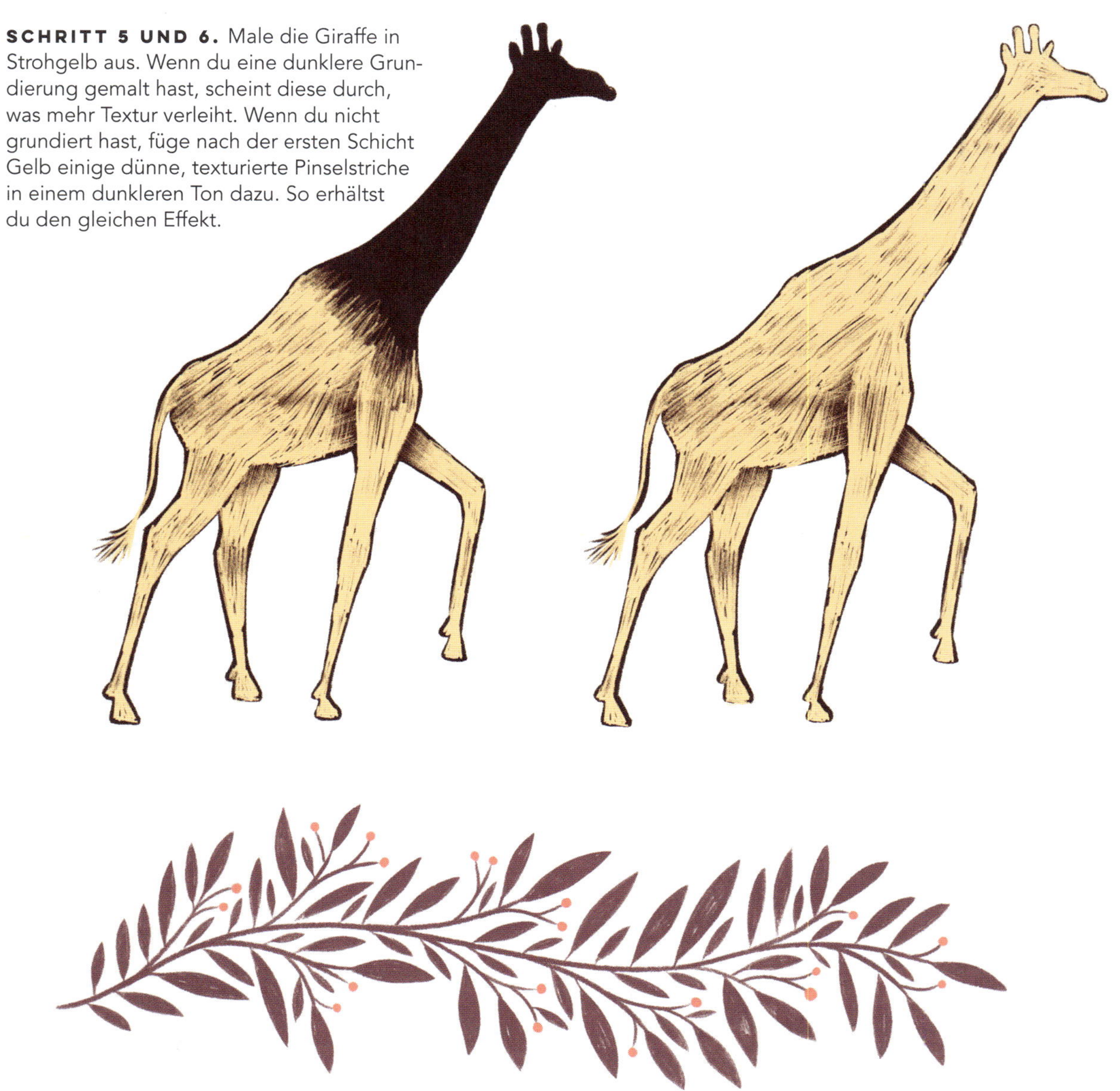

Da Giraffenhälse so lang sind, erscheinen sie uns als dünn. Doch wenn du näher hinschaust, wirst du bemerken, dass der Halsansatz fast so breit ist wie der Körper der Giraffe. Wegen der Höhe der Giraffe war es nicht einfach, jeden Schritt für dieses Tutorial auf diese Seite zu bekommen! Wir empfehlen dir, für dieses Projekt ein längliches Blatt Papier zu nehmen, und nimm dir viel Zeit und Raum, zu malen und wieder und wieder zu malen. Harry liebt Giraffenmuster, da keine Giraffe der anderen gleicht (siehe Strukturen, S. 16–17).

SCHRITT 7. Füge für das Giraffenmuster Orange in der vorn beschriebenen Technik dazu (siehe Muster, S. 16–17). Achte darauf, das Bein abwärts, den Hals aufwärts und auf die Hörner ein paar kleinere Flecken zu setzen. Am Schluss malst du die Augen. Wir haben unsere Giraffe mit einem geschlossenen Auge gemalt, aber du kannst deines offen malen!

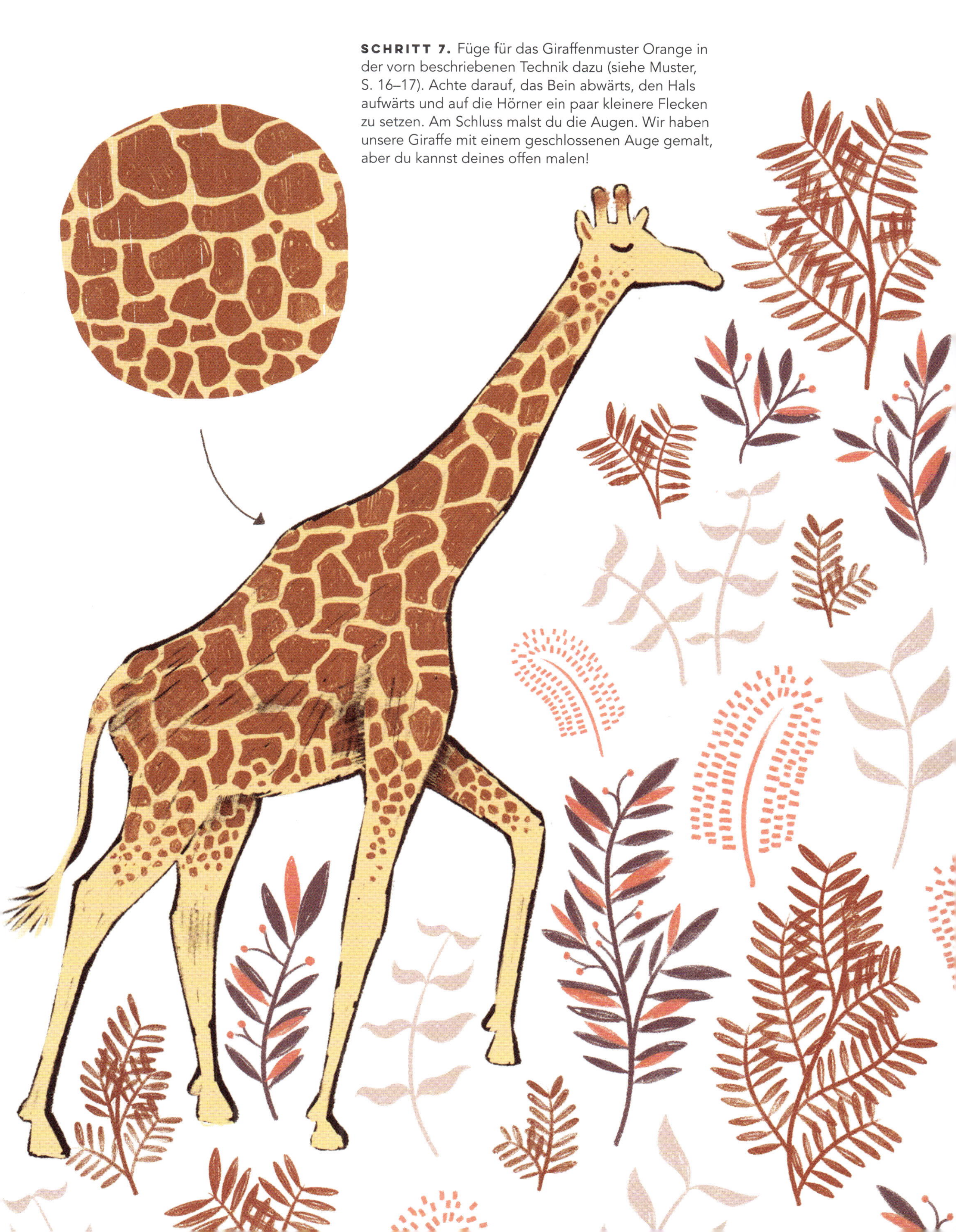

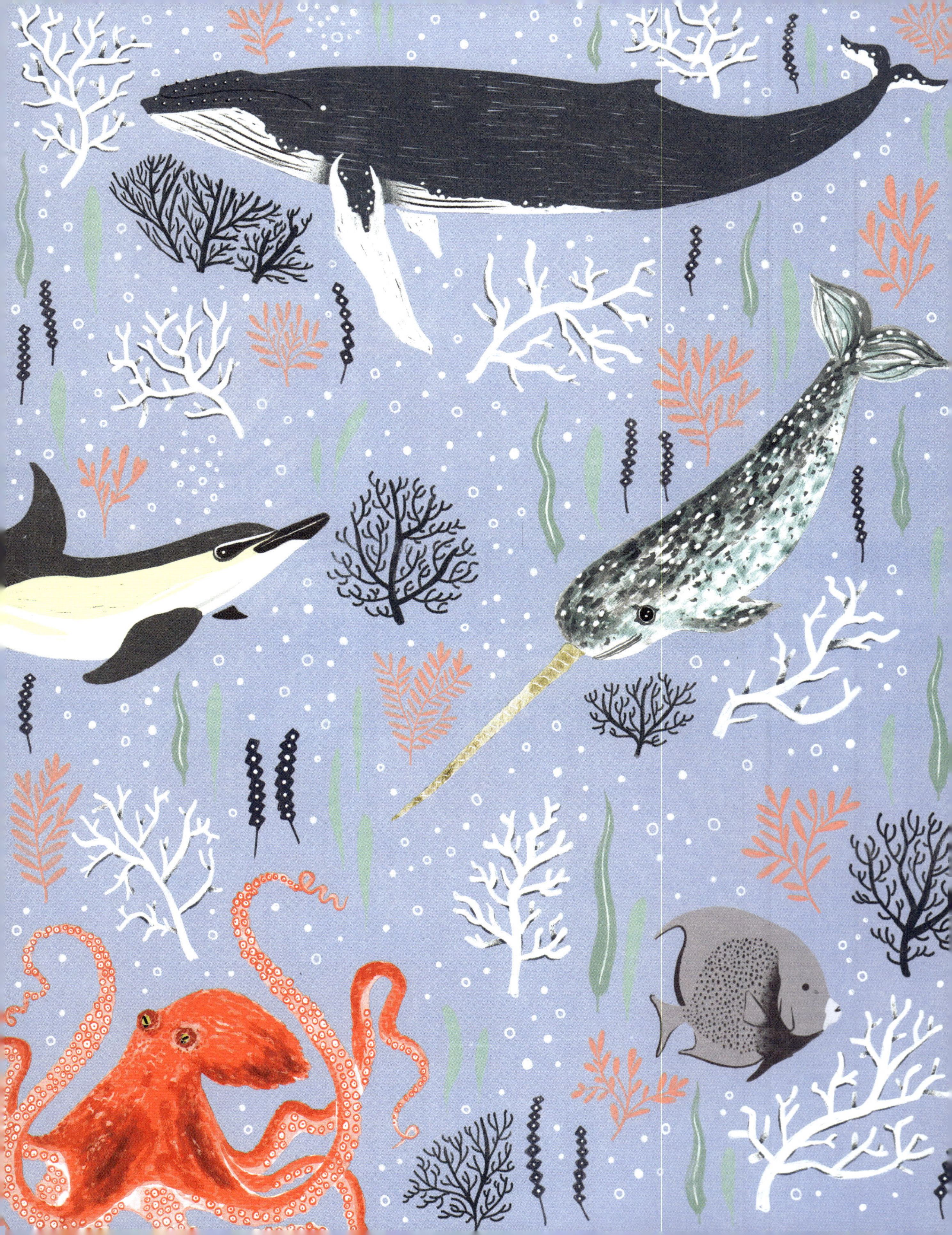

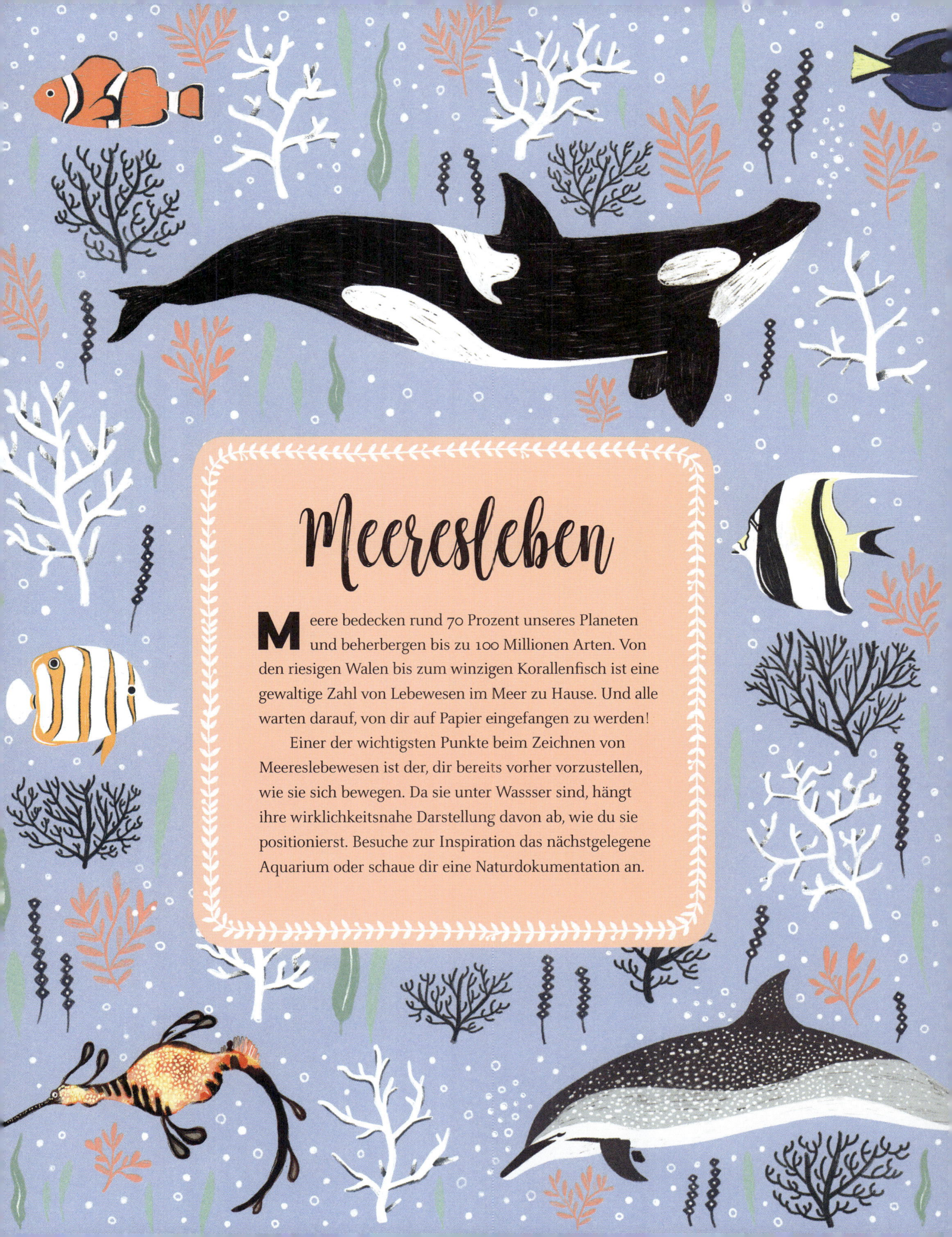

Meeresleben

Meere bedecken rund 70 Prozent unseres Planeten und beherbergen bis zu 100 Millionen Arten. Von den riesigen Walen bis zum winzigen Korallenfisch ist eine gewaltige Zahl von Lebewesen im Meer zu Hause. Und alle warten darauf, von dir auf Papier eingefangen zu werden!

Einer der wichtigsten Punkte beim Zeichnen von Meereslebewesen ist der, dir bereits vorher vorzustellen, wie sie sich bewegen. Da sie unter Wassser sind, hängt ihre wirklichkeitsnahe Darstellung davon ab, wie du sie positionierst. Besuche zur Inspiration das nächstgelegene Aquarium oder schaue dir eine Naturdokumentation an.

WALE

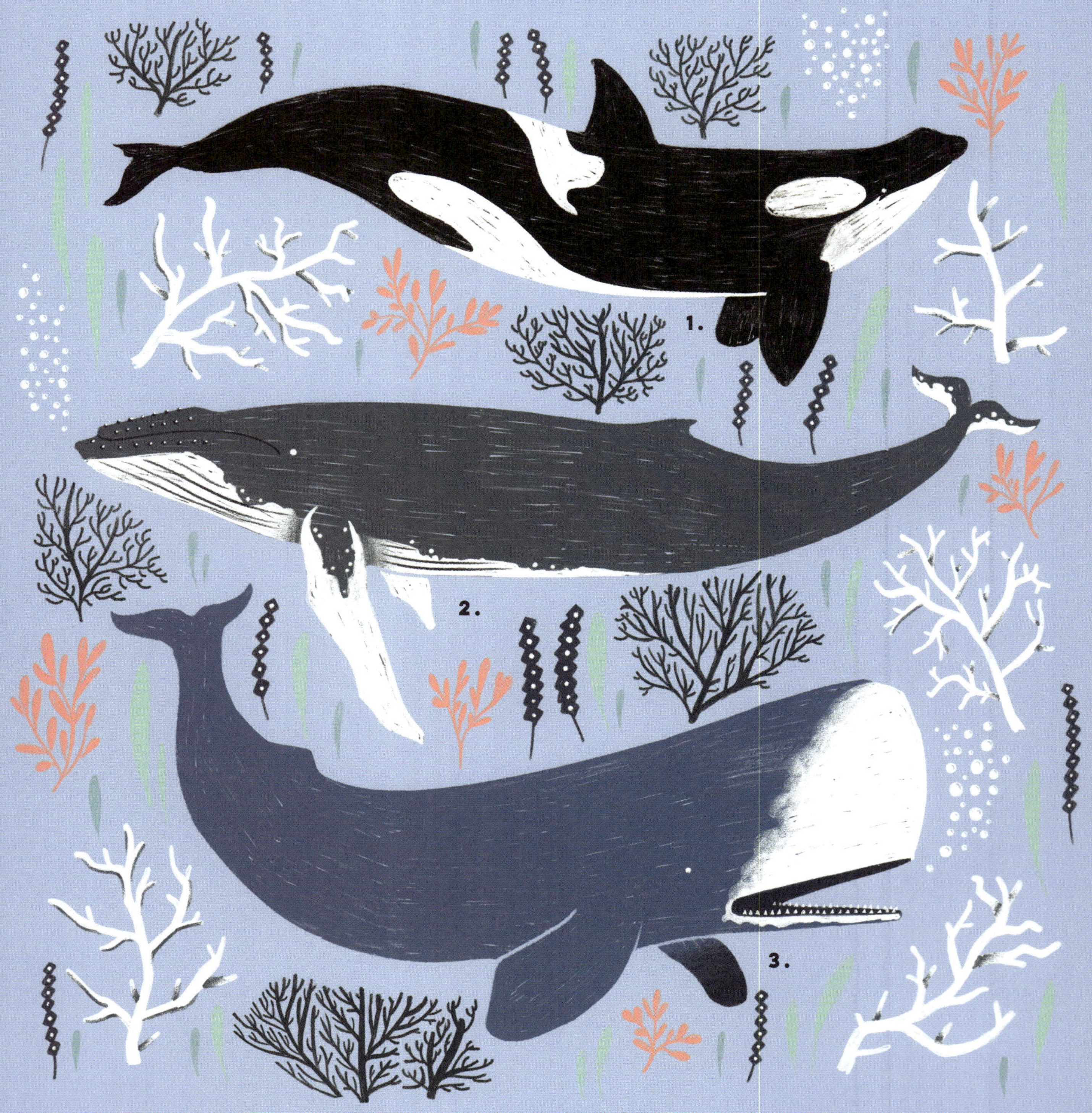

1. ORCA (*ORCINUS ORCA*)
2. BUCKELWAL (*MEGAPTERA NOVAEANGLIAE*)
3. POTTWAL (*PHYSETER MICROCEPHALUS*)

ORCA

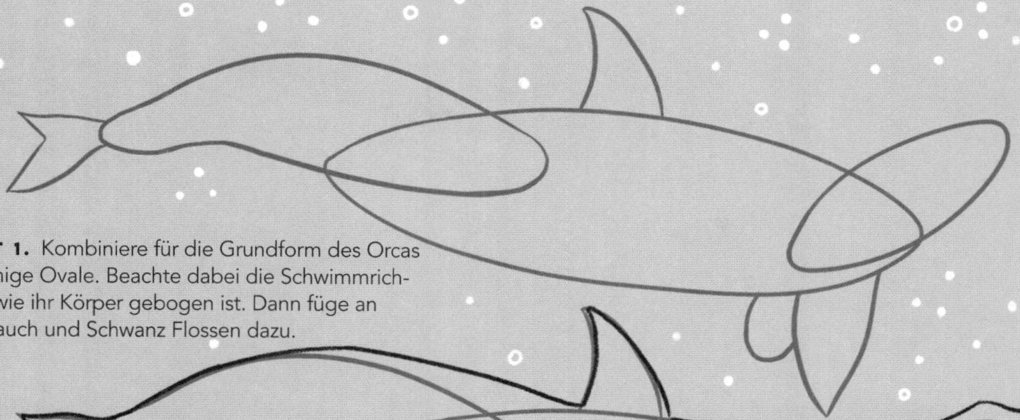

SCHRITT 1. Kombiniere für die Grundform des Orcas drei eiförmige Ovale. Beachte dabei die Schwimmrichtung und wie ihr Körper gebogen ist. Dann füge an Rücken, Bauch und Schwanz Flossen dazu.

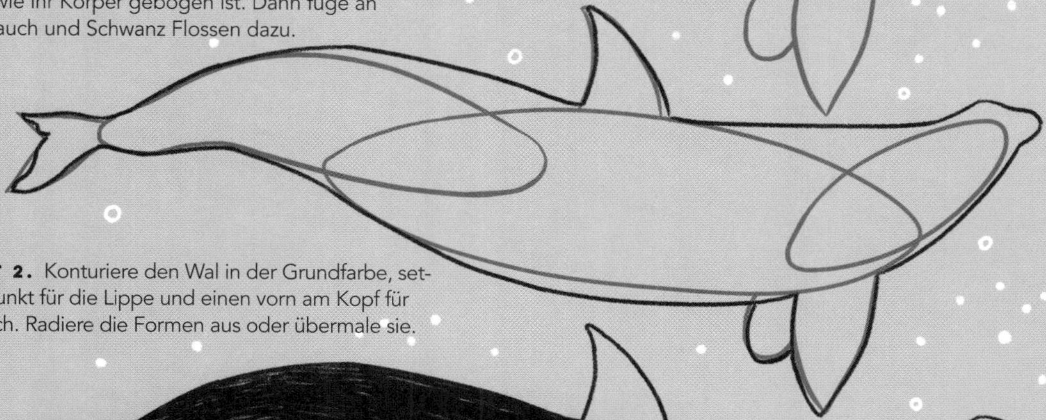

SCHRITT 2. Konturiere den Wal in der Grundfarbe, setze einen Punkt für die Lippe und einen vorn am Kopf für das Blasloch. Radiere die Formen aus oder übermale sie.

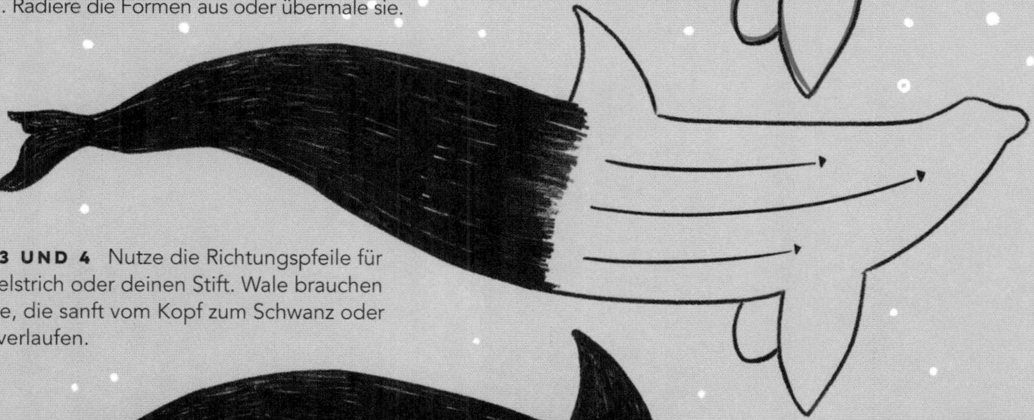

SCHRITT 3 UND 4 Nutze die Richtungspfeile für deinen Pinselstrich oder deinen Stift. Wale brauchen lange Striche, die sanft vom Kopf zum Schwanz oder umgekehrt verlaufen.

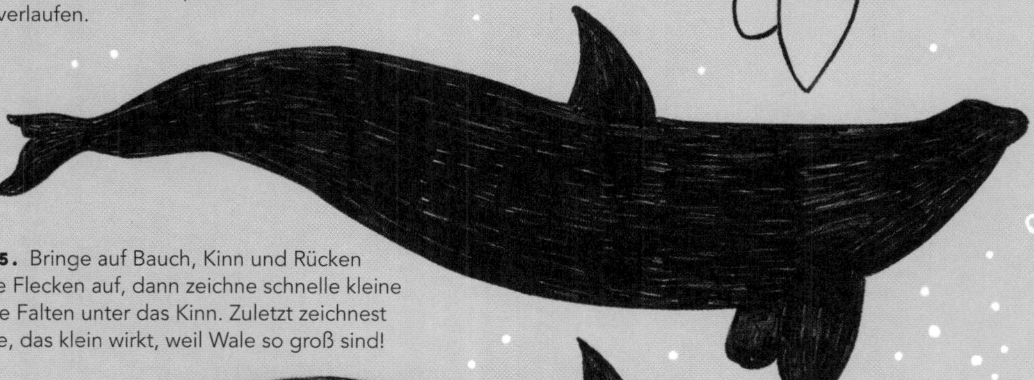

SCHRITT 5. Bringe auf Bauch, Kinn und Rücken große weiße Flecken auf, dann zeichne schnelle kleine Linien für die Falten unter das Kinn. Zuletzt zeichnest du das Auge, das klein wirkt, weil Wale so groß sind!

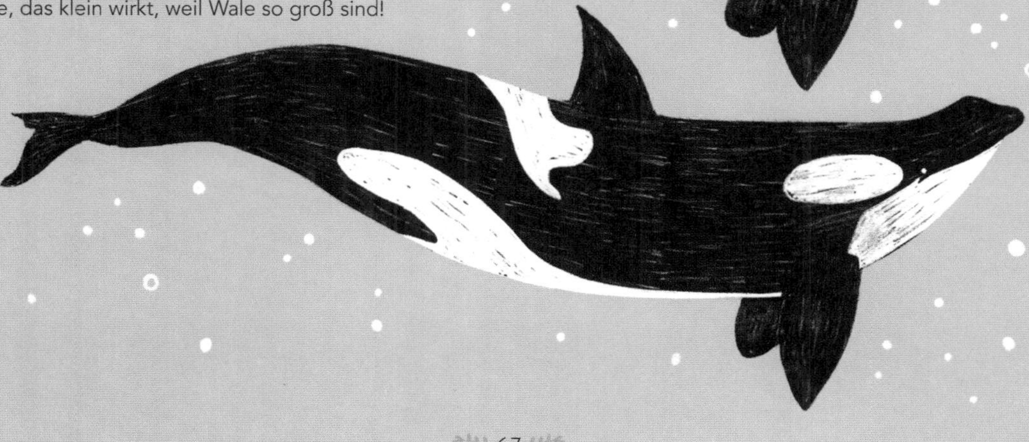

BUCKELWAL

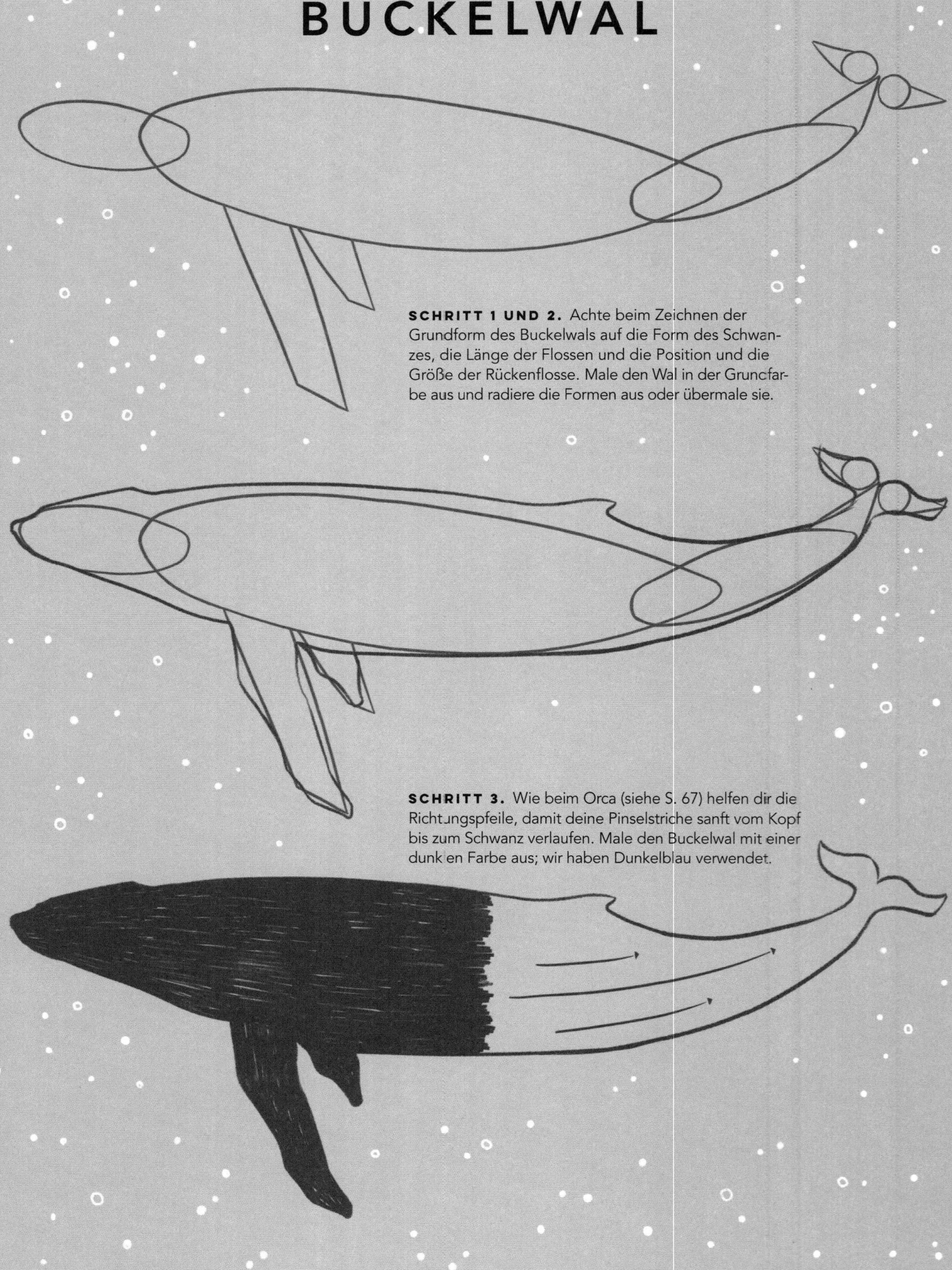

SCHRITT 1 UND 2. Achte beim Zeichnen der Grundform des Buckelwals auf die Form des Schwanzes, die Länge der Flossen und die Position und die Größe der Rückenflosse. Male den Wal in der Grundfarbe aus und radiere die Formen aus oder übermale sie.

SCHRITT 3. Wie beim Orca (siehe S. 67) helfen dir die Richtungspfeile, damit deine Pinselstriche sanft vom Kopf bis zum Schwanz verlaufen. Male den Buckelwal mit einer dunklen Farbe aus; wir haben Dunkelblau verwendet.

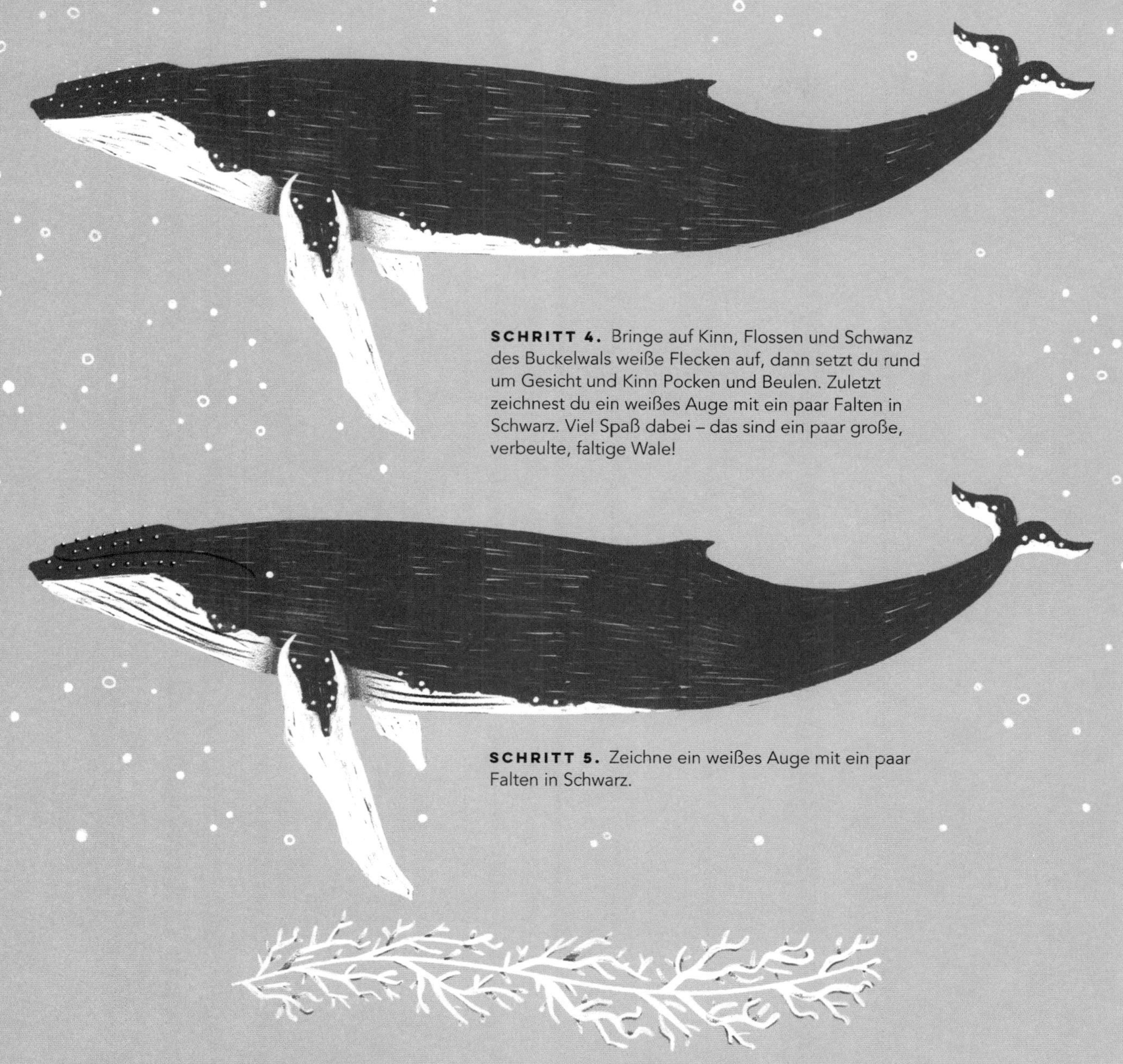

SCHRITT 4. Bringe auf Kinn, Flossen und Schwanz des Buckelwals weiße Flecken auf, dann setzt du rund um Gesicht und Kinn Pocken und Beulen. Zuletzt zeichnest du ein weißes Auge mit ein paar Falten in Schwarz. Viel Spaß dabei – das sind ein paar große, verbeulte, faltige Wale!

SCHRITT 5. Zeichne ein weißes Auge mit ein paar Falten in Schwarz.

Wale, Delfine und Tümmler gehören zur Ordnung der Wale. Man teilt sie in zwei Gruppen: Bartenwale, die größer sind und mithilfe von Bartenplatten (haarähnliche Fäden im Walmaul) ihr Futter filtern, und Zahnwale, die Zähne haben und sich von größeren Beutetieren ernähren. Die Wale haben unterschiedliche Körperformen. Bevor du beginnst, schaue dir Fotos oder Videos dazu an. Beginne mit den Details, sobald die Grundform fertig ist. Obwohl Wale oft nur eine unscheinbare Farbe haben, kennzeichnen bei manchen kleine Flecken und Streifen ihr Aussehen. Viel Spaß dabei – vielleicht malst du einen richtig alten Wal mit Seepocken oder einen, der von einem Pilotfisch begleitet wird! Da ich in einem kleinen Fischerdorf aufgewachsen bin, habe ich Fischer oft von gefleckten Walen erzählen hören. Man kann sie über eine Meile riechen, aber angeblich lohnt es sich, den Gestank auszuhalten, um diese magischen Tiere zu beobachten.

NARWAL

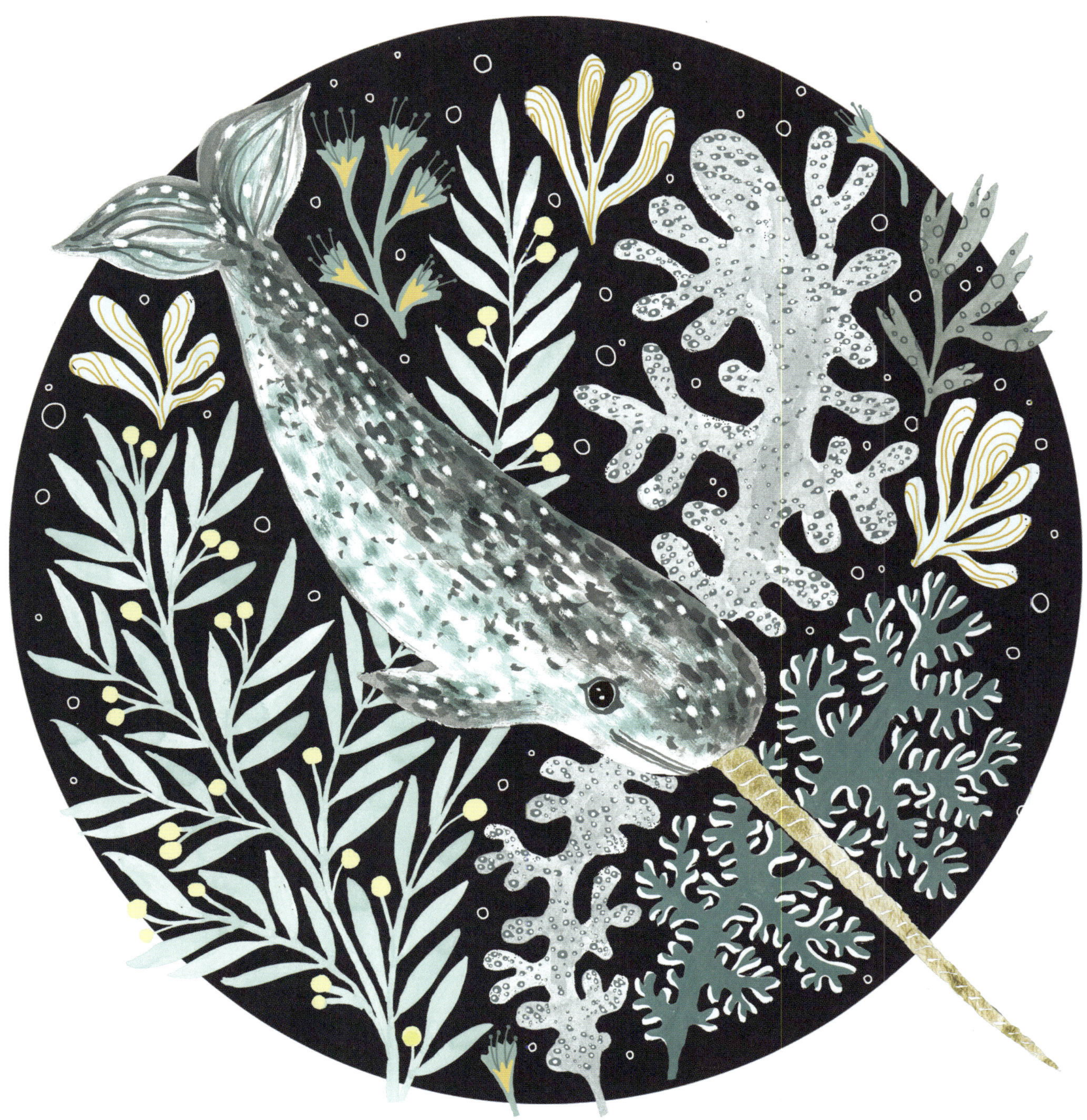

NARWAL (*MONODON MONOCEROS*)

SCHRITT 1. Zeichne die Grundform deines Narwals. Achte auf den runden Kopf, den kegelförmigen Schwanz und natürlich den Stoßzahn!

SCHRITT 2. Konturiere den Narwal in der Grundfarbe und zeichne sein Auge und den Mund. Beachte sein großes Auge. Radiere die Formen aus oder übermale sie.

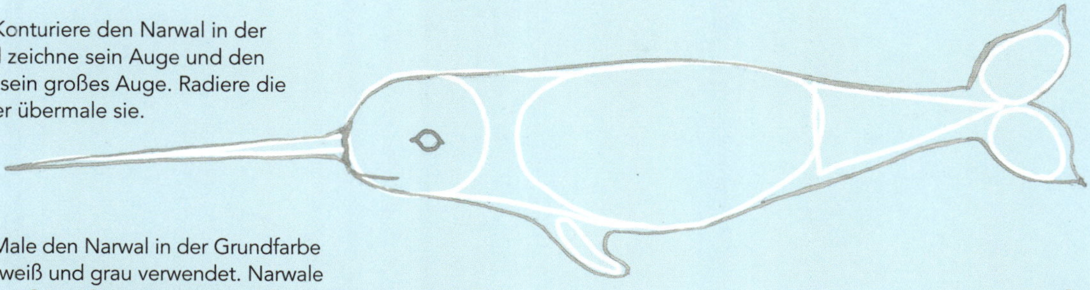

SCHRITT 3. Male den Narwal in der Grundfarbe aus – wir haben weiß und grau verwendet. Narwale sind nicht gleichmäßig gefärbt: Mische zwei Farben, Rücken und Flosse sollten jedoch grau sein. Den Stoßzahn malst du gräulich weiß oder cremefarben.

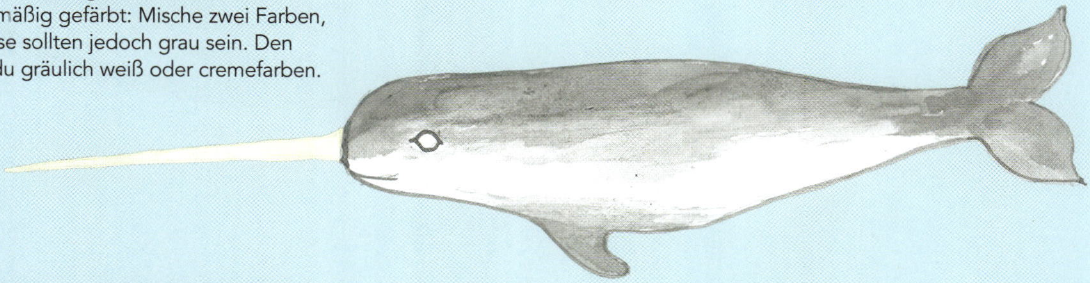

SCHRITT 4. Mit einer dunkleren Farbe als der Grundfarbe gibst du ihm ein gesprenkeltes Muster mit schnellen Strichen und Klecksen mit einem kleinen Pinsel. Vergiss nicht die Striche auf dem Schwanz.

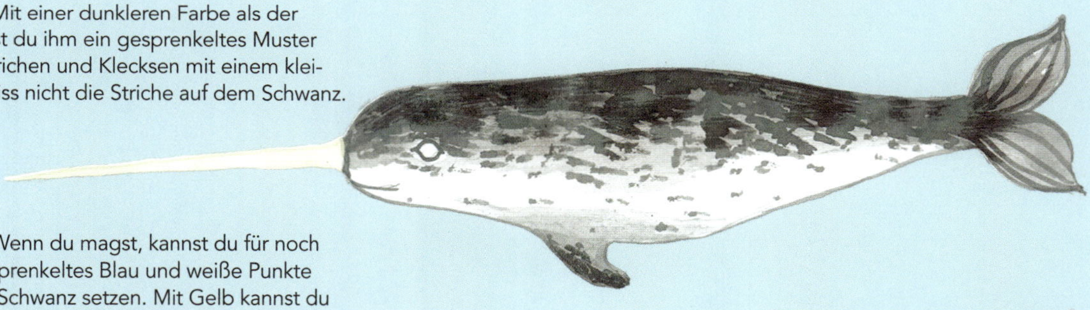

SCHRITT 5. Wenn du magst, kannst du für noch mehr Textur gesprenkeltes Blau und weiße Punkte auf Rücken und Schwanz setzen. Mit Gelb kannst du zudem die Farbe des Stoßzahns vertiefen und weiße Striche setzen für seine gedrechselte Form. Zuletzt malst du das Auge farbig und gibst dem langen Stoßzahn ein Muster deiner Wahl!

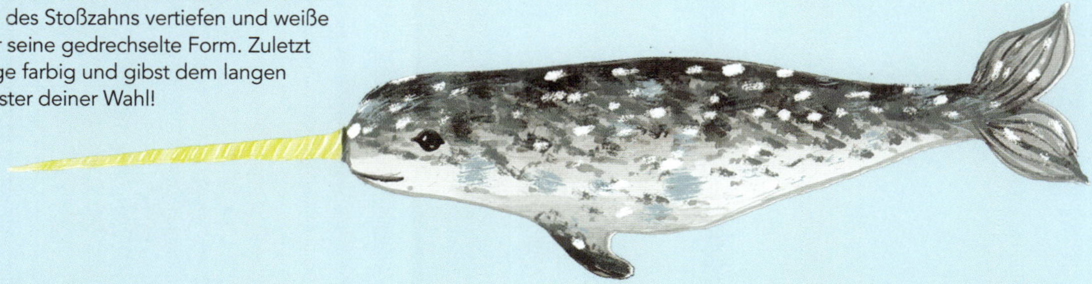

Der Narwal wird wegen seines großen, bis zu drei Meter langen Stoßzahns auch Einhorn des Meeres genannt. Narwale verändern mit dem Alter ihre Farbe – Neugeborene sind blaugrau und bekommen nach und nach eine Sprenkelung aus Weiß und Blaugrau. Im Alter sind fast alle weiß. Mit solchen Details schaffst du Zeichnungen, die eine Geschichte erzählen.

DELFINE

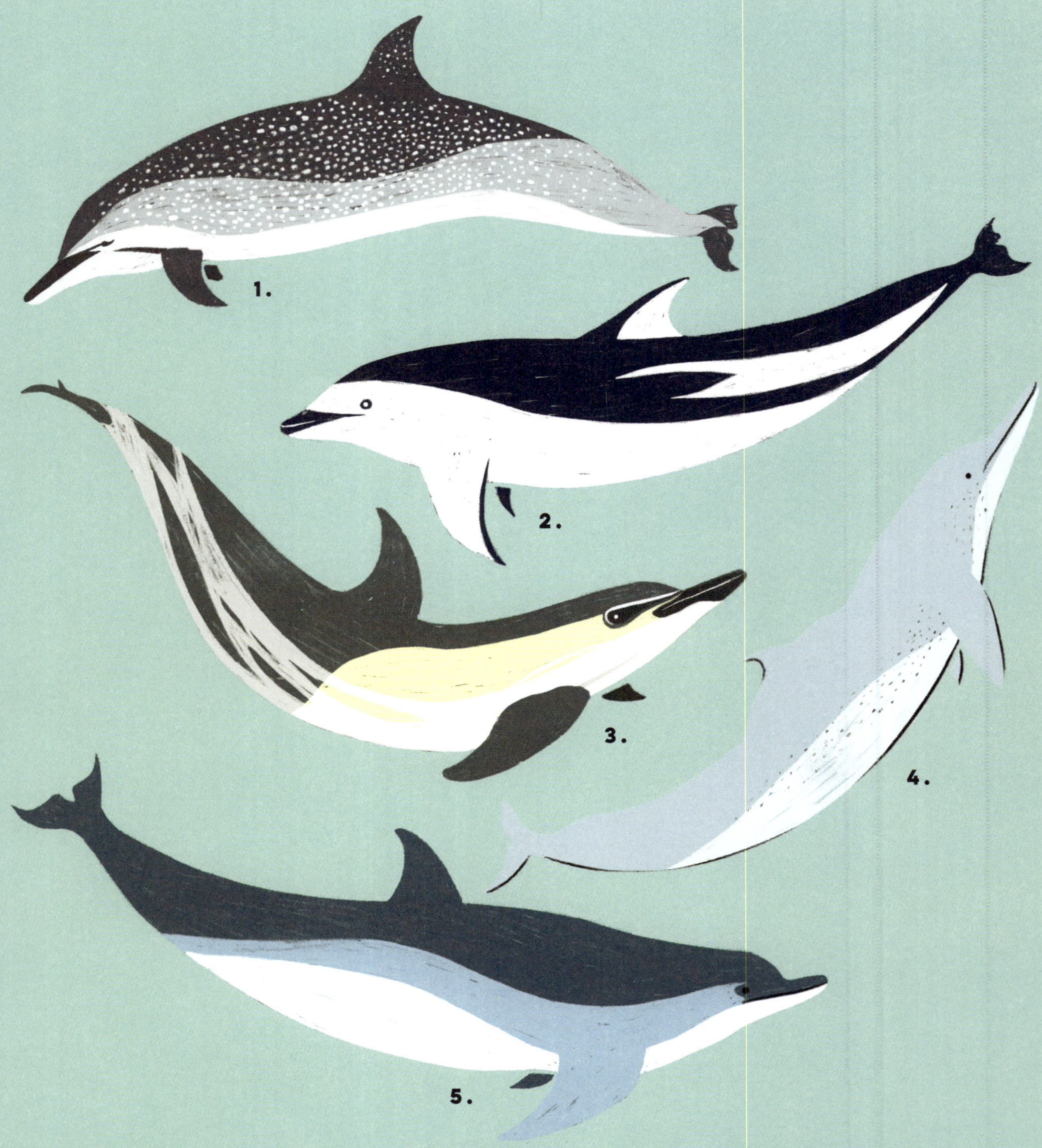

1. SCHLANKDELFIN (*STENELLA ATTENUATA*)
2. SCHWARZDELFIN (*LAGENORHYNCHUS OBSCURUS*)
3. GEMEINER DELFIN (*DELPHINUS DELPHIS*)
4. KAMERUNFLUSSDELFIN (*SOUSA TEUSZII*)
5. GROßER TÜMMLER (*TURSIOPS TRUNCATES*)

GEMEINER DELFIN

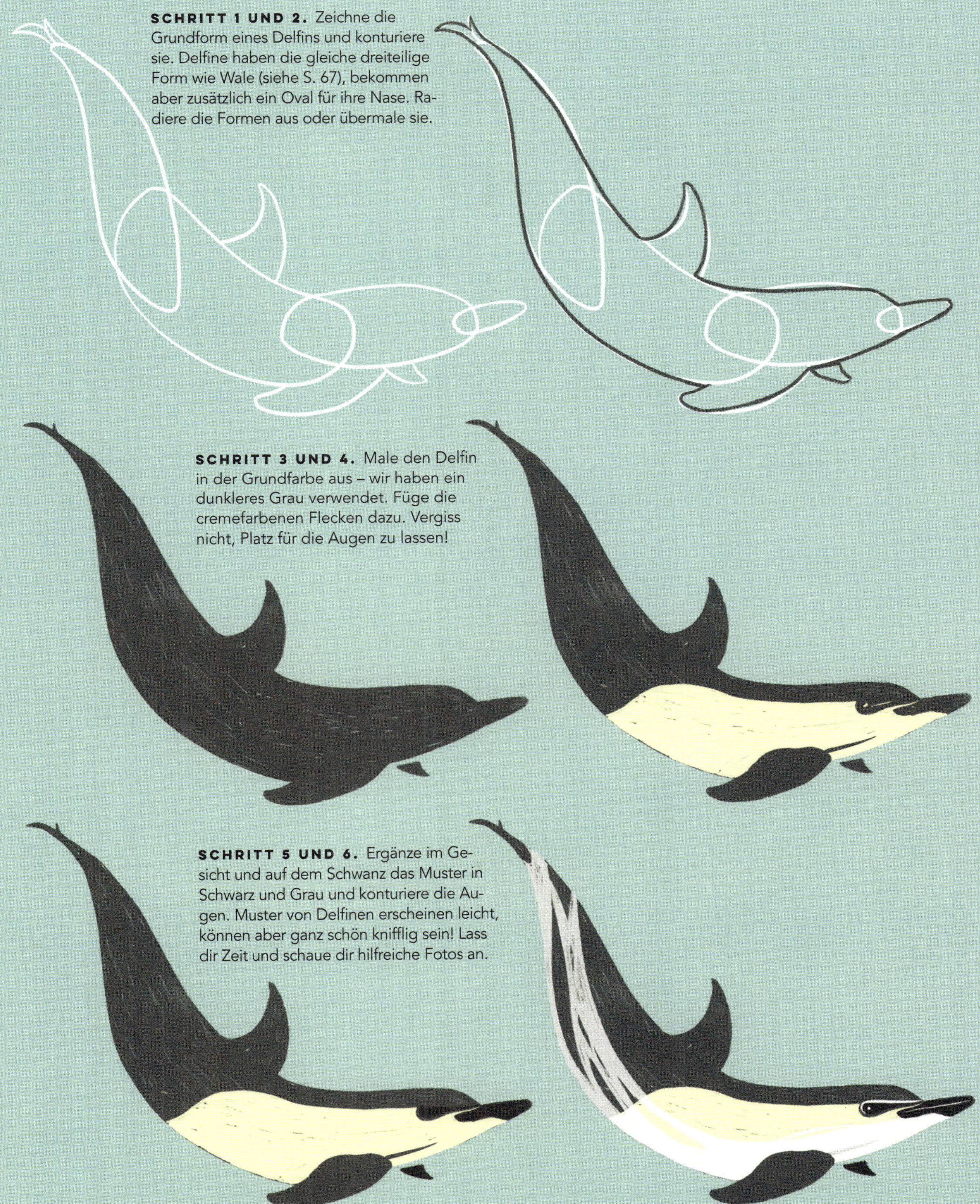

SCHRITT 1 UND 2. Zeichne die Grundform eines Delfins und konturiere sie. Delfine haben die gleiche dreiteilige Form wie Wale (siehe S. 67), bekommen aber zusätzlich ein Oval für ihre Nase. Radiere die Formen aus oder übermale sie.

SCHRITT 3 UND 4. Male den Delfin in der Grundfarbe aus – wir haben ein dunkleres Grau verwendet. Füge die cremefarbenen Flecken dazu. Vergiss nicht, Platz für die Augen zu lassen!

SCHRITT 5 UND 6. Ergänze im Gesicht und auf dem Schwanz das Muster in Schwarz und Grau und konturiere die Augen. Muster von Delfinen erscheinen leicht, können aber ganz schön knifflig sein! Lass dir Zeit und schaue dir hilfreiche Fotos an.

FLECKENDELFIN

SCHRITT 1 UND 2. Zeichne die Grundform des Fleckendelfins und folge dabei seinen Körperkurven. Konturiere ihn in der Grundfarbe und radiere die Formen aus oder übermale sie.

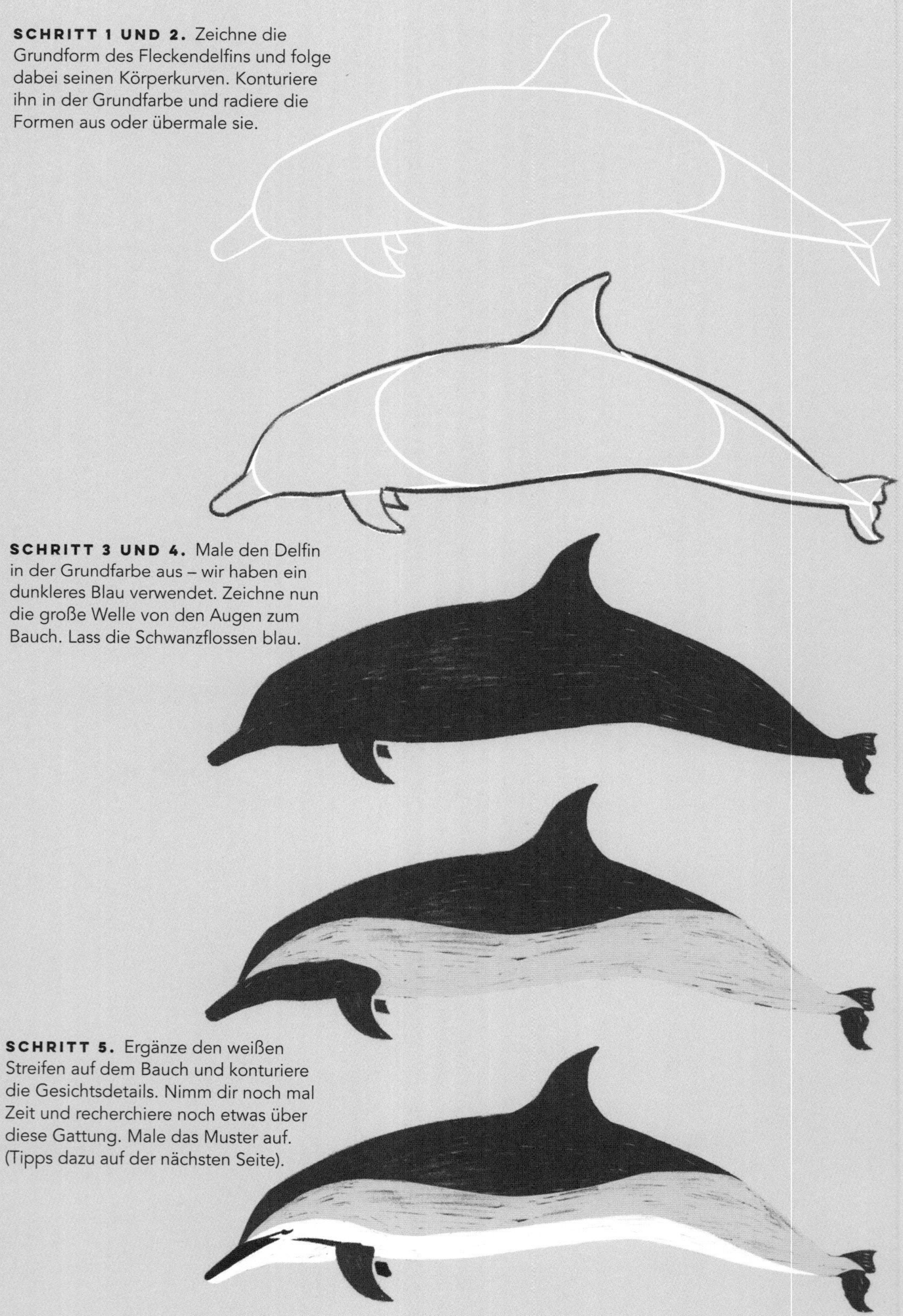

SCHRITT 3 UND 4. Male den Delfin in der Grundfarbe aus – wir haben ein dunkleres Blau verwendet. Zeichne nun die große Welle von den Augen zum Bauch. Lass die Schwanzflossen blau.

SCHRITT 5. Ergänze den weißen Streifen auf dem Bauch und konturiere die Gesichtsdetails. Nimm dir noch mal Zeit und recherchiere noch etwas über diese Gattung. Male das Muster auf. (Tipps dazu auf der nächsten Seite).

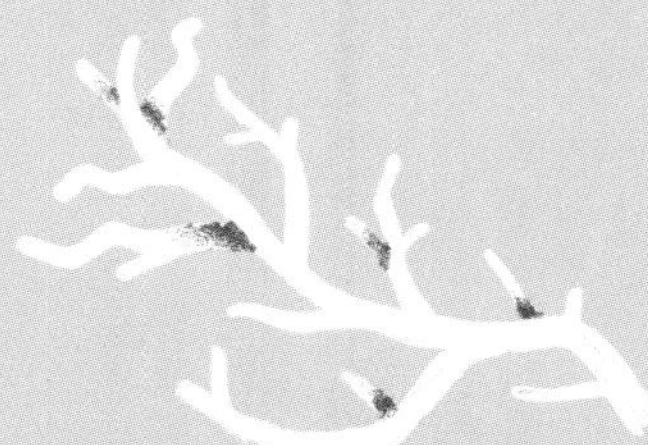

DELFIN-MUSTER

MUSTER 1: Kleine Punkte

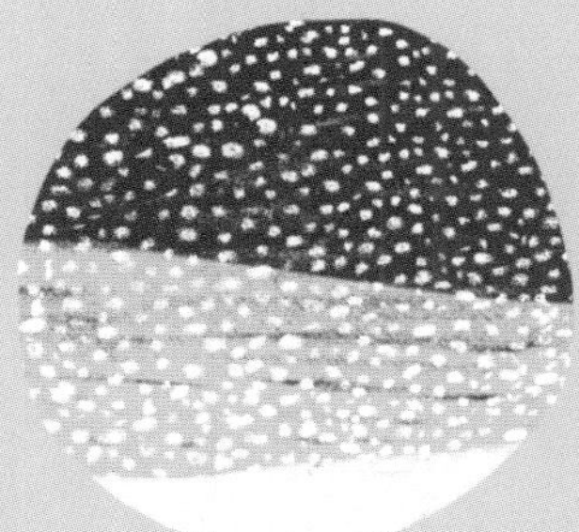

MUSTER 2: Verwischte Punkte

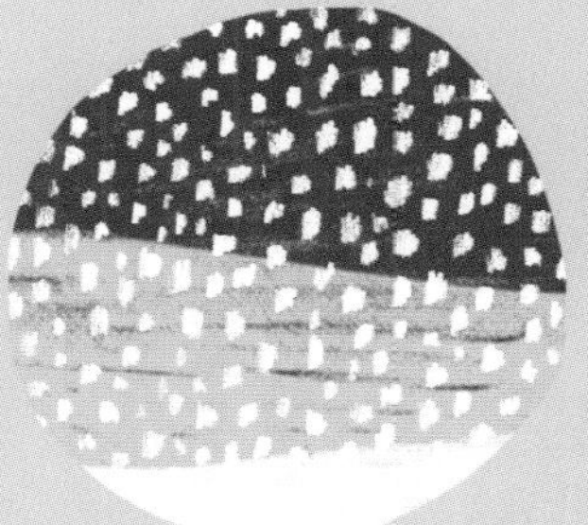

MUSTER 3: Gekritzelte Striche

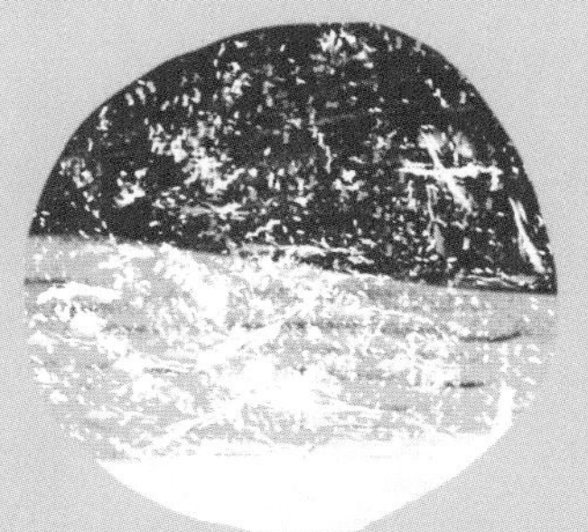

Es gibt alle möglichen Arten, um ein Delfinmuster zu zeichnen. Der Fleckendelfin ist übersät mit Flecken, und oben haben wir dir ein paar Möglichkeiten gezeigt, wie du diese Textur nacharbeiten kannst. Experimentiere ein wenig, bevor du beginnst.

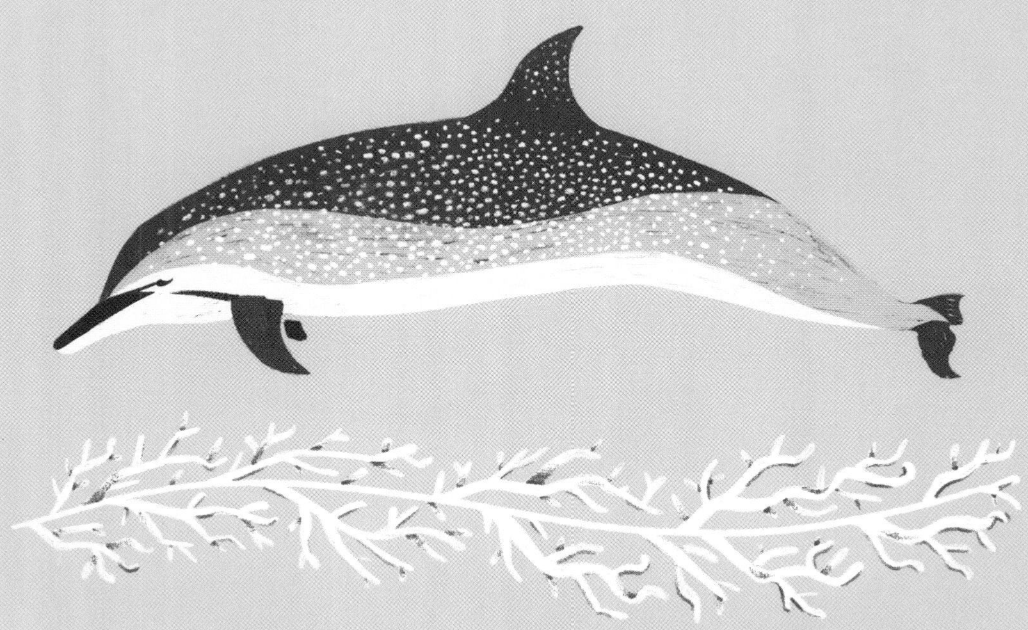

Delfine benutzen Echoortung, um ihre Umgebung zu erkundschaften. Sie senden hochfrequente Klicklaute und horchen auf das Echo der Schallwellen von nahe gelegenen Objekten. Es funktioniert ähnlich wie bei der Sonartechnik von U-Booten. Andere Tiere mit Echoortung sind Fledermäuse, einige Höhlenvögel und Spitzmäuse! Es gibt eine Menge Bilder und Videos dazu, für Haltungen und Bewegungen in deiner Zeichnung. Wähle nach Belieben eine Grundform in diesem Tutorial und erschaffe daraus einen Delfin deiner Wahl! Egal, welchen du zeichnest, vergiss nicht, dass die breiteste Stelle immer in der Mitte liegt.

PAZIFISCHER RIESENKRAKE

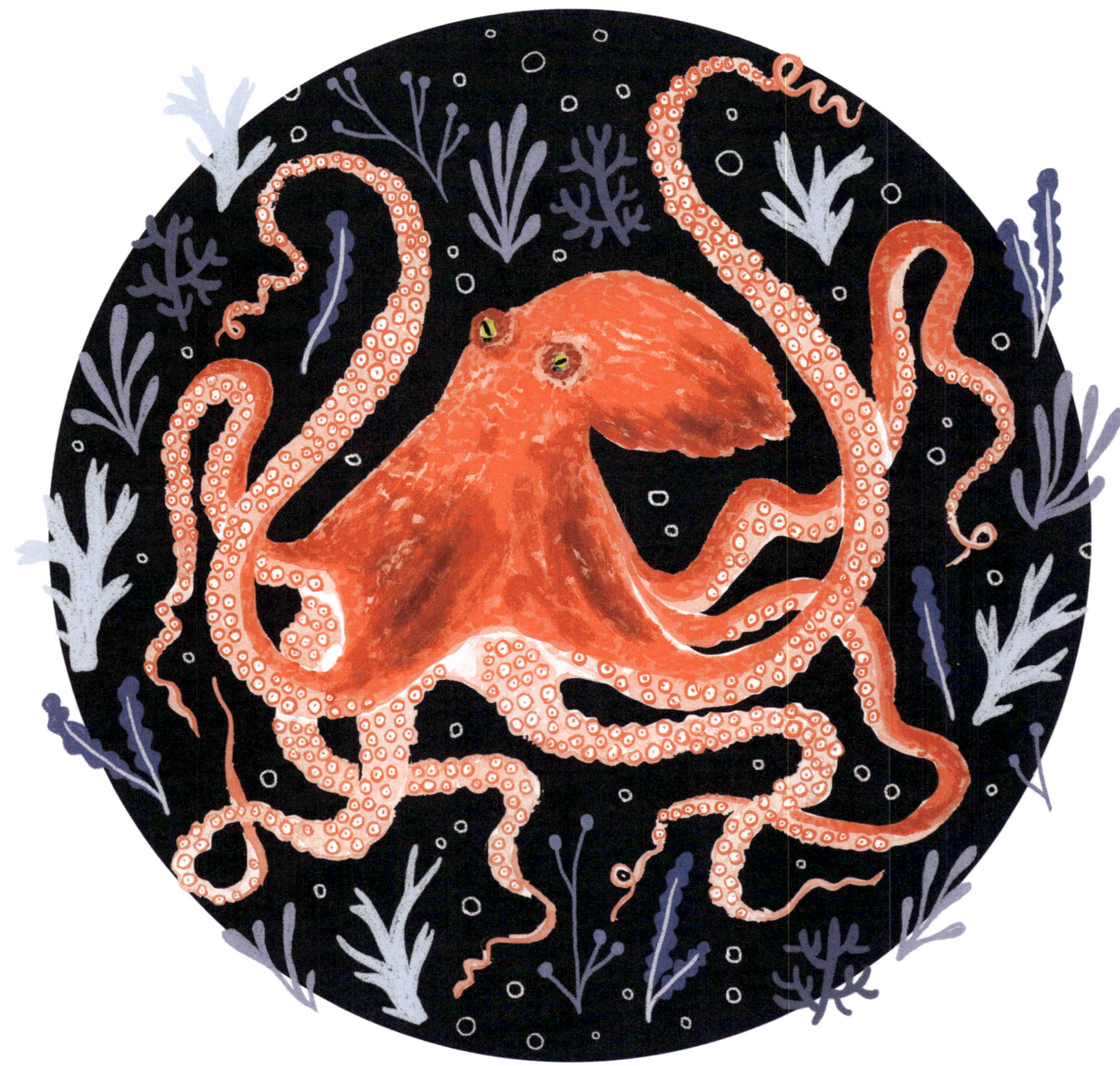

PAZIFISCHER RIESENKRAKE (*ENTEROCTOPUS DOFLEINI*)

SCHRITT 1. Zeichne für die Grundform ein Oval für den Kopf, Kreise für die Augen und ein Dreieck für den »Fächer« seines Mantels. Wir wünschten, wir hätten für die Tentakel einen besseren Tipp als »Lasst eurer Fantasie freien Lauf«! Denke dran, es sind acht Tentakel.

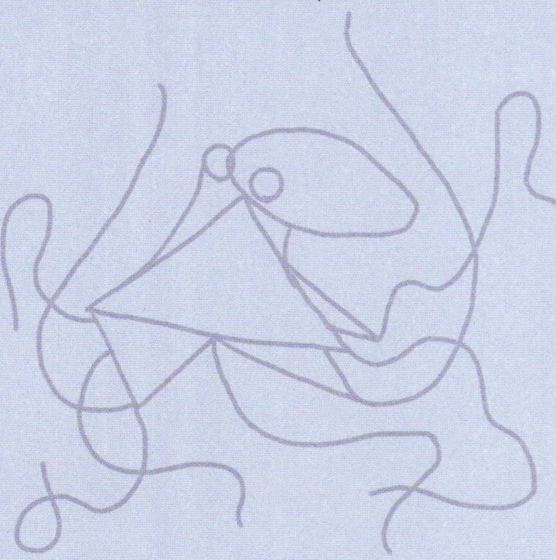

SCHRITT 2. Konturiere den Kraken. Hier kannst du die Tentakel dicker machen und sie ausarbeiten. Vergiss nicht die lustigen verwirbelten Enden! Radiere die Formen aus oder übermale sie.

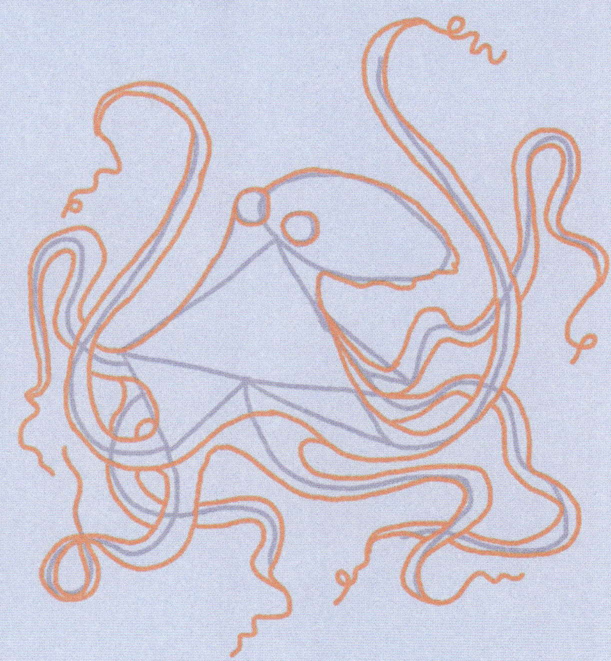

SCHRITT 3 UND 4. Die Richtungspfeile helfen dir, die Pinselstriche vom Kopf zu jedem Tentakel zu führen. Im Gegensatz zum Pazifischen Riesenkraken mit seinem großen Kopf haben die meisten Kraken schmalere, rundere Köpfe. Wenn du den Kraken in der Grundfarbe ausmalst, kannst du schon die Konturen der Saugnäpfe, die die Tentakel so zerfurcht aussehen lassen, anbringen oder du kannst sie später mit einem Stift hinzufügen.

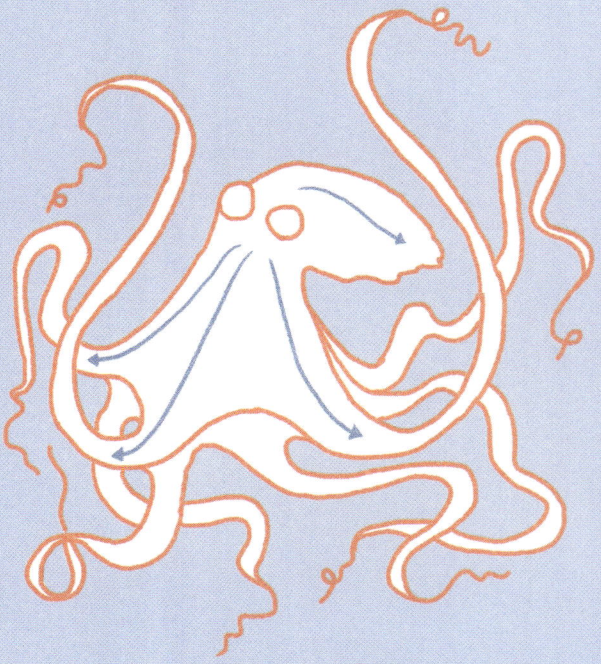

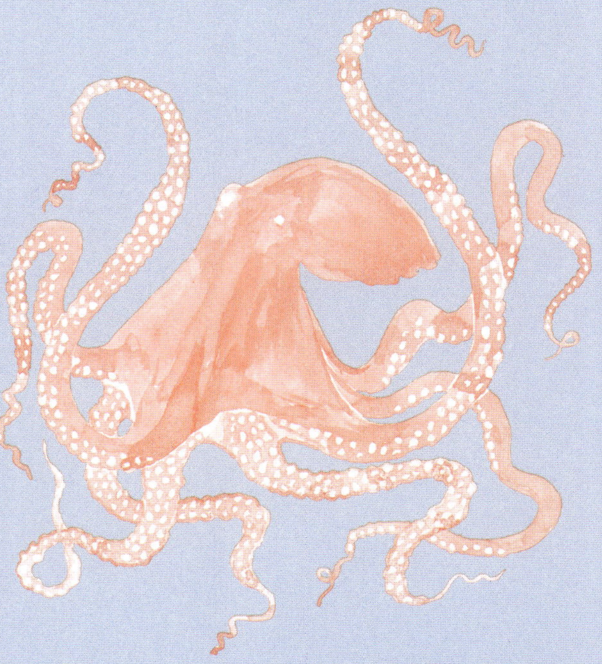

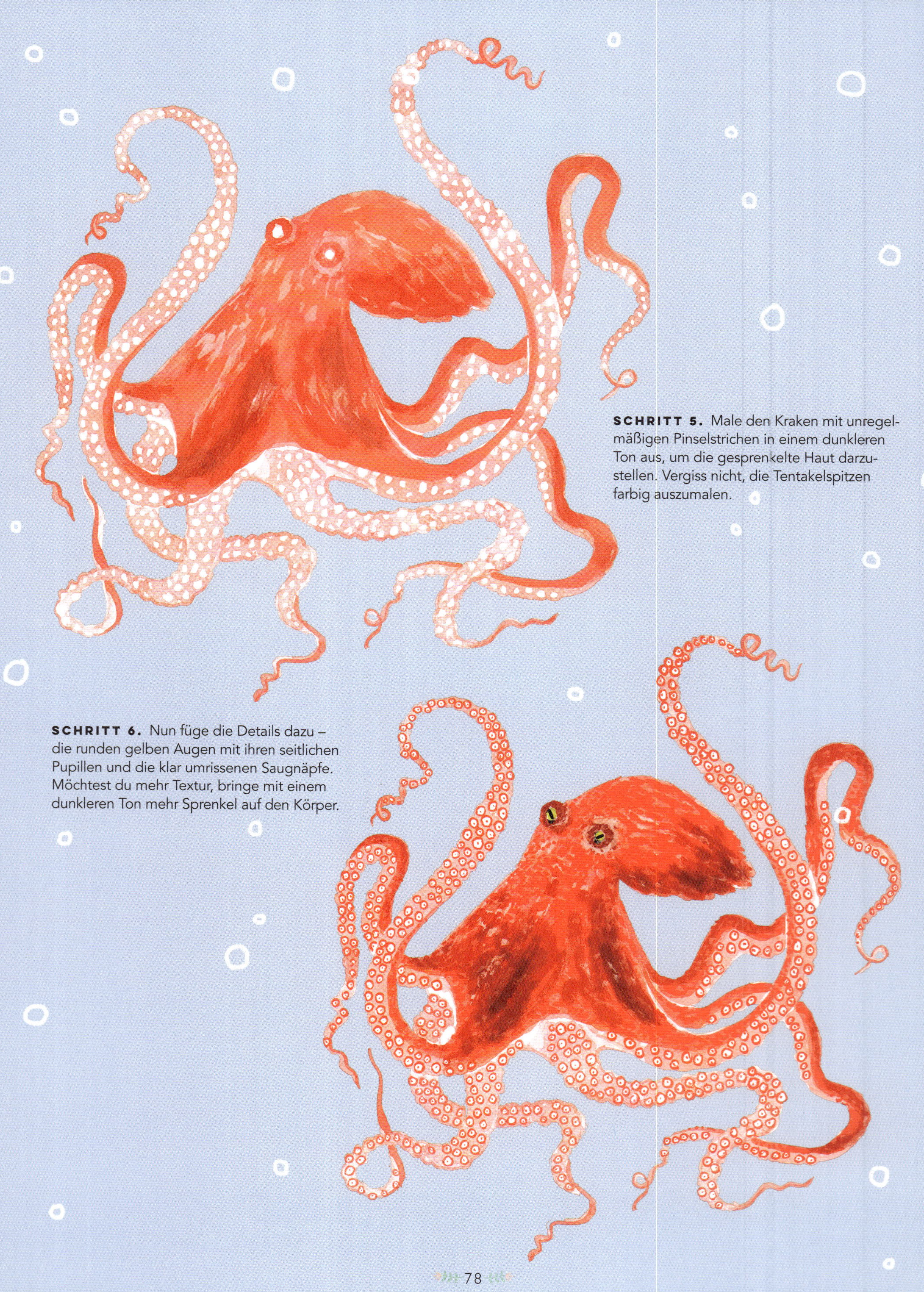

SCHRITT 5. Male den Kraken mit unregelmäßigen Pinselstrichen in einem dunkleren Ton aus, um die gesprenkelte Haut darzustellen. Vergiss nicht, die Tentakelspitzen farbig auszumalen.

SCHRITT 6. Nun füge die Details dazu – die runden gelben Augen mit ihren seitlichen Pupillen und die klar umrissenen Saugnäpfe. Möchtest du mehr Textur, bringe mit einem dunkleren Ton mehr Sprenkel auf den Körper.

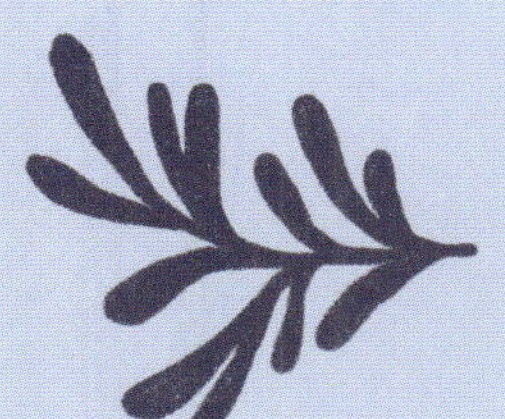

TENTAKEL

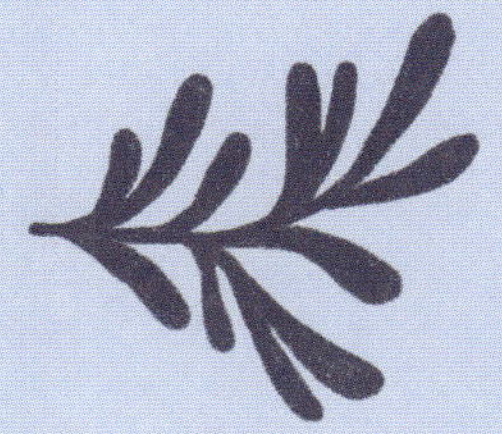

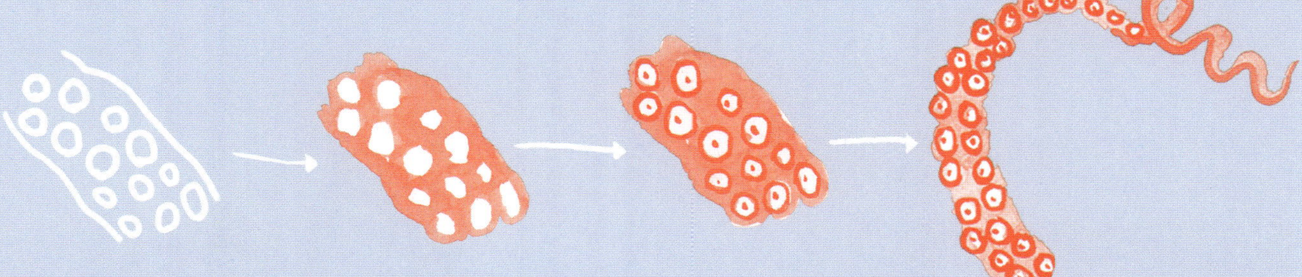

Hier kommt eine Nahaufnahme, wie man Tentakel zeichnet. Es kann ein bisschen mühselig sein, so viele Tentakel zu zeichnen, aber letztendlich lohnt es sich! Ich rate dir, zuerst ein bisschen zu üben, bevor du dich darin vertiefst. In unterschiedlichen Größen wirken die Saugnäpfe realistischer. Besonders, wenn sie der Form des Tentakels folgen.

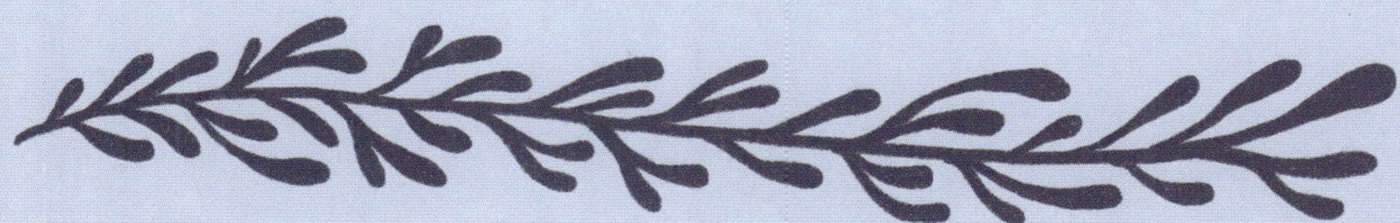

Der Pazifische Riesenkrake ist der größte seiner Art. Der größte, der bislang gefunden wurde, war rund neun Meter lang und wog 270 Kilo! Auch wenn sie rötlich sind, haben sie Hautpigmente, die sich an die Umgebungsfarbe anpassen. Die größte Herausforderung beim Zeichnen sind seine Tentakel! Wie zu sehen, hat er davon acht. Beginne also mit einer groben Skizze und vergiss keinen; da die Tentakel unglaublich beweglich sind, kannst du sie in allen möglichen und unmöglichen Positionen zeichnen! Im letzten Jahr hatten Harry und ich das Glück, bei einer Führung hinter die Kulissen des Naturhistorischen Museums in London teilzunehmen, und konnten dabei ihren Riesenkalmar sehen, der über 8,5 Meter lang ist! Obwohl ein Kalmar und ein Krake sich in vielem unterscheiden, haben die Körper von beiden lange Tentakel mit breiten Saugnäpfen darauf, die ich von Nahem sehen und zeichnen konnte – eine tolle Gelegenheit für Illustratoren!

TROPENFISCHE

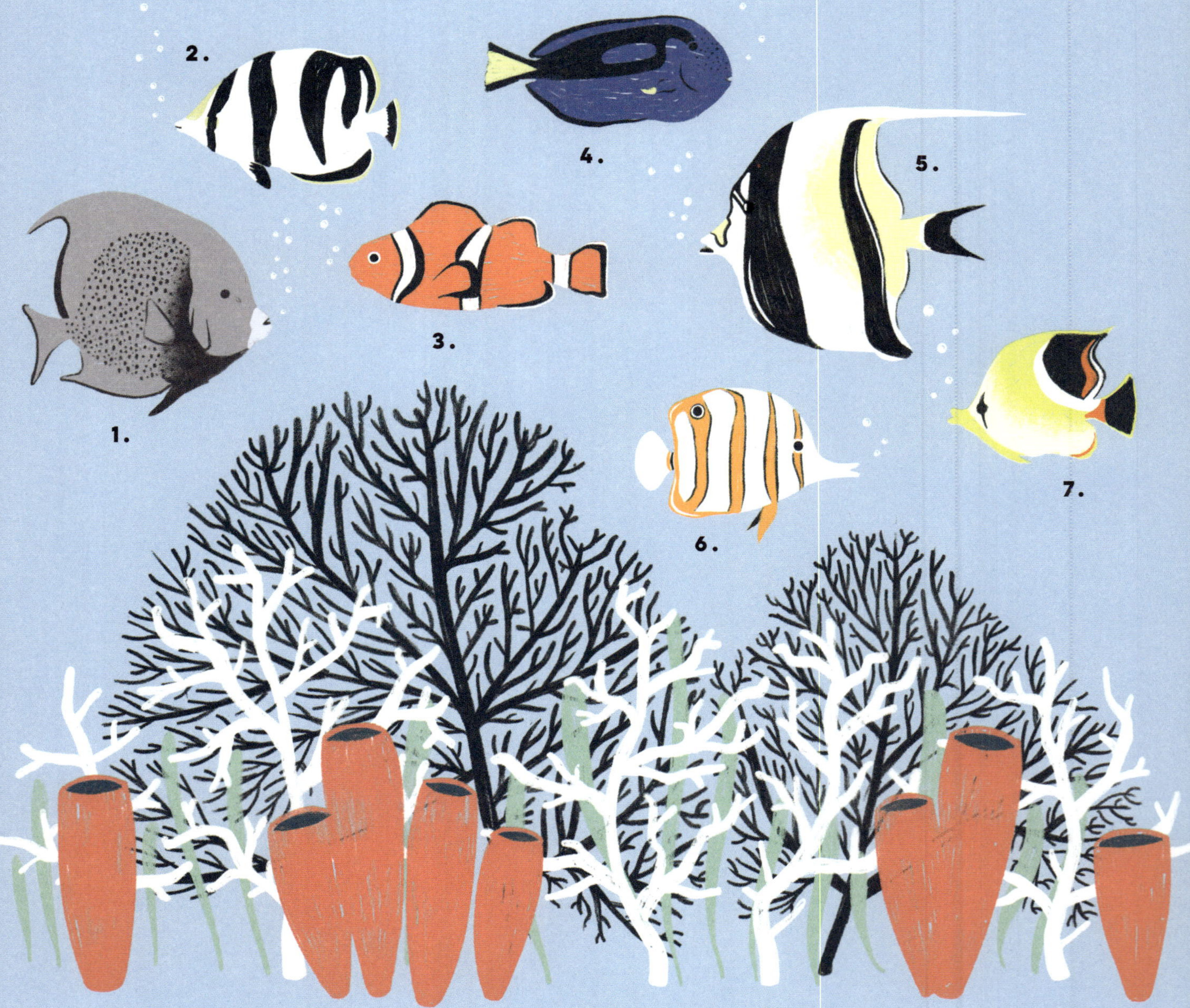

1. GRAUER KAISERFISCH (*POMACANTHUS ARCUATUS*)
2. GESTREIFTER FALTERFISCH (*CHAETODON STRIATUS*)
3. ECHTER CLOWNFISCH (*AMPHIPRION PERCULA*)
4. PALETTEN-DOKTORFISCH (*PARACANTHURUS HEPATUS*)
5. HALFTERFISCH (*ZANCLUS CORNUTUS*)
6. KUPFERSTREIFEN-PINZETTFISCH (*CHELMON ROSTRATUS*)
7. SATTELFLECK-FALTERFISCH (*CHAETODON EPHIPPIUM*)

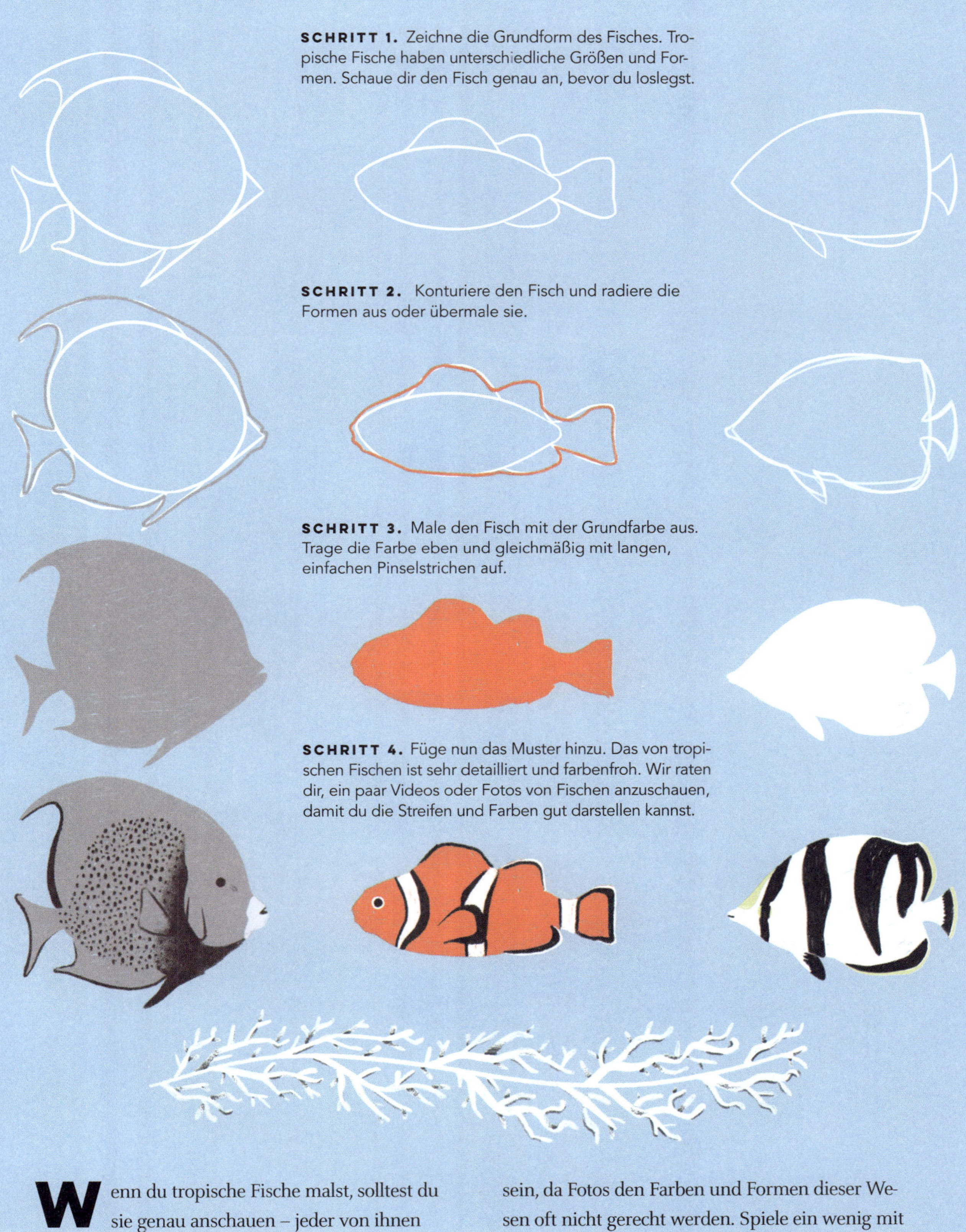

Wenn du tropische Fische malst, solltest du sie genau anschauen – jeder von ihnen hat seine eigene Form, Farbe und Muster. Ein Besuch in einem Aquarium kann eine große Hilfe sein, da Fotos den Farben und Formen dieser Wesen oft nicht gerecht werden. Spiele ein wenig mit deinem Material und versuche, ihre schimmernden Schuppen und lebendigen Farben einzufangen.

FETZENFISCHE

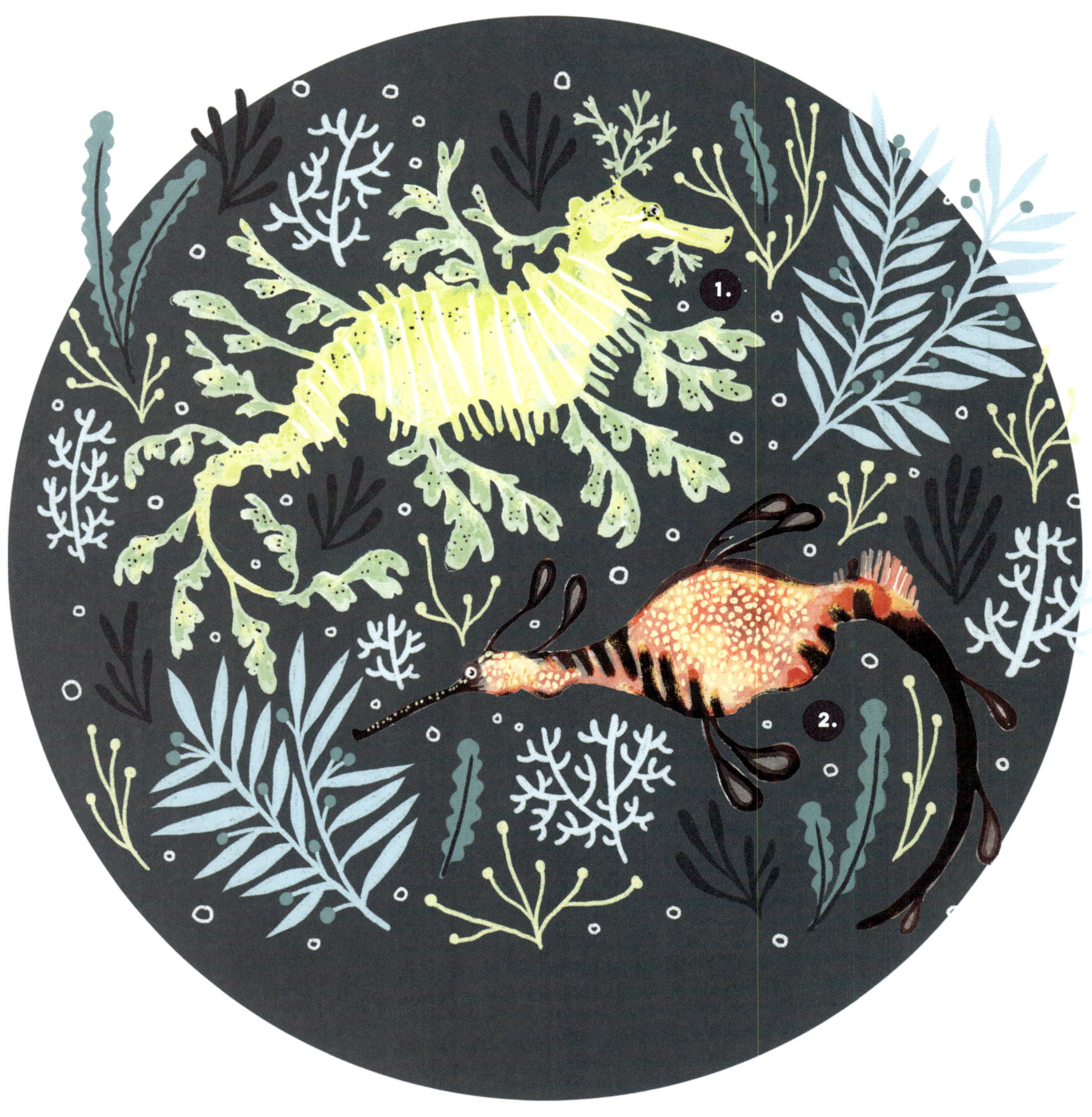

1. GROSSER FETZENFISCH (*PHYCODURUS EQUES*)
2. SEEDRACHE (*PHYLLOPTERYX TAENIOLATUS*)

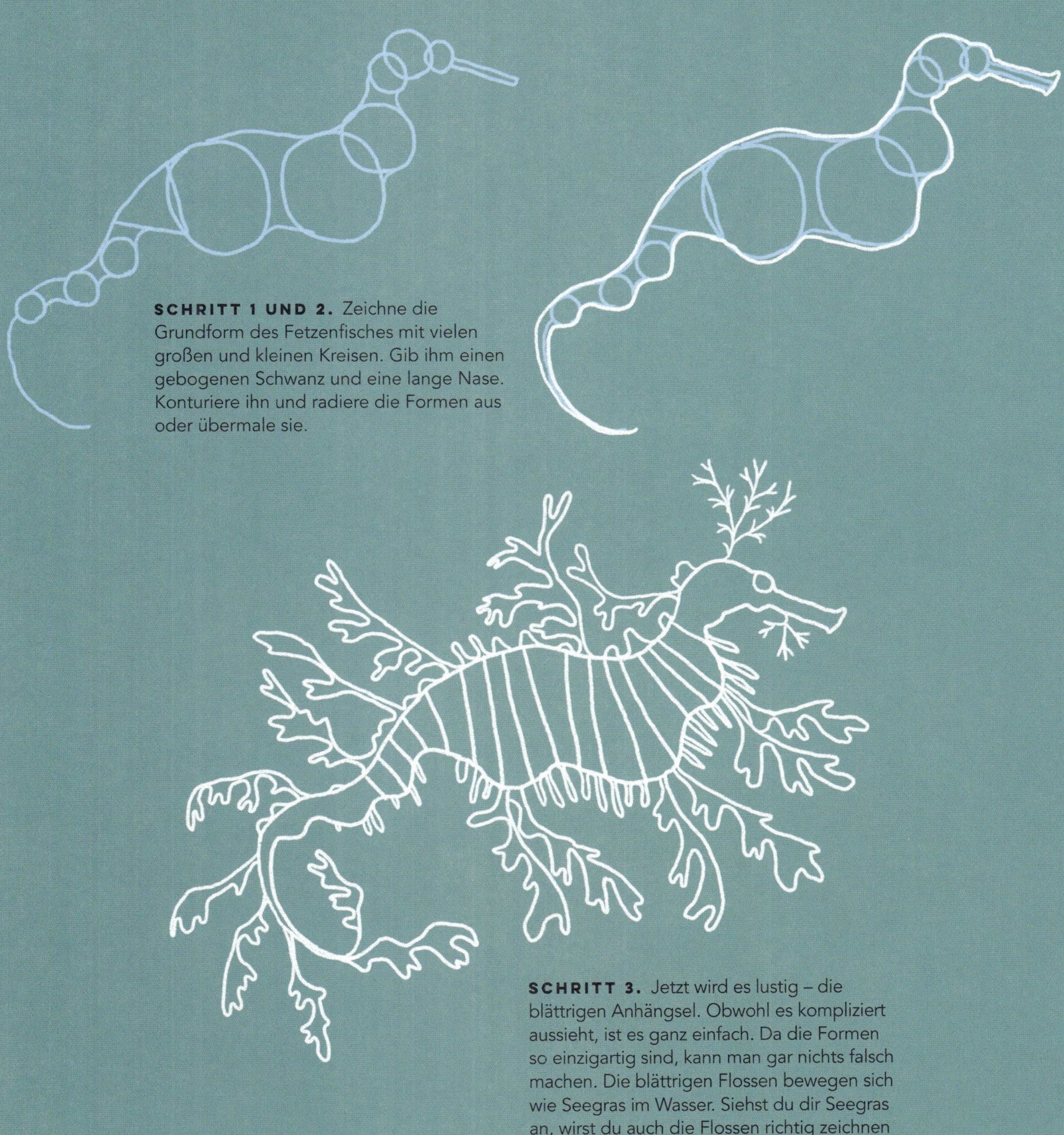

SCHRITT 1 UND 2. Zeichne die Grundform des Fetzenfisches mit vielen großen und kleinen Kreisen. Gib ihm einen gebogenen Schwanz und eine lange Nase. Konturiere ihn und radiere die Formen aus oder übermale sie.

SCHRITT 3. Jetzt wird es lustig – die blättrigen Anhängsel. Obwohl es kompliziert aussieht, ist es ganz einfach. Da die Formen so einzigartig sind, kann man gar nichts falsch machen. Die blättrigen Flossen bewegen sich wie Seegras im Wasser. Siehst du dir Seegras an, wirst du auch die Flossen richtig zeichnen können. Vergiss nicht Krone, Bart und Streifen!

Fetzenfische haben eine der schönsten Tarnungen in der Tierwelt. Ihre blättrigen, seegrasähnlichen Anhängsel bedecken den ganzen Körper und wiegen sich sanft in der Strömung, wobei sie sich perfekt in ihrer Umgebung einfügen. Fetzenfische findet man in australischen Gewässern. Ihre Grundform ist die eines Seepferds, beginne also mit einer langen, dünnen Schnauze und ebensolchem Schwanz und einer breiten Brust. Bei den blättrigen Tarnanhängseln kannst du richtig kreativ werden. Kein Fetzenfisch gleicht dem anderen, tobe dich also aus!

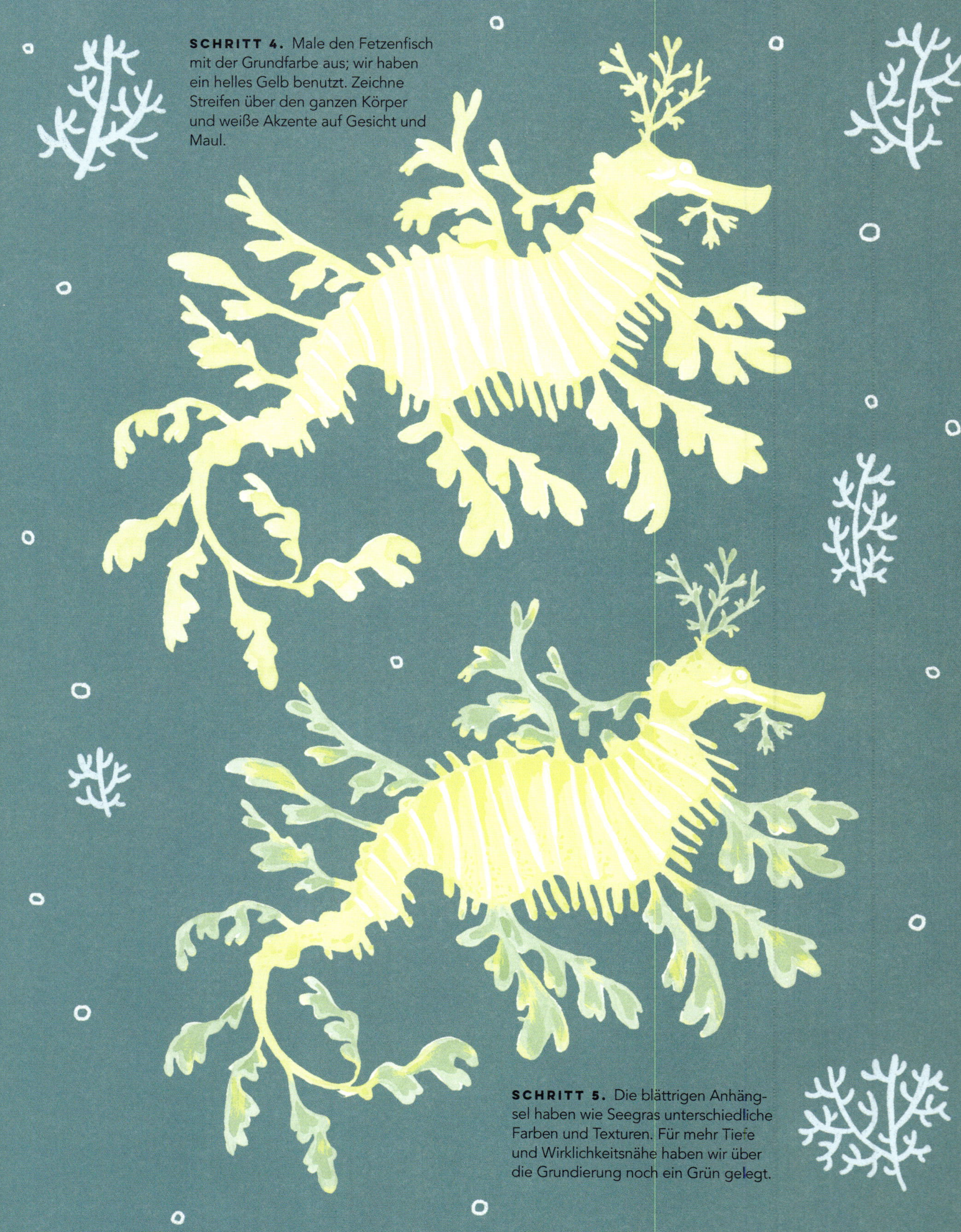

SCHRITT 4. Male den Fetzenfisch mit der Grundfarbe aus; wir haben ein helles Gelb benutzt. Zeichne Streifen über den ganzen Körper und weiße Akzente auf Gesicht und Maul.

SCHRITT 5. Die blättrigen Anhängsel haben wie Seegras unterschiedliche Farben und Texturen. Für mehr Tiefe und Wirklichkeitsnähe haben wir über die Grundierung noch ein Grün gelegt.

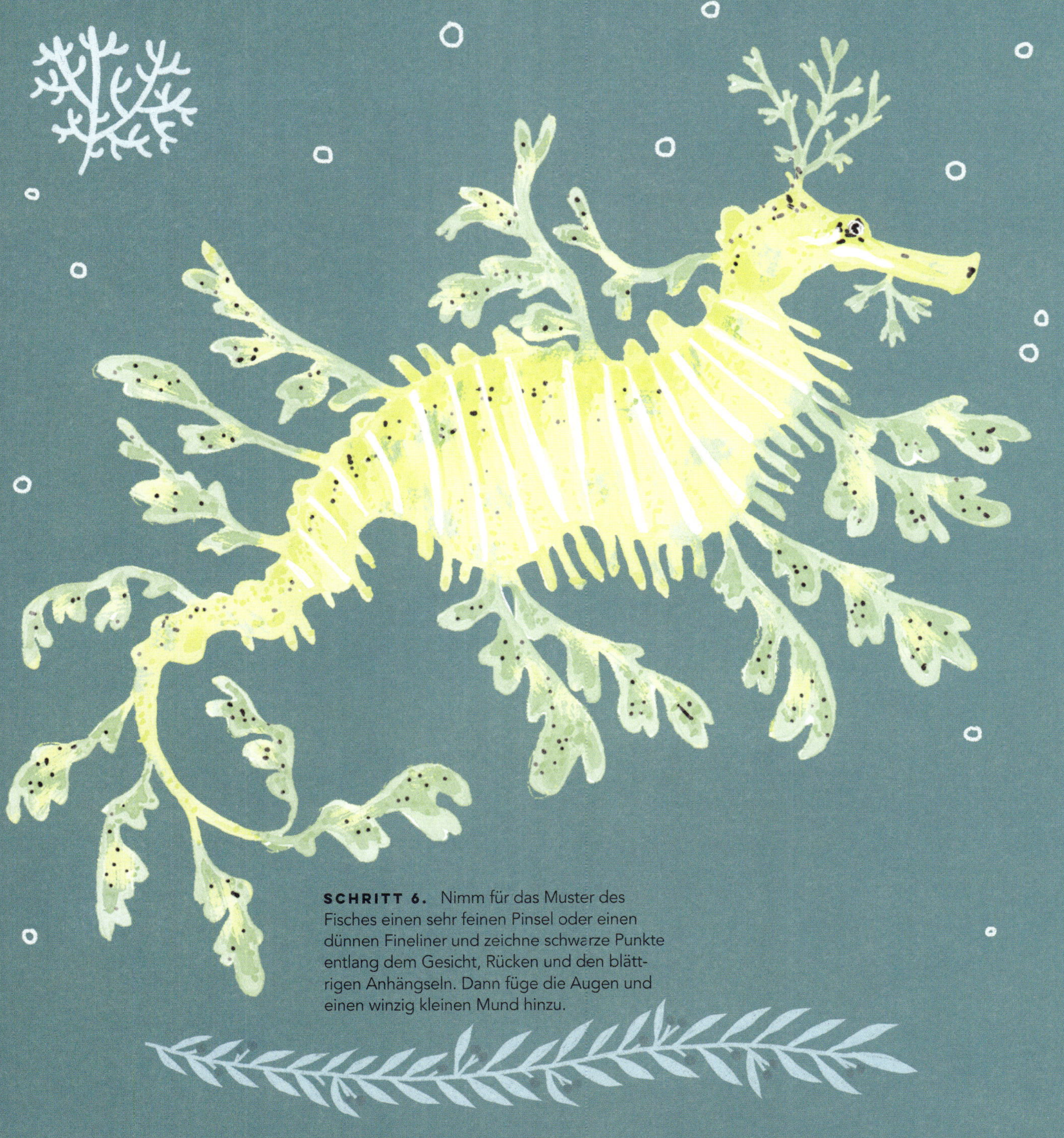

SCHRITT 6. Nimm für das Muster des Fisches einen sehr feinen Pinsel oder einen dünnen Fineliner und zeichne schwarze Punkte entlang dem Gesicht, Rücken und den blättrigen Anhängseln. Dann füge die Augen und einen winzig kleinen Mund hinzu.

Wenn du deinen Fisch farbig ausmalst, wirf einen Blick auf das Seegras, in dem sie leben – es ist die Basis ihrer Tarnung. Bevor du anfängst, kannst du für eine interessante Textur verschiedene Gelb- und Grüntöne mischen und übereinandermalen, um dein Bild zu planen.

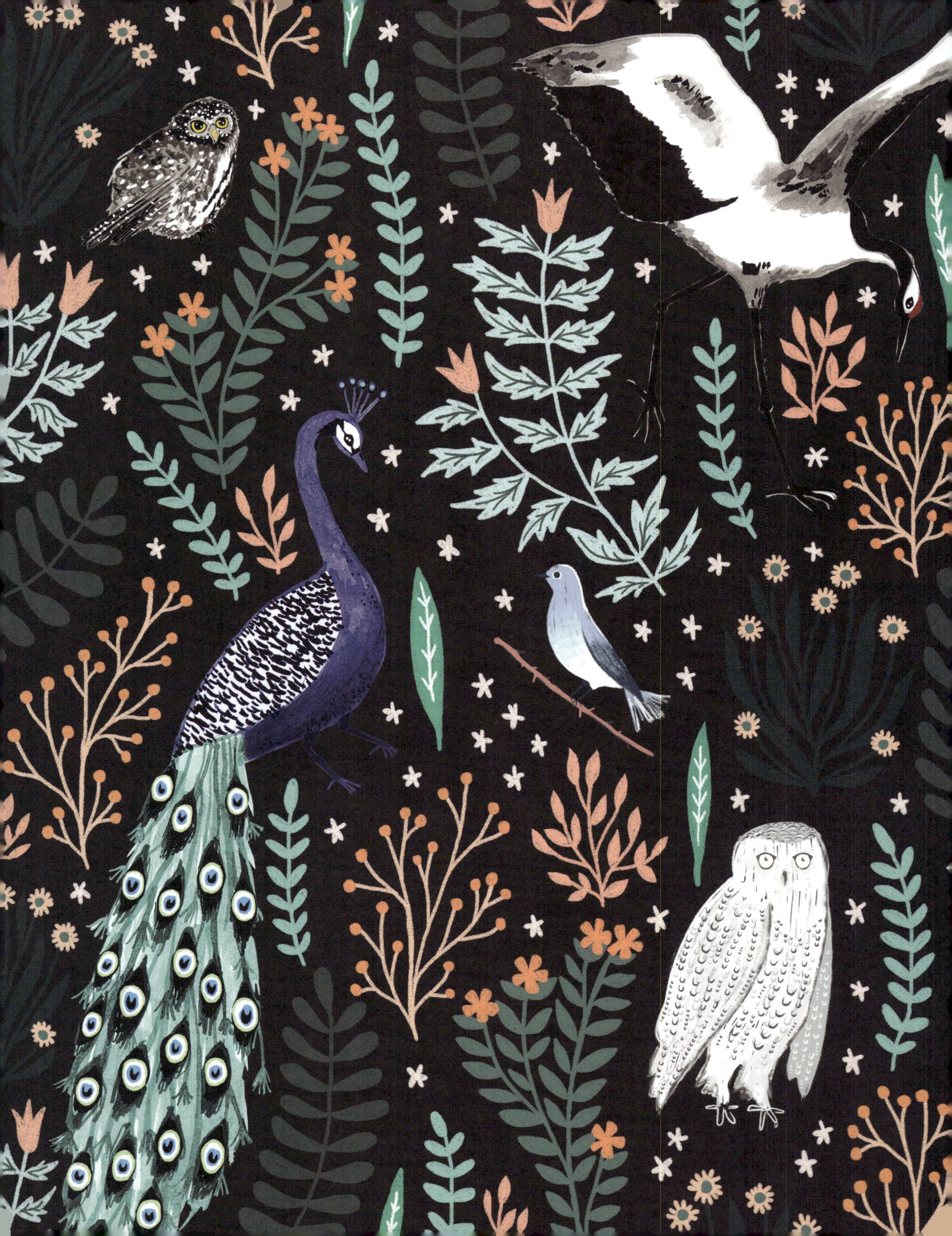

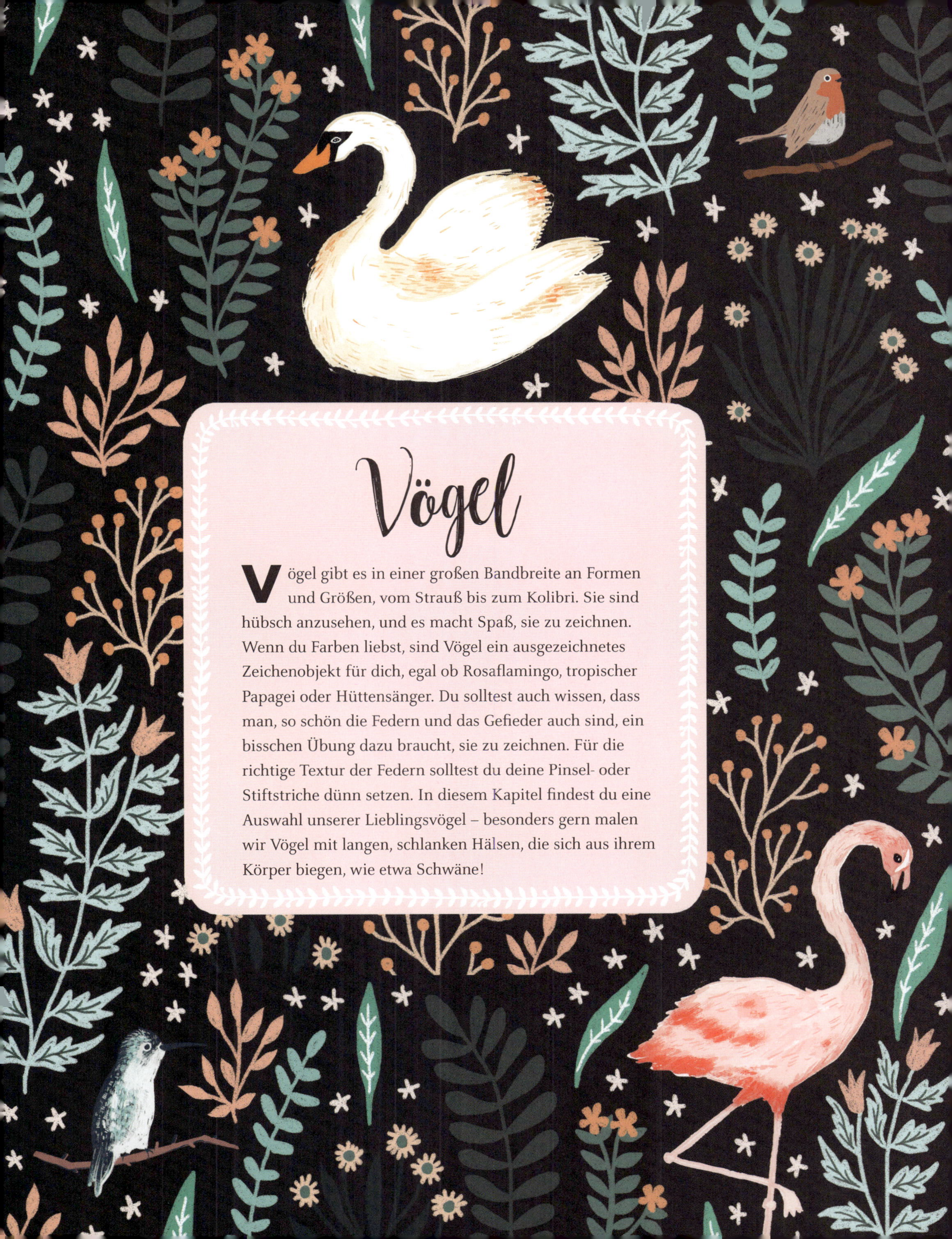

Vögel

Vögel gibt es in einer großen Bandbreite an Formen und Größen, vom Strauß bis zum Kolibri. Sie sind hübsch anzusehen, und es macht Spaß, sie zu zeichnen. Wenn du Farben liebst, sind Vögel ein ausgezeichnetes Zeichenobjekt für dich, egal ob Rosaflamingo, tropischer Papagei oder Hüttensänger. Du solltest auch wissen, dass man, so schön die Federn und das Gefieder auch sind, ein bisschen Übung dazu braucht, sie zu zeichnen. Für die richtige Textur der Federn solltest du deine Pinsel- oder Stiftstriche dünn setzen. In diesem Kapitel findest du eine Auswahl unserer Lieblingsvögel – besonders gern malen wir Vögel mit langen, schlanken Hälsen, die sich aus ihrem Körper biegen, wie etwa Schwäne!

HÖCKERSCHWAN

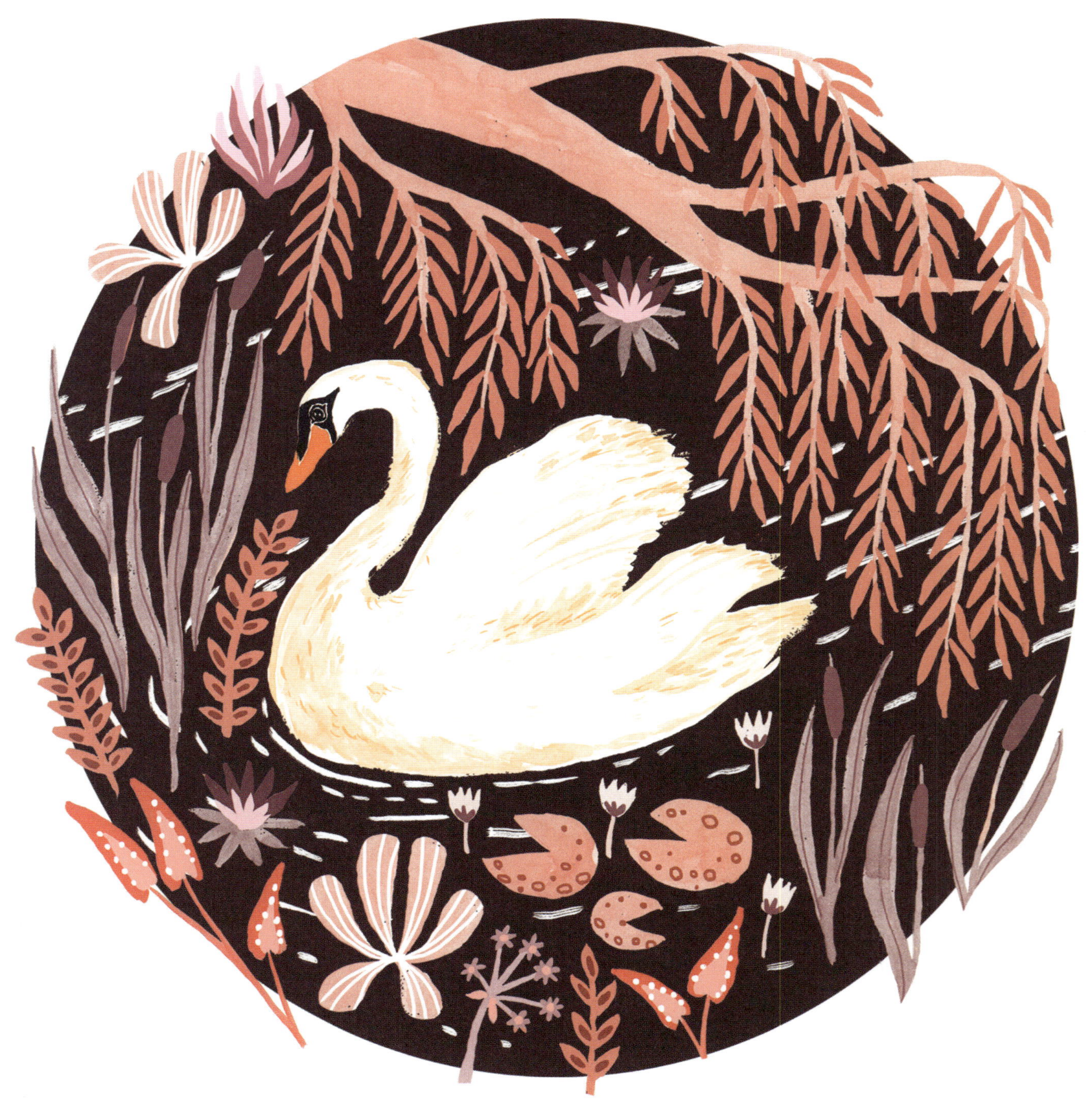

HÖCKERSCHWAN (*CYGNUS OLOR*)

SCHRITT 1. Die Grundform deines Schwanes soll vor allem aus Körper und Flügeln bestehen. Der Hals ist lang und s-förmig und biegt sich aus dem Körper.

SCHRITT 2 UND 3. Konturiere den Schwan mit deiner Grundfarbe, zeichne die Kanten zerzaust und gefiedert. Füge die Gesichtsdetails dazu und konturiere sie. Radiere die Formen aus oder übermale sie. Orientiere dich für deine Pinselstriche an den Richtungspfeilen.

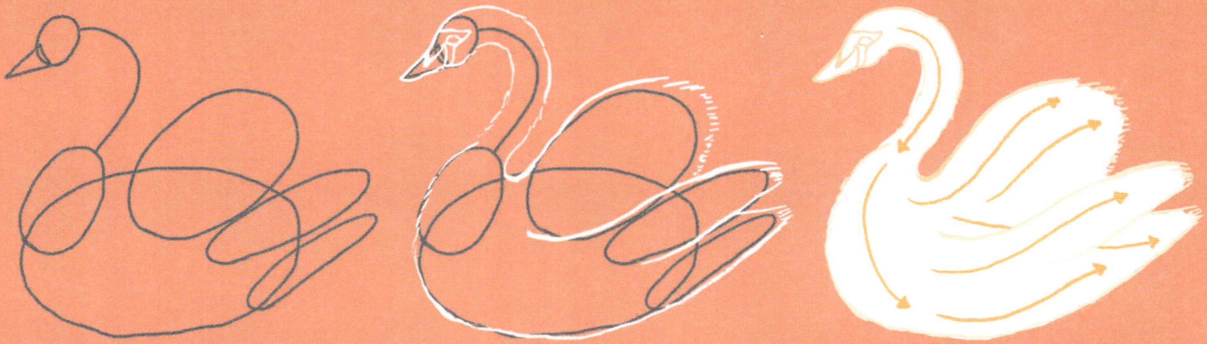

SCHRITT 4. Male den Schwan in der Grundfarbe aus; wir haben ein hübsches Creme verwendet. Schattiere die Kanten in einer dunkleren Cremefarbe. Male dann den Schnabel aus, der in einem kräftigen Orange hervorstechen soll.

SCHRITT 5. Füge um Schnabel und Auge Schwarz dazu und setze entlang dem Körper kleine Striche in einer dunkleren Schattierung für die Federn. Diese kleinen Details lassen deinen Schwan realistischer erscheinen.

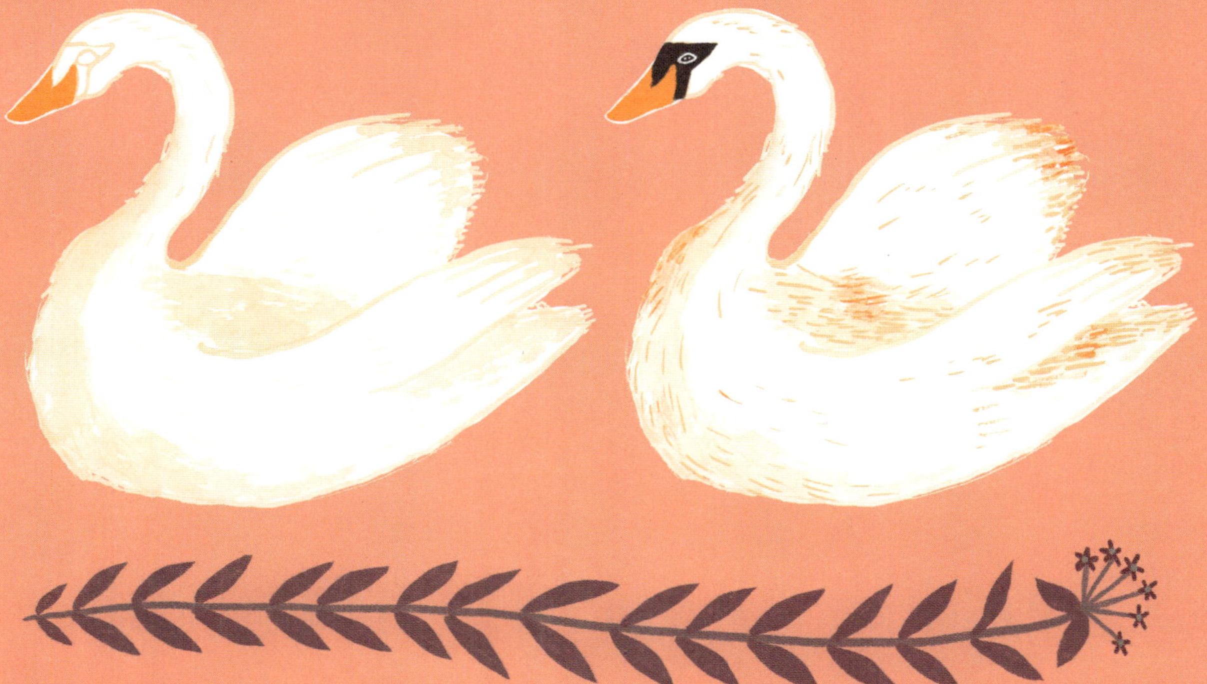

Das Wichtigste beim Zeichnen eines Schwanes ist es, die Bewegung des Halses und seinen Ansatz am Körper zu verstehen. Schaue, wie der Hals sich zuerst Richtung Körper zurückbiegt, bevor er sich nach vorn biegt und in der graziösen Spitze seines orangen Schnabels endet. Da ich in der Nähe von Wasser aufgewachsen bin, konnte ich von meinem Fenster aus die vorbeischwimmenden Schwäne beobachten. Ich fand Schwäne immer sehr hübsch, obwohl das vermutlich erst anfing, als meine Mum mich in »Schwanensee« mitnahm.

PFAU

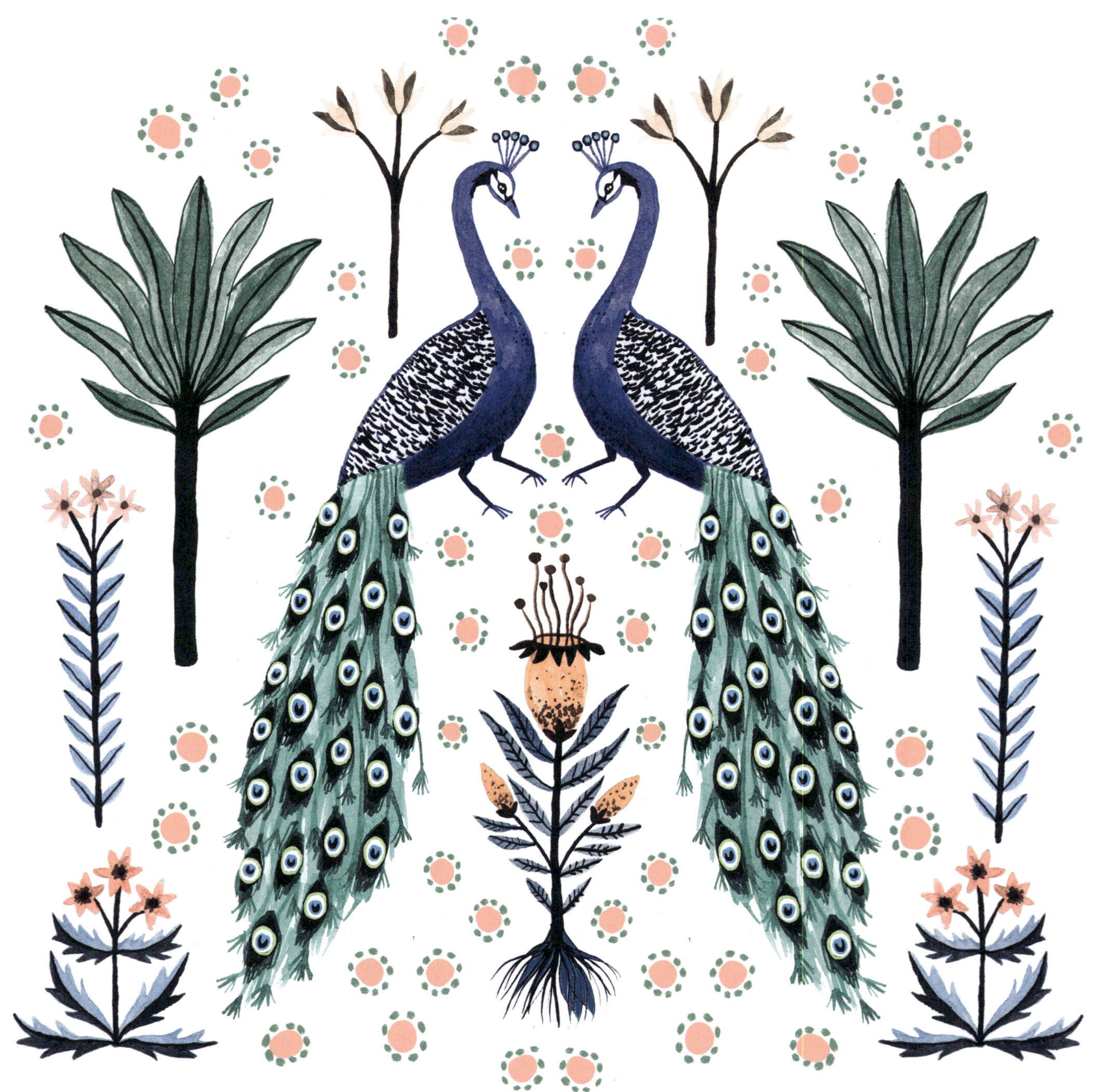

BLAUER PFAU (*PAVO CRISTATUS*)

SCHRITT 1. Zeichne für die einfache Grundform deines Pfaus eine S-Form, wie bereits beim Schwan (siehe S. 89), diesmal allerdings mit Füßen und Schwanz. Denke bei der Form des Schwanzes an Dachschindeln oder die übereinandergelegten Zweige eines Christbaums, die sich aufspreizen und nach unten hängen.

SCHRITT 2 UND 3. Konturiere deinen Pfau in der Grundfarbe, die »Dachziegeln« bilden den Füge Flügel, Auge und Krone dazu. Radiere die Formen aus oder übermale sie. Benutze die Richtungspfeile, um deine Pinselstriche vom Kopf des Pfaus nach unten zu seinem prächtigen Schwanz zu führen.

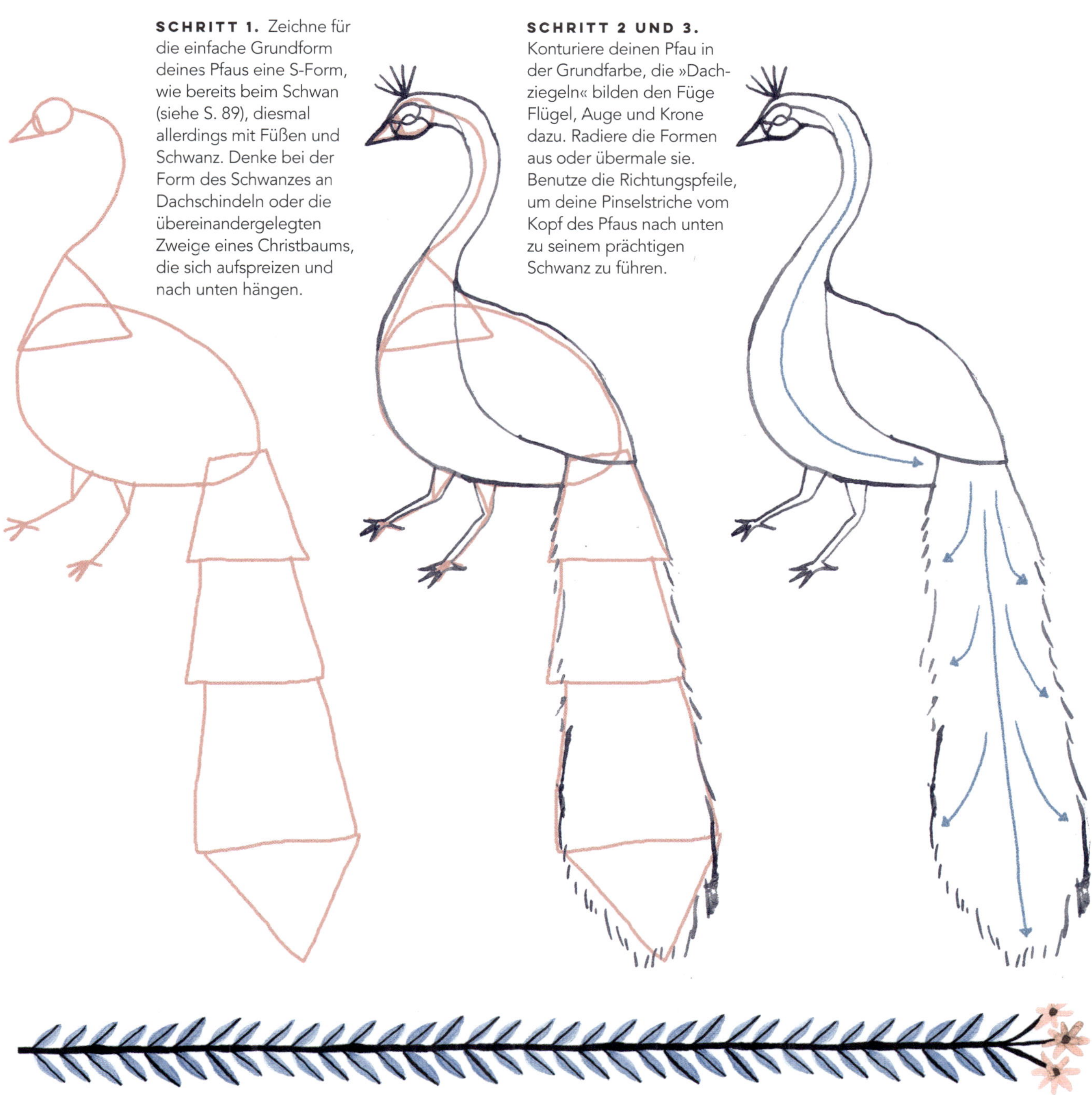

Die meisten benutzen das Wort Pfau für männliche wie weibliche Tiere. Weibliche Tiere heißen jedoch »Pfauhenne«, zwei oder mehr werden als »Pfauenschar« bezeichnet. Ihre prächtigen Schwänze machen rund 60 % ihrer gesamten Körperlänge aus, aber nur männliche Tiere tragen die blaugrüne Farbe, die wir so gut kennen und die ihnen bei der Partnersuche hilft. Die vielen überlappenden Federn des Pfaus können ganz schön schwer zu zeichnen sein, also gestalte sie etwas einfacher, so wie wir hier. Jeder wird ihn aufgrund der Federn und Kopfform als Pfau erkennen.

SCHRITT 4. Male Kopf und Hals des Pfaus mit einem wässrigen Blau aus. Setze dann eine leichte grüne Schattierung auf den Schwanz.

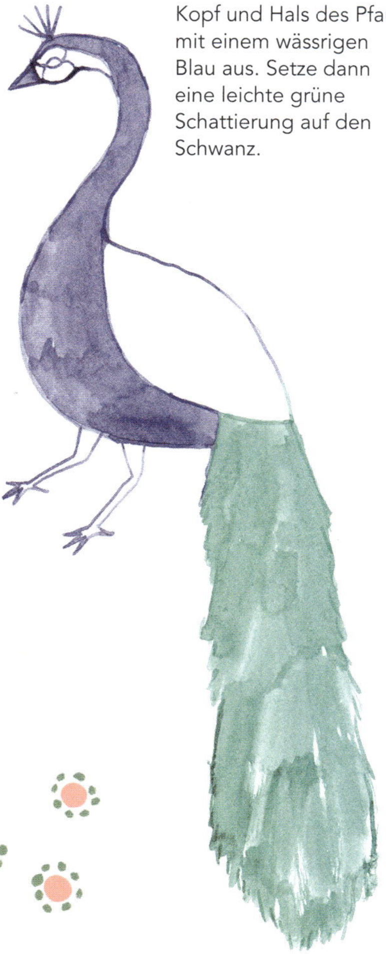

SCHRITT 5. Füge an den Rändern sowie entlang des Schnabels und der Krone eine dunklere Schattierung hinzu. Nimm eine dunklere Schattierung für den Schwanz, um mit dem Muster der Federn zu beginnen. Bedenke, dass die Federn sehr lang sind.

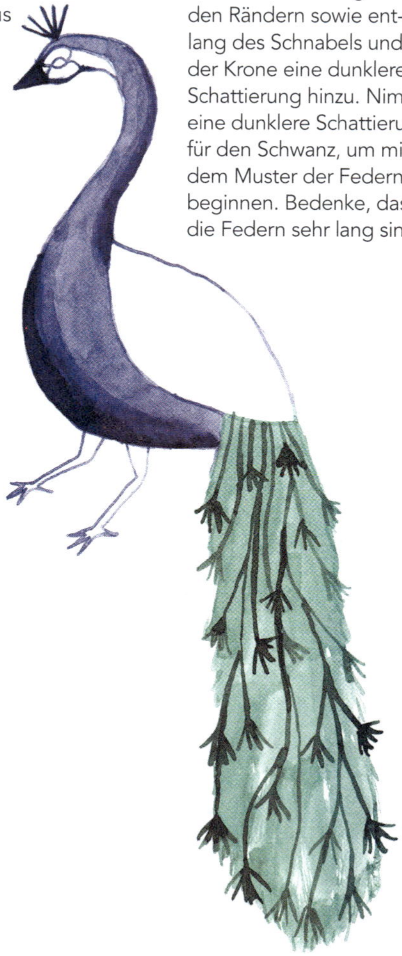

SCHRITT 6. Benutze für die Krone und die Beine Schwarz und ziehe einen Ring um das Auge. Setze für ein fleckiges Muster Kleckse auf den Flügel. Zeichne mit Schwarz ovale Formen ans Ende jeder Feder.

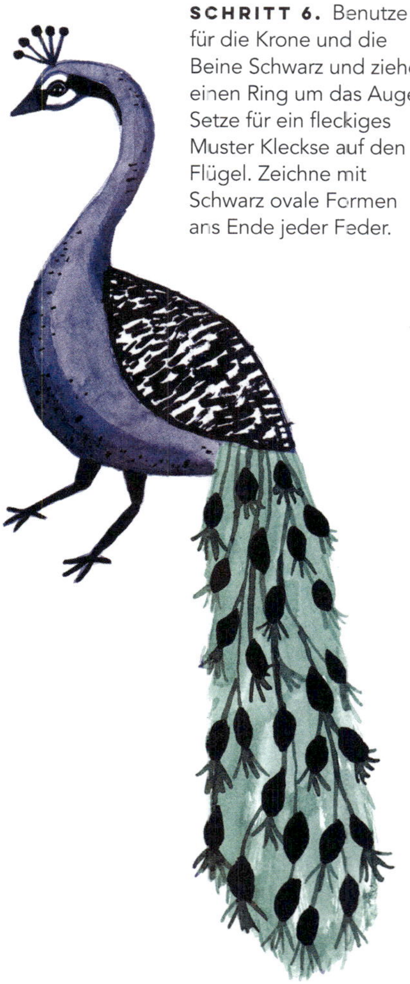

PFAUENSCHWANZ-MUSTER

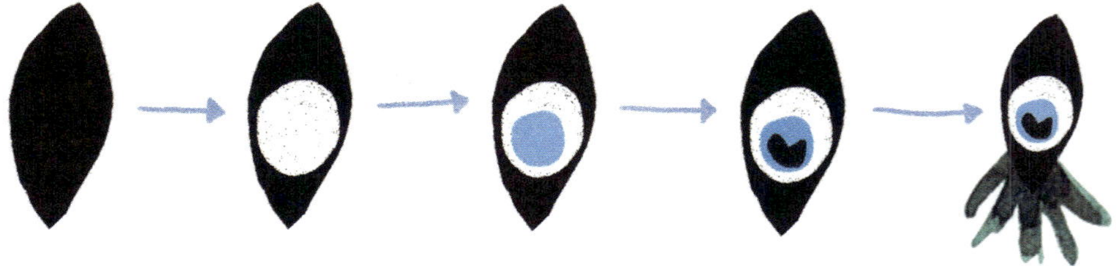

Einen Pfau zu zeichnen kann ganz schön knifflig sein, da man den einzigartigen blaugrün schimmernden Schein ihrer Federn schwer einfangen kann. Versuche, die Farben Schicht für Schicht aufzutragen, und male die Schatten in einem dunkleren Blau. Oben siehst du meine vereinfachte Methode, um einzelne, betonte Federn auf dem Schwanz zu platzieren.

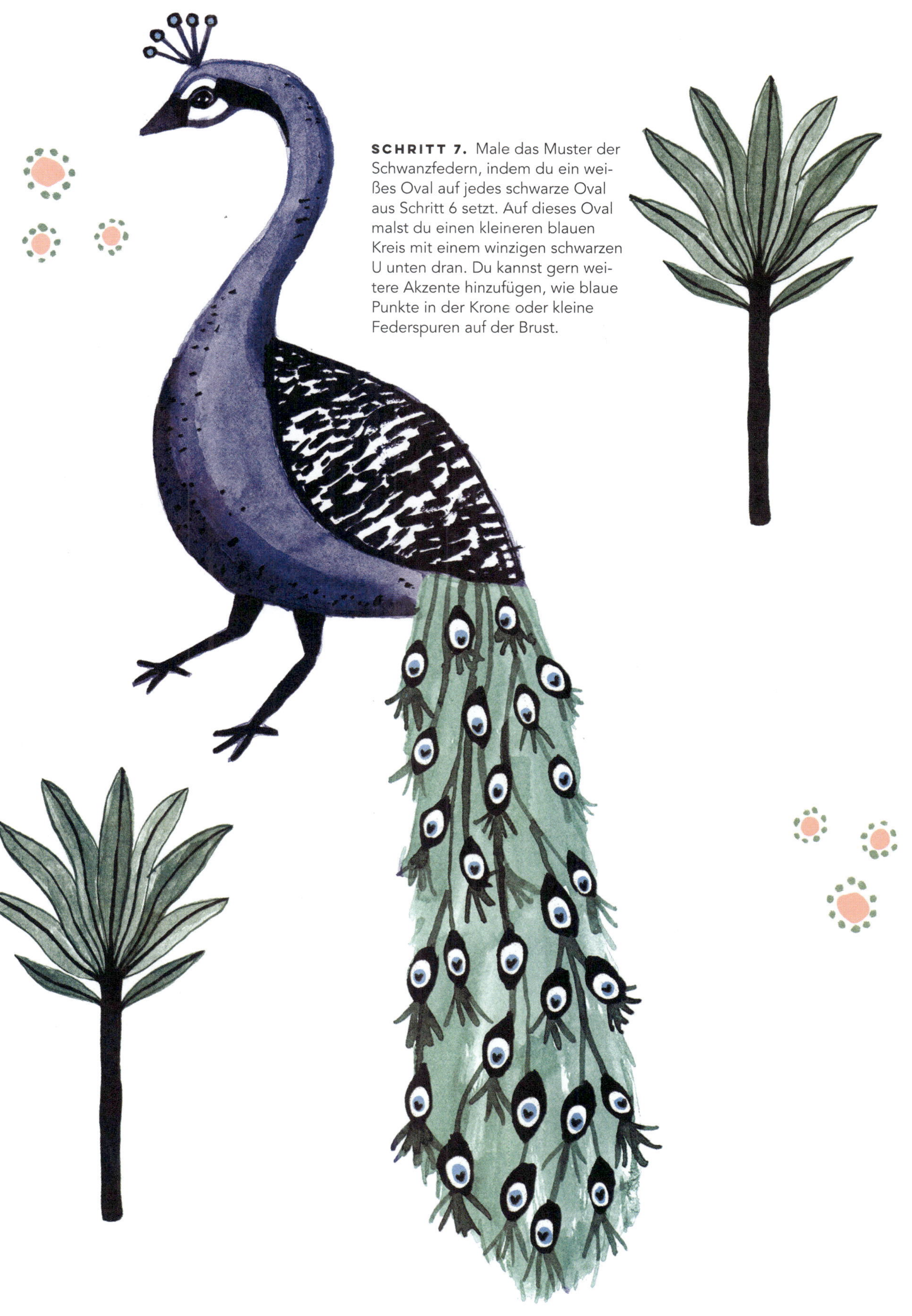

SCHRITT 7. Male das Muster der Schwanzfedern, indem du ein weißes Oval auf jedes schwarze Oval aus Schritt 6 setzt. Auf dieses Oval malst du einen kleineren blauen Kreis mit einem winzigen schwarzen U unten dran. Du kannst gern weitere Akzente hinzufügen, wie blaue Punkte in der Krone oder kleine Federspuren auf der Brust.

KRANICH

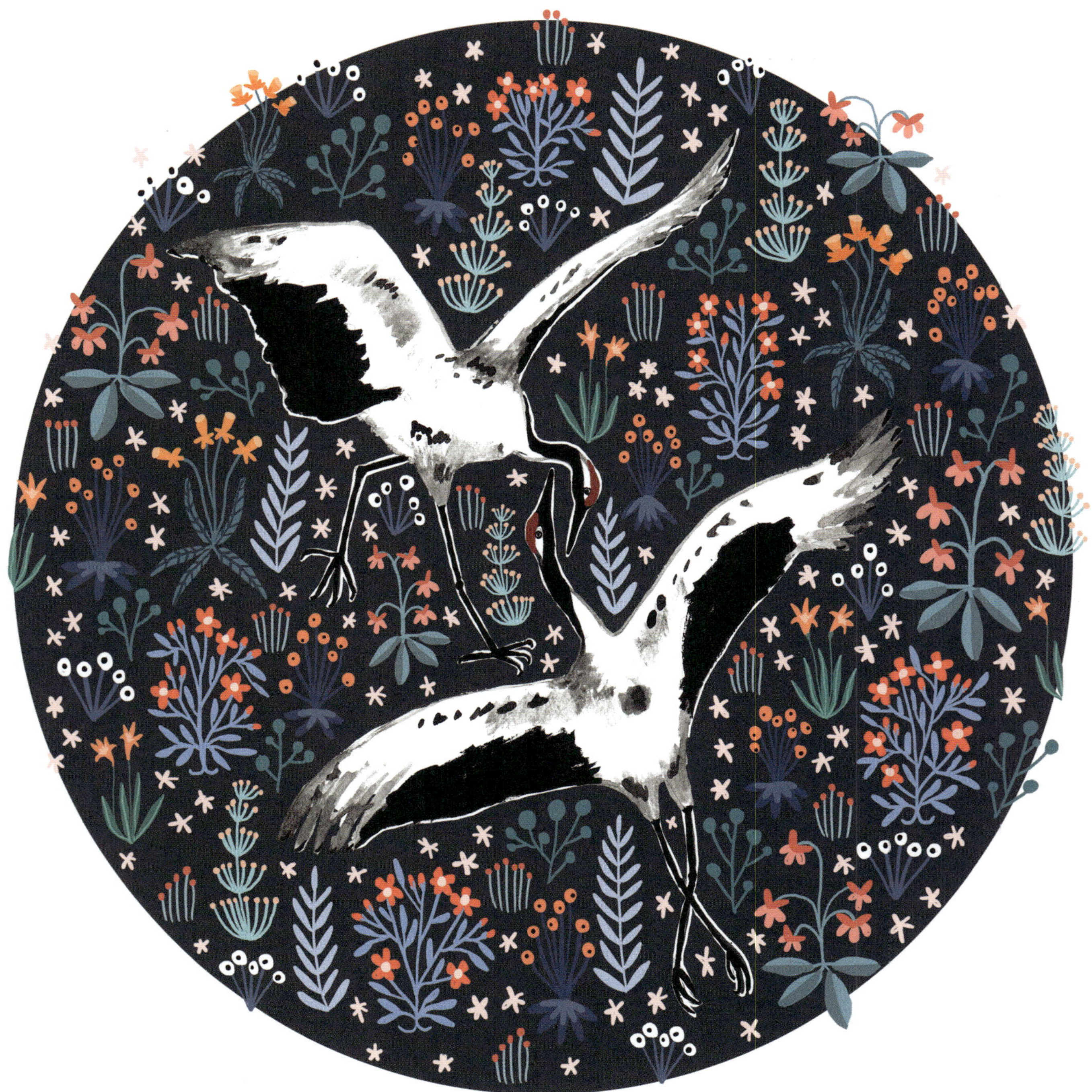

MANDSCHURENKRANICH (*GRUS JAPONENSIS*)

Der Mandschurenkranich kommt aus Asien und lebt dort in grasbewachsenen Feuchtgebieten. Er ist ein Allesfresser und kann bis zu 1,5 Meter groß werden. Im Winter schließen sich die Tiere zu Scharen zusammen, während sie den Rest des Jahres als Paare monogam leben. Kraniche sind berühmt für ihre höfischen Tänze – beim Tanzen springen sie, wirbeln her-

SCHRITT 1. Zeichne für die Grundform große Rechtecke für die Flügel und ein Oval für den Körper. Dann zeichne einfache Linien und schmale Formen für Beine, Füße und Kopf.

SCHRITT 2 UND 3. Male den Kranich mit der Grundfarbe aus; radiere die Formen aus oder übermale sie. Halte dich beim Ausmalen mit der Grundfarbe an die Richtungspfeile. Achte darauf, die Beine besonders dünn und zart zu malen.

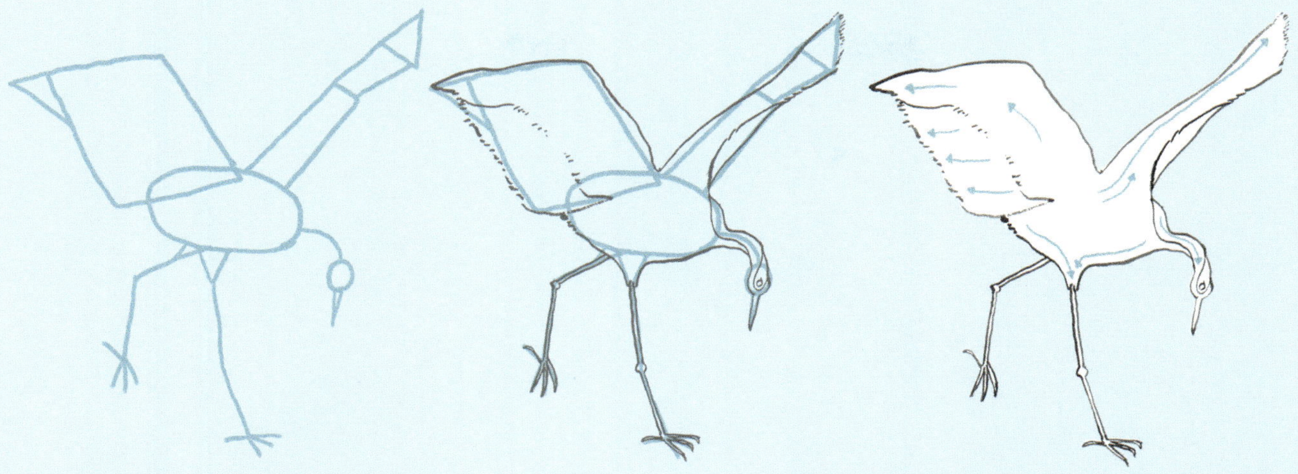

SCHRITT 4. Benutze ein helles Grau für die Kanten, Flügeloberseiten und Striche für kleine Federn entlang des Körpers.

SCHRITT 5. Male schwarze Federn auf Flügel, Hals und Kopf, beachte dabei das Muster, das sie ergeben. Zum Schluss betonst du den Kranichkopf mit einem Klecks Rot obendrauf – die rote Krone ist sein unverwechselbares Kennzeichen.

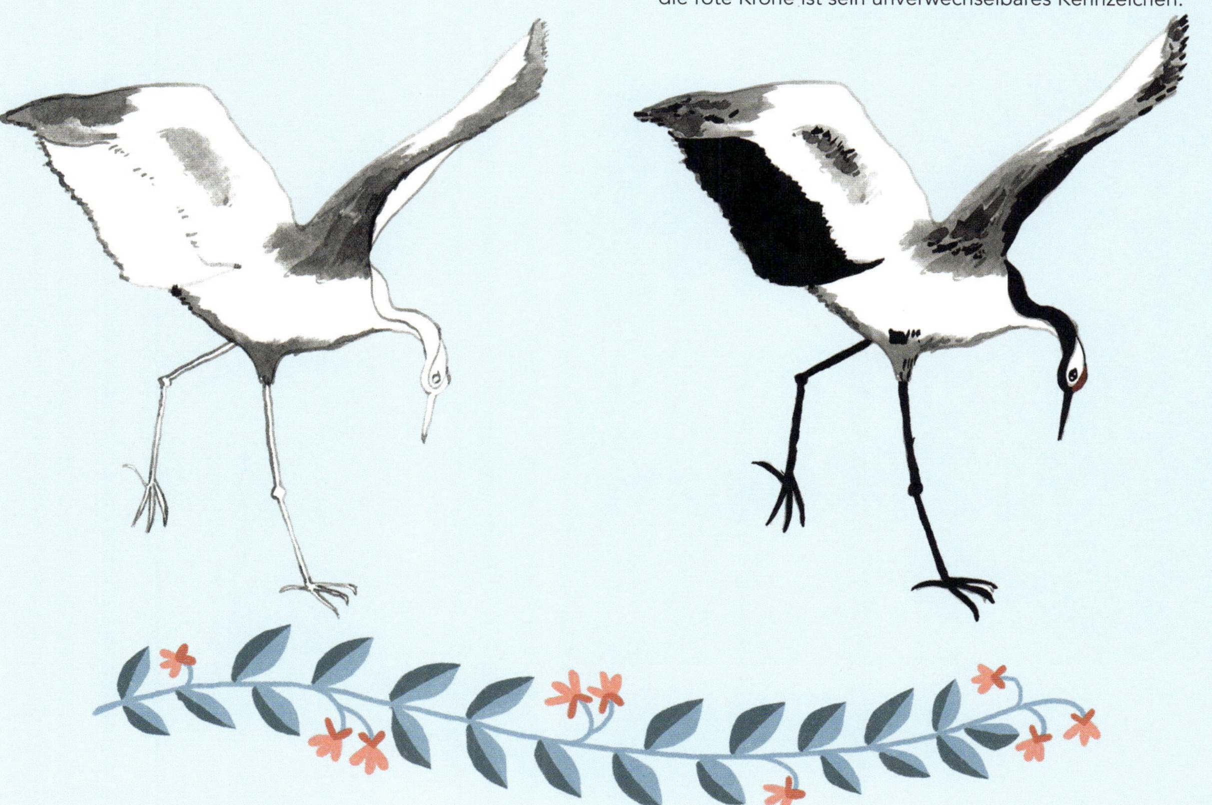

um, verneigen sich und werfen mit Gras. Nimm dir Zeit, um diesen Tanz visuell umzusetzen, und achte darauf, welchen Eindruck die Pose erweckt (so etwa wirkt oben wegen der Perspektive ein Flügel dünner als der andere). Wenn du dich für eine Pose entschieden hast, denke dran, dass die Flügel wuchtig und die Beine spindeldürr sind.

EULEN

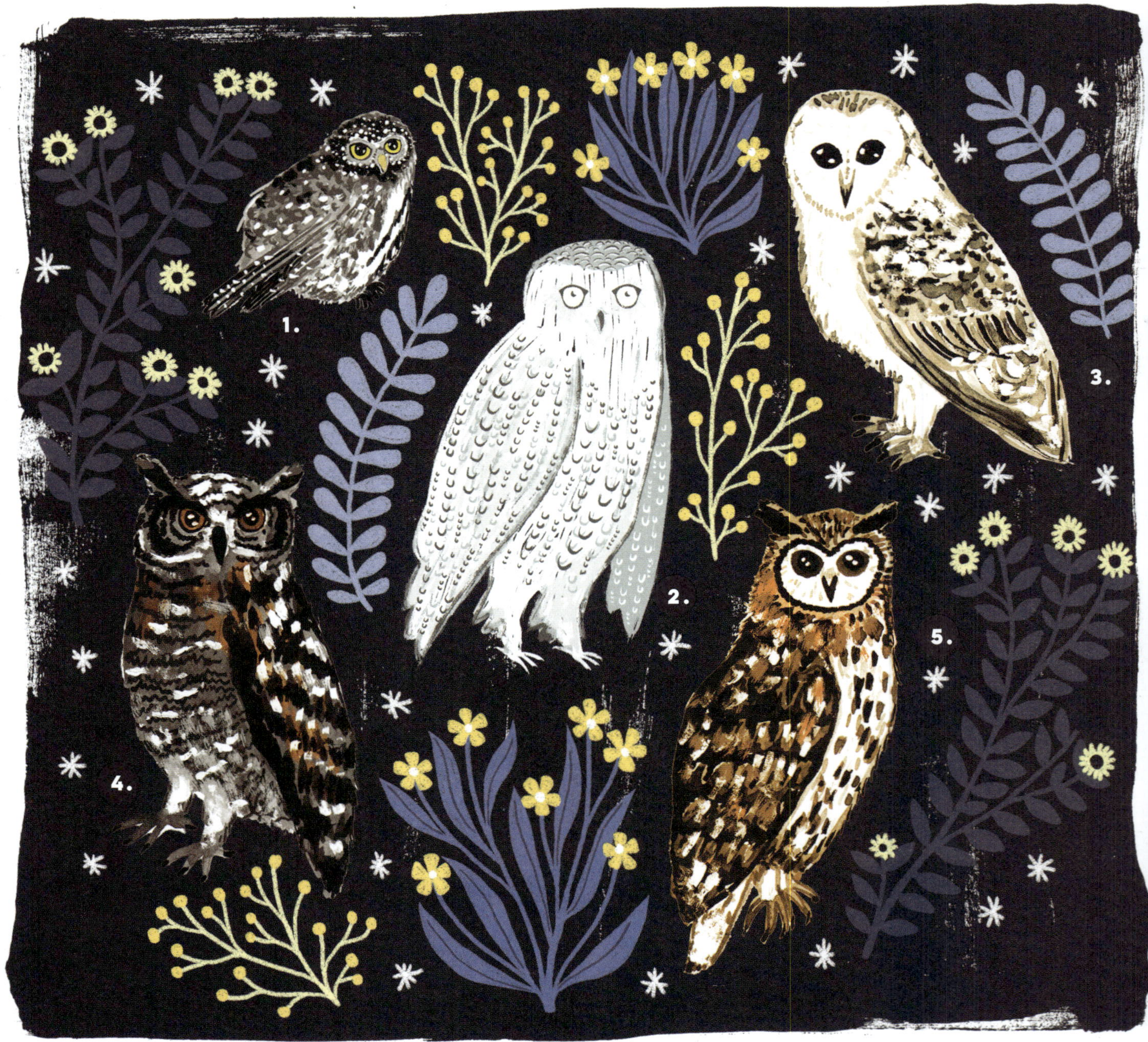

1. GNOMEN-SPERLINGSKAUZ (*GLAUCIDIUM GNOMA*) 2. SCHNEEEULE (*BUBO SCANDIACUS*) 3. SCHLEIEREULE (*TYTO ALBA*) 4. FLECKENUHU (*BUBO AFRICANUS*) 5. SCHREIEULE (*PSEUDOSCOPS CLAMATOR*)

Weltweit sind 225 verschiedene Arten von Eulen bekannt. Die meisten Eulen haben einen sehr langen Hals (auch wenn man das auf den ersten Blick nicht erkennt), der ihnen die gruselige Fähigkeit verleiht, ihn ganz herumdrehen zu können. Das Muster von Eulenflügeln ist wunderschön verwoben und stark strukturiert! Ich habe versucht, das Muster des Gefieders so

SCHRITT 1. Die Grundform einer Eule besteht aus einem großen eiförmigen Körper, zwei umgedrehten Tränen für die Flügel und einem Kreis für den Kopf. Die einfache Form der Füße sieht aus wie zwei kleine Stiefel!

SCHRITT 2 UND 3. Male den Körper in der Grundfarbe aus und füge an den Flügelenden und rund um die Füße gefiederte Bereiche hinzu. Radiere die Formen aus oder übermale sie. Die Füße zeichnest du an den Zehenbereich der »Stiefel«. Male die Eule mit unregelmäßigen weißen Pinselstrichen aus und lass zwischen jedem Strich ein wenig Platz, um Federlinien anzudeuten.

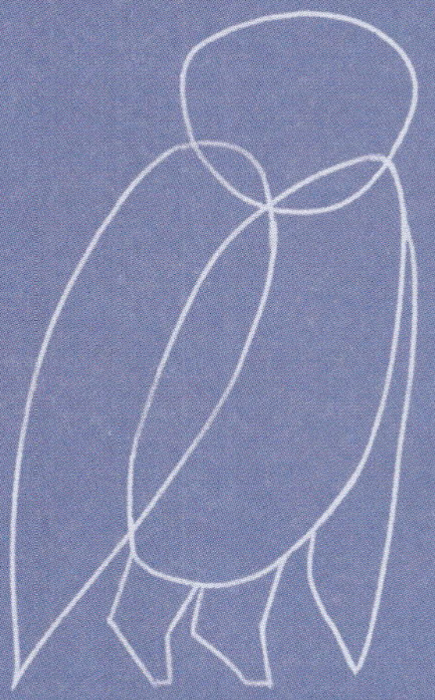

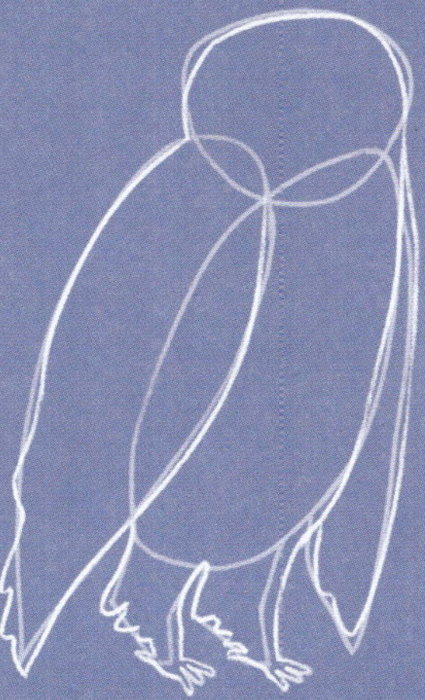

SCHRITT 4 UND 5. Setze mit Grau rund um Flügel, Beine und Gesicht Schatten. Füge mit dunklerem Grau Streifen für den hinteren Flügel und den spitzen Haaransatz am Kopf dazu. Zuletzt zeichnest du u-förmige Flecken in Grau und Weiß für die Federn rund um den Körper.

SCHRITT 6. Nun zu den Details! Für die schwermütigen Augen konturierst du diese mit Schwarz (so wirkt der Blick weise). Füge dann für den Schnabel eine umgekehrte schwarze Träne hinzu. Zuletzt zeichnest du über den Körper verstreut viele kleine u-förmige Federflecken!

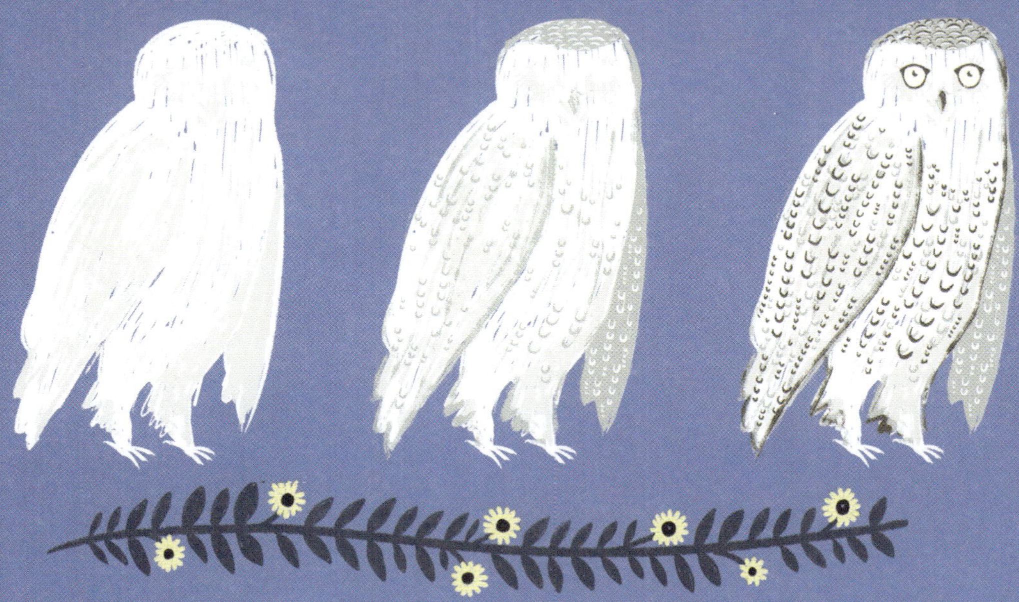

natürlich wie möglich zu zeichnen und nicht zu ordentlich und gleichmäßig. Beachte, dass sich das Muster der Federn aus verschiedenfarbigen Federn ergibt, die voneinander getrennt sind.

Eulen haben etwas Magisches an sich, das die Menschen anzieht. Genau das ist vermutlich beim Zeichnen am schwersten wiederzugeben – ihren weisen, wilden Charakter auf Papier zu bannen.

FLAMINGO

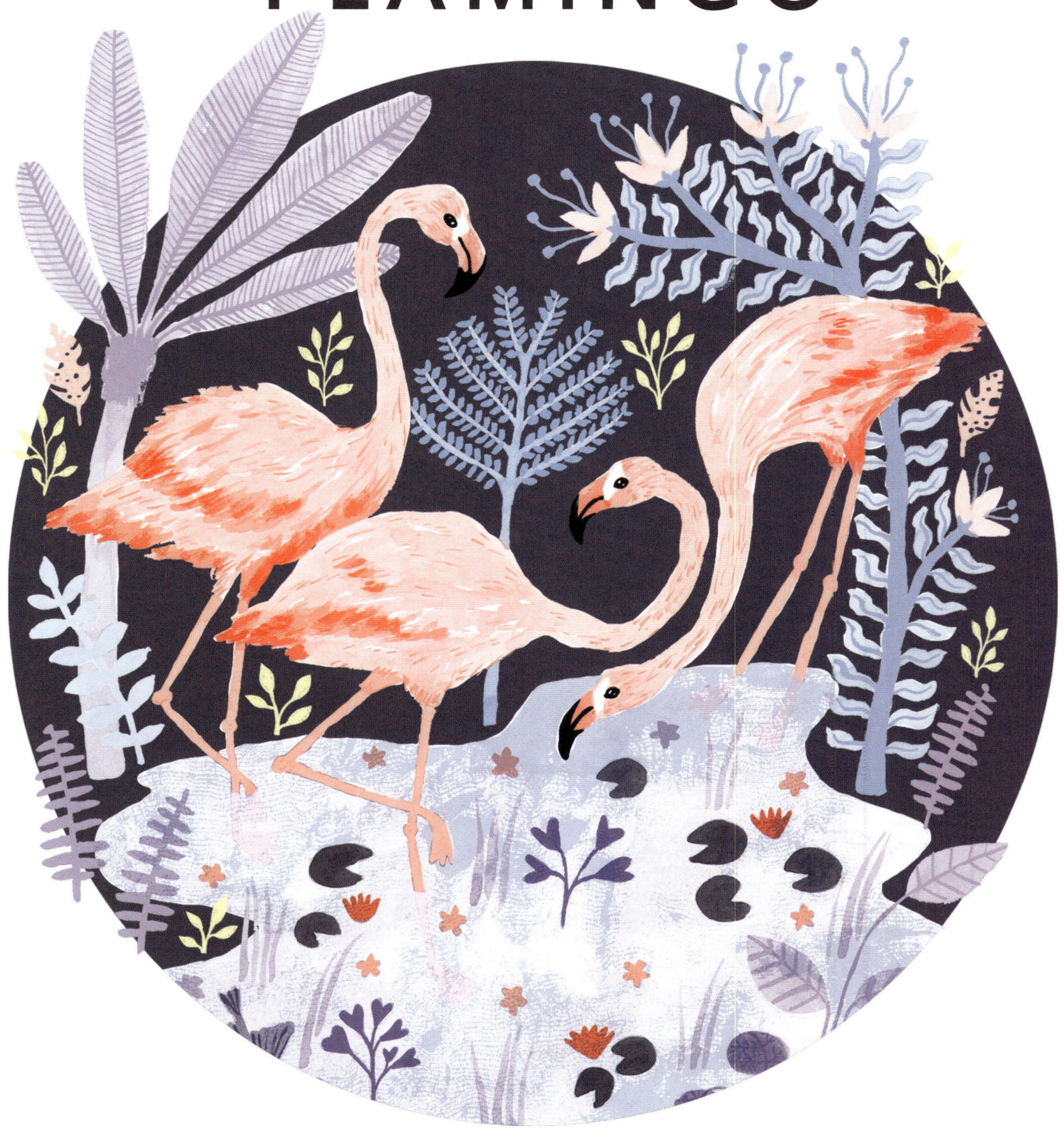

ROSAFLAMINGO (*PHOENICOPTERUS ROSEUS*)

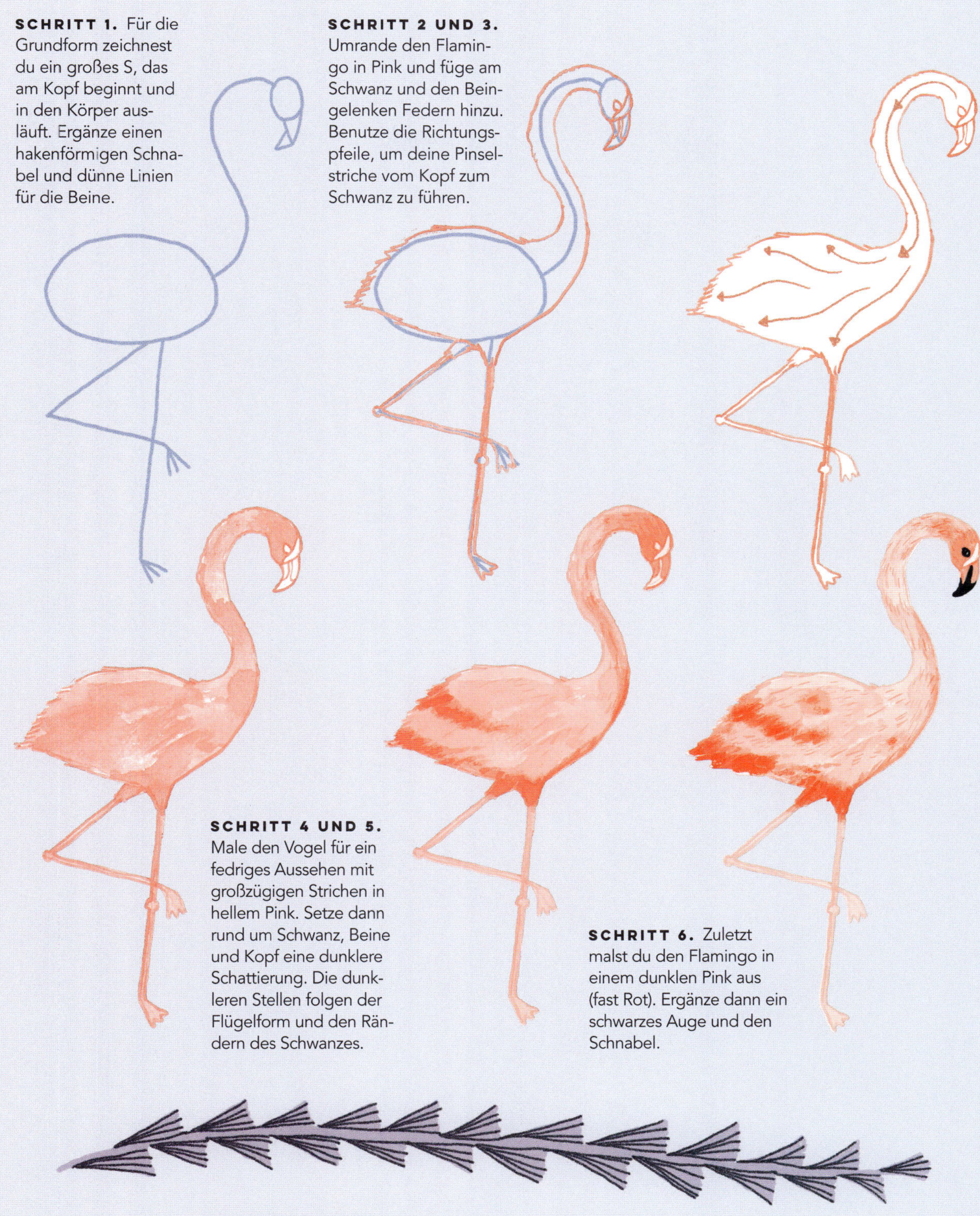

Beim Malen eines Flamingos gefällt mir am besten, die satte schöne Farbe dieser majestätischen Vögel wiederzugeben. Für einen Künstler ist Pink eine wundervolle Farbe, da sie sich mit vielen anderen herrlichen Farben verträgt – mit Violett, Blau, Grün und sogar mit Gelb!

KLEINVÖGEL

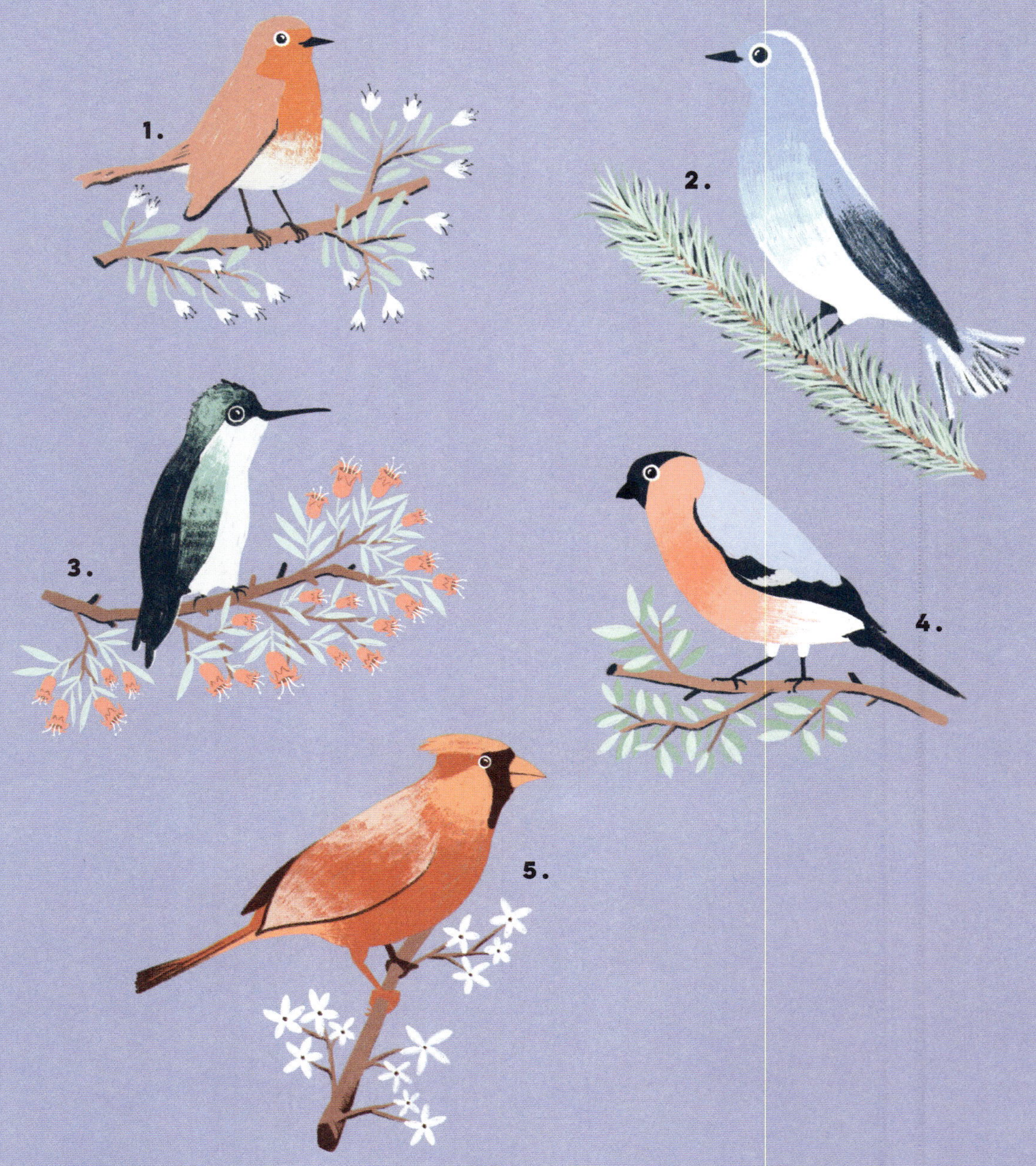

1. ROTKEHLCHEN (*ERITHACUS RUBECULA*) 2. BERGHÜTTENSÄNGER (*SIALIA CURRUCOIDES*) 3. BIENENELFE (*MELLISUGA HELENAE*) 4. GIMPEL (*PYRRHULA PYRRHULA*) 5. ROTKARDINAL (*CARDINALIS CARDINALIS*)

Kleinvögel gibt es auf der ganzen Welt. In Großbritannien sieht man – und hört man – auf dem Land nicht selten ein Rotkehlchen oder einen Spatz in den Bäumen. Für dieses Tutorial haben wir einen Rotkardinal als grundlegendes Beispiel gewählt. Bei Kleinvögeln kommt es auf

SCHRITT 1 UND 2. Zeichne die Grundform des Rotkardinals mit Tränen für Brust, Flügel und Kopf. Ergänze Schnabel, Schwanzfeder und die kleine Krone auf dem Kopf – und wenn du möchtest, auch einen Ast, auf dem er sitzt! Umrande alles in leuchtendem Rot und radiere die Formen aus oder übermale sie.

SCHRITT 3. Male den Rotkardinal in einem leuchtenden Rot aus, den Zweig in Braun.

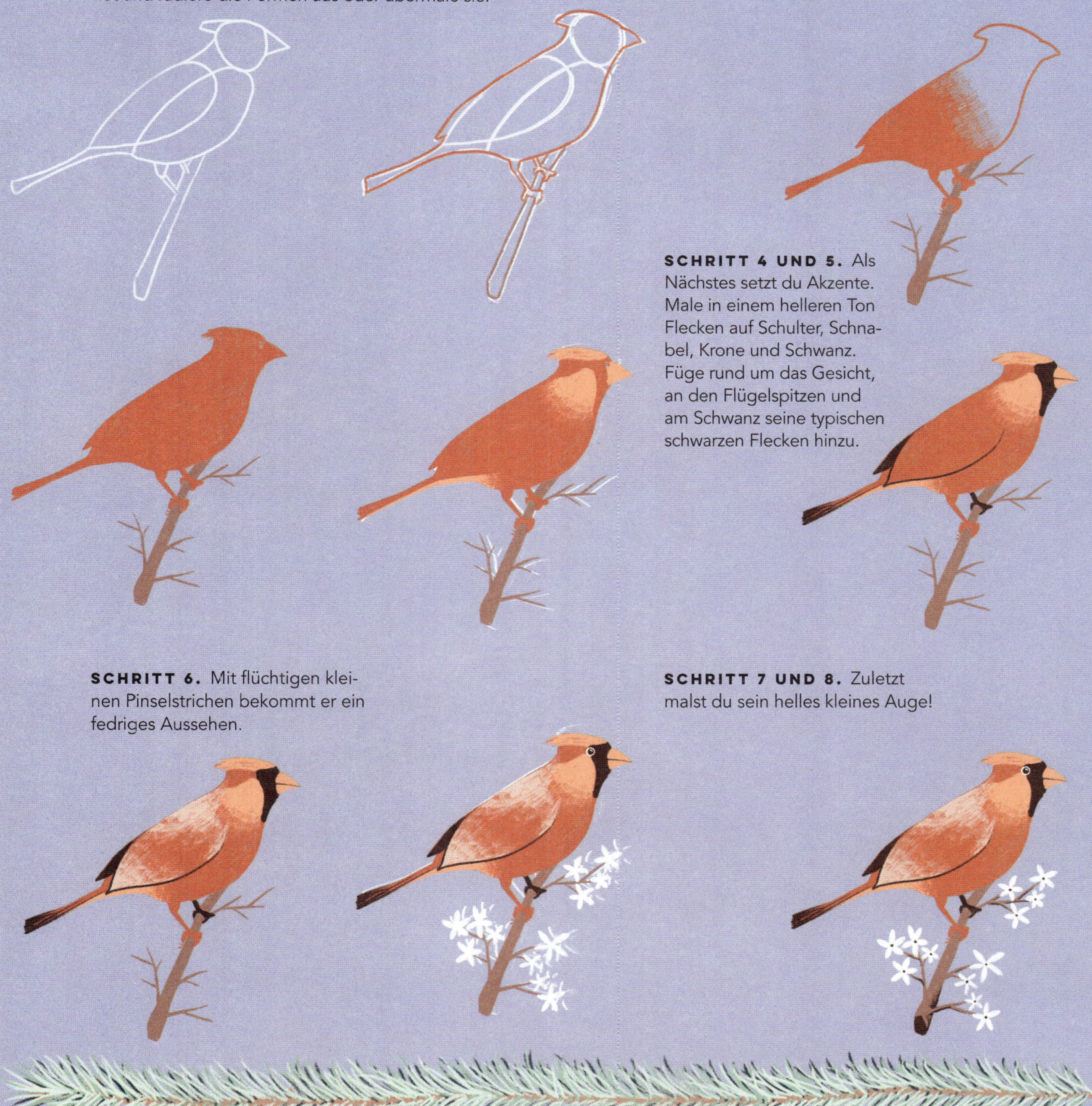

SCHRITT 4 UND 5. Als Nächstes setzt du Akzente. Male in einem helleren Ton Flecken auf Schulter, Schnabel, Krone und Schwanz. Füge rund um das Gesicht, an den Flügelspitzen und am Schwanz seine typischen schwarzen Flecken hinzu.

SCHRITT 6. Mit flüchtigen kleinen Pinselstrichen bekommt er ein fedriges Aussehen.

SCHRITT 7 UND 8. Zuletzt malst du sein helles kleines Auge!

die Proportionen an. Schaue dir die Form deines Kleinvogels genau an. Wie lang sind beispielsweise Schwanz und Schnabel? In welchem Verhältnis stehen die Flügel mit dem übrigen Körper? Am besten benutzt du deinen kleinsten Pinsel, um das Gefieder genau wiederzugeben.

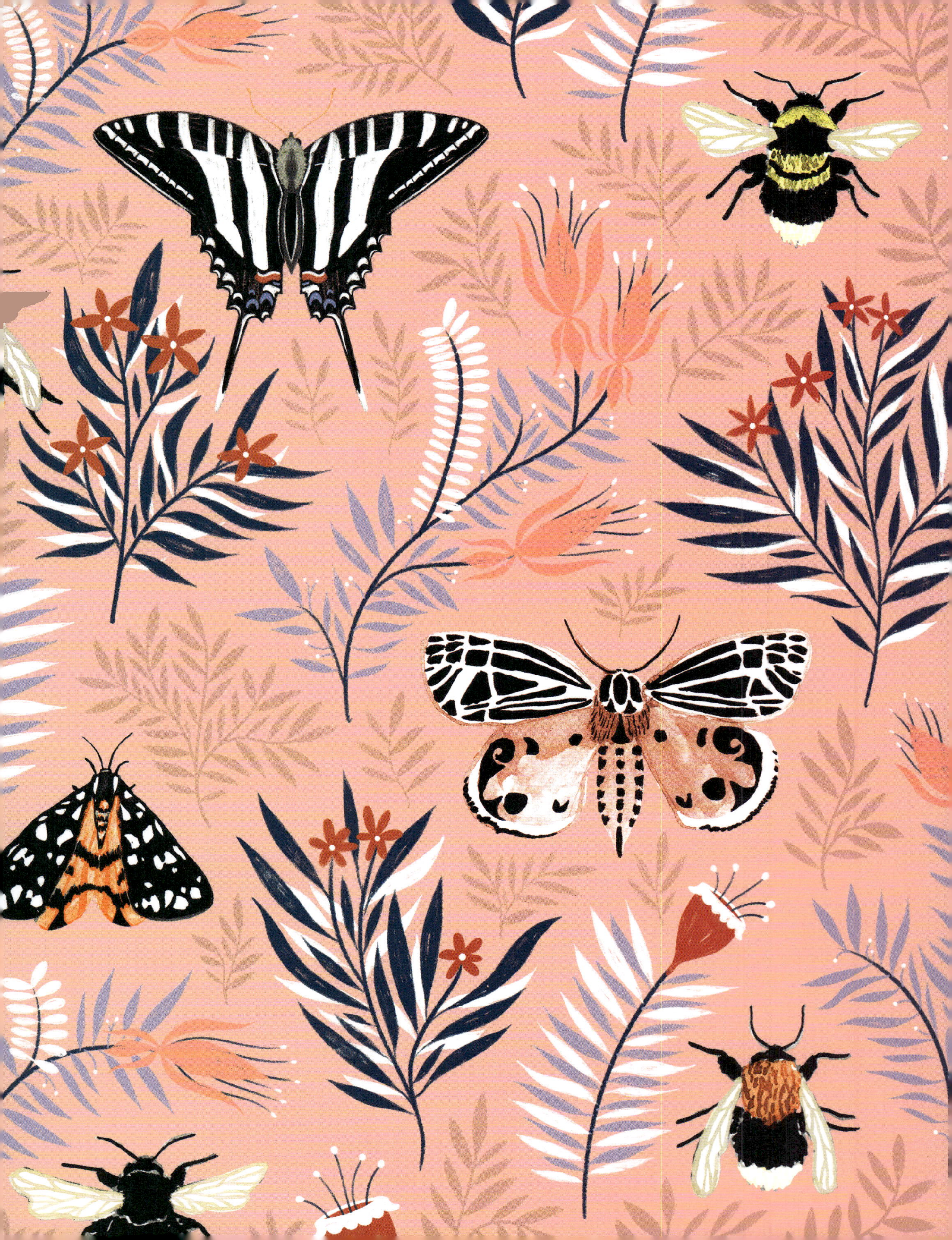

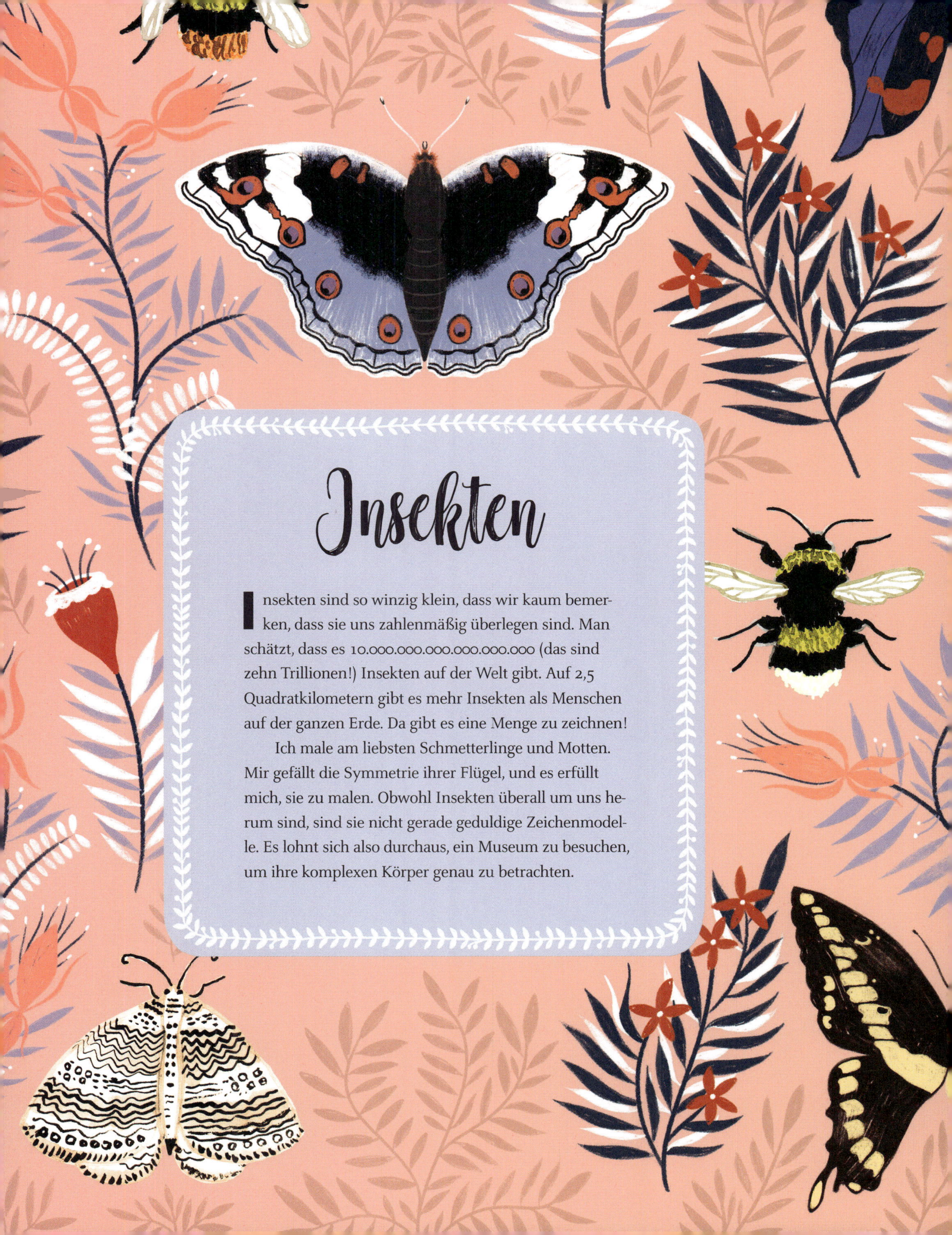

Insekten

Insekten sind so winzig klein, dass wir kaum bemerken, dass sie uns zahlenmäßig überlegen sind. Man schätzt, dass es 10.000.000.000.000.000.000 (das sind zehn Trillionen!) Insekten auf der Welt gibt. Auf 2,5 Quadratkilometern gibt es mehr Insekten als Menschen auf der ganzen Erde. Da gibt es eine Menge zu zeichnen!

Ich male am liebsten Schmetterlinge und Motten. Mir gefällt die Symmetrie ihrer Flügel, und es erfüllt mich, sie zu malen. Obwohl Insekten überall um uns herum sind, sind sie nicht gerade geduldige Zeichenmodelle. Es lohnt sich also durchaus, ein Museum zu besuchen, um ihre komplexen Körper genau zu betrachten.

SCHMETTERLINGE

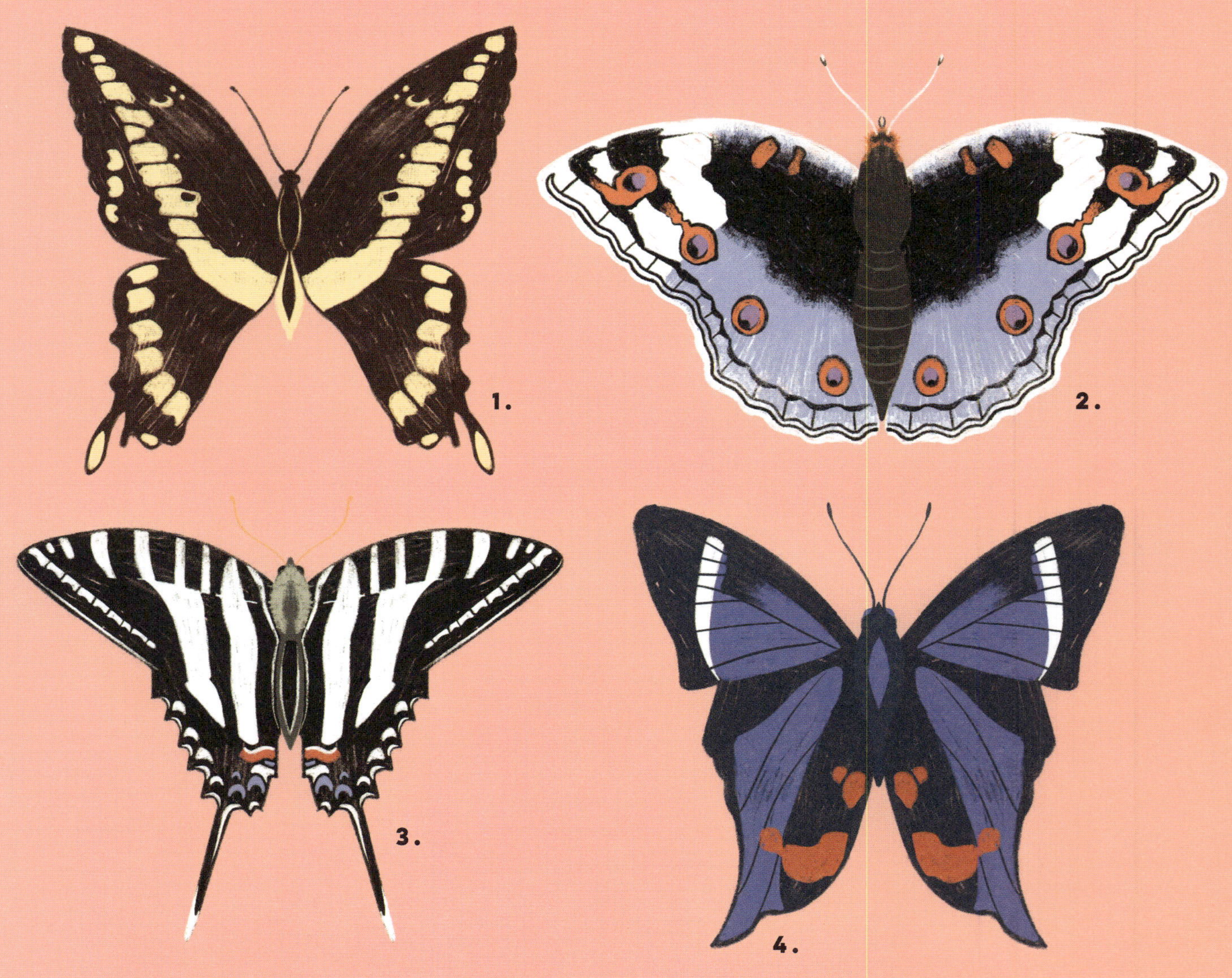

1. GROSSER SCHWALBENSCHWANZ (*PAPILIO CRESPHONTES*)
2. BLAUES STIEFMÜTTERCHEN (*JUNONIA ORITHYA*)
3. ZEBRA-SCHWALBENSCHWANZ (*PROTOGRAPHIUM MARCELLUS*)
4. RHETUS PERIANDER (*RHETUS PERIANDER*)

Schmetterlinge gehören zu den schönsten Insekten. Ihre Flügel bestehen aus winzigen zarten Schuppen, und ihr Körper ist mit Tasthaaren bedeckt. Jeder Schmetterling beginnt sein Leben als Raupe, wird dann in einem zarten Kokon zur Puppe, bevor er als erwachsener Schmetterling schlüpft. Wenn du einen Schmetterling zeichnest, kannst du unter so vielen verschiedenen Flügelformen und -farben wählen, dass es schwerfallen kann, sich für etwas zu entscheiden! Entdecke die unterschiedlichen Arten und schaue dir Bilder an, damit du weißt, welche du zeichnest.

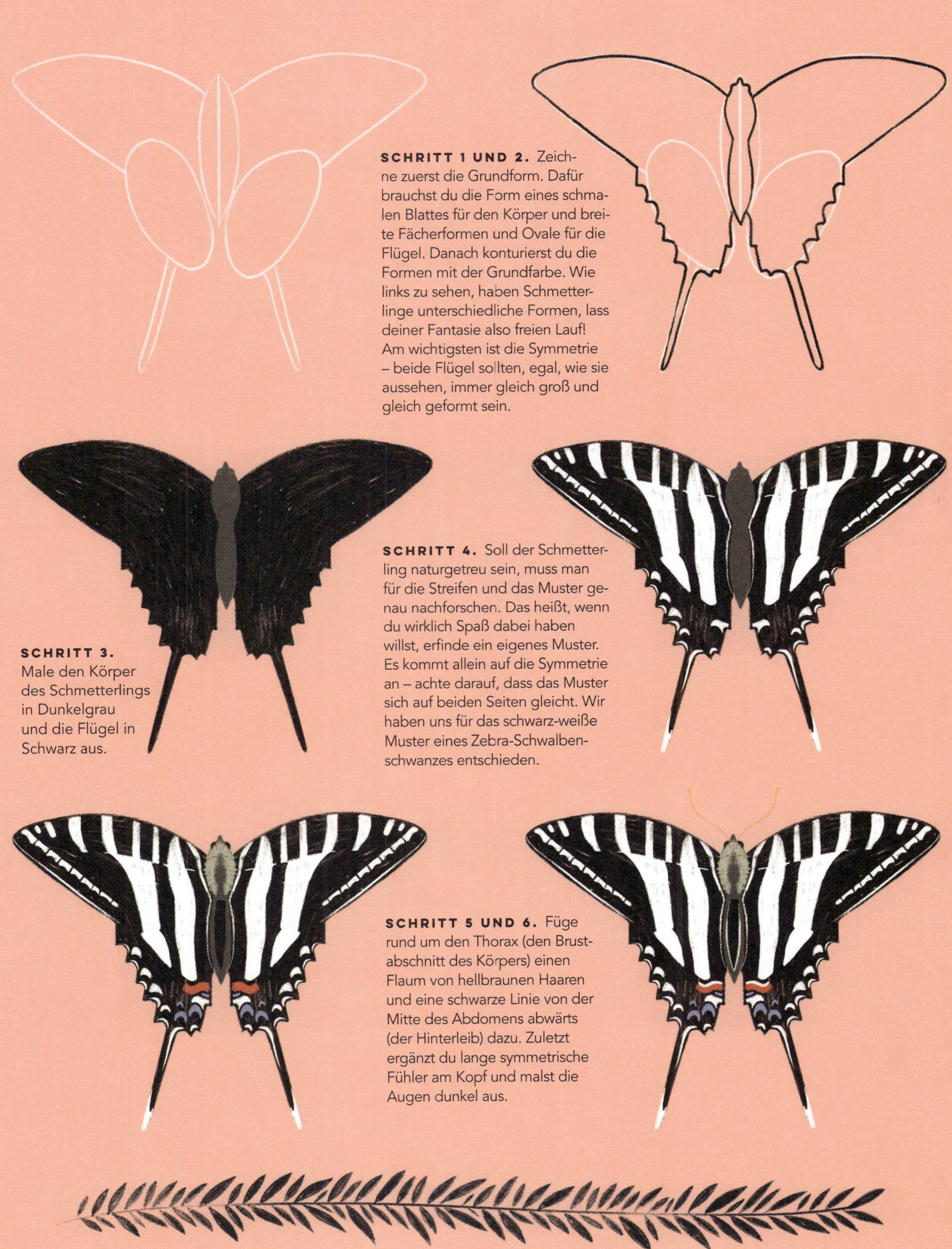

SCHRITT 1 UND 2. Zeichne zuerst die Grundform. Dafür brauchst du die Form eines schmalen Blattes für den Körper und breite Fächerformen und Ovale für die Flügel. Danach konturierst du die Formen mit der Grundfarbe. Wie links zu sehen, haben Schmetterlinge unterschiedliche Formen, lass deiner Fantasie also freien Lauf! Am wichtigsten ist die Symmetrie – beide Flügel sollten, egal, wie sie aussehen, immer gleich groß und gleich geformt sein.

SCHRITT 3. Male den Körper des Schmetterlings in Dunkelgrau und die Flügel in Schwarz aus.

SCHRITT 4. Soll der Schmetterling naturgetreu sein, muss man für die Streifen und das Muster genau nachforschen. Das heißt, wenn du wirklich Spaß dabei haben willst, erfinde ein eigenes Muster. Es kommt allein auf die Symmetrie an – achte darauf, dass das Muster sich auf beiden Seiten gleicht. Wir haben uns für das schwarz-weiße Muster eines Zebra-Schwalbenschwanzes entschieden.

SCHRITT 5 UND 6. Füge rund um den Thorax (den Brustabschnitt des Körpers) einen Flaum von hellbraunen Haaren und eine schwarze Linie von der Mitte des Abdomens abwärts (der Hinterleib) dazu. Zuletzt ergänzt du lange symmetrische Fühler am Kopf und malst die Augen dunkel aus.

MOTTEN

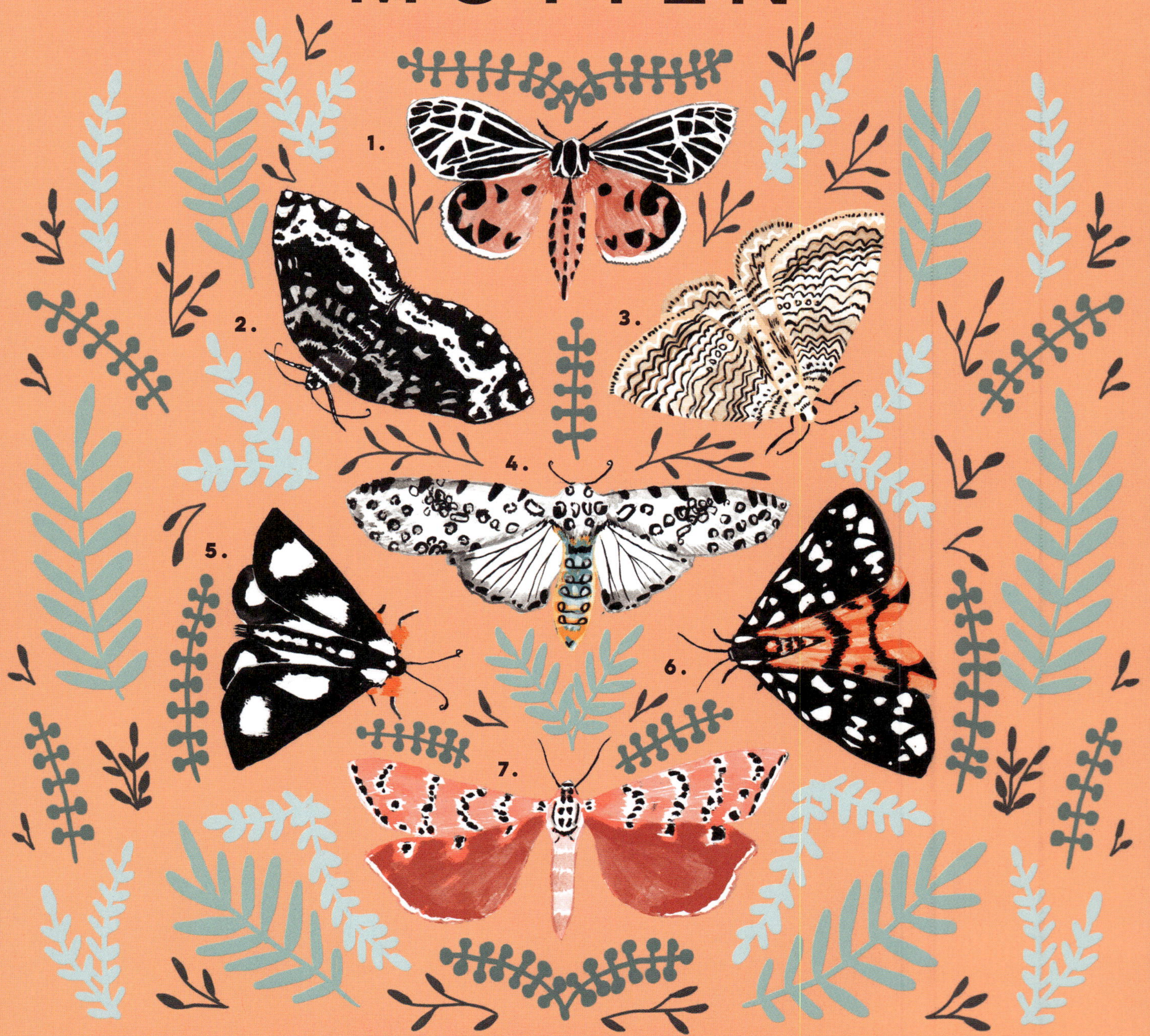

1. GRAMMIA VIRGO (*GRAMMIA VIRGO*)
2. GROSSER SPEERSPANNER (*RHEUMAPTERA HASTATA*)
3. RHEUMAPTERA PRUNIVORATA (*RHEUMAPTERA PRUNIVORATA*)
4. HYPERCOMPE SCRIBONIA (*HYPERCOMPE SCRIBONIA*)
5. ALYPIA OCTOMACULALIS (*ALYPIA OCTOMACULATA*)
6. PLATYPREPIA (*PLATYPREPIA VIRGINALIS*)
7. UTETHEISA ORNATRIX (*UTETHEISA ORNATRIX*)

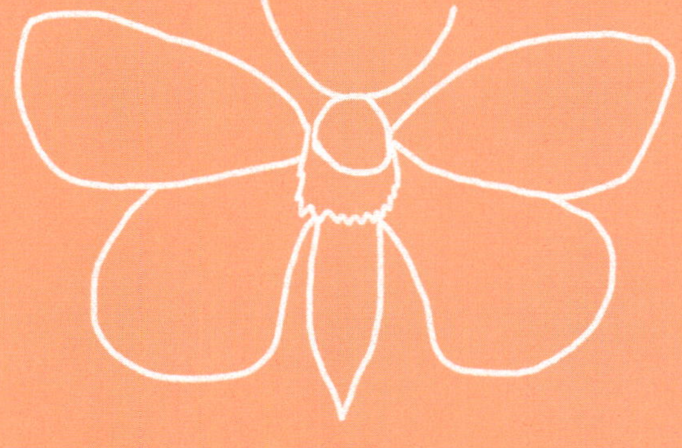

SCHRITT 1. Für die Grundform einer Motte hast du zwei Optionen: (1) in Bewegung (links) oder (2) in Ruhestellung (rechts). In Bewegung etwas rundlich – eine rundliche pelzige Mitte mit weiten Flügeln. Für eine ruhende Motte bekommt das Insekt tränenartige Flügel, die seitlich herausstehen. Beachte, dass in der Ruhestellung die beiden Vorderbeine zu sehen sind.

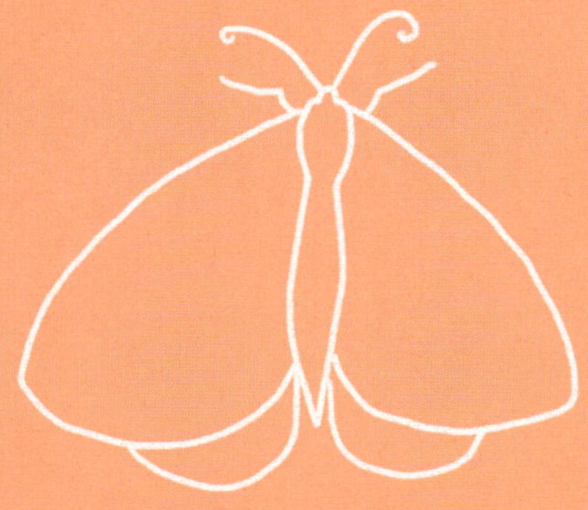

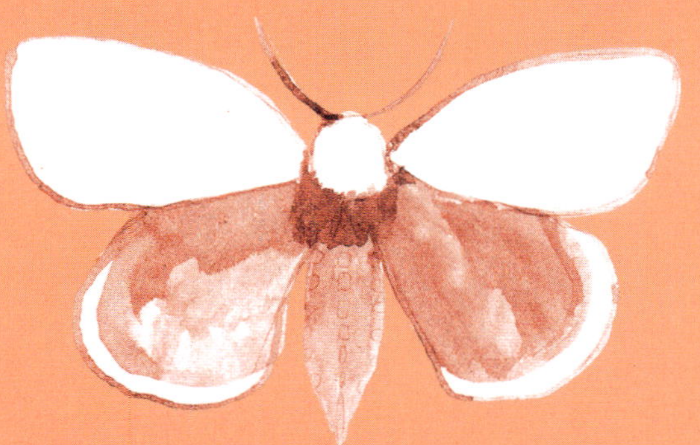

SCHRITT 2. Male die Motte in Weiß oder cremefarben aus und füge dann die Grundfarbe dazu. Diese hängt davon ab, welche Motte du malen willst. Schaue, welche Farben unter den Mustern liegen, und male diese Bereiche mit flachen, weichen Strichen aus.

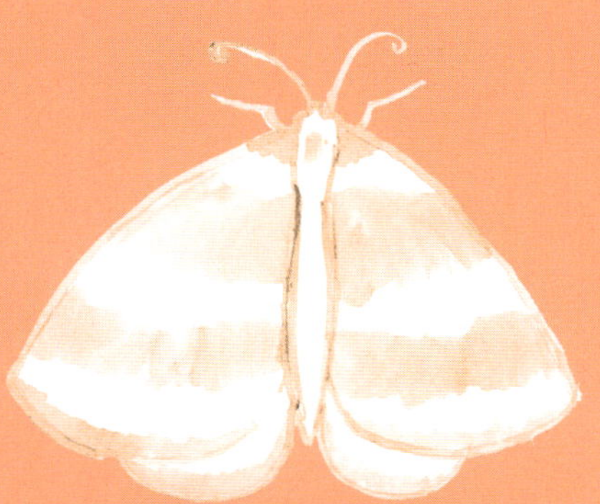

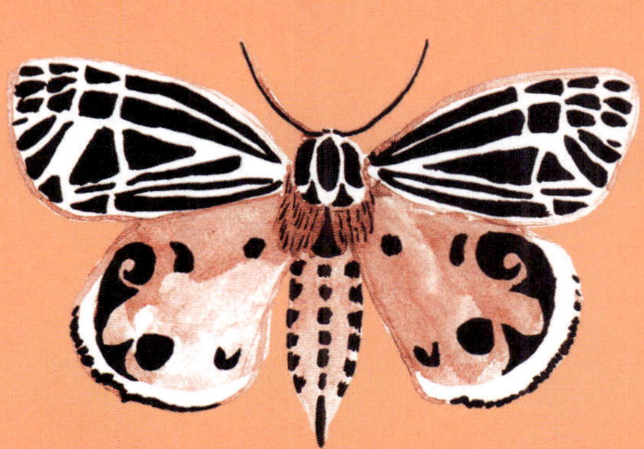

SCHRITT 3. Ergänze das Mottenmuster. Wie beim Schmetterling (S. 105) musst du für eine wirklichkeitsnahe Motte nachforschen. Symmetrie ist der Schlüssel. Für unsere fliegende Motte (links) haben wir beim Muster eine ähnliche Technik angewendet wie bei der Giraffe (S. 63). Die ruhende Motte (rechts) dagegen ist mit vielen kleinen Details versehen. Mache, wozu du Lust hast – die Natur ist eine hemmungslose Künstlerin, besonders bei Insektenmustern.

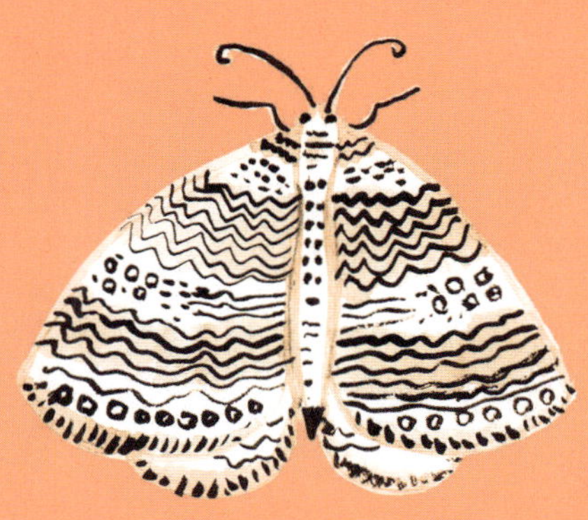

Die meisten Menschen denken, dass Motten matt und braun sind, doch manche sind so prachtvoll wie Schmetterlinge. Die Körper sind dicker und flaumiger als die von Schmetterlingen, und sie schließen ihre Flügel gegen ihren Rücken (statt senkrecht). Bevor du zu zeichnen beginnst, überlege, ob deine Motte fliegen oder ruhen soll, da dies die Stellung der Flügel bestimmt.

KLEINLIBELLEN

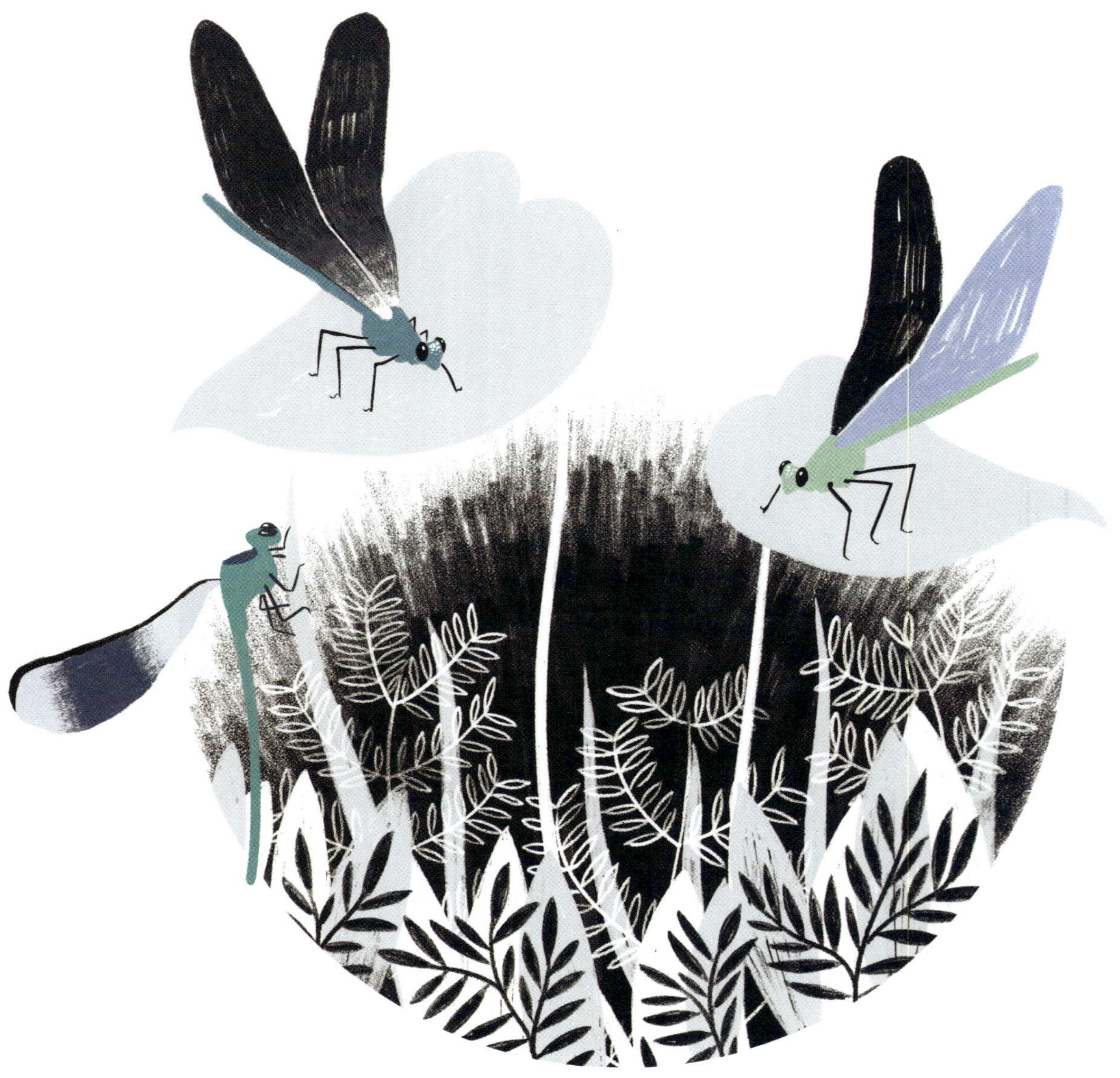

GEBÄNDERTE PRACHTLIBELLE (*CALOPTERYX SPLENDENS*)

Kleinlibellen sind nicht dasselbe wie Großlibellen, wenn sie sich auch ähnlich sind. Mit ihrem grazilen schlanken Körper und ihren durchscheinenden glänzenden Flügeln sind sie eines der atemberaubendsten Insekten der Welt. Sie leben in der Nähe von Gewässern, da sie als Larven semiaquatisch sind. Als Fleischfresser ernähren sie sich von anderen, kleineren Insekten. Sie zu malen

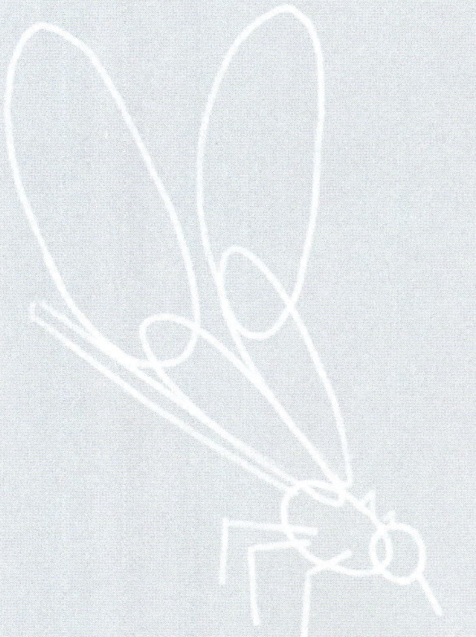

SCHRITT 1. Zeichne die Grundform und füge einen langen, dünnen Schwanz hinzu. Verwende für die Flügel nicht eine Form sondern unterteile sie besser in zwei einfache Ovale.

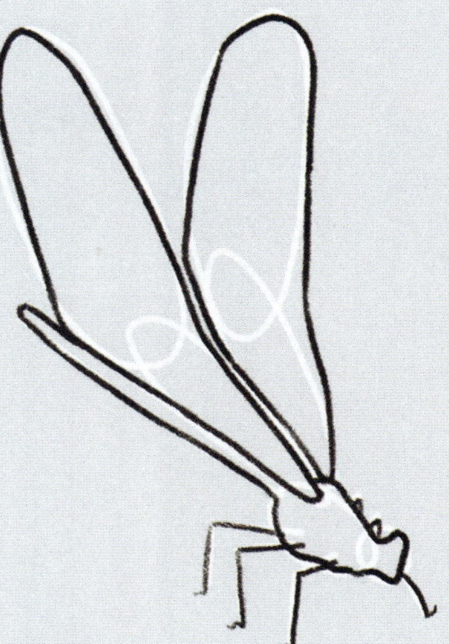

SCHRITT 2. Konturiere die Libelle. Verbinde die Ovale der Flügel zu großen, ungleichen Formen, ähnlich einem Bumerang. Da Insekten segmentiert sind, musst du sie nicht mit dem Körper verbinden. Und schau, die Beine sind schon fertig!

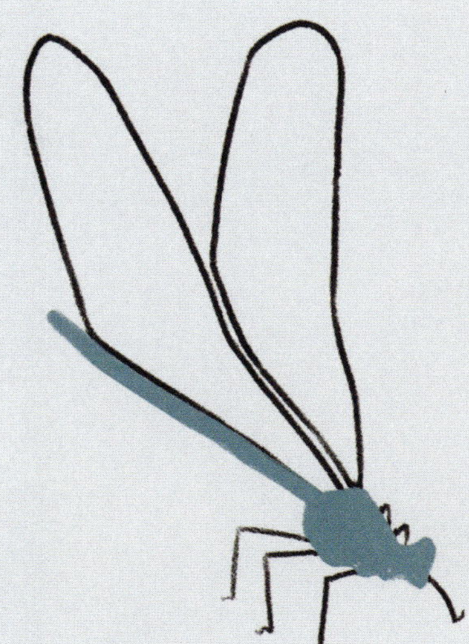

SCHRITT 3. Male den Körper der Libelle in deiner Grundfarbe aus.

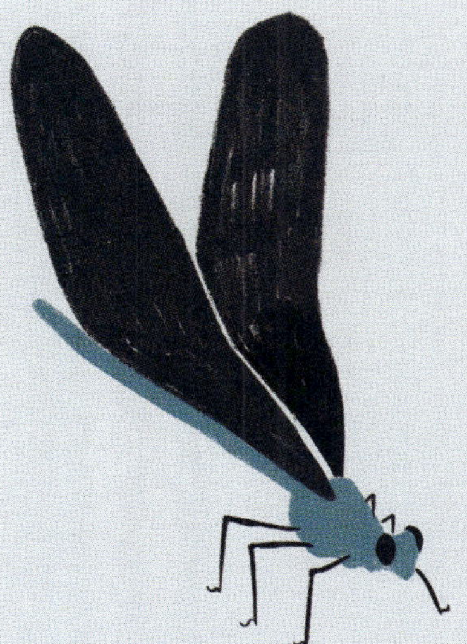

SCHRITT 4. Fülle die Flügel und die Augen mit Schwarz. Die Pinselstriche auf den Flügeln dürfen ungleichmäßig sein – ein wenig durchscheinendes Weiß sorgt für Textur.

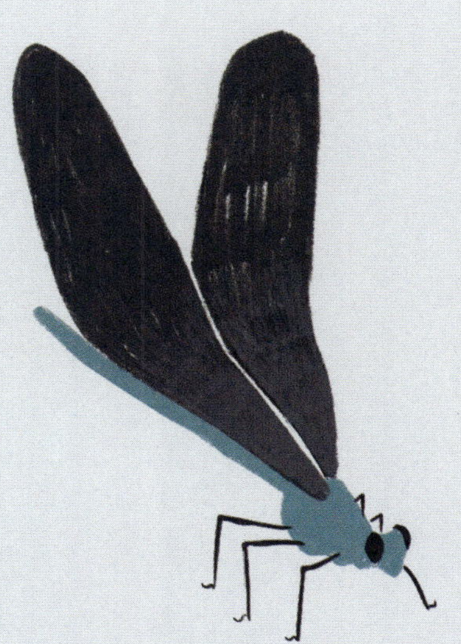

SCHRITT 5 UND 6. Mit kleinen Klecksen oder heller oder weiß schattierten Stellen stellst du die Lichtreflexe auf den Flügeln dar. Damit dein Insekt in der Sonne funkelt, kannst du noch ein wenig weiß an Kopf und Augen ergänzen.

kann eine kleine Herausforderung sein, da es knifflig ist, darzustellen, wie sie im Licht ihre Farbe verändern und wie glitzrig sie sind. Versuche, die aufgetragene Farbe mit Wasser so stark zu lösen, dass der Hintergrund durchscheint – oder wenn du Photoshop benutzt, die Transparenz der Ebene zu reduzieren. Ich freue mich immer sehr, wenn ich ein Libellenglitzern auf einem Teich entdecke.

HUMMELN

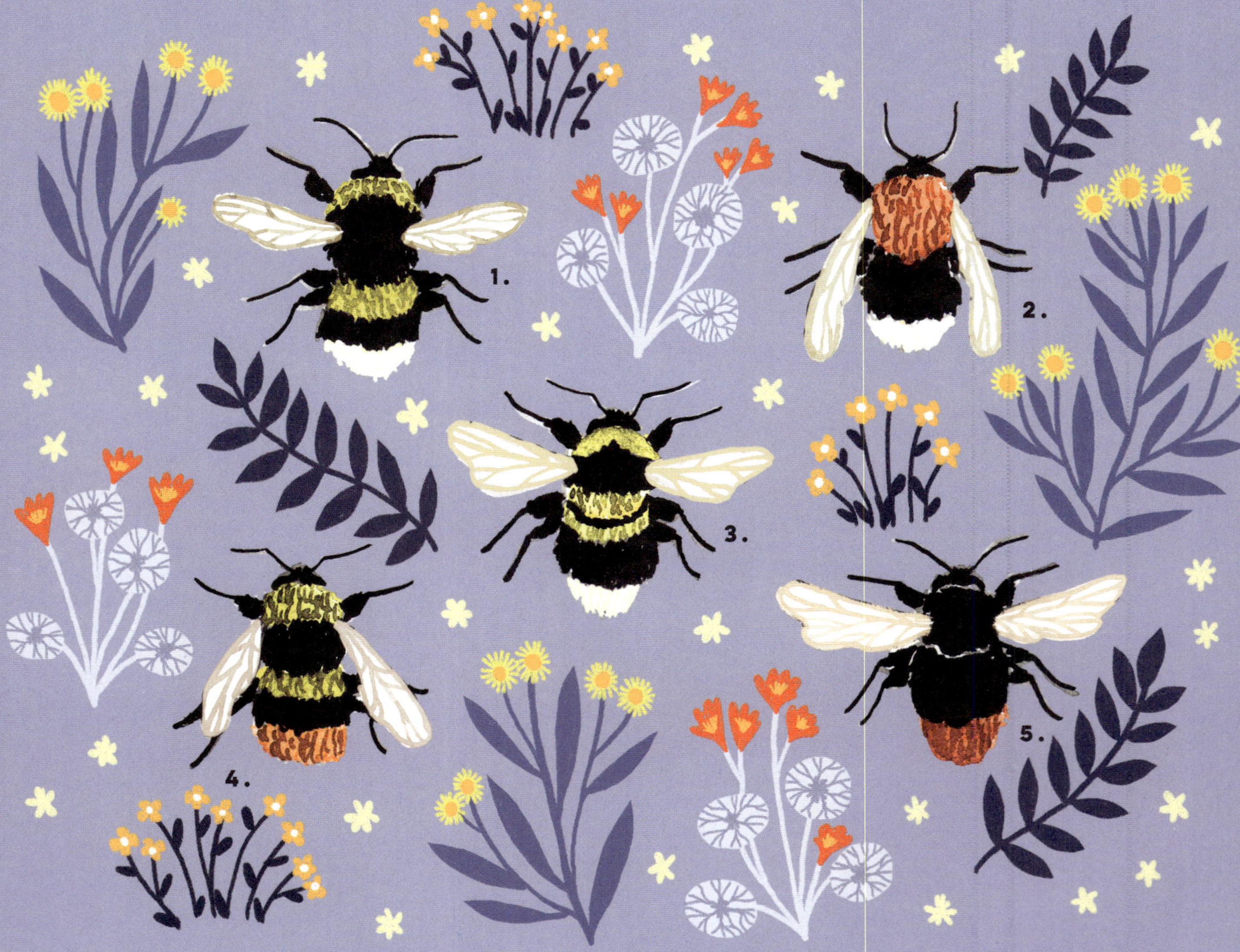

1. DUNKLE ERDHUMMEL (*BOMBUS TERRESTRIS*)
2. BAUMHUMMEL (*BOMBUS HYPNORUM*)
3. HEIDEHUMMEL (*BOMBUS JONELLUS*)
4. WIESENHUMMEL (*BOMBUS PRATORUM*)
5. STEINHUMMEL (*BOMBUS LAPIDARIUS*)

Schätzungen zufolge wurde ein Drittel unserer Ernte von Bienen bestäubt, und diese Ernten tragen zu mehr als 500 Mio. US-Dollar der Weltwirtschaft bei. Leider nimmt der Bienenbestand drastisch ab, und es wird vermutet, dass ganze Ökosysteme ohne die wertvollen Bestäuber zusammenbrechen werden. Wer hätte gedacht, dass so kleine Lebewesen so wichtig sind? Früher

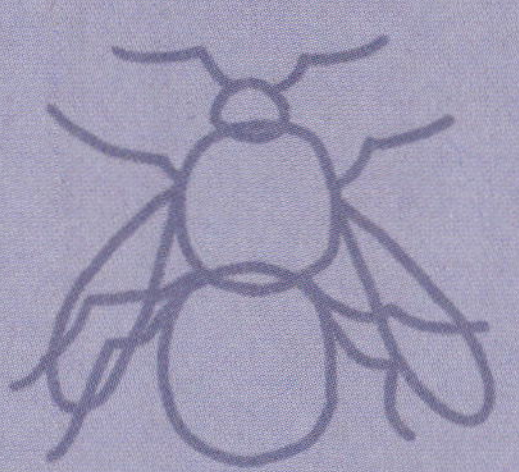
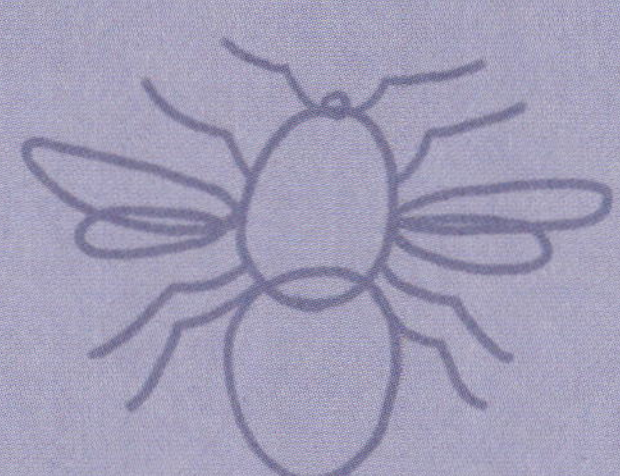
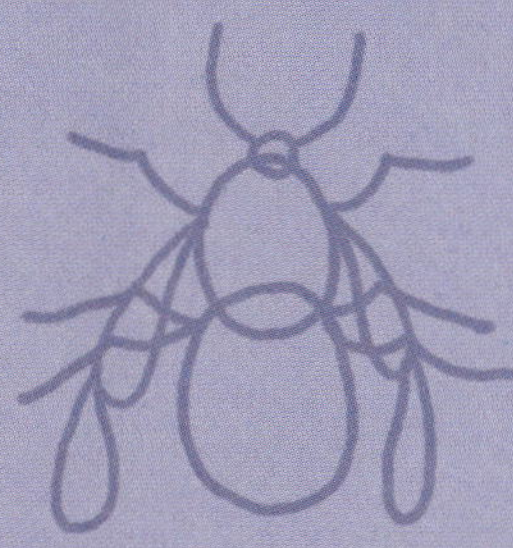

SCHRITT 1. Beginne mit einfachen, rundlichen Grundformen für die Bienenkörper. Die Körper ähneln ein wenig einem Schneemann – ein kleiner Kreis für den Kopf, ein großer für den Oberkörper und ein noch größerer Kreis für das Hinterteil. Ihre Flügel haben die Form dünner Tränen. Denke an die Beine und die Fühler.

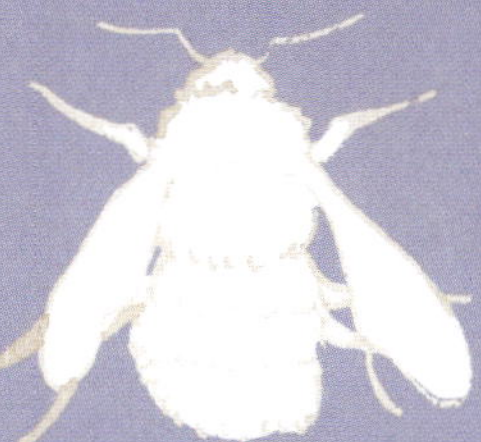
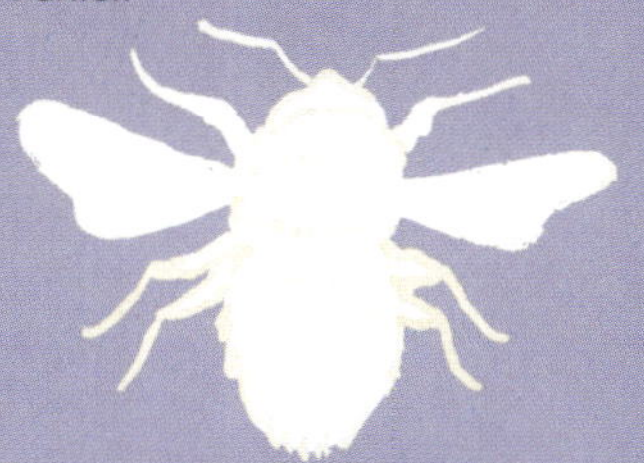
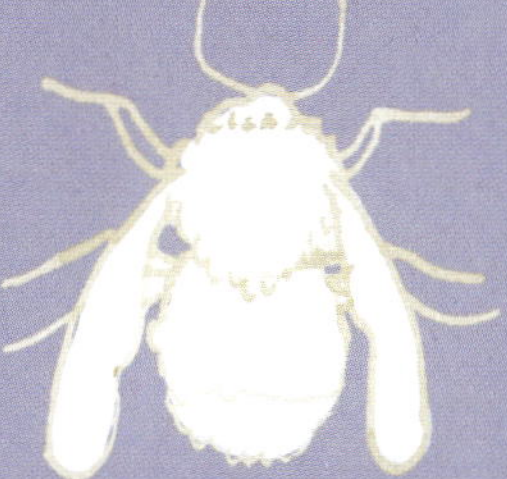

SCHRITT 2. Konturiere die Hummeln mit Gelb oder Orange und füge an den Rändern von Kopf und Körper Pelz hinzu.

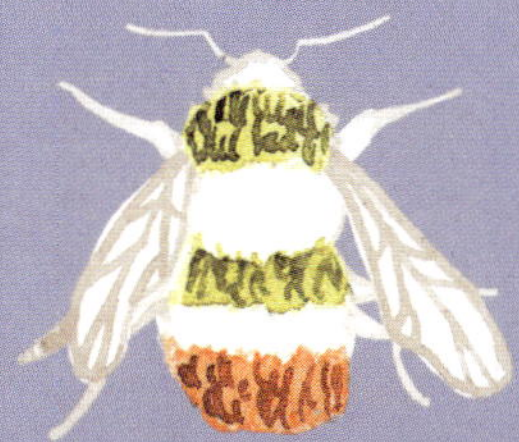
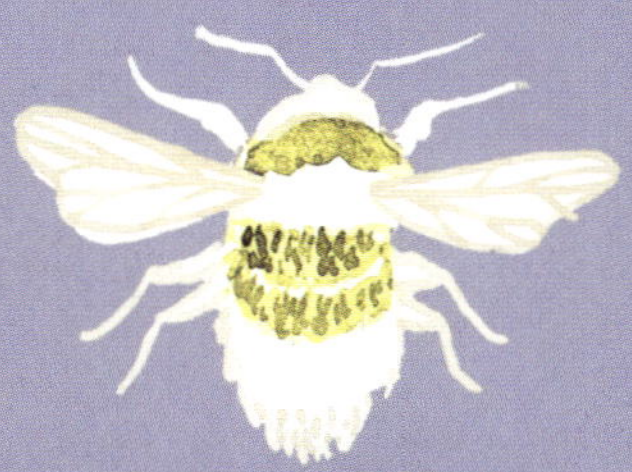
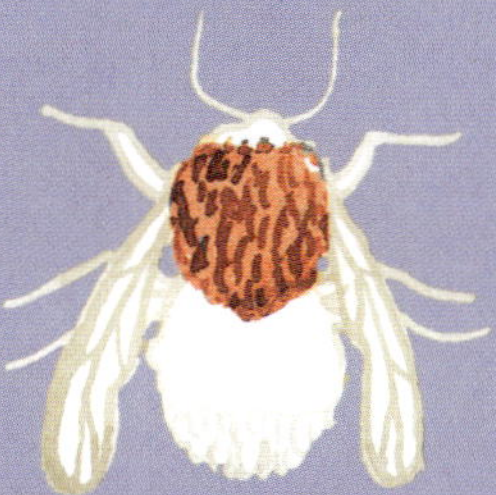

SCHRITT 3. Ergänze mit schnellen Pinselstrichen noch mehr Gelb oder Orange. Nimm für jedes Körperteil eine andere Farbe – eines mit weißen Streifen (links), eines mit einem Mittelteil (Mitte) und eines mit einem unbemalten Hinterleib (rechts). Mit cremefarbenen oder gelben Linien auf den Flügeln kannst du deren Unterteilung betonen.

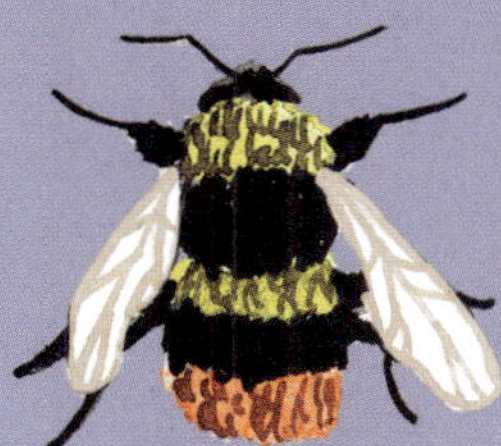
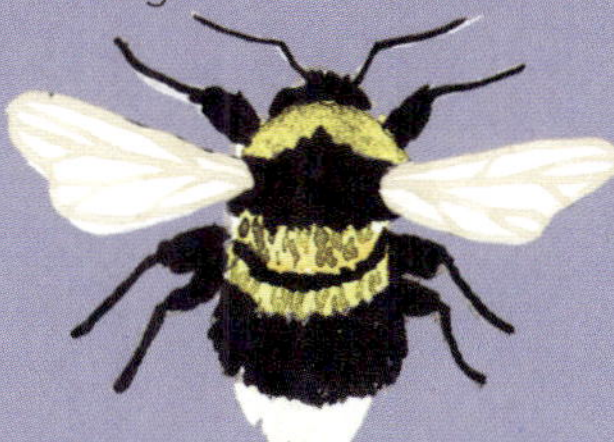
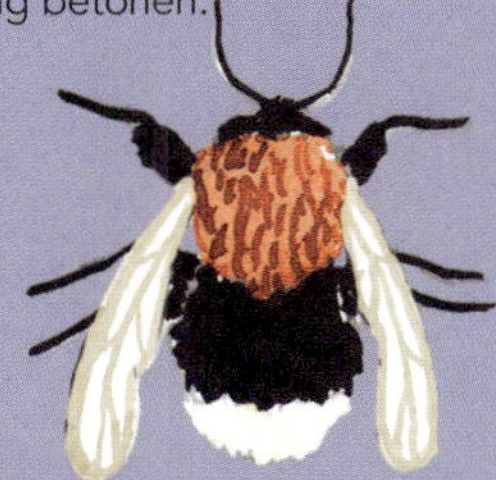

SCHRITT 4. Füge Schwarz in die Zwischenräume des pelzigen Körpers ein, so bekommen die Hummeln Streifen. Male dann die Beine und Fühler in Schwarz aus. Manche Hummeln haben ein weißes Hinterteil, wenn du willst, lass dort Weiß stehen!

hatte ich immer Angst vor Bienen, aber nachdem ich ihre Bedeutung erkannte, wuchs meine Liebe zu ihnen. Es gibt viele verschiedene Arten. Wenn du eine bestimmte darstellen willst, achte genau auf ihre Farbe und die Anzahl der Streifen. Wir wollten unsere drei Tiere oben so niedlich wie möglich aussehen lassen, deshalb haben wir es mit der Flauschigkeit und den Flügeln etwas übertrieben.

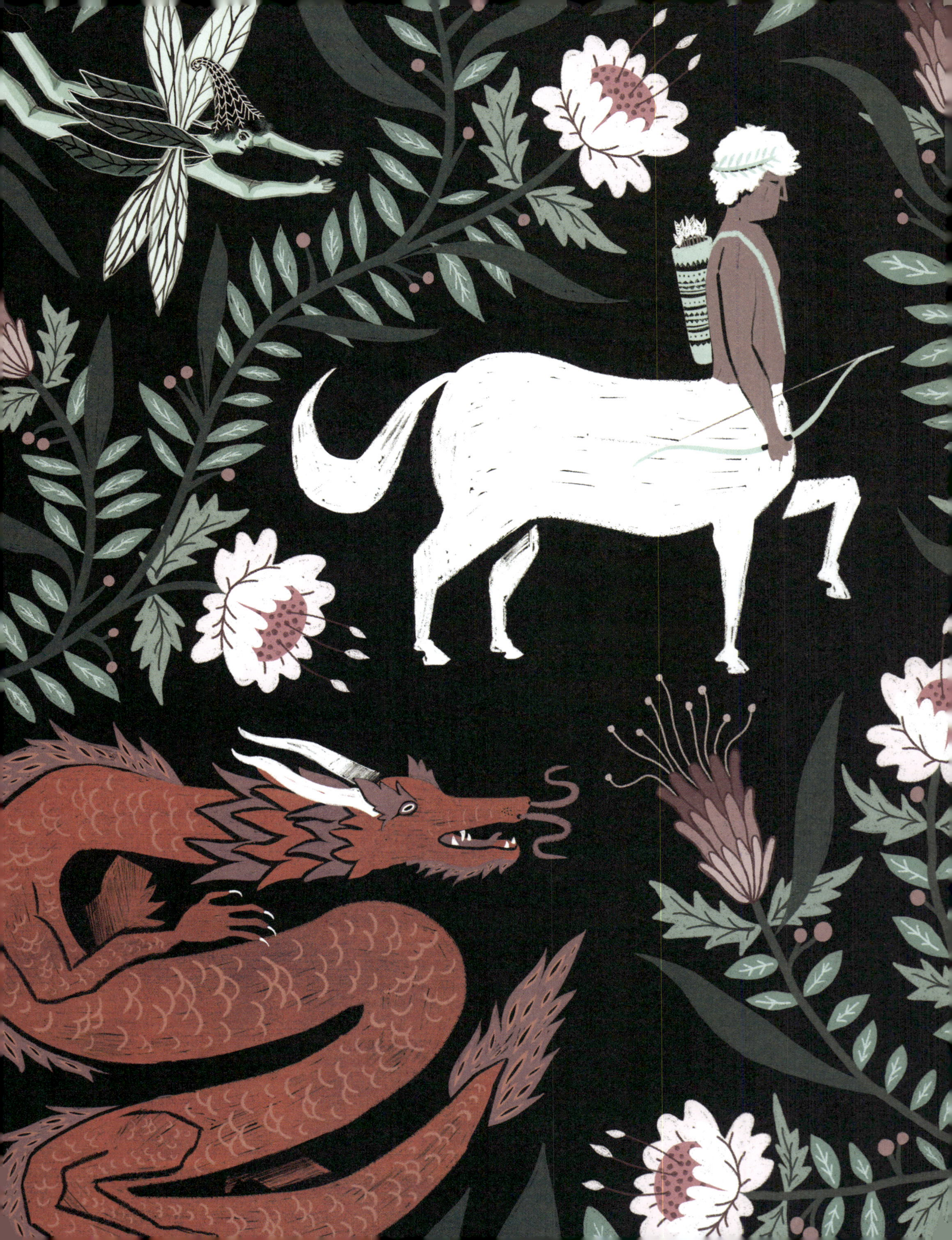

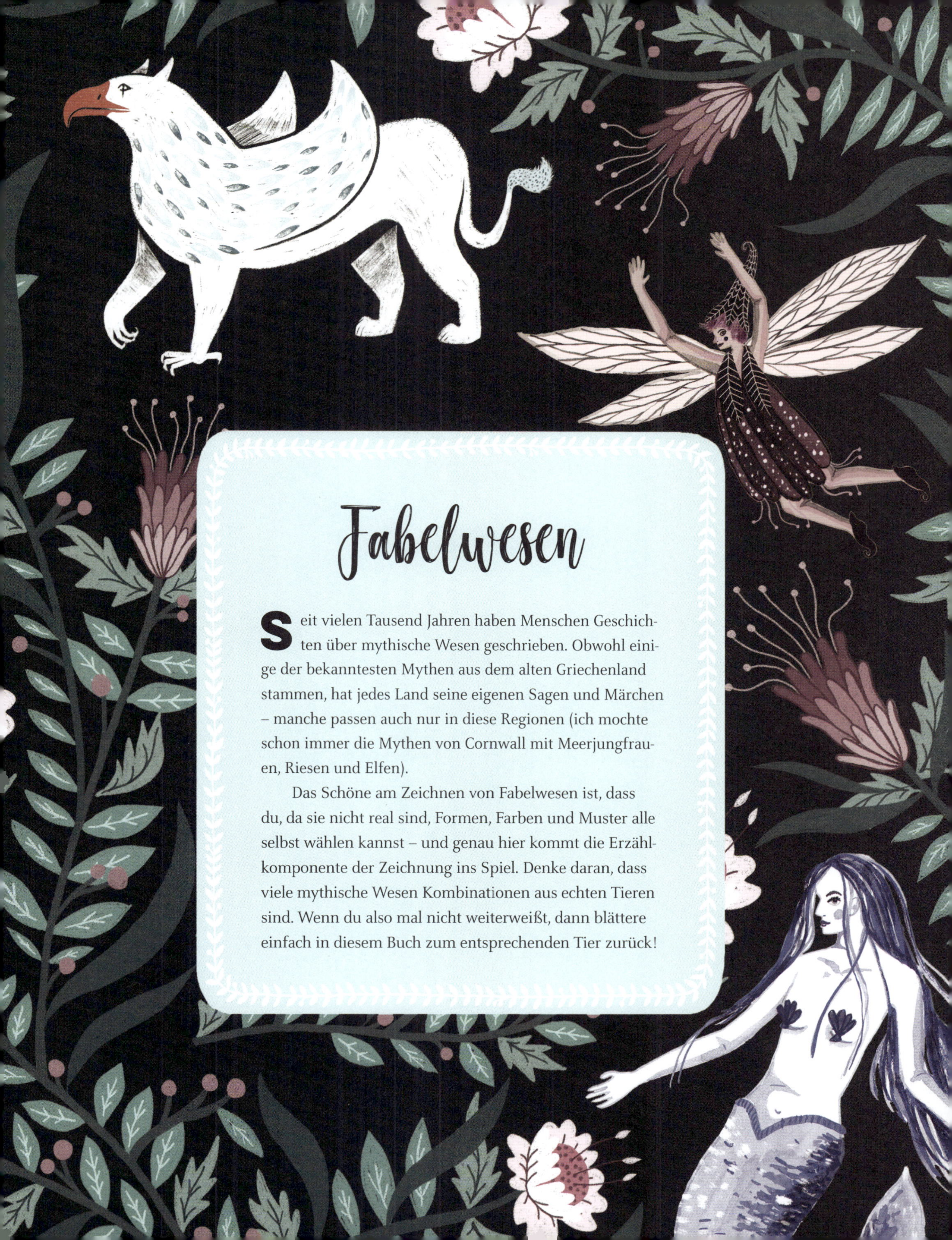

Fabelwesen

Seit vielen Tausend Jahren haben Menschen Geschichten über mythische Wesen geschrieben. Obwohl einige der bekanntesten Mythen aus dem alten Griechenland stammen, hat jedes Land seine eigenen Sagen und Märchen – manche passen auch nur in diese Regionen (ich mochte schon immer die Mythen von Cornwall mit Meerjungfrauen, Riesen und Elfen).

Das Schöne am Zeichnen von Fabelwesen ist, dass du, da sie nicht real sind, Formen, Farben und Muster alle selbst wählen kannst – und genau hier kommt die Erzählkomponente der Zeichnung ins Spiel. Denke daran, dass viele mythische Wesen Kombinationen aus echten Tieren sind. Wenn du also mal nicht weiterweißt, dann blättere einfach in diesem Buch zum entsprechenden Tier zurück!

PHÖNIX

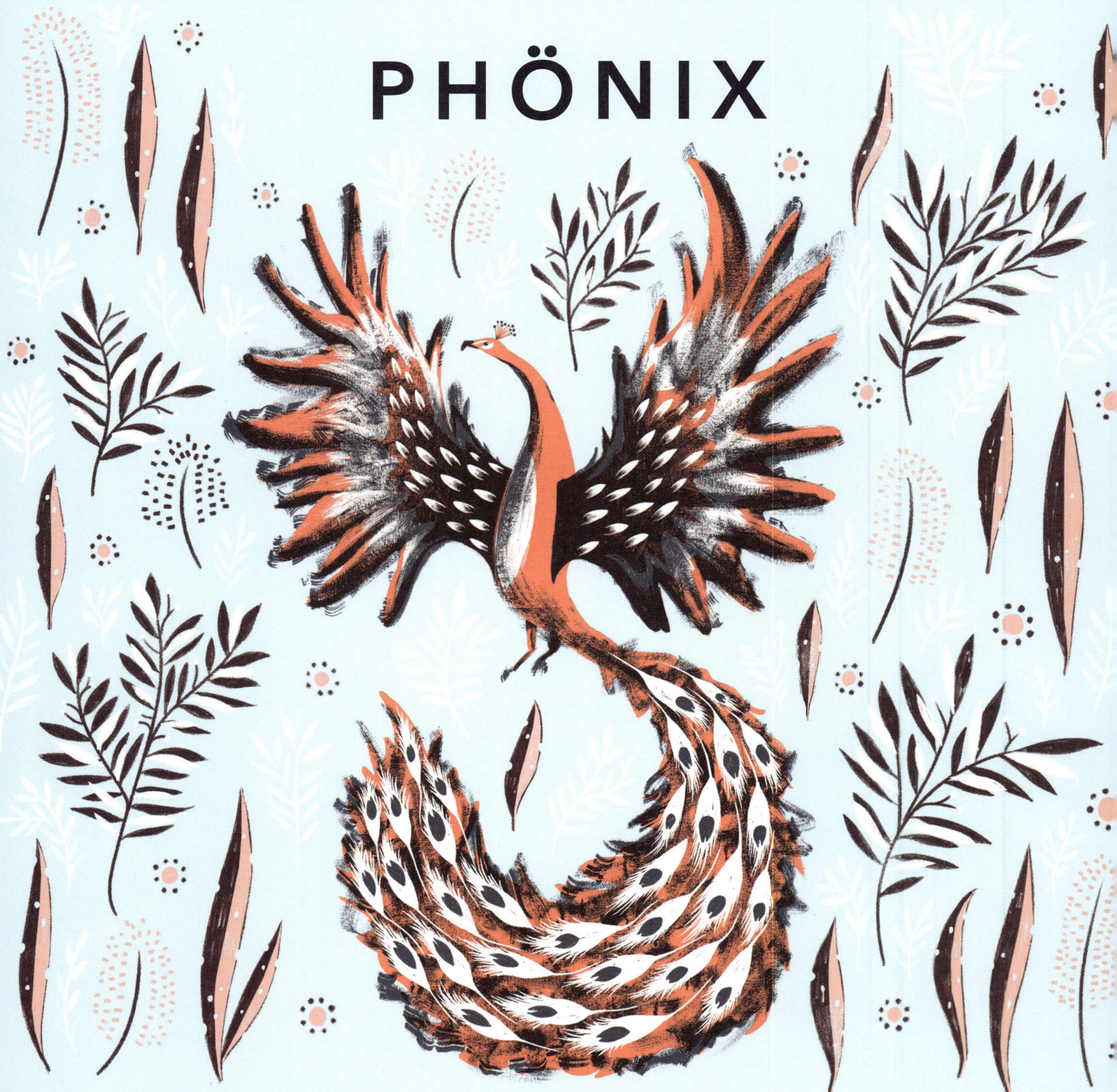

Der Phoenix ist ein bekanntes Symbol für Wiedergeburt, da er, wenn er stirbt, in Flammen aufgeht und aus seiner eigenen Asche wiederaufersteht. Der prächtige Vogel wird oft in Rot- und Orangetönen dargestellt, die seine Herkunft aus dem Feuer symbolisieren. Phönixmythen findet man weltweit, so auch in Griechenland, Ägypten, Nordamerika, Russland, China und Japan. Die

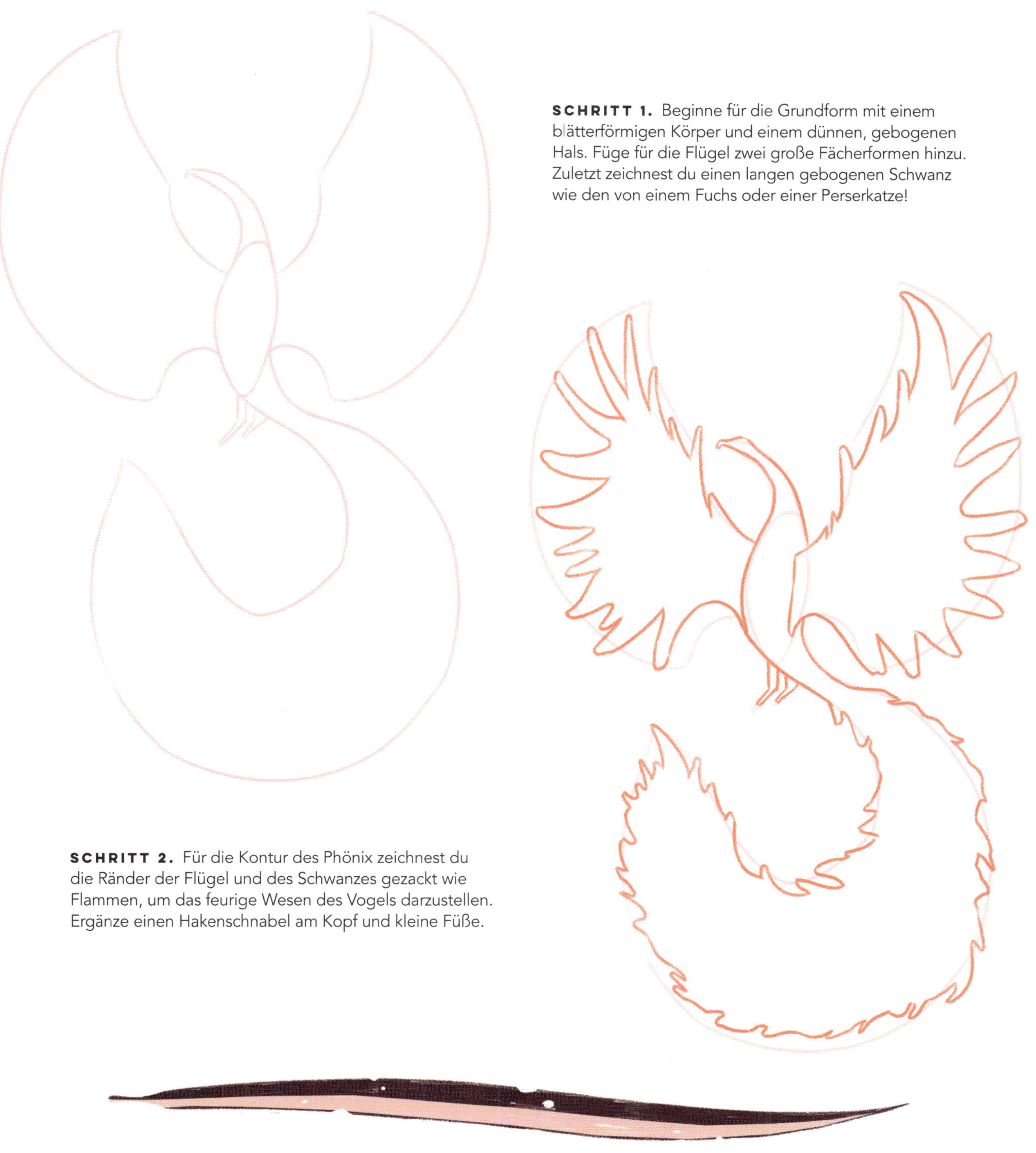

SCHRITT 1. Beginne für die Grundform mit einem blätterförmigen Körper und einem dünnen, gebogenen Hals. Füge für die Flügel zwei große Fächerformen hinzu. Zuletzt zeichnest du einen langen gebogenen Schwanz wie den von einem Fuchs oder einer Perserkatze!

SCHRITT 2. Für die Kontur des Phönix zeichnest du die Ränder der Flügel und des Schwanzes gezackt wie Flammen, um das feurige Wesen des Vogels darzustellen. Ergänze einen Hakenschnabel am Kopf und kleine Füße.

Assoziation mit Feuer erlaubt es uns, außergewöhnliche, strahlende Farben und Flammenformen zu verwenden, wenn wir ihn zeichnen. Wir haben hier versucht, jede Feder wie eine Flamme aussehen zu lassen, und ihm einen langen Hals und einen eleganten Körper gegeben. Wir haben ihn mit ausgebreiteten Flügeln und fließendem Schwanz dargestellt, um ihm Größe und Majestät zu verleihen.

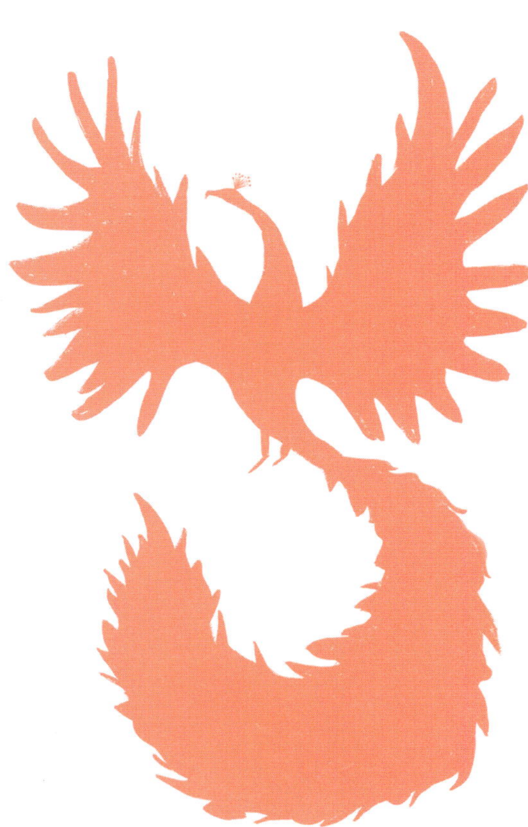

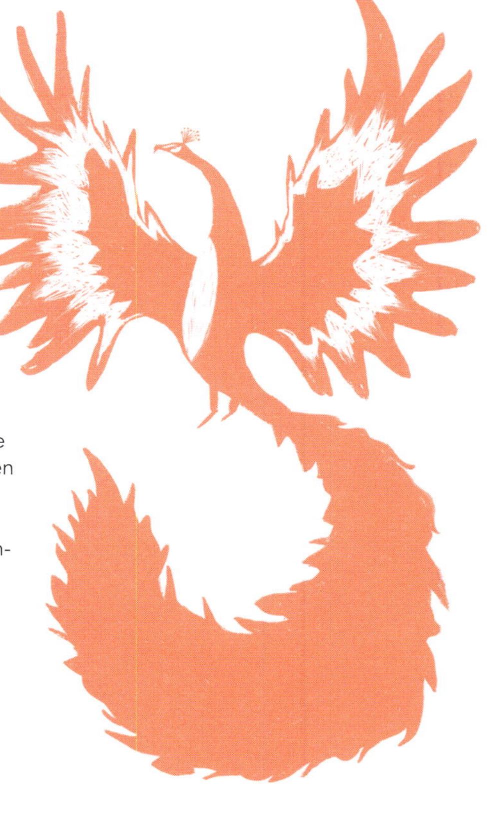

SCHRITT 3 UND 4. Male den Phönix in einem feurigen Rot oder Orange aus. Dann betone Flügel, Bauch und Kopf mit nach außen weisenden Strahlen, um ihn noch feuriger wirken zu lassen!

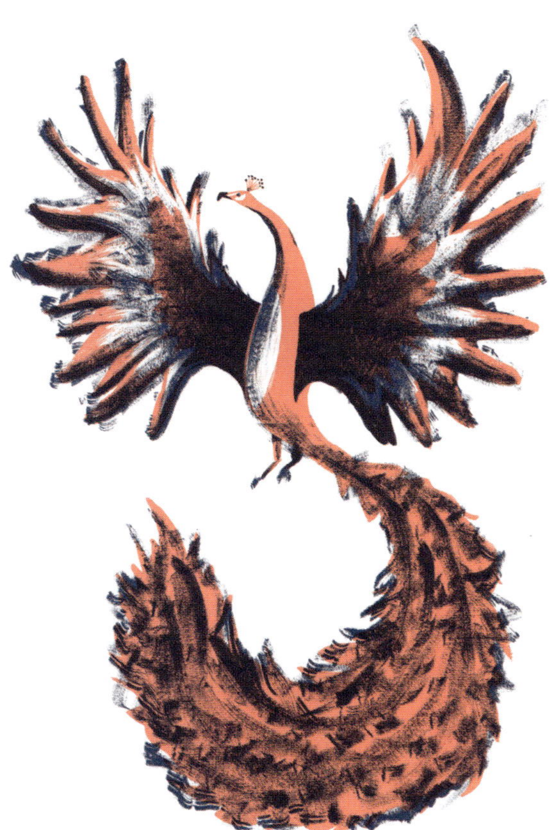

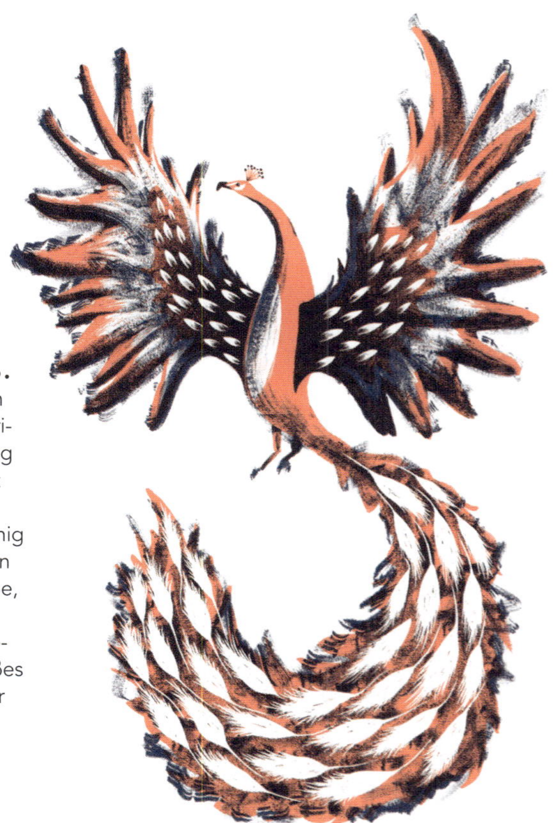

SCHRITT 5 UND 6. Für das Muster haben wir schnelle, wilde Striche in Schwarz entlang von Flügeln, Schwanz und Hals gesetzt, um ihn ätherisch und aschig wirken zu lassen. Dann haben wir spitze weiße, pfeilartige Formen entlang der Flügel gezeichnet und ein weißes Pfauenschwanzmuster (siehe S. 92) auf den Schwanz gesetzt.

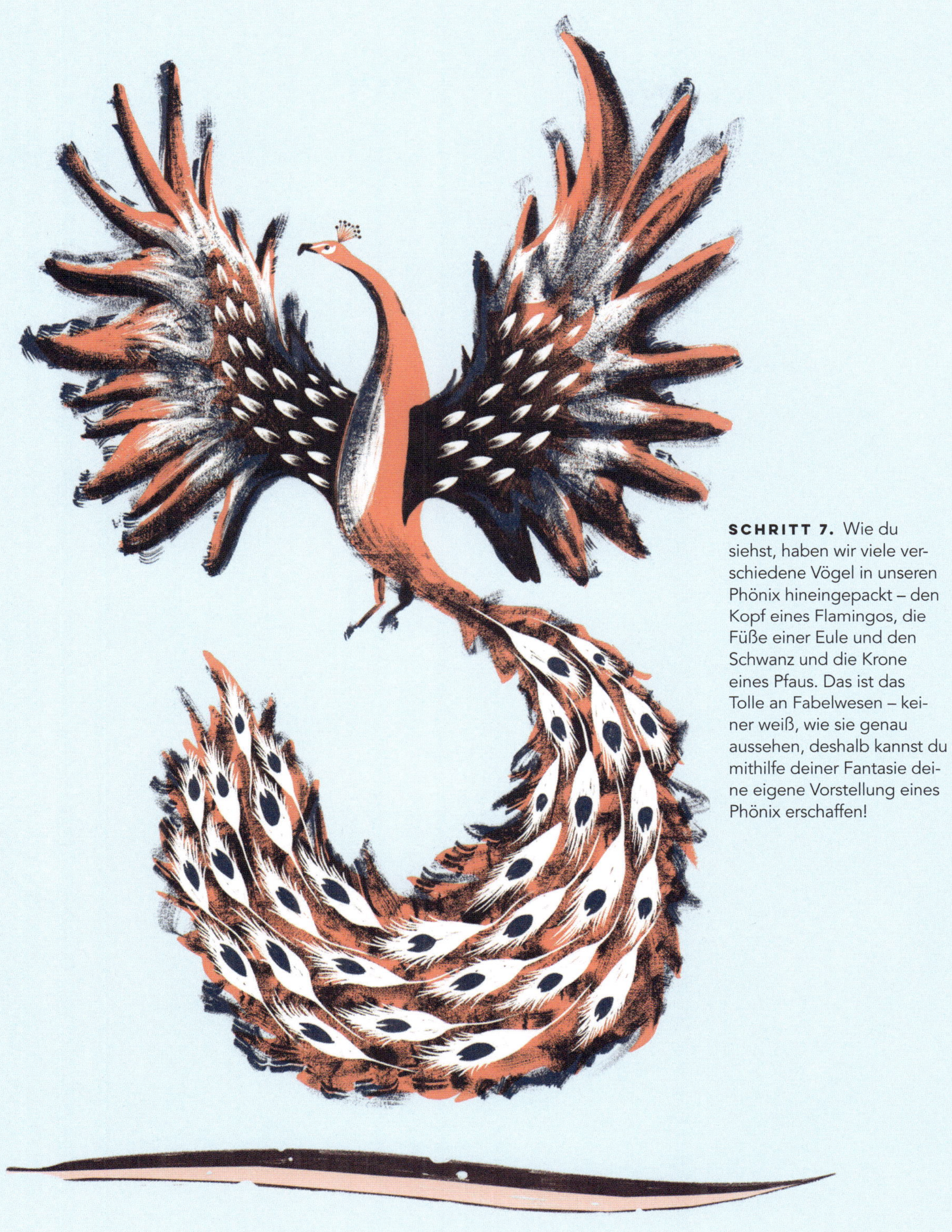

SCHRITT 7. Wie du siehst, haben wir viele verschiedene Vögel in unseren Phönix hineingepackt – den Kopf eines Flamingos, die Füße einer Eule und den Schwanz und die Krone eines Pfaus. Das ist das Tolle an Fabelwesen – keiner weiß, wie sie genau aussehen, deshalb kannst du mithilfe deiner Fantasie deine eigene Vorstellung eines Phönix erschaffen!

Uns machte das Kombinieren von Körperteilen verschiedener Vögel Spaß – Krone und Muster vom Pfau, Schnabel vom Flamingo usw. Nun, das ist unsere Version – wie stellst du deinen Phönix dar? Du kannst gern eine neue, einzigartige Kreatur erschaffen!

ELFEN

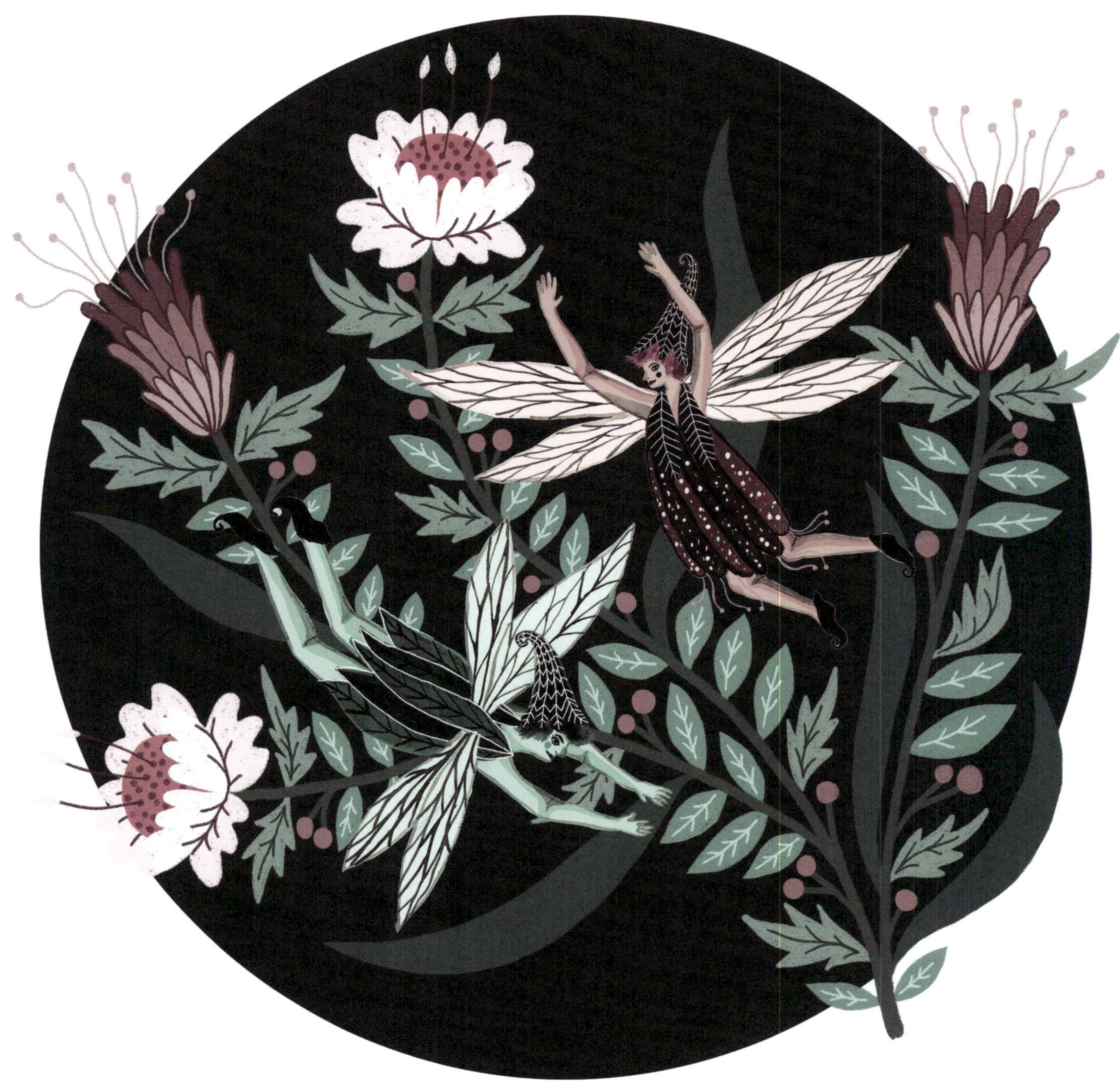

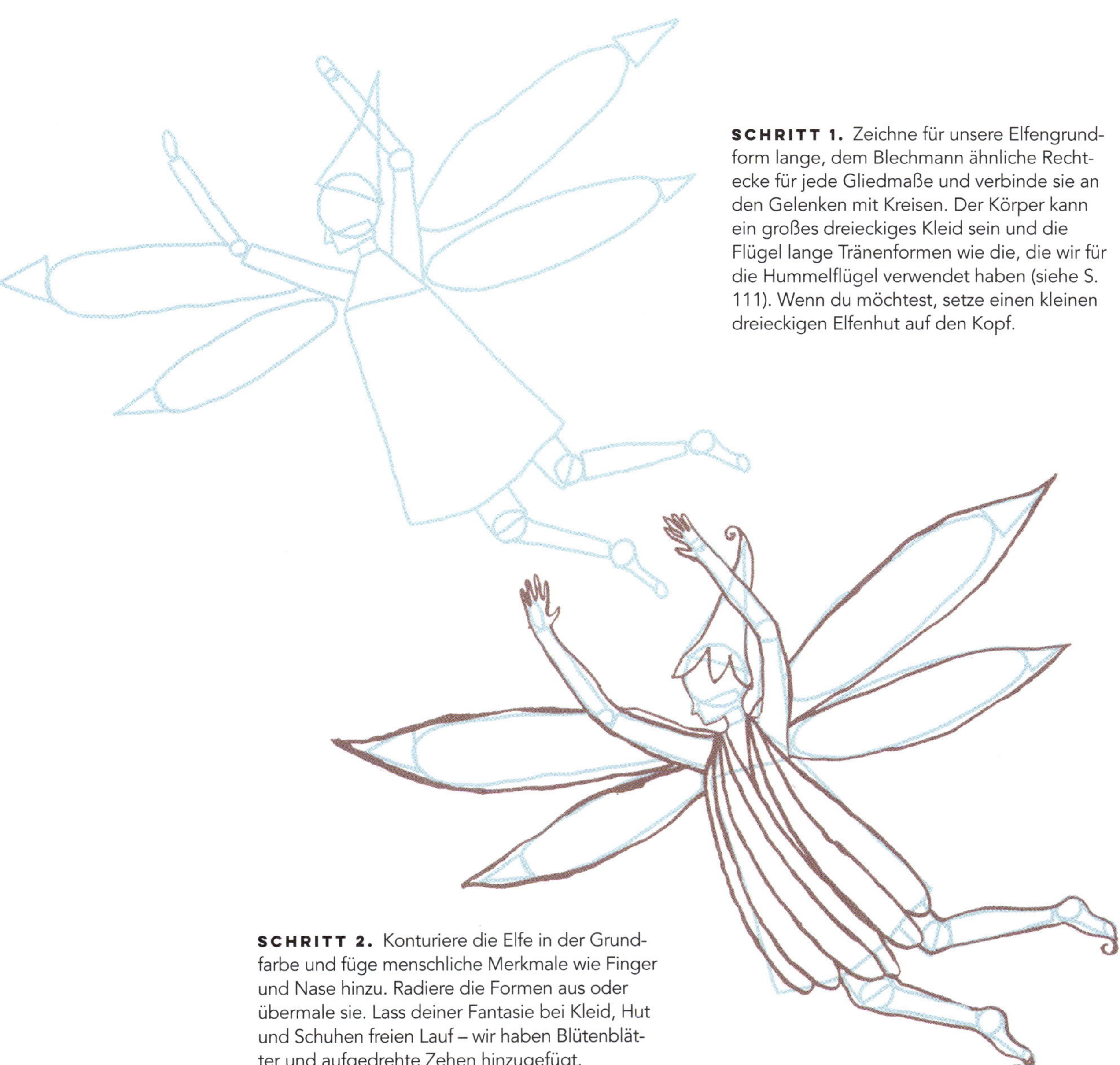

SCHRITT 1. Zeichne für unsere Elfengrundform lange, dem Blechmann ähnliche Rechtecke für jede Gliedmaße und verbinde sie an den Gelenken mit Kreisen. Der Körper kann ein großes dreieckiges Kleid sein und die Flügel lange Tränenformen wie die, die wir für die Hummelflügel verwendet haben (siehe S. 111). Wenn du möchtest, setze einen kleinen dreieckigen Elfenhut auf den Kopf.

SCHRITT 2. Konturiere die Elfe in der Grundfarbe und füge menschliche Merkmale wie Finger und Nase hinzu. Radiere die Formen aus oder übermale sie. Lass deiner Fantasie bei Kleid, Hut und Schuhen freien Lauf – wir haben Blütenblätter und aufgedrehte Zehen hinzugefügt.

Elfen begegnet man oft im europäischen Volksgut, besonders in Märchen aus Cornwall, Schottland und Wales, wenn auch die meisten modernen Vorstellungen von Elfen aus Shakespeares *Sommernachtstraum* stammen. Elfen können hilfreich oder schelmisch sein und ihre Kräfte für das Gute oder für Unartiges einsetzen. In vielen Geschichten sind Dunkelelfen niederträchtig, gefährlich und unheimlich, wenn man sich nicht nach ihren Regeln richtet! Es gibt so viele Möglichkeiten, Elfen zu zeichnen, dass es schwierig ist, sich für eine zu entscheiden. Wir haben uns für eine traditionellere Darstellung entschieden, als menschenähnliches Wesen mit Flügeln und Blumenkleid. Manche malen Elfen gut getarnt wie die Pflanzen, in denen sie leben, wie etwa unser Fetzenfisch (siehe S. 83–85).

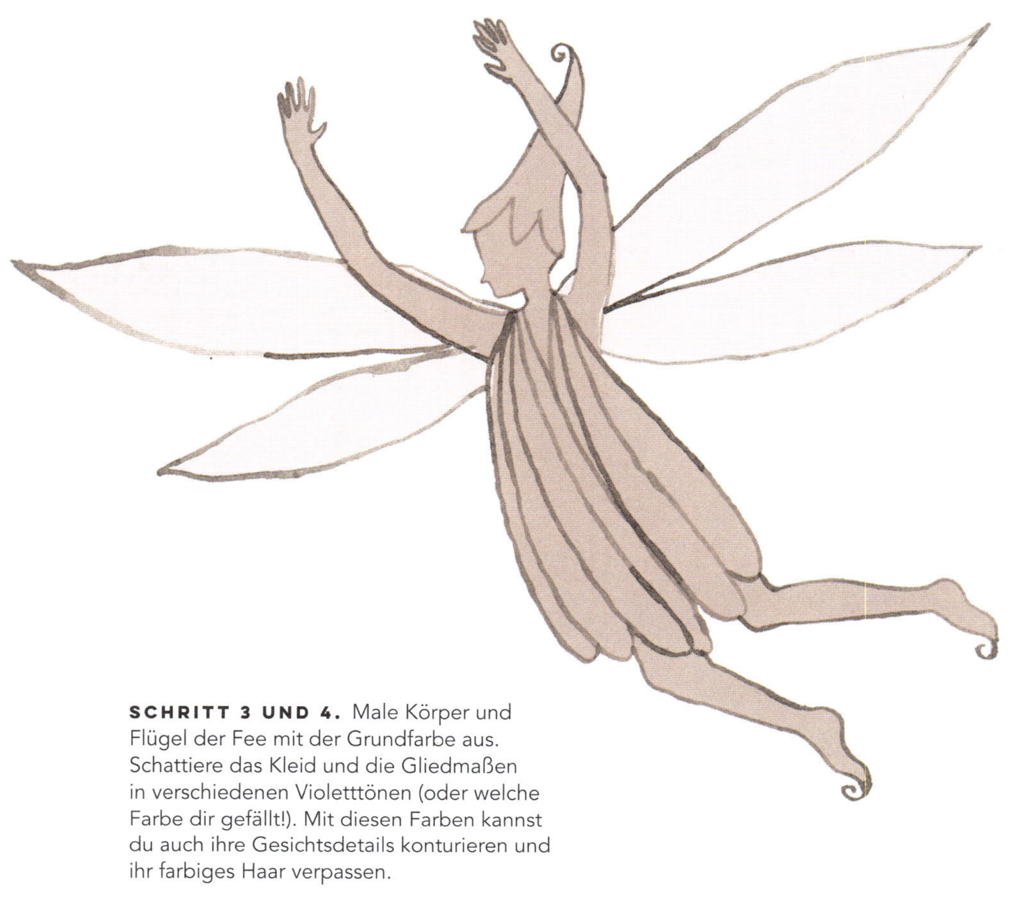

SCHRITT 3 UND 4. Male Körper und Flügel der Fee mit der Grundfarbe aus. Schattiere das Kleid und die Gliedmaßen in verschiedenen Violetttönen (oder welche Farbe dir gefällt!). Mit diesen Farben kannst du auch ihre Gesichtsdetails konturieren und ihr farbiges Haar verpassen.

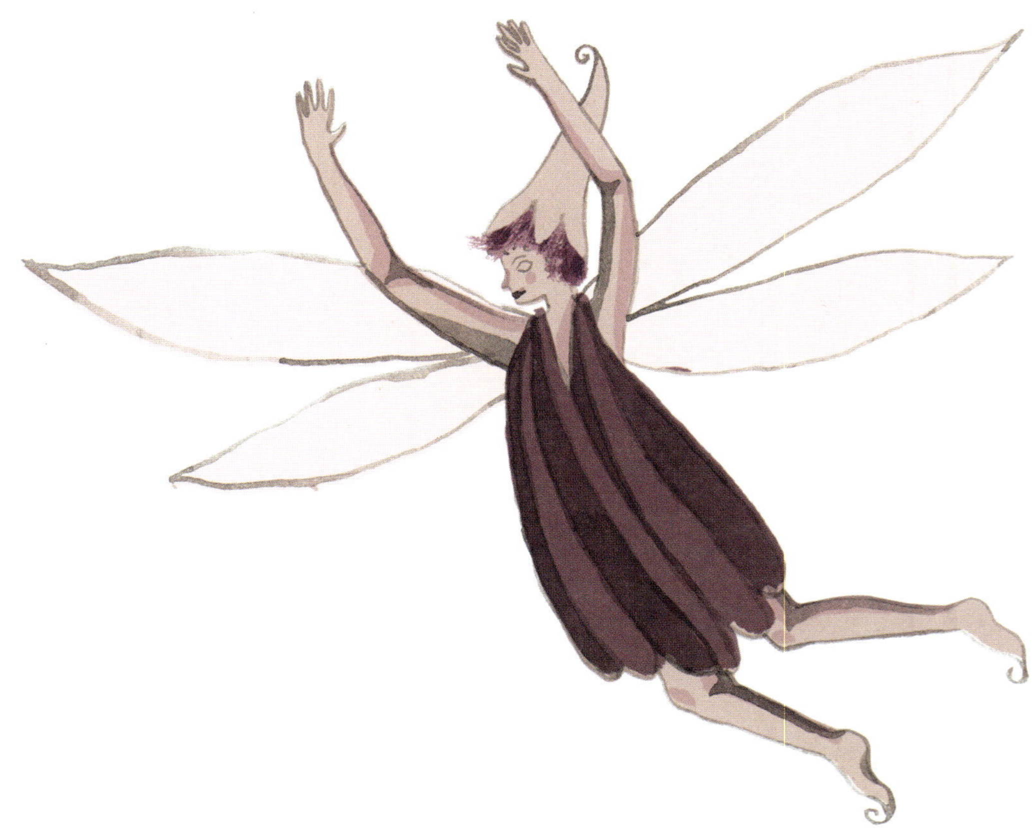

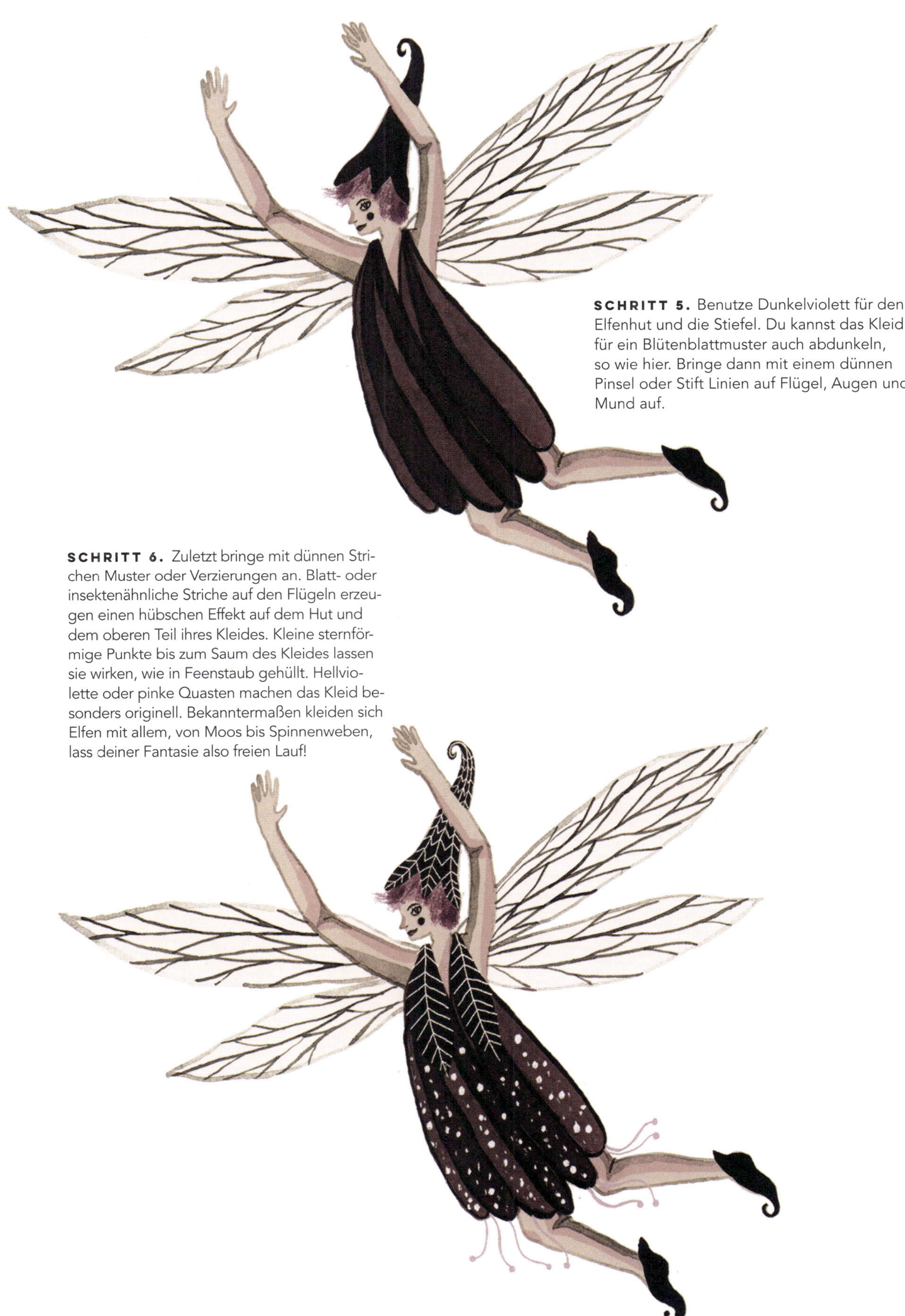

SCHRITT 5. Benutze Dunkelviolett für den Elfenhut und die Stiefel. Du kannst das Kleid für ein Blütenblattmuster auch abdunkeln, so wie hier. Bringe dann mit einem dünnen Pinsel oder Stift Linien auf Flügel, Augen und Mund auf.

SCHRITT 6. Zuletzt bringe mit dünnen Strichen Muster oder Verzierungen an. Blatt- oder insektenähnliche Striche auf den Flügeln erzeugen einen hübschen Effekt auf dem Hut und dem oberen Teil ihres Kleides. Kleine sternförmige Punkte bis zum Saum des Kleides lassen sie wirken, wie in Feenstaub gehüllt. Hellviolette oder pinke Quasten machen das Kleid besonders originell. Bekanntermaßen kleiden sich Elfen mit allem, von Moos bis Spinnenweben, lass deiner Fantasie also freien Lauf!

MEERJUNGFRAUEN

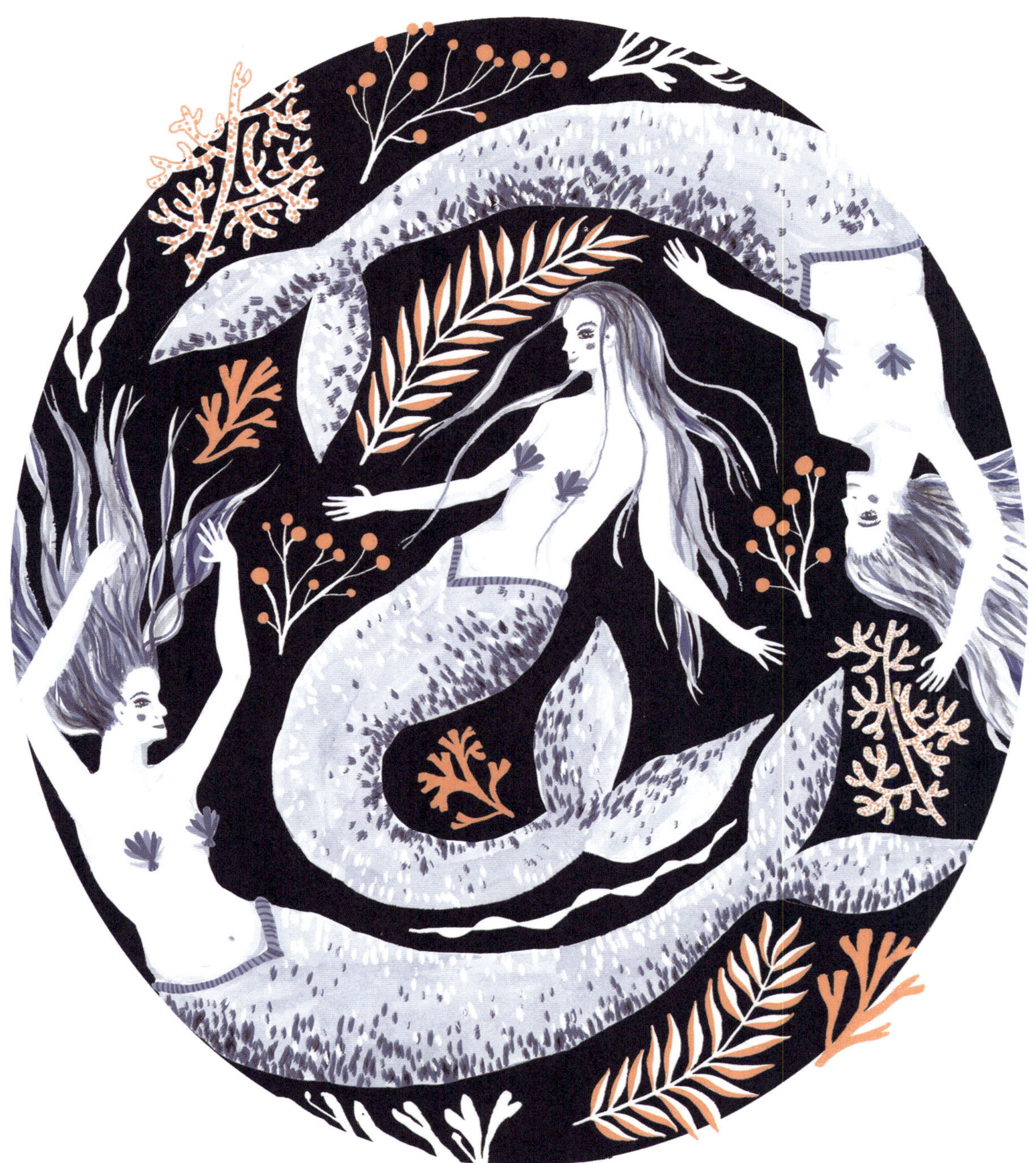

Meerjungfrauen sind die weibliche Version der Wassermenschen; die männliche sind Wassermänner. Meerjungfrauen sind mächtige Kreaturen, denen nachgesagt wird, dass sie den Menschen Unglück bringen, da sie sie ins Wasser locken. In einer kornischen Geschichte verliebte sich die Meerjungfrau von Zennor in einen Mann, der an der Küste lebte, und lockte ihn ins Meer. Er wurde nie wieder gesehen. Man sollte sie also als schön und geheimnisvoll darstellen.

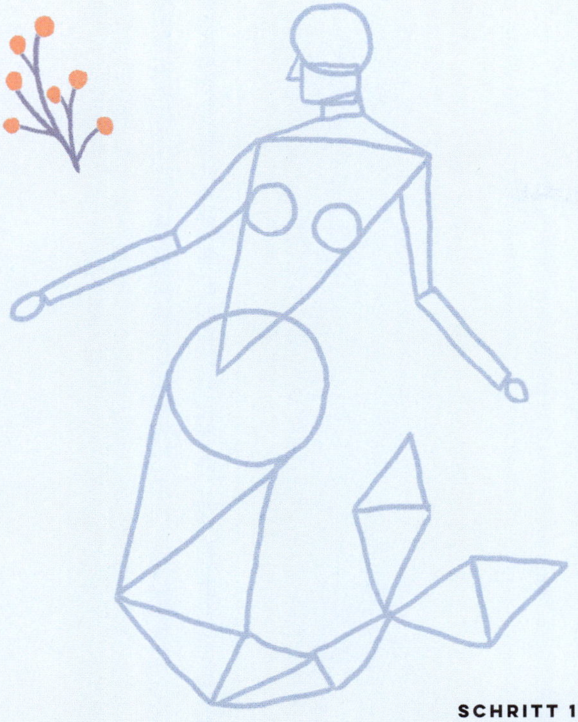

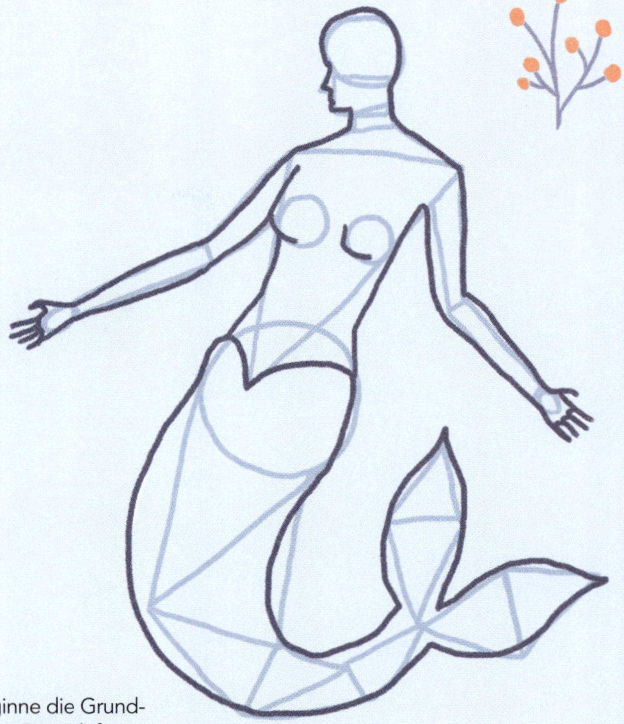

SCHRITT 1 UND 2. Beginne die Grundform mit einem umgedrehten Dreieck für den Torso und einem Kreis für das Becken. Zeichne an das obere Ende des Dreiecks einen menschlichen Kopf und Arme (siehe Schritt 1, S. 119) und eine Walschwanzflosse (siehe Schritt 1, S. 67) unter den Kreis für das Becken. Wir haben hier Dreiecke gezeichnet, um den Schwanz auszuarbeiten, aber du kannst auch große, Ovale verwenden, wie wir das vorn bei den Walen gemacht haben. Konturiere dann den ganzen Körper in der Grundfarbe.

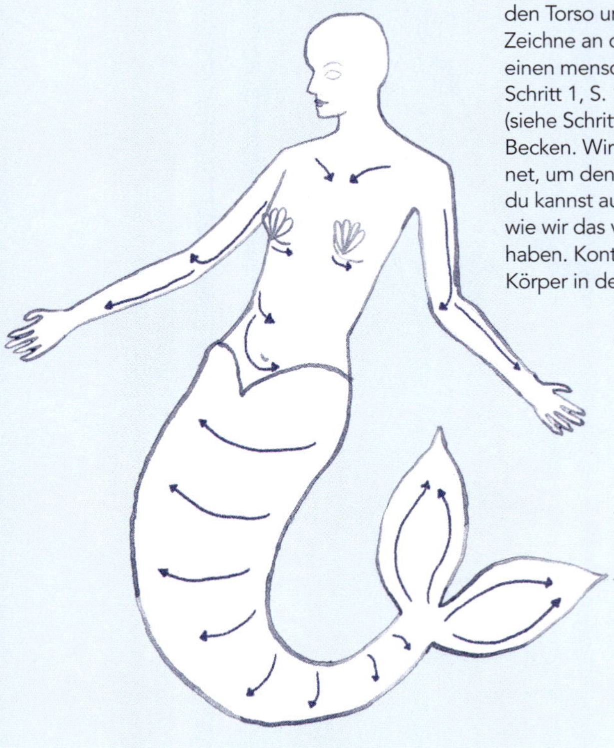

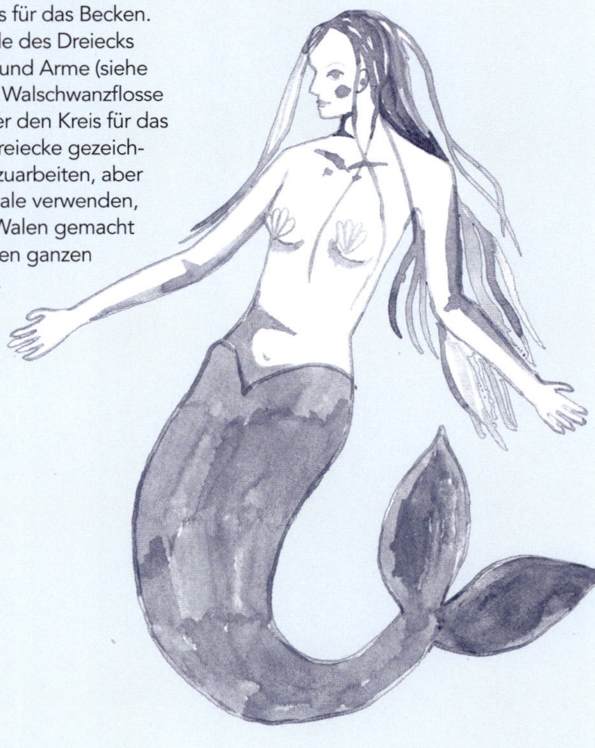

SCHRITT 3. Die Laufrichtung der Meerjungfrau unterscheidet sich von der unserer bisherigen Kreaturen. Beachte, dass die Richtungspfeile sich am Schwanz herumwickeln, um die Rundung darzustellen, während die Pfeile auf dem menschlichen Körper sich mit den Knochen und Muskeln bewegen, um zu zeigen, wo die Schattierungen hingehören.

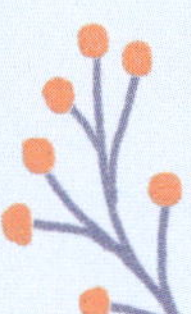

SCHRITT 4. Benutze für Schwanz und Haare der Meerjungfrau ein helles, geisterhaftes Blau, ebenso für die Schatten an den Kanten des Oberkörpers. Wenn du magst, füge noch Muscheln als Bikinioberteil hinzu.

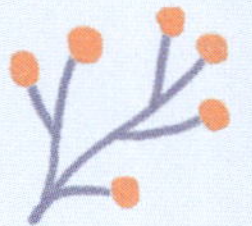

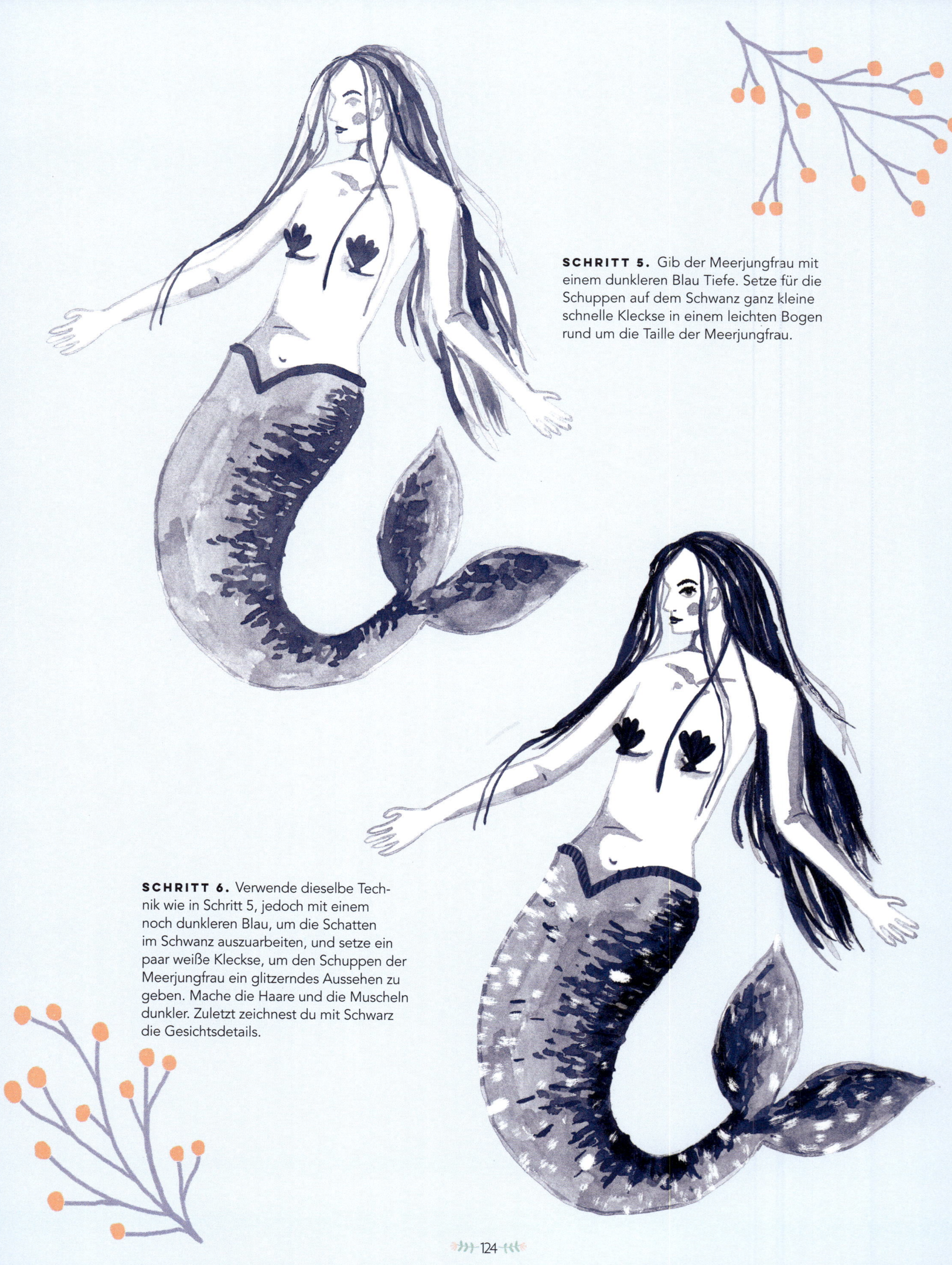

SCHRITT 5. Gib der Meerjungfrau mit einem dunkleren Blau Tiefe. Setze für die Schuppen auf dem Schwanz ganz kleine schnelle Kleckse in einem leichten Bogen rund um die Taille der Meerjungfrau.

SCHRITT 6. Verwende dieselbe Technik wie in Schritt 5, jedoch mit einem noch dunkleren Blau, um die Schatten im Schwanz auszuarbeiten, und setze ein paar weiße Kleckse, um den Schuppen der Meerjungfrau ein glitzerndes Aussehen zu geben. Mache die Haare und die Muscheln dunkler. Zuletzt zeichnest du mit Schwarz die Gesichtsdetails.

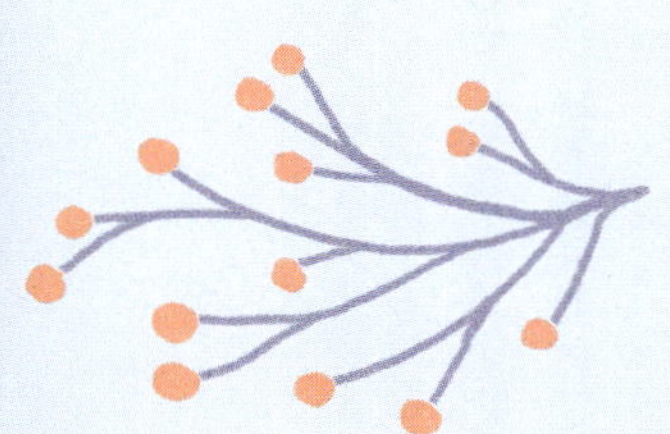

STRUKTUR DER SCHUPPEN

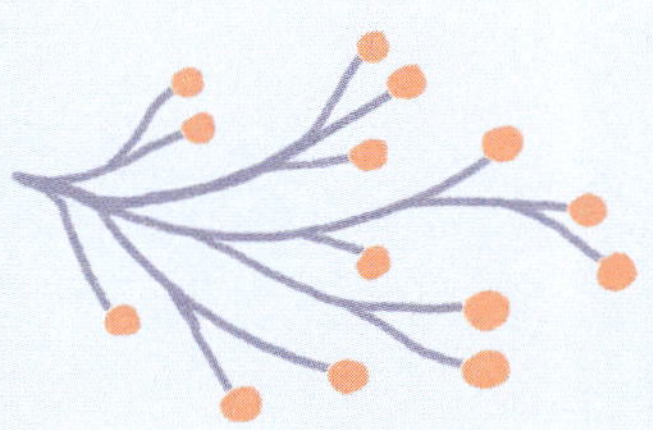

Es gibt viele Möglichkeiten, den Schwanz einer Meerjungfrau zu malen, probiere gern ein paar Ideen aus! Wir haben uns für eine einfache, texturierte Annäherung entschieden, aber vielleicht willst du den Schwanz mit Schuppen bedecken oder sogar mit einem hübschen Muster. In Sagen und Märchen gibt es viele Beschreibungen und Darstellungen davon, du kannst für dein Bild unter vielen Optionen wählen. Experimentiere mit ihnen in deiner Zeichnung! Warum versuchst du nicht, auch mal einen Wassermann oder sogar einen Wasserhund oder eine Wasserkatze zu zeichnen?

SCHWANZ, TYP 1:
Angedeutete Schuppen

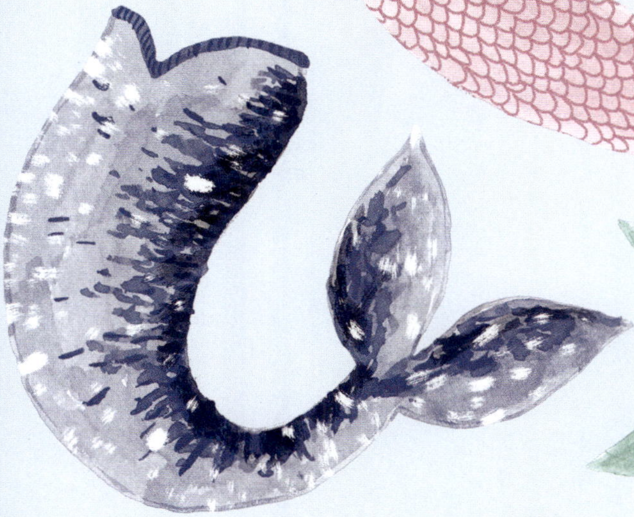

SCHWANZ, TYP 2:
Definierte Schuppen

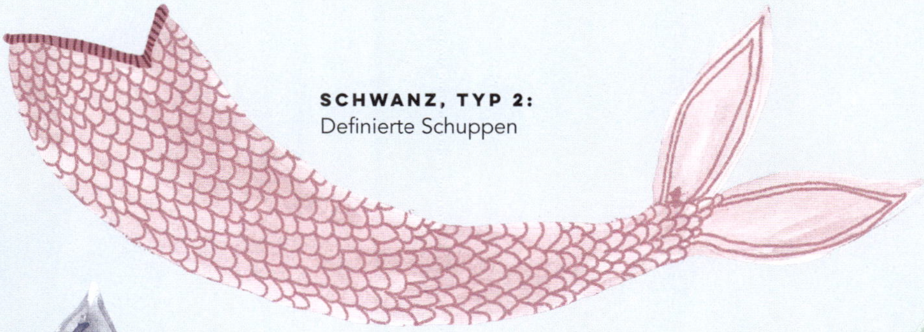

SCHWANZ, TYP 3:
Ohne Schuppen

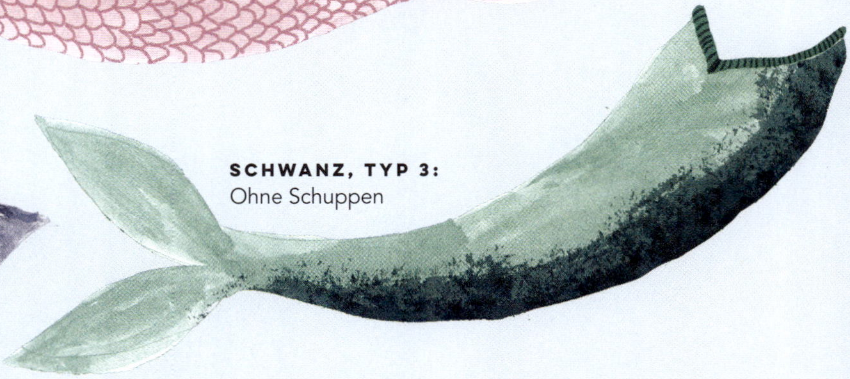

ZENTAUR

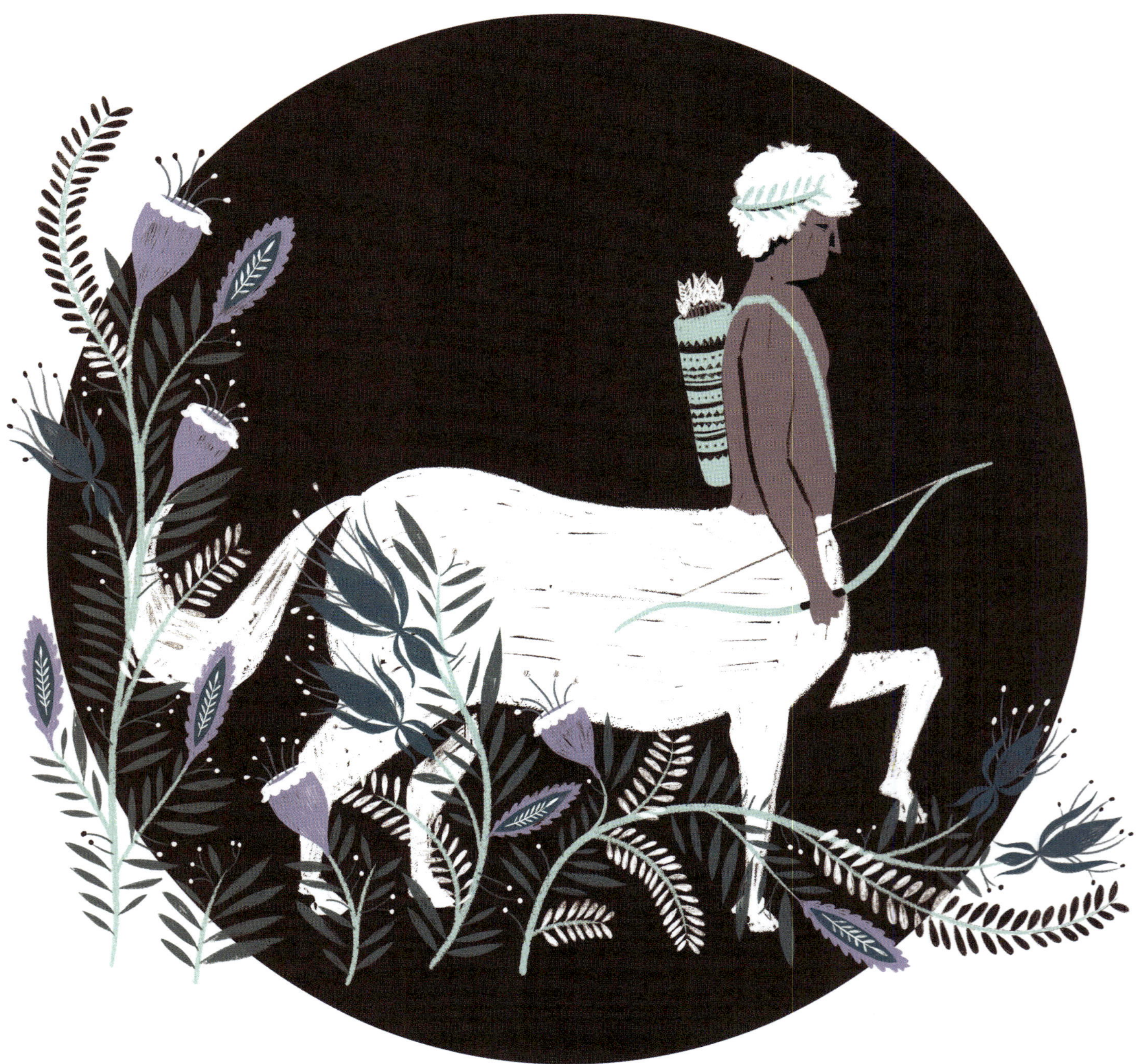

Zentauren stammen aus der griechischen Mythologie. Sie besitzen den Körper eines Pferdes und einen menschlichen Rumpf, der an der Stelle sitzt, an der sich normalerweise der Kopf eines Pferdes befindet. Sie haben den Ruf, eher wild und unwirsch zu sein, als zivilisiert und feinfühlig. In unserem Beispiel hier hat Harry einen prächtigen, eher zivilisierten Zentaur erschaffen!

SCHRITT 1. Am einfachsten lässt sich die Grundform eines Zentaurs zeichnen, wenn man sich am Tutorial zu Pferden orientiert (siehe S. 36–39), das die Grundlage für die Beine und Hufe eines Zentaurs erläutert. Der menschliche Teil des Torsos muss nicht zu detailliert sein – wichtig ist der Pferdeteil! Einfache Ovale und Kreise sollten ausreichen.

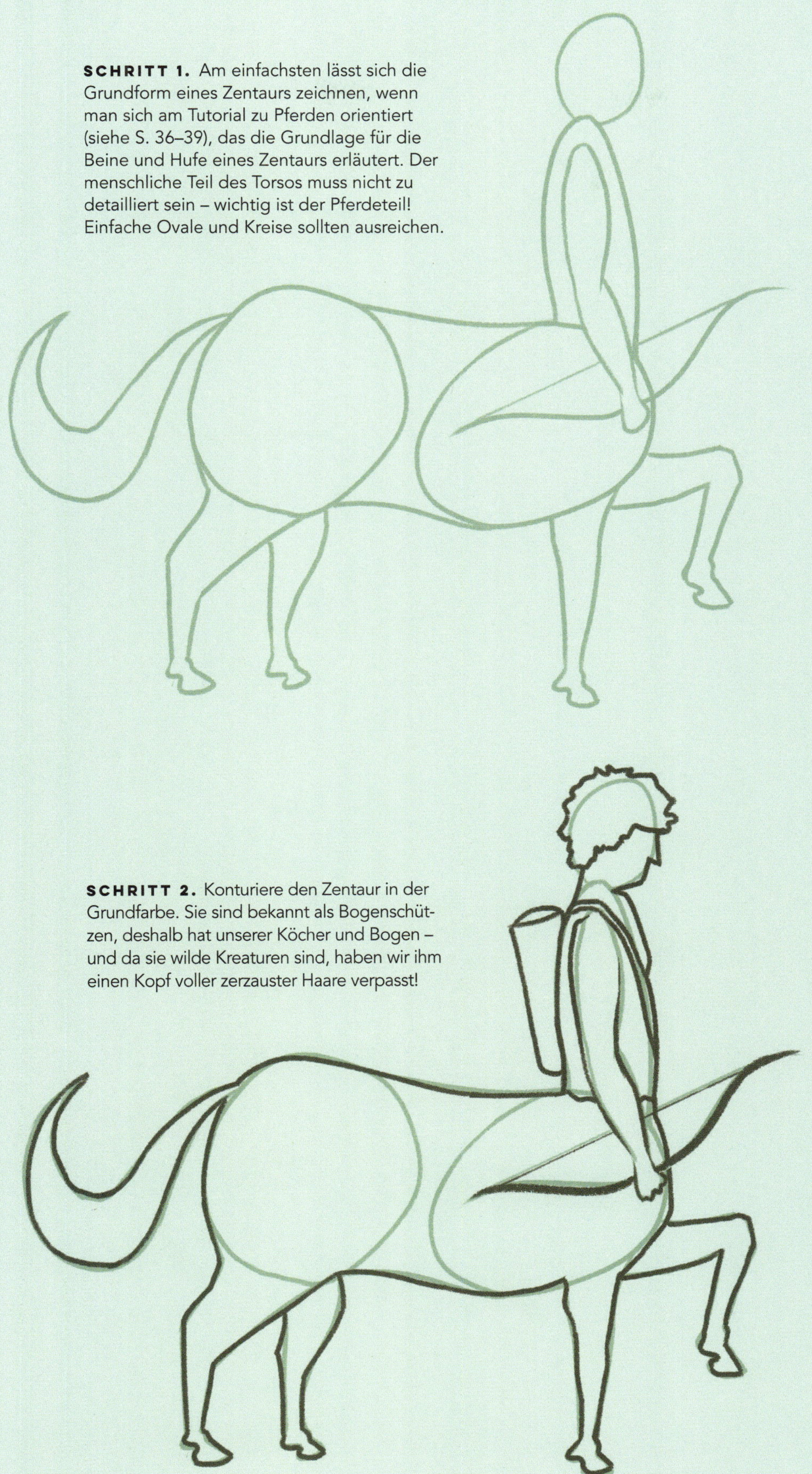

SCHRITT 2. Konturiere den Zentaur in der Grundfarbe. Sie sind bekannt als Bogenschützen, deshalb hat unserer Köcher und Bogen – und da sie wilde Kreaturen sind, haben wir ihm einen Kopf voller zerzauster Haare verpasst!

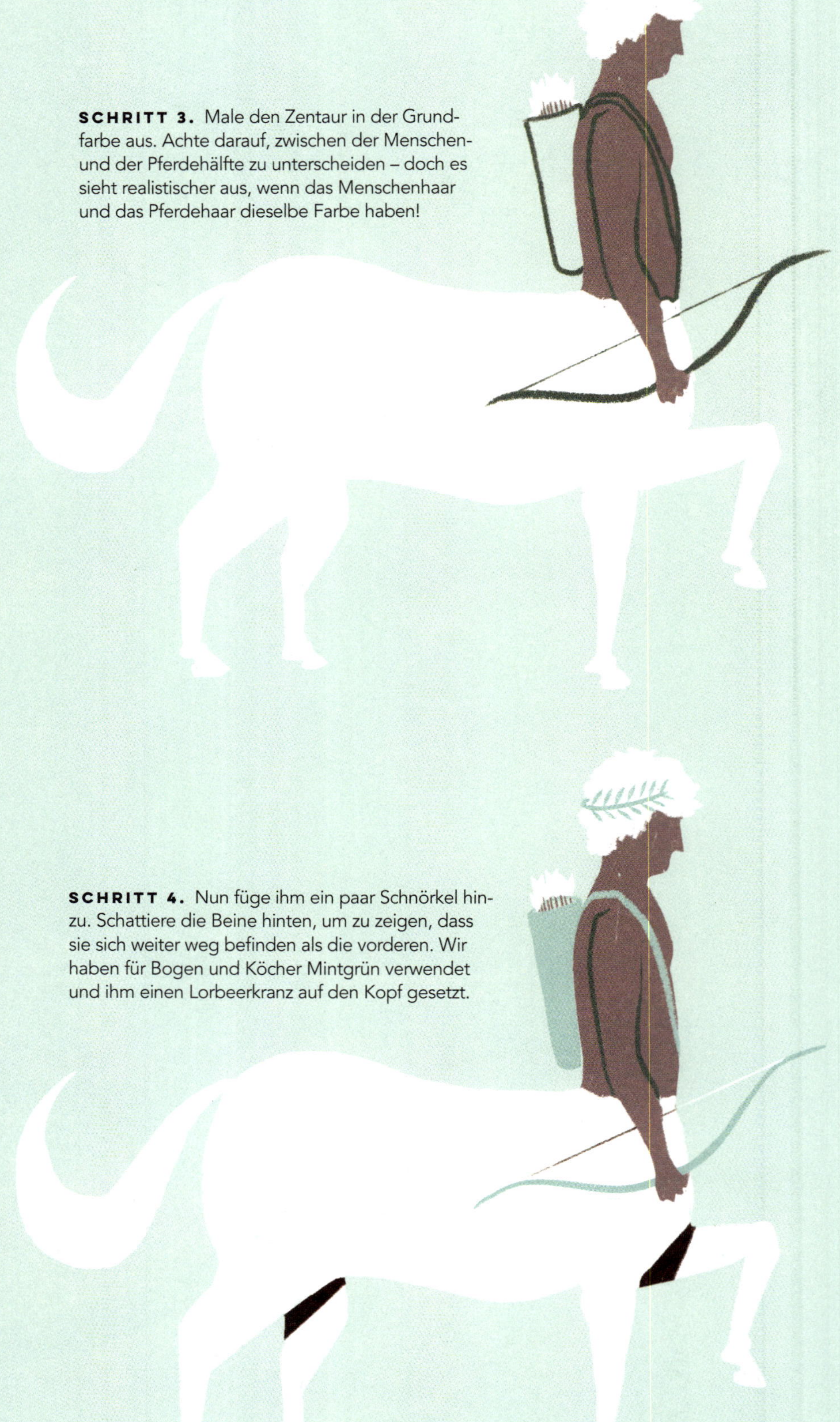

SCHRITT 3. Male den Zentaur in der Grundfarbe aus. Achte darauf, zwischen der Menschen- und der Pferdehälfte zu unterscheiden – doch es sieht realistischer aus, wenn das Menschenhaar und das Pferdehaar dieselbe Farbe haben!

SCHRITT 4. Nun füge ihm ein paar Schnörkel hinzu. Schattiere die Beine hinten, um zu zeigen, dass sie sich weiter weg befinden als die vorderen. Wir haben für Bogen und Köcher Mintgrün verwendet und ihm einen Lorbeerkranz auf den Kopf gesetzt.

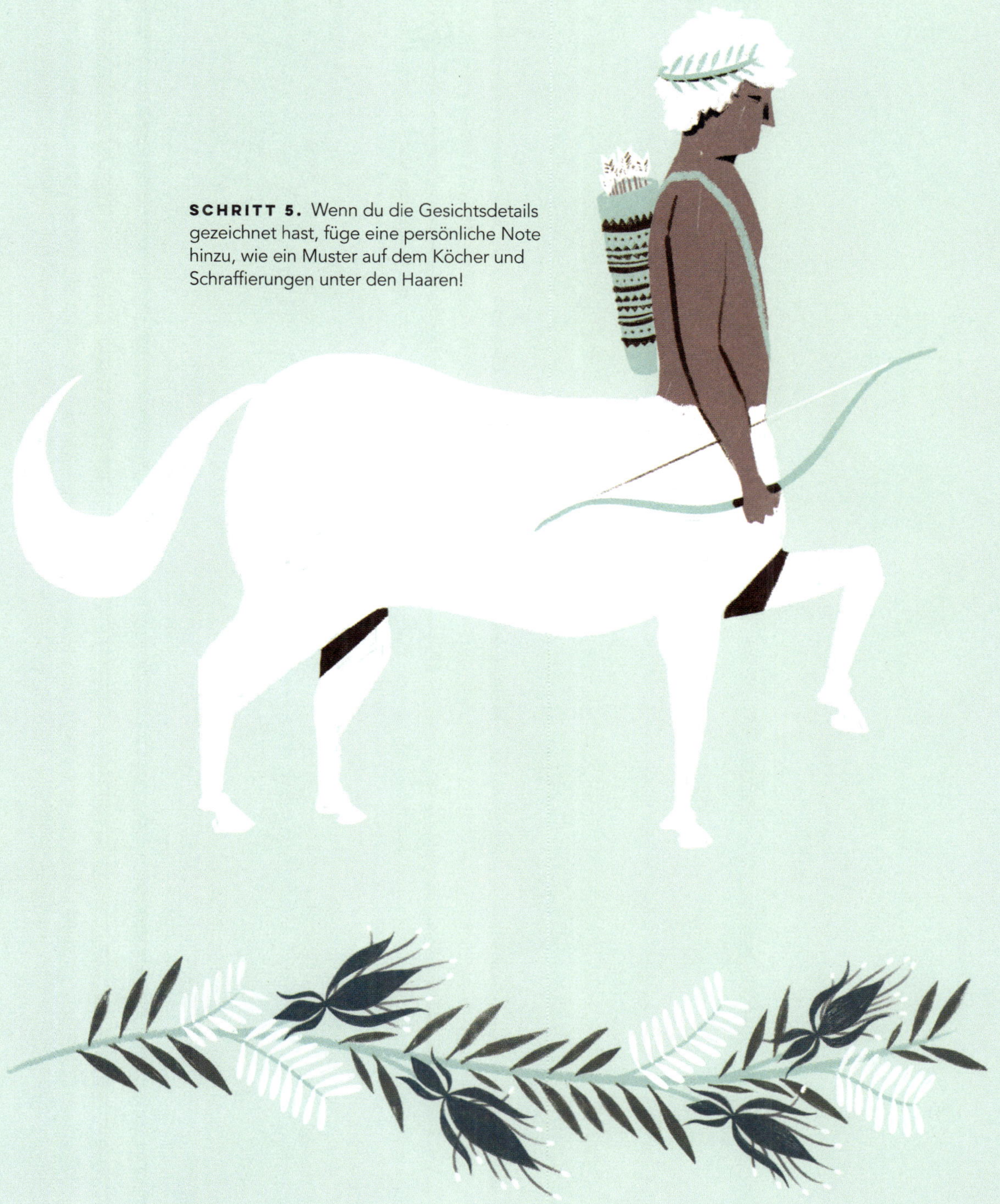

SCHRITT 5. Wenn du die Gesichtsdetails gezeichnet hast, füge eine persönliche Note hinzu, wie ein Muster auf dem Köcher und Schraffierungen unter den Haaren!

Beim Zeichnen eines Zentaurs sollte man auf die richtigen Proportionen achten. Pferde scheinen immer größer zu sein als erwartet, deshalb solltest du dir, bevor du loslegst, immer Bilder von Menschen auf Pferden ansehen. Du solltest auch daran denken, dass der Zentaur vornüberkippt, wenn seine menschliche Hälfte sehr viel größer ist als seine Pferdehälfte!

PEGASUS

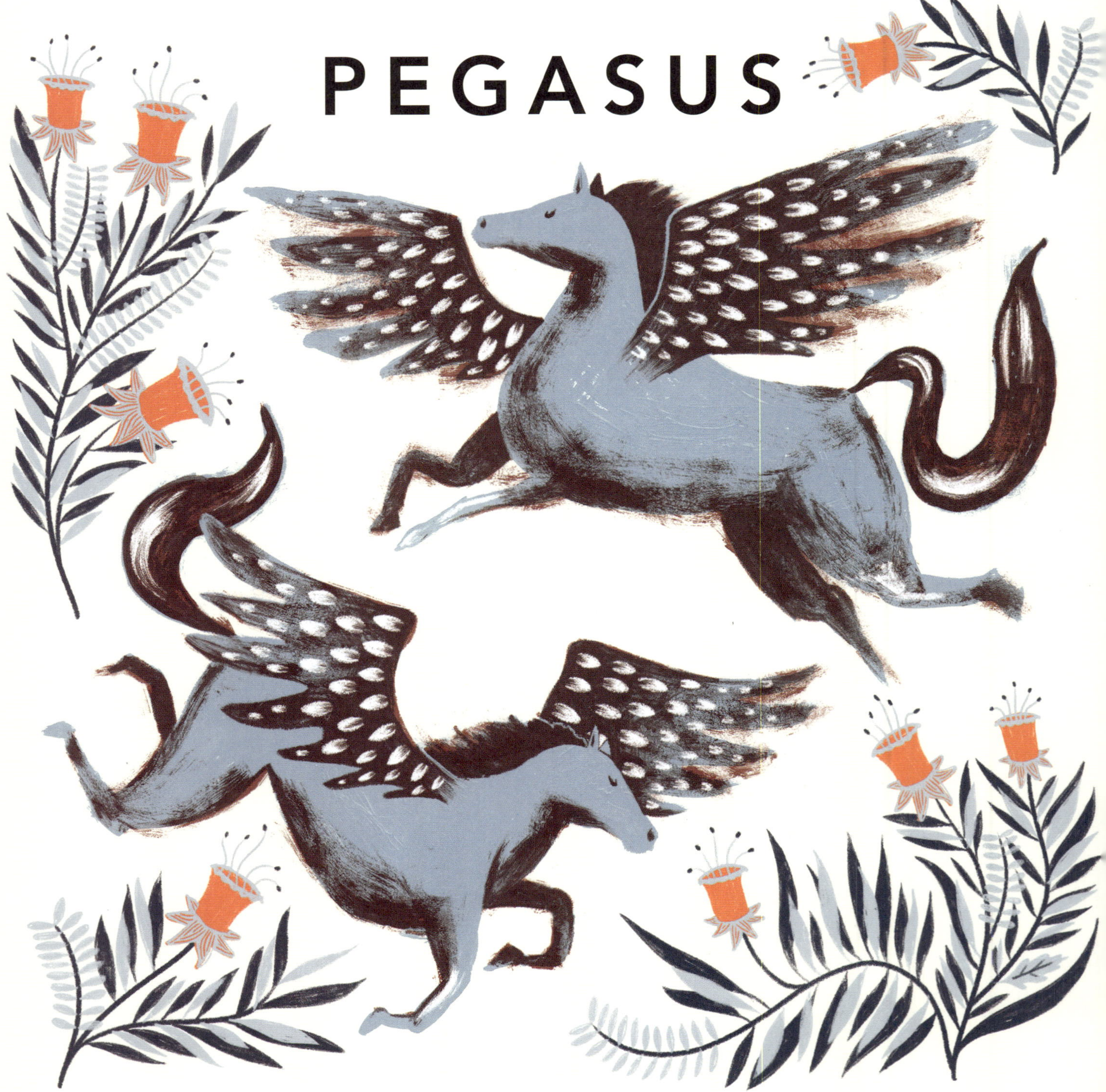

Pegasus ist ein großes geflügeltes Pferd aus der griechischen Mythologie, das später ein Sternbild wurde. Der Held Perseus, der sagenhafte Gründer von Mykene, ritt auf Pegasus in seinem berühmten Kampf mit der Chimäre (eine für uns zum Zeichnen viel zu furchterregende Kreatur!). Später wurde Pegasus der Diener von Zeus, dem Göttervater.

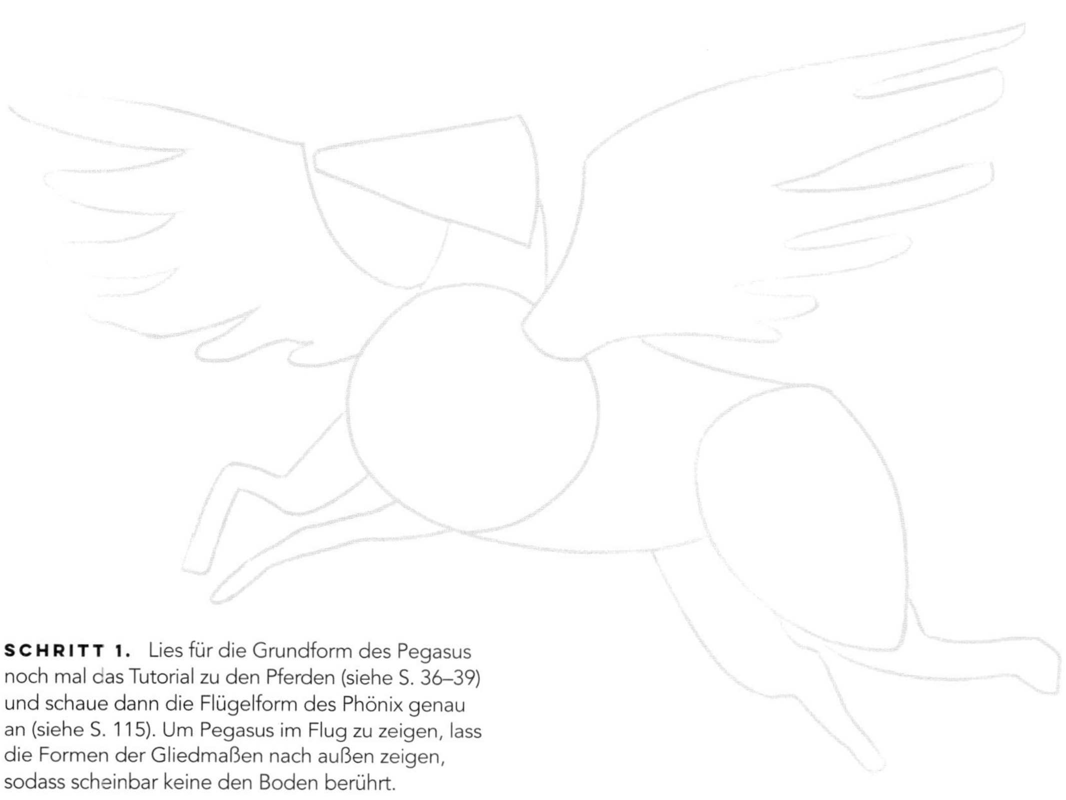

SCHRITT 1. Lies für die Grundform des Pegasus noch mal das Tutorial zu den Pferden (siehe S. 36–39) und schaue dann die Flügelform des Phönix genau an (siehe S. 115). Um Pegasus im Flug zu zeigen, lass die Formen der Gliedmaßen nach außen zeigen, sodass scheinbar keine den Boden berührt.

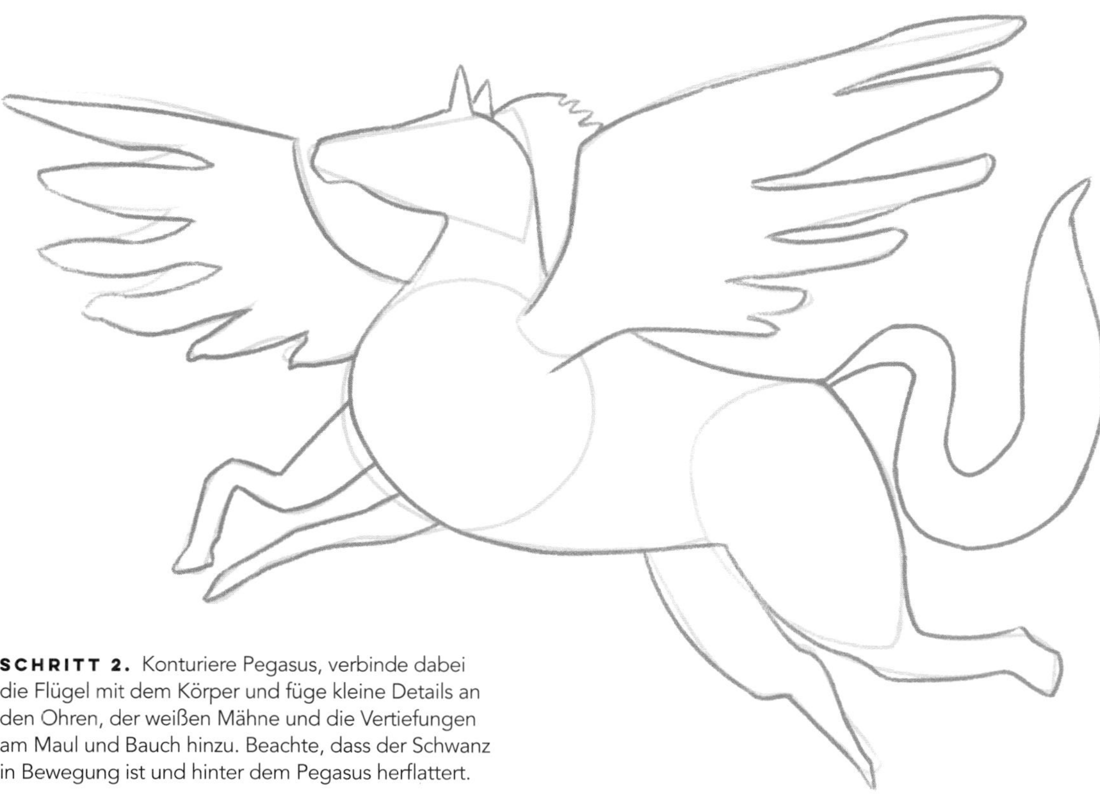

SCHRITT 2. Konturiere Pegasus, verbinde dabei die Flügel mit dem Körper und füge kleine Details an den Ohren, der weißen Mähne und die Vertiefungen am Maul und Bauch hinzu. Beachte, dass der Schwanz in Bewegung ist und hinter dem Pegasus herflattert.

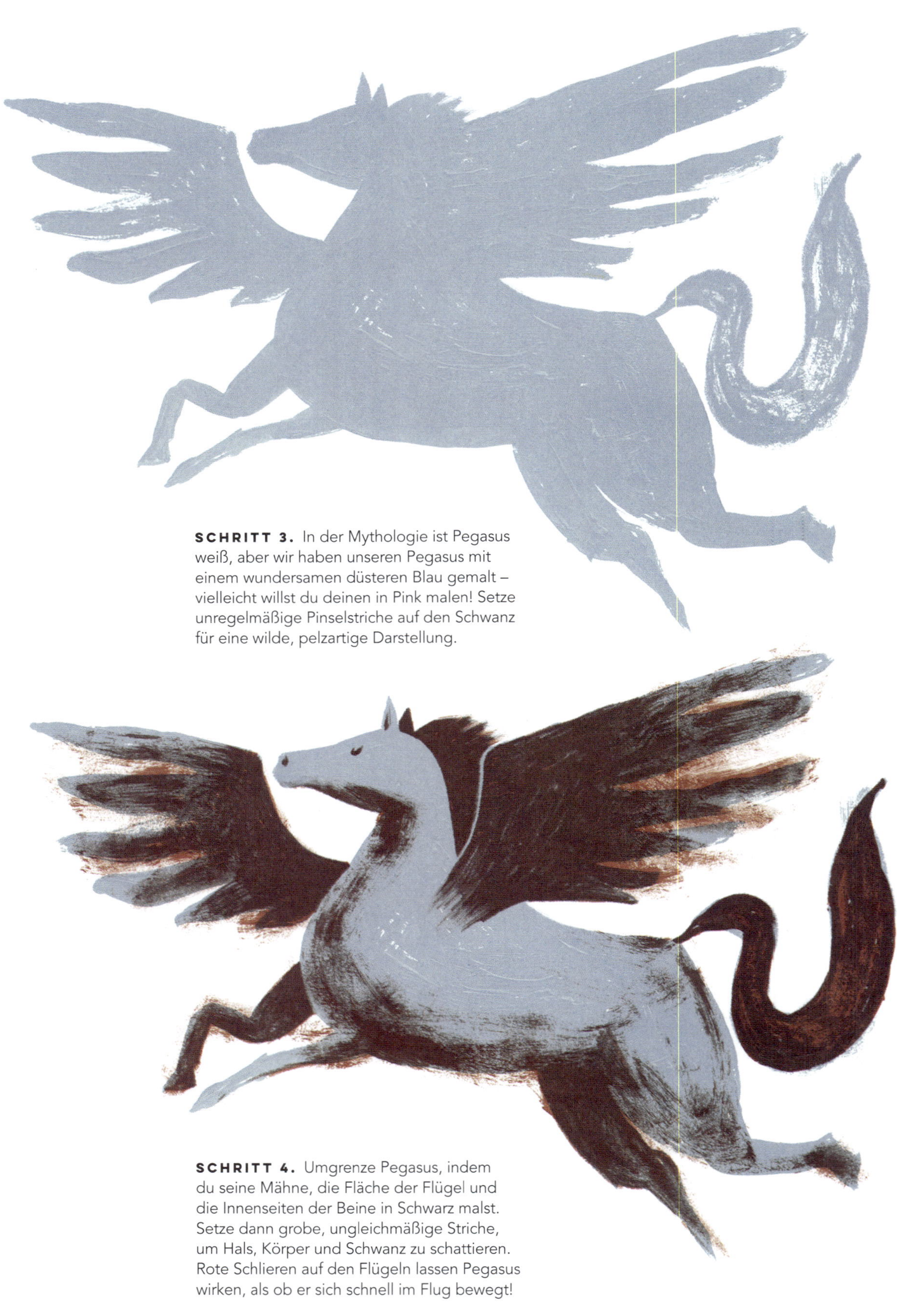

SCHRITT 3. In der Mythologie ist Pegasus weiß, aber wir haben unseren Pegasus mit einem wundersamen düsteren Blau gemalt – vielleicht willst du deinen in Pink malen! Setze unregelmäßige Pinselstriche auf den Schwanz für eine wilde, pelzartige Darstellung.

SCHRITT 4. Umgrenze Pegasus, indem du seine Mähne, die Fläche der Flügel und die Innenseiten der Beine in Schwarz malst. Setze dann grobe, ungleichmäßige Striche, um Hals, Körper und Schwanz zu schattieren. Rote Schlieren auf den Flügeln lassen Pegasus wirken, als ob er sich schnell im Flug bewegt!

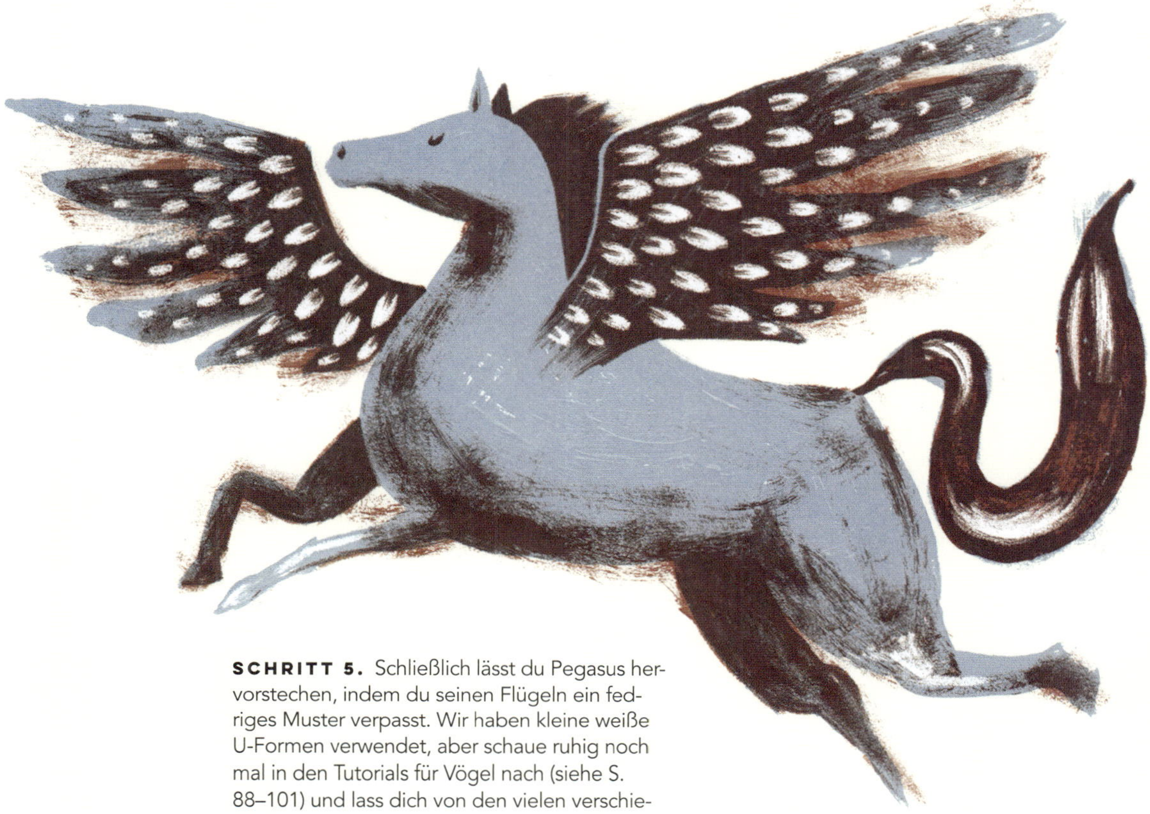

SCHRITT 5. Schließlich lässt du Pegasus hervorstechen, indem du seinen Flügeln ein fedriges Muster verpasst. Wir haben kleine weiße U-Formen verwendet, aber schaue ruhig noch mal in den Tutorials für Vögel nach (siehe S. 88–101) und lass dich von den vielen verschiedenen Mustern und Formen dort inspirieren!

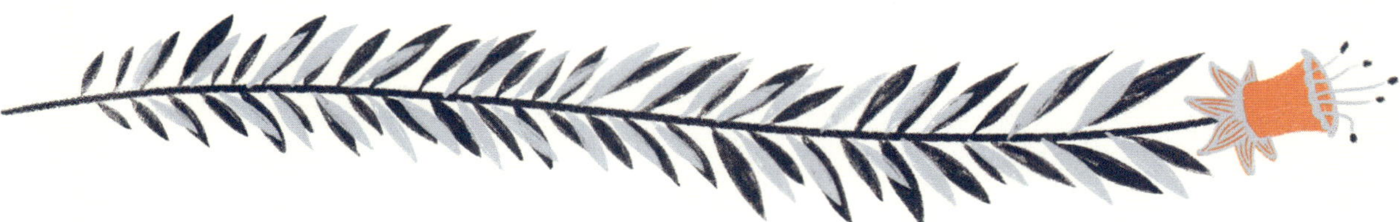

Wenn du einen Pegasus zeichnest, ist es am wichtigsten, dass seine Flügel groß genug sind, um sein Gewicht zu halten. Deshalb sollten sie mindestens so lang sein wie der Pferdekörper. Male sie so schön und magisch, wie es dir gefällt. Pegasus wird oft in Weiß dargestellt, aber wie du siehst, haben wir uns für ein farbenprächtiges gemustertes Gefieder entschieden.

EINHÖRNER

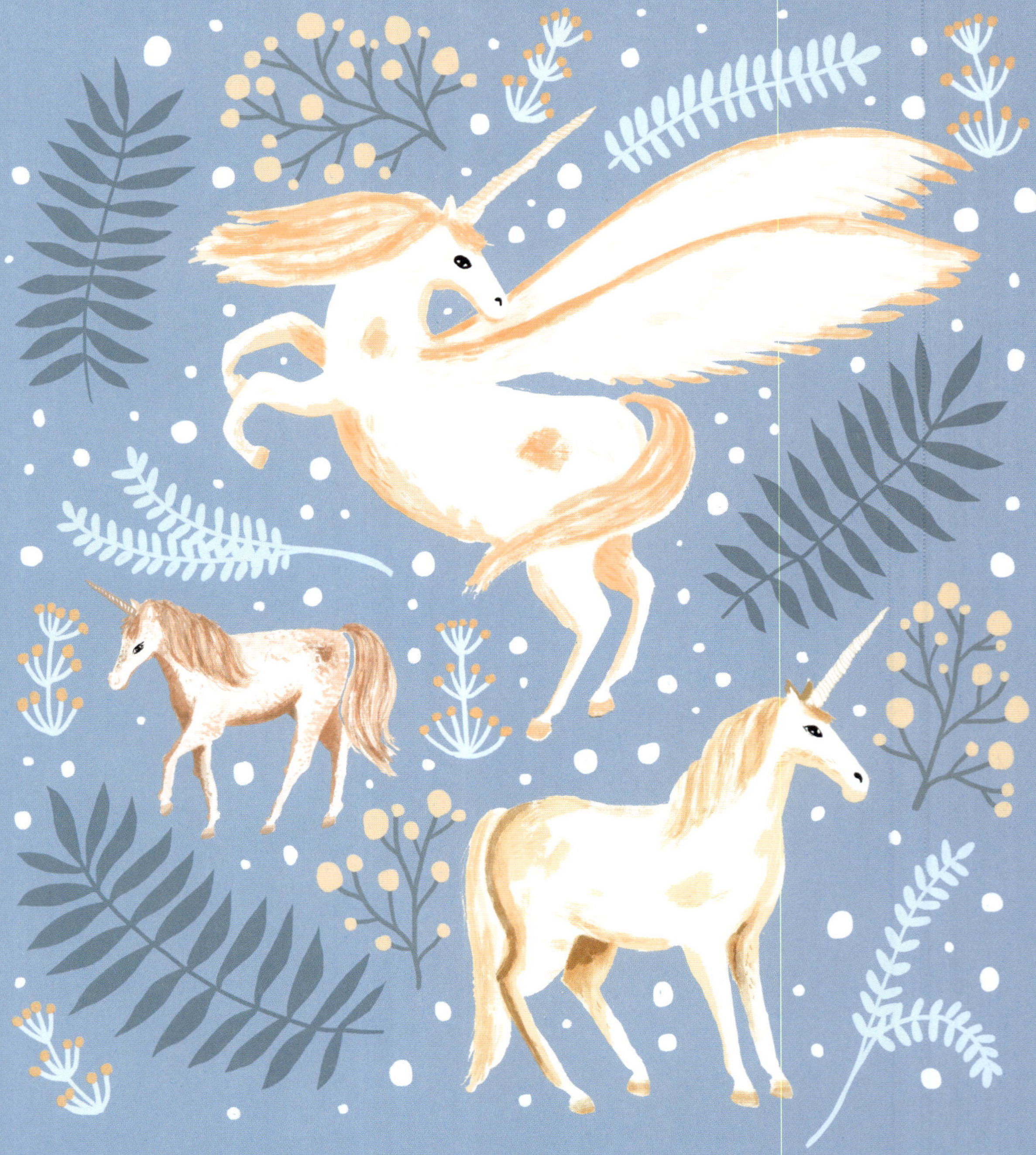

Das Einhorn ist ein mythisches Pferd mit einem einzelnen Horn. Man findet es in verschiedenen Mythologien, unter anderem der griechischen, indischen und chinesischen. Man sagt, dass Einhörner sehr schnell und schwer zu fangen sind, und ihr Horn soll Heilkräfte besitzen. Im Mittelalter wurden die Hörner von Nashörnern und Nawalen an Reiche verkauft.

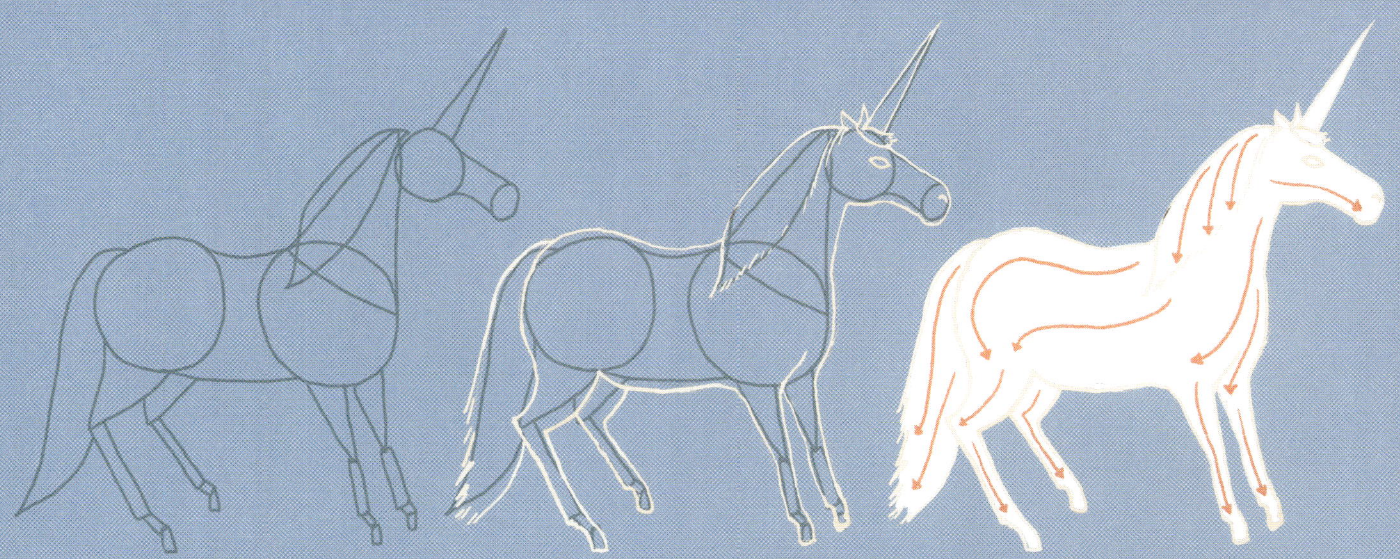

SCHRITT 1. Schlage für die Grundform des Einhorns unser Pferde-Tutorial nach (siehe S. 37). Da Einhörner besonders opulent und majestätisch sind, füge eine wallende Mähne und einen fließenden Schwanz hinzu.

SCHRITT 2 UND 3. Konturiere das Einhorn. Beachte dabei die Erhebungen und die Vertiefungen rund um das Maul, die Schenkel, die Mähne, den Schwanz und natürlich das Horn. Benutze für deine Pinselstriche die Richtungspfeile.

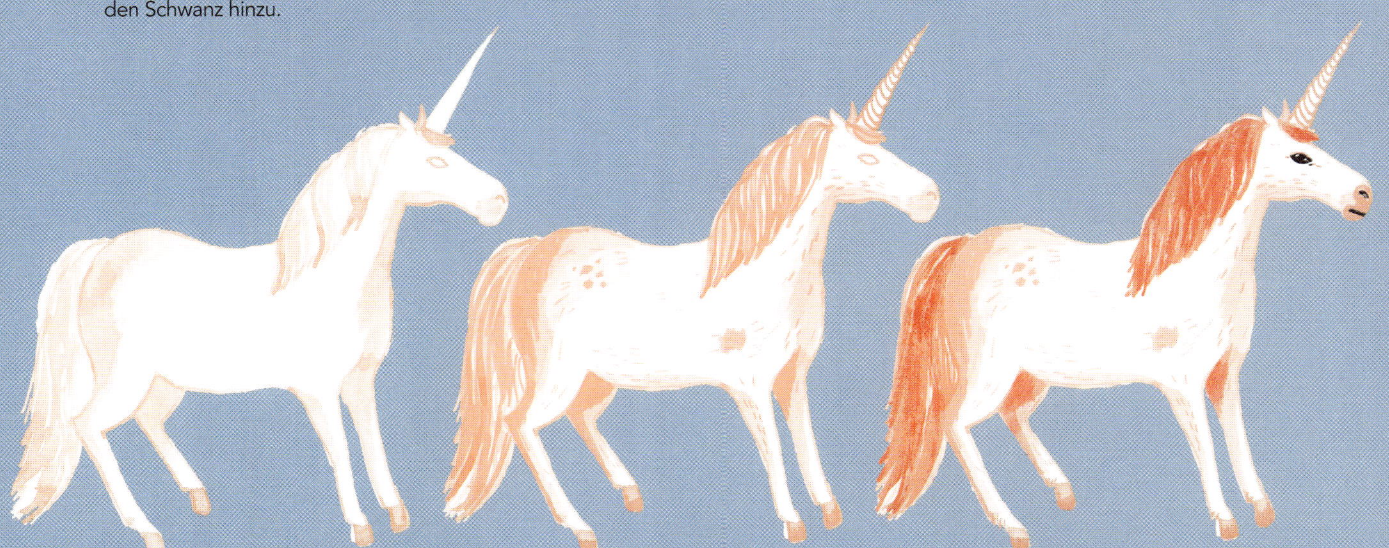

SCHRITT 4. Male das Einhorn in Rosa oder Cremefarben aus.

SCHRITT 5 UND 6. Als Nächstes verwendest du zum Begrenzen und für mehr Tiefe rund um Hals, Bauch, Beine und Schwanz immer dunklere Schattierungen von Pink. Zuletzt fügst du rund um Brust und Schenkel einige Flecken hinzu und diagonale Linien, die sich das Horn hinaufwinden. Du kannst deinem Einhorn auch etwas Magisches verleihen, indem du Flitter auf das Horn gibst oder auf seinen wunderschönen Schwanz und die Mähne.

Die erste Beschreibung eines Einhorns von einem griechischen Historiker ähnelte eher der eines Panzernashorns. Lass dich nicht von einer typischen Pferdeform abhalten, dein Einhorn mit magischen Bestandteilen auszustatten. Möglicherweise hat es wallendes goldenes Haar, gemusterte Hufe oder ein Horn, aus dem es Regenbögen und Gummibärchen verschießt – ganz wie du willst!

GREIF

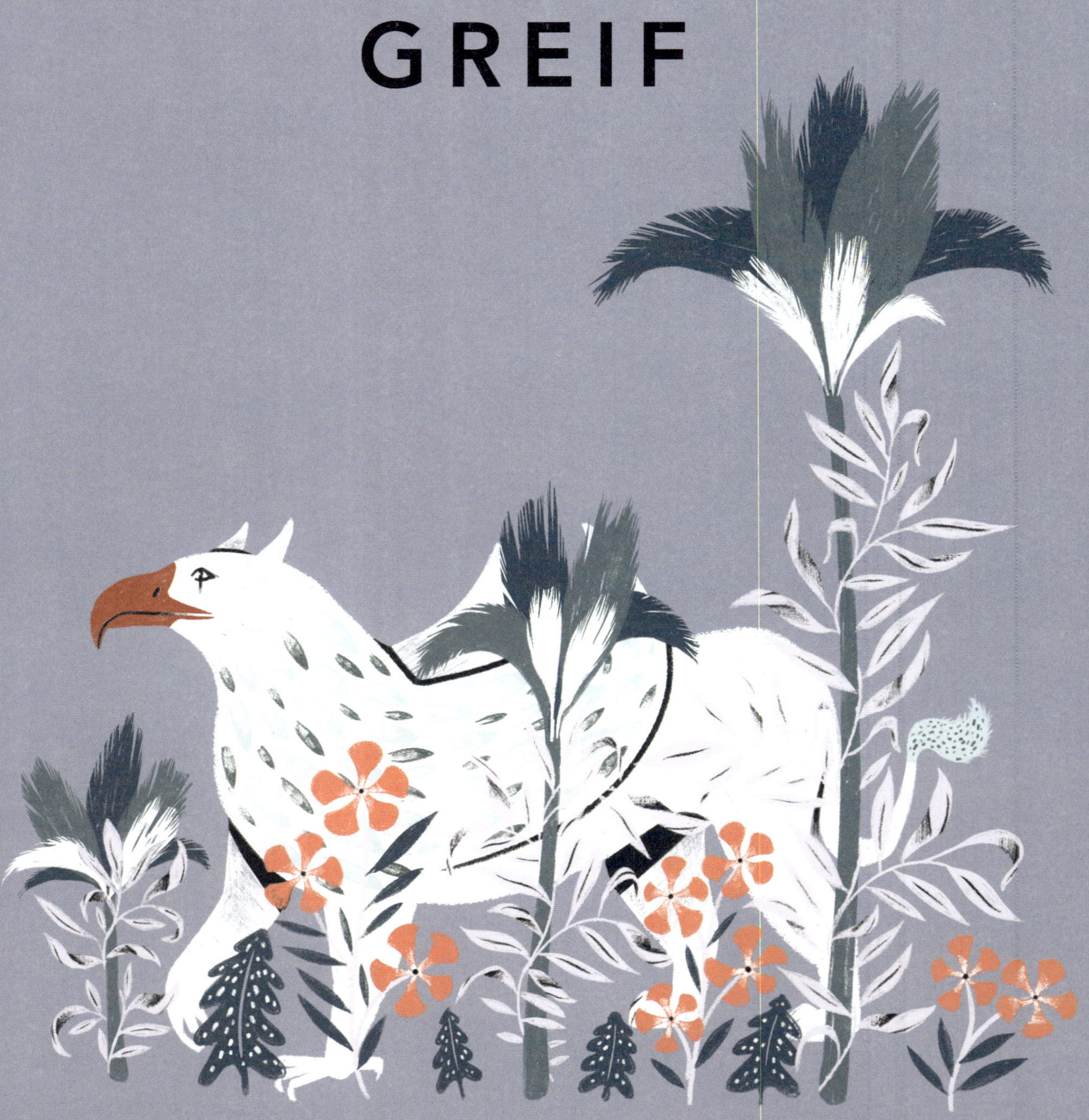

Der Greif ist eine Kombination aus Löwe und Adler. Man findet ihn in Mythologien aus der ganzen Welt. Er war sehr bedeutend in alten Sagen des Mittleren Ostens und der Mittelmeerländer. Darstellungen des Greifs findet man häufig in alten Gräbern und Heiligtümern. Er hat den Ruf, ein weises und schutzgebendes Tier zu sein, und wir haben ihn gelassen statt kämpferisch dargestellt.

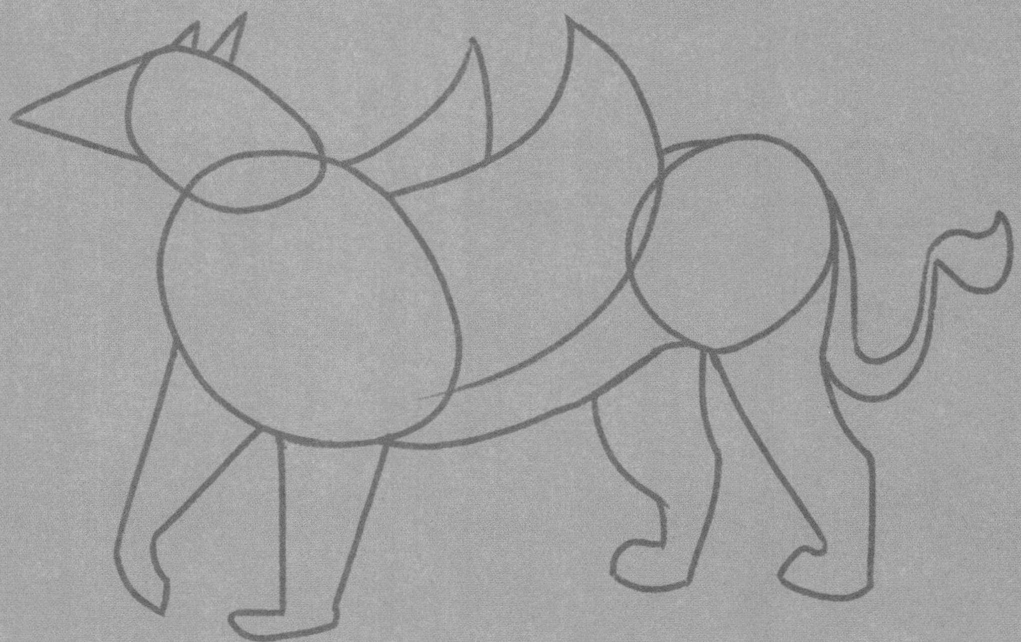

SCHRITT 1. Schlage für die Grundform des Greifs noch einmal das Tutorial für Großkatzen nach (siehe S. 20–27). Der Schnabel ist ein Dreieck am Ende eines Ovals, und für die am Rücken angelegten Flügel zeichnest du zwei große Schalenformen.

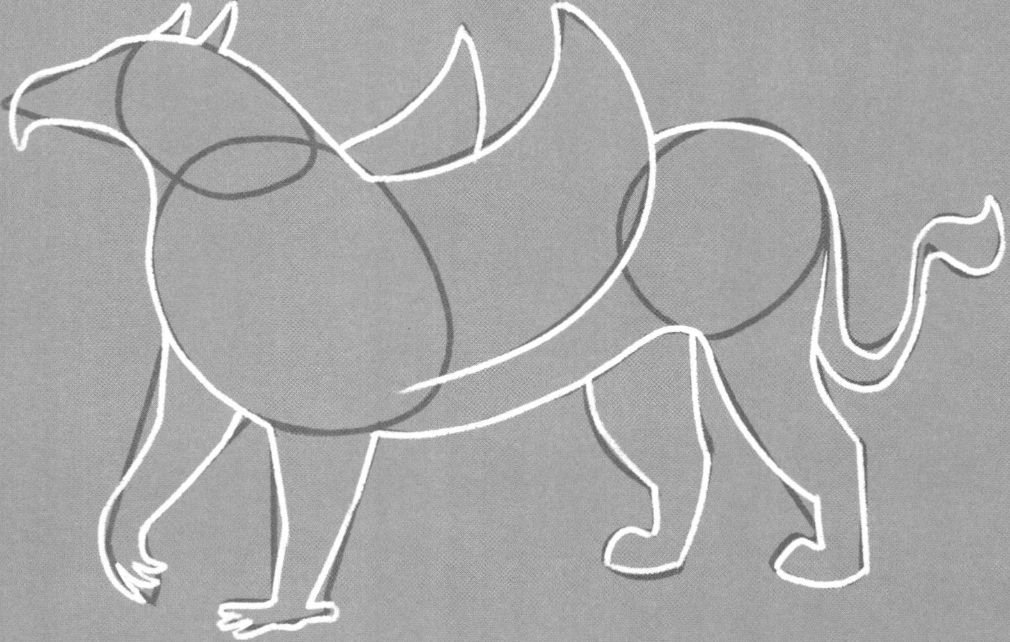

SCHRITT 2. Umrande den Greif und ergänze dabei Details, wie Klauen, den Haken in seinem Schnabel usw. Radiere die Formen aus oder übermale sie.

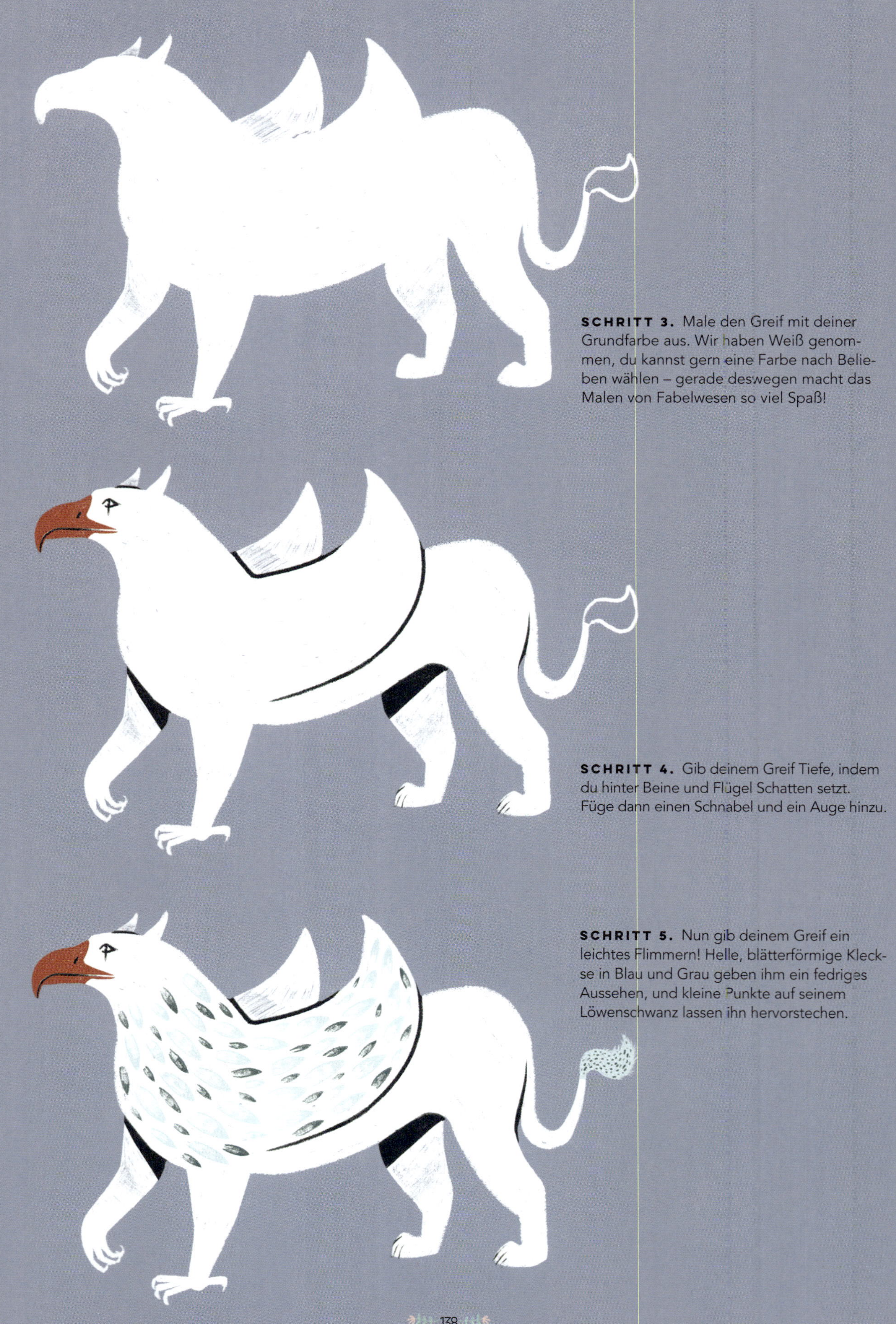

SCHRITT 3. Male den Greif mit deiner Grundfarbe aus. Wir haben Weiß genommen, du kannst gern eine Farbe nach Belieben wählen – gerade deswegen macht das Malen von Fabelwesen so viel Spaß!

SCHRITT 4. Gib deinem Greif Tiefe, indem du hinter Beine und Flügel Schatten setzt. Füge dann einen Schnabel und ein Auge hinzu.

SCHRITT 5. Nun gib deinem Greif ein leichtes Flimmern! Helle, blätterförmige Kleckse in Blau und Grau geben ihm ein fedriges Aussehen, und kleine Punkte auf seinem Löwenschwanz lassen ihn hervorstechen.

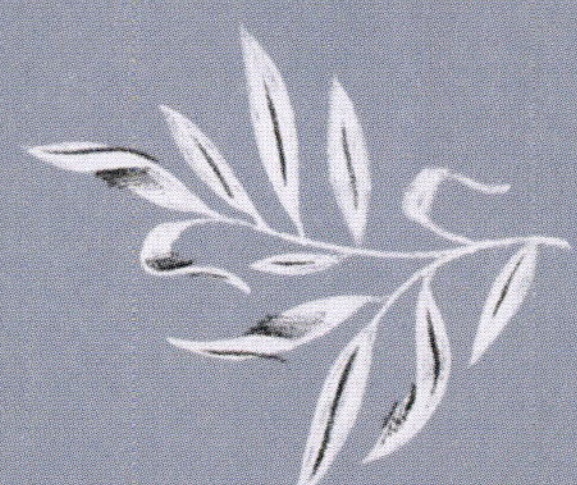

FEDERSTRUKTUR FABELWESEN

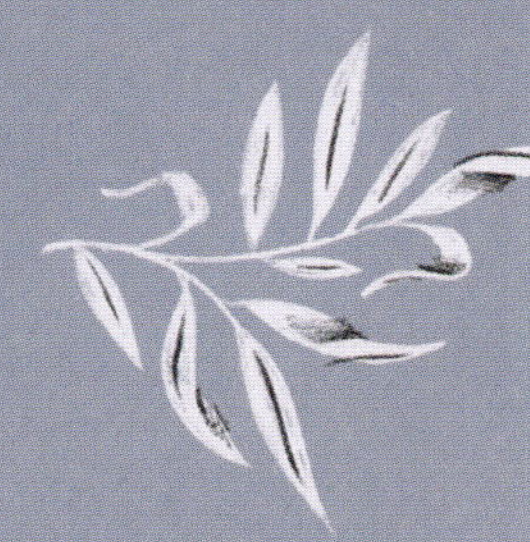

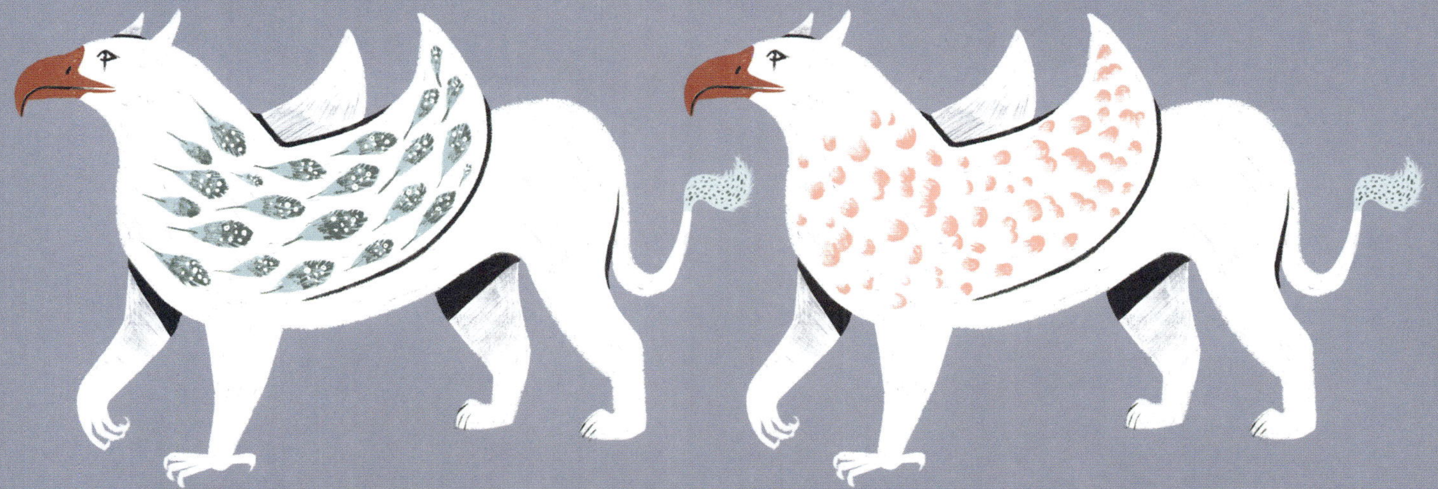

MYTHISCHE MUSTER: Ist dein Greif noch prächtiger als ein Pfau (oben links) oder flaumig wie ein Schwan (oben rechts)? Mit schnellen Klecksen oder Strichen mit einem kleinen Pinsel oder Stift bekommt er ein farbenfrohes Gefieder.

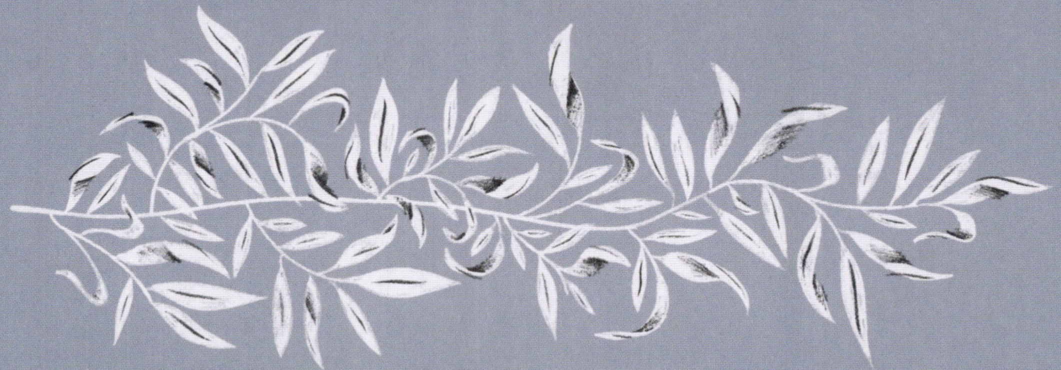

Es ist nicht einfach, Federn zu zeichnen, aber es wird leichter, wenn es sich um die Federn eines Fantasietiers handelt. In diesem Tutorial haben wir dir einige Beispiele gezeigt, aber traue dich und erfinde eine eigene Technik! Die einen glauben, Greife haben einen Löwenkörper und einen Adlerkopf, andere wiederum denken, sie haben nur die Vorderbeine eines Adlers und Flügel. Nur du entscheidest, wie dein Greif aussehen soll! Weiter vorn im Buch haben wir ja schon gelernt, wie man die verschiedenen Tierteile eines Greifs – Vögel und Großkatzen – zeichnet und aneinanderfügt.

HIPPOGREIF

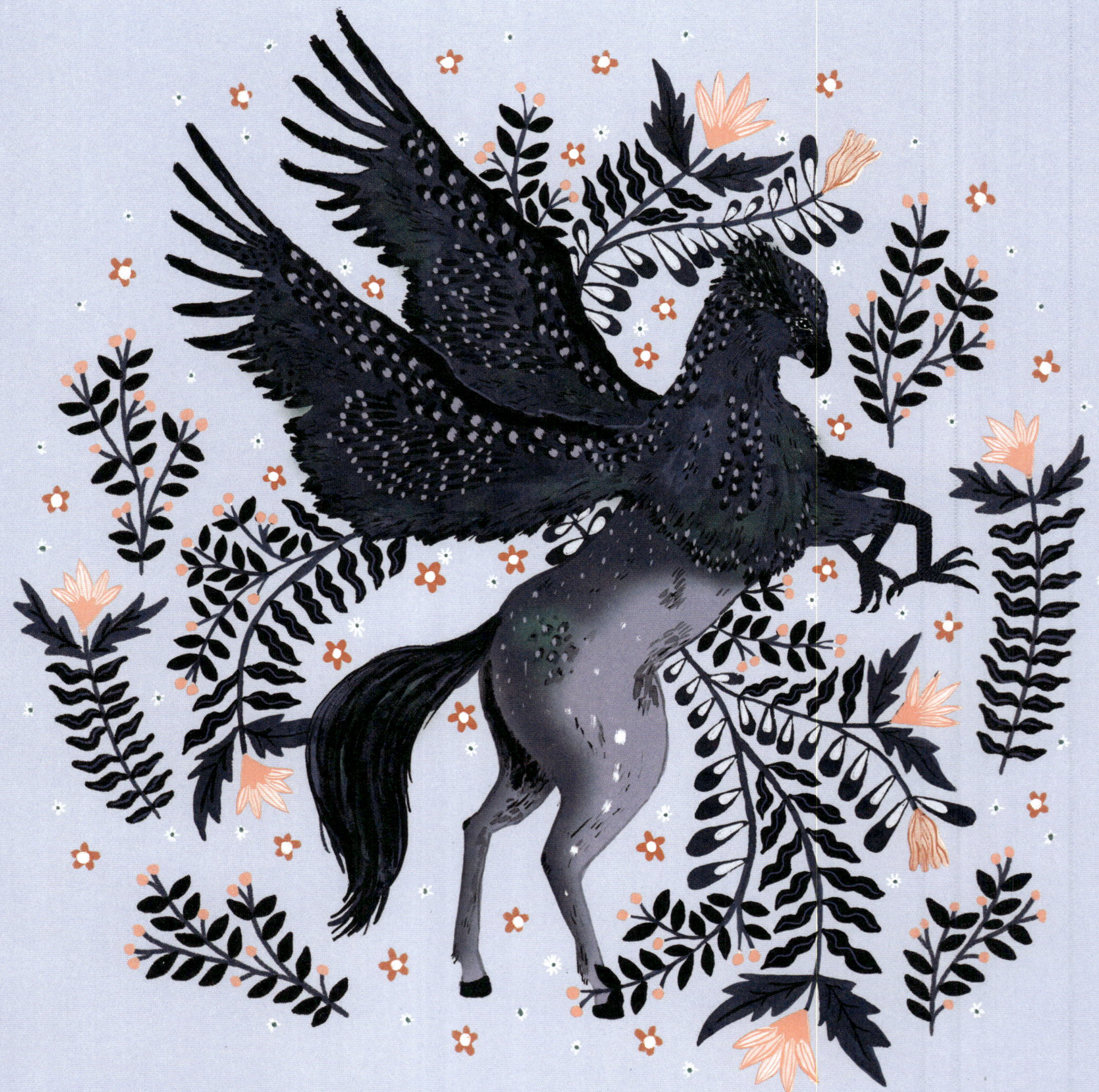

Der Hippogreif hat Flügel und Kopf eines Adlers und das Hinterteil eines Pferdes. Erstmals wurde er in der italienischen Literatur des 16. Jahrhunderts erwähnt. Er ist also ein relativ junges mythisches Wesen. Wegen der Hinterbeine eines Pferdes sind Hippogreife vermutlich leichter zu zähmen als Greife – da Pferde beispiellos feinfühlige und gelehrige Tiere sind!

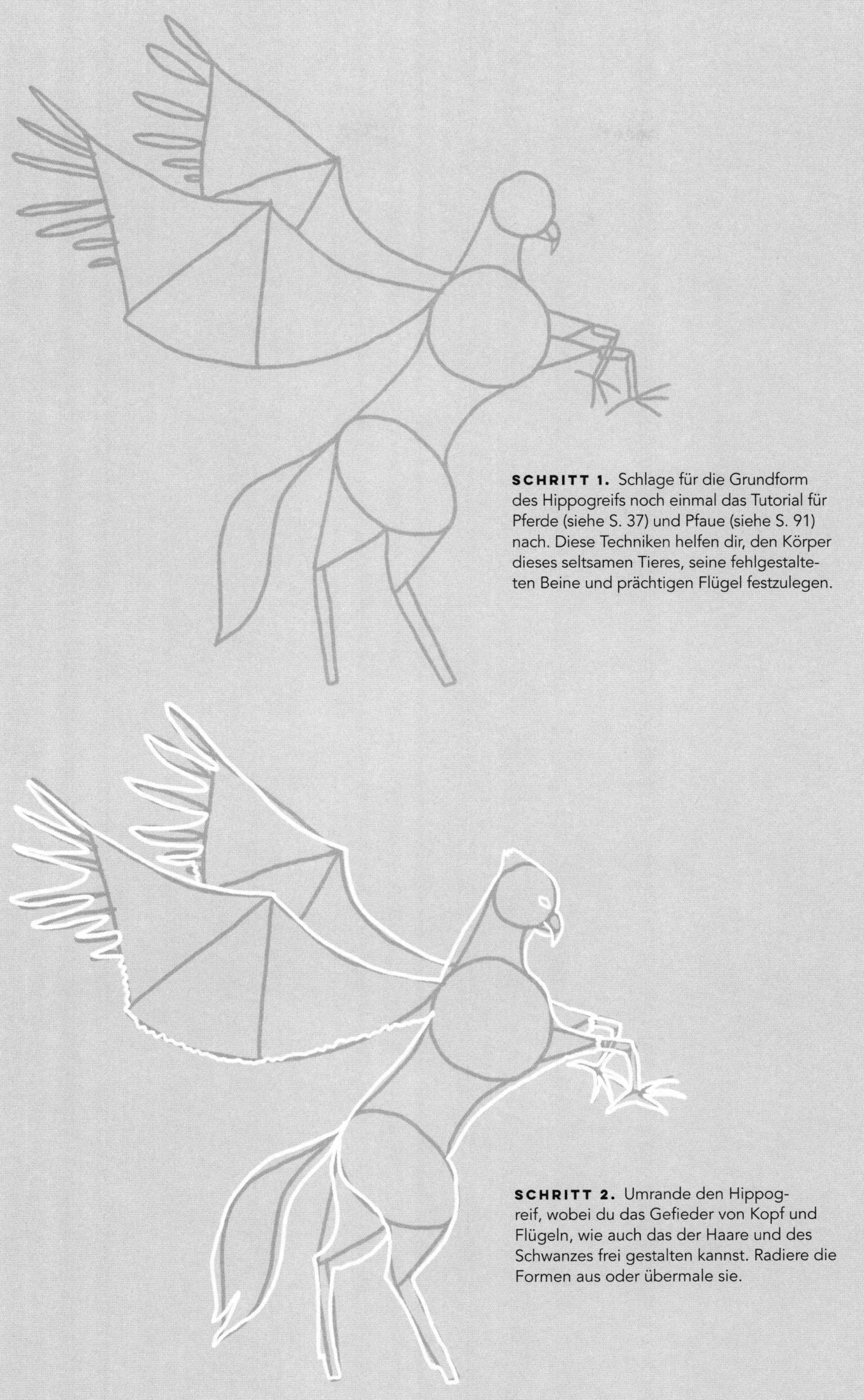

SCHRITT 1. Schlage für die Grundform des Hippogreifs noch einmal das Tutorial für Pferde (siehe S. 37) und Pfaue (siehe S. 91) nach. Diese Techniken helfen dir, den Körper dieses seltsamen Tieres, seine fehlgestalteten Beine und prächtigen Flügel festzulegen.

SCHRITT 2. Umrande den Hippogreif, wobei du das Gefieder von Kopf und Flügeln, wie auch das der Haare und des Schwanzes frei gestalten kannst. Radiere die Formen aus oder übermale sie.

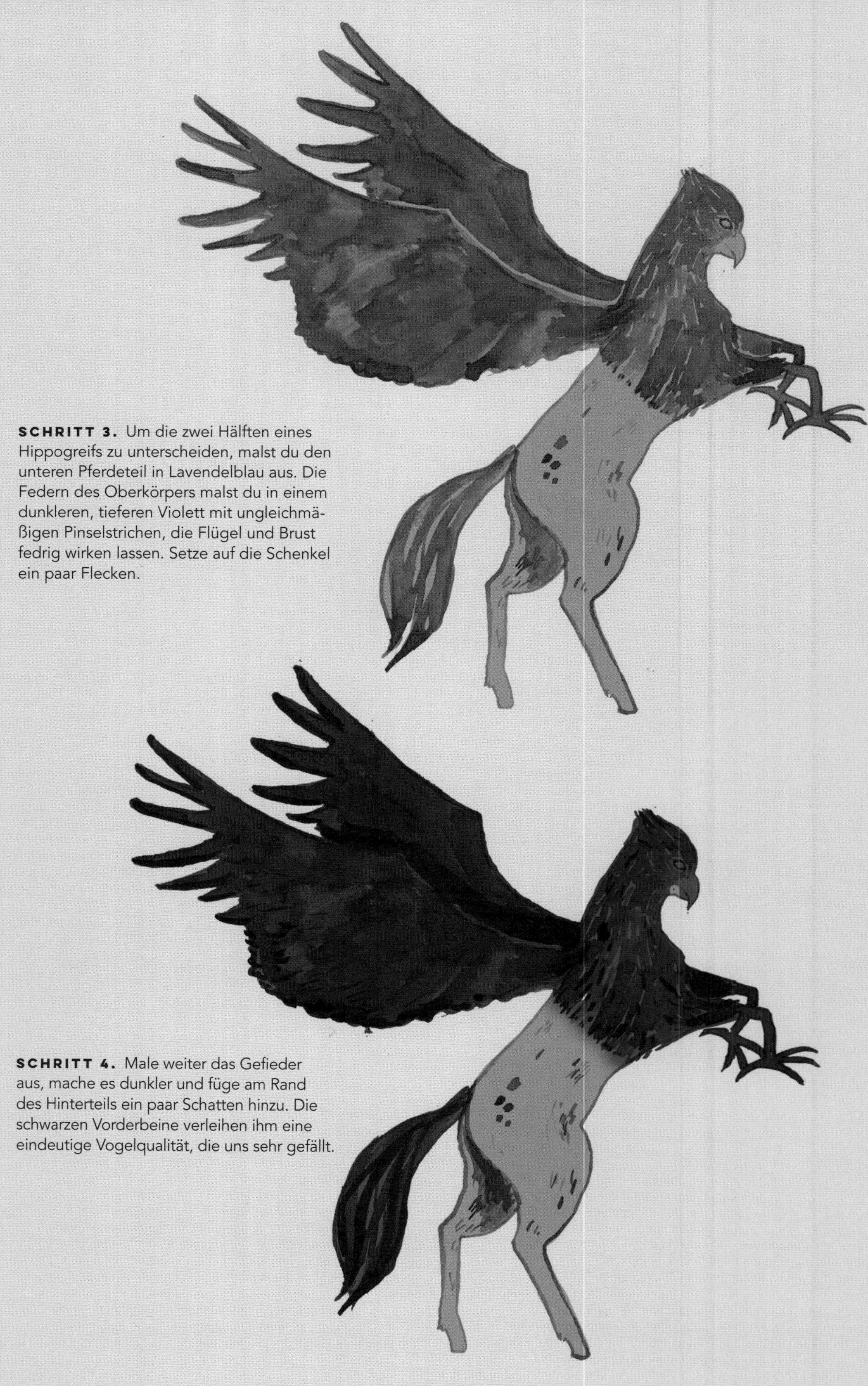

SCHRITT 3. Um die zwei Hälften eines Hippogreifs zu unterscheiden, malst du den unteren Pferdeteil in Lavendelblau aus. Die Federn des Oberkörpers malst du in einem dunkleren, tieferen Violett mit ungleichmäßigen Pinselstrichen, die Flügel und Brust fedrig wirken lassen. Setze auf die Schenkel ein paar Flecken.

SCHRITT 4. Male weiter das Gefieder aus, mache es dunkler und füge am Rand des Hinterteils ein paar Schatten hinzu. Die schwarzen Vorderbeine verleihen ihm eine eindeutige Vogelqualität, die uns sehr gefällt.

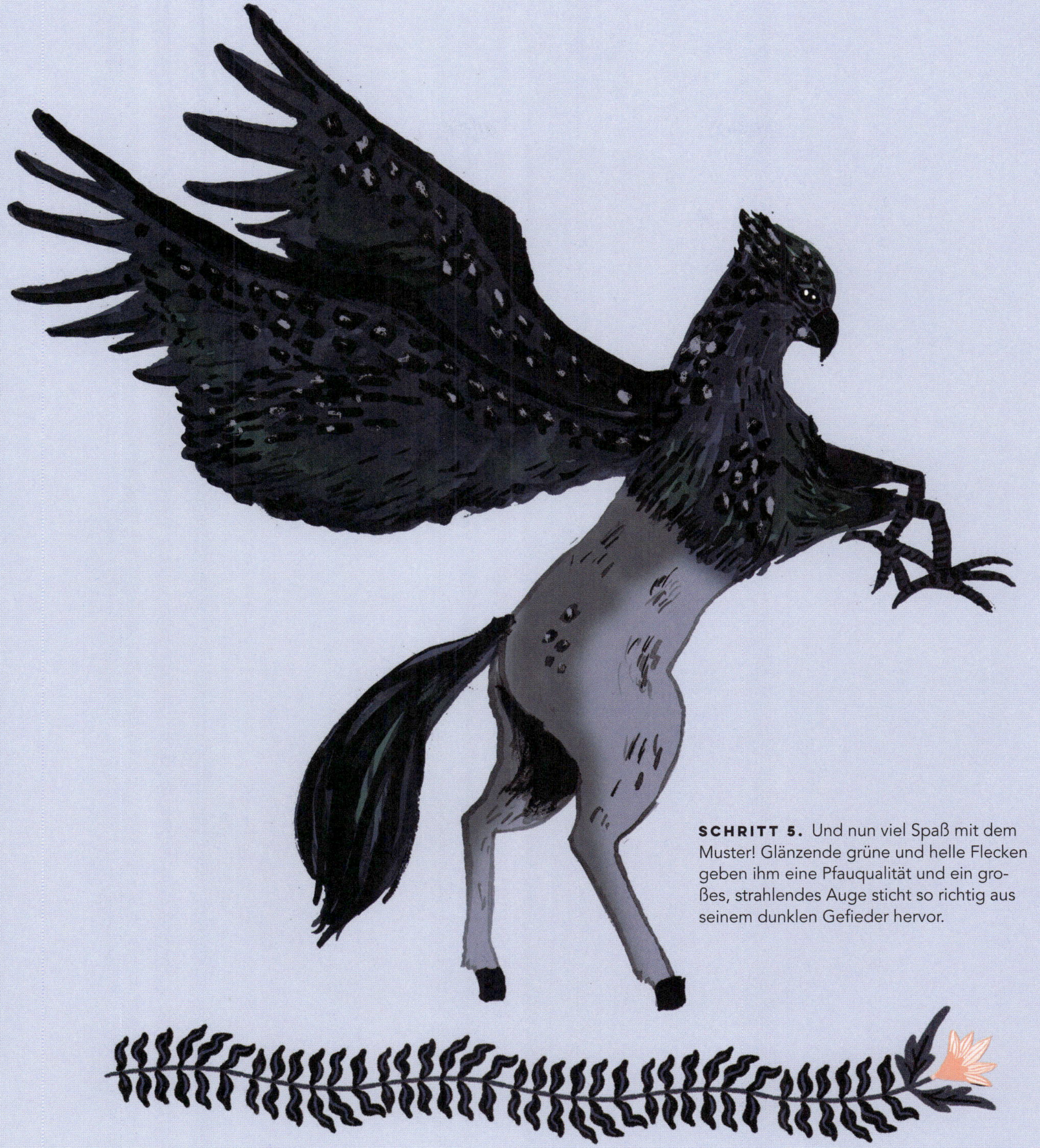

SCHRITT 5. Und nun viel Spaß mit dem Muster! Glänzende grüne und helle Flecken geben ihm eine Pfauqualität und ein großes, strahlendes Auge sticht so richtig aus seinem dunklen Gefieder hervor.

Die größte Herausforderung ist es, den vogelähnlichen Kopf sauber auf dem pferdeähnlichen Körper zu platzieren. Wir empfehlen dir, vorher ein paar Übungsskizzen anzufertigen. Bei unserem Hippogreif haben wir uns für die Vorderbeine eines Adlers entschieden und ein Fell, das halb gefiedert ist und halb aus Pelz besteht.

DRACHEN

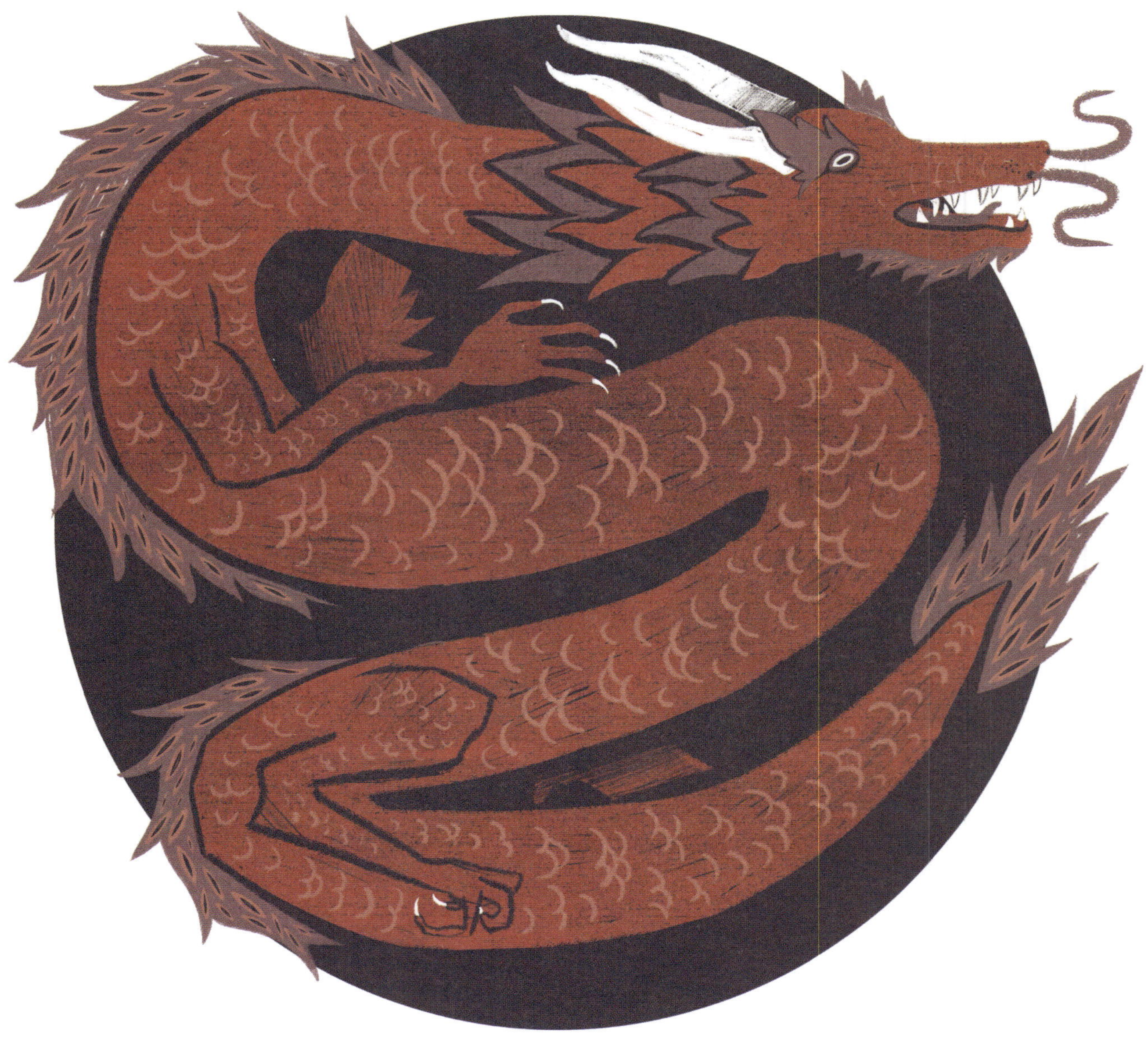

Drachen findet man in alten Sagen. Sie sind eine Kombination aus Tieren, die man im Altertum fürchtete – Schlangen, Großkatzen und Raubvögel. Darum haben sie den Ruf von Bösewichten und werden oft von Rittern oder Königen getötet. Jedoch sind Drachen in der asiatischen Mythologie weise und mitfühlend und stehen meist für Urkräfte. Obwohl Harry und ich mit Geschichten über böse Drachen aufwuchsen, interessieren wir uns viel mehr für die gutherzigen asiatischen Drachen, deren langer, schlangenförmiger Körper in der Luft gewunden ist und uns hier inspiriert hat.

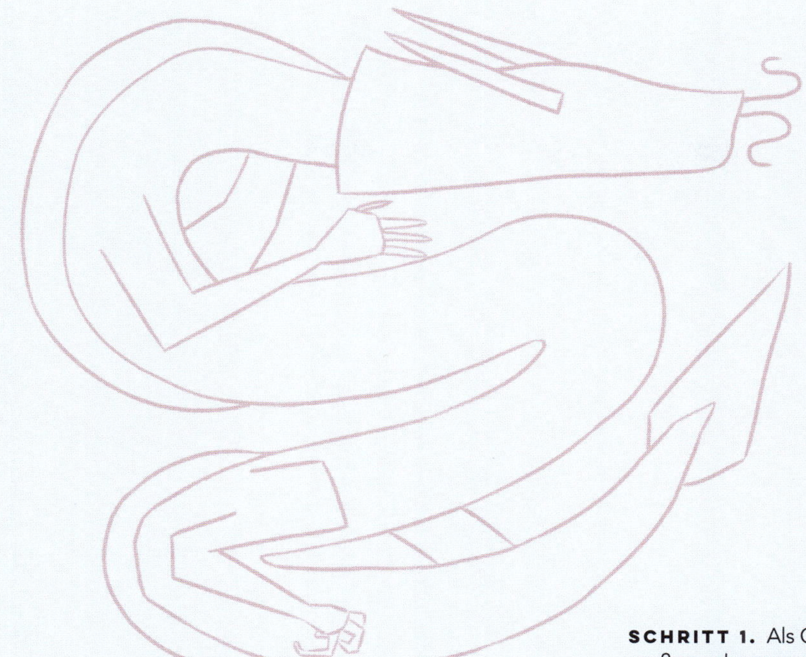

SCHRITT 1. Als Grundform zeichnest du einen großen gebogenen Schlauch. Dann füge an den beiden ganz rechten Krümmungen Beine hinzu. Statte deinen Drachen mit Hörnern, Schwanz und Flügeln aus – obwohl die meisten Tiere in diesem Schritt nur eine einfache Grundform brauchen, sind Drachen besonders, und ihre einzigartigen Merkmale sollten jetzt dazukommen.

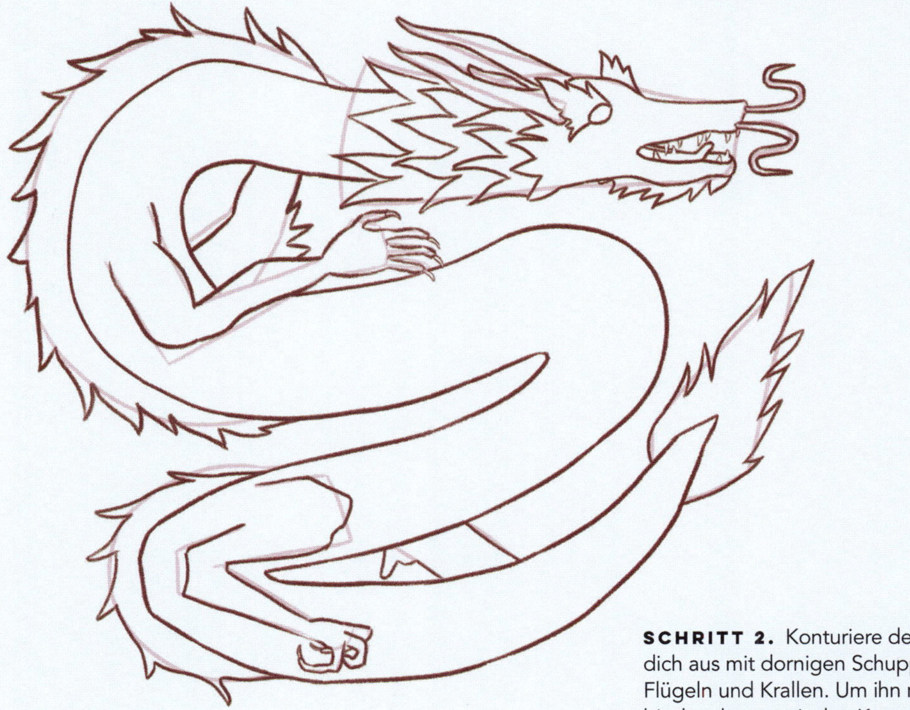

SCHRITT 2. Konturiere den Drachen, tobe dich aus mit dornigen Schuppen, feurigen Flügeln und Krallen. Um ihn mit Feuer zu verbinden, lassen wir den Kamm, den Flügel und den Schwanz hier wie Flammen aussehen!

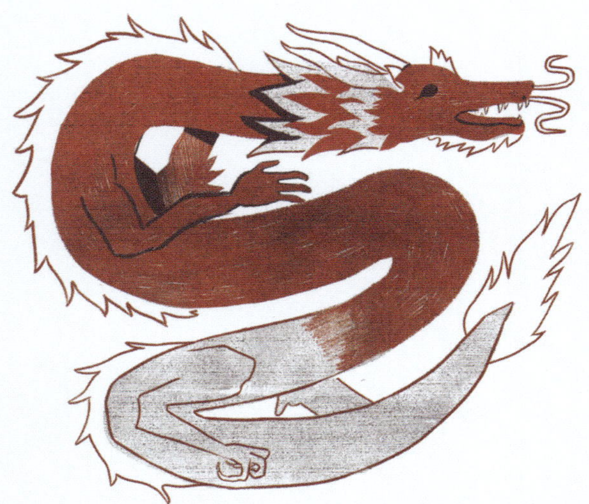

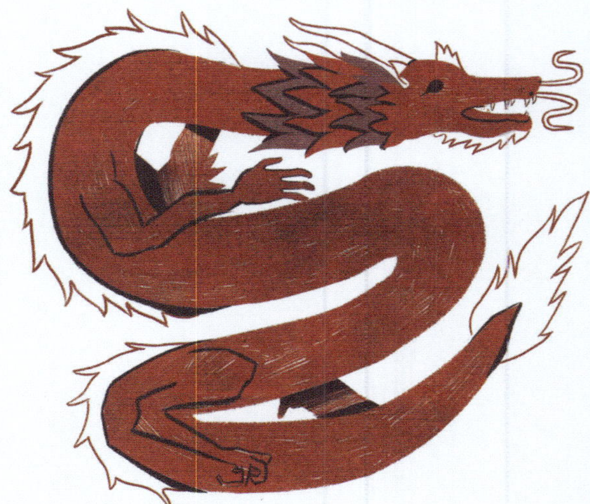

SCHRITT 3 UND 4. Male den Drachenkörper feuerrot aus. Setze die Farben im Gefieder abwechselnd, damit dein Drache bunter und magisch wird!

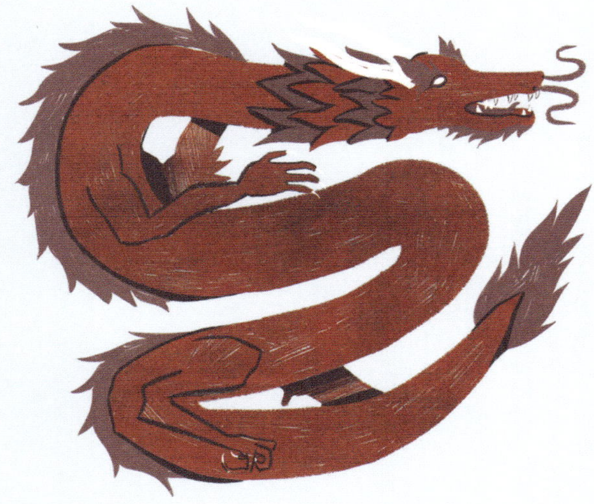

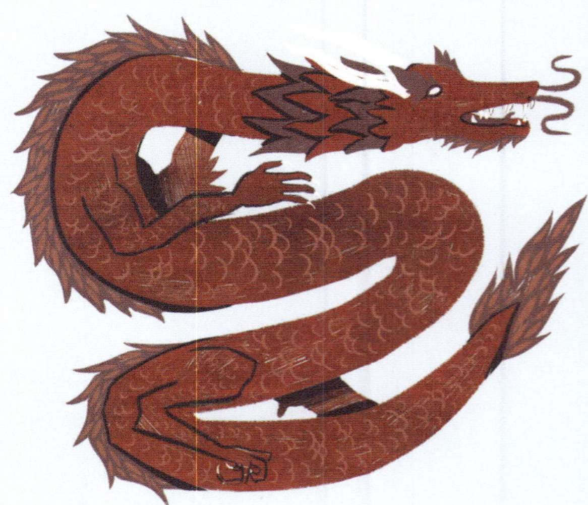

SCHRITT 5. Flügel und Schwanz malst du mit einer dunkleren Schattierung aus. Fülle Augen, Hörner und Zähne mit Weiß (oder mit Gold, wenn dein Drache chinesisch aussehen soll).

SCHRITT 6. Zeichne für mehr Textur und Muster dünne, helle U-Formen als Schuppen über den Körper. Füge dann Flammenspuren in einem helleren Rotviolett hinzu, damit Dornen und Flügel feurig wirken.

Wenn du einen asiatischen Drachen darstellst, achte auf die Anzahl seiner Zehen, die dem Betrachter verraten, woher er stammt. Chinesische Drachen haben fünf Zehen, koreanische vier, und japanische Drachen haben drei. Viel Spaß auch beim Experimentieren mit dem Horn. Hole dir Anregungen bei anderen Hörnertieren oder erfinde ein eigenes.

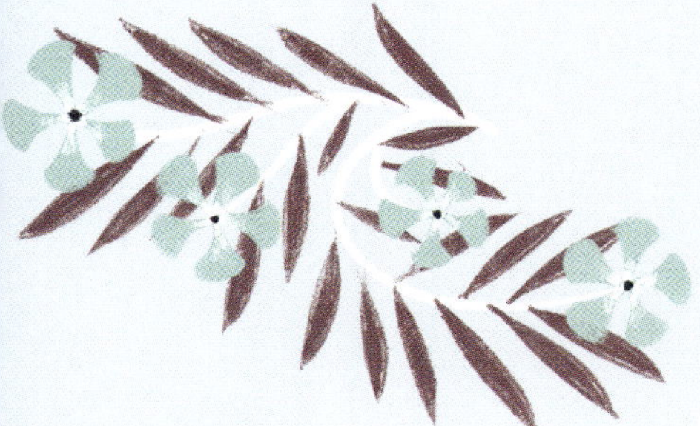

DRACHEN-HÖRNER

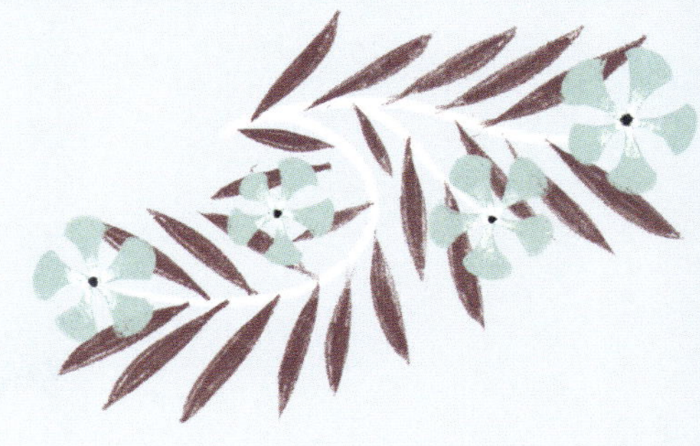

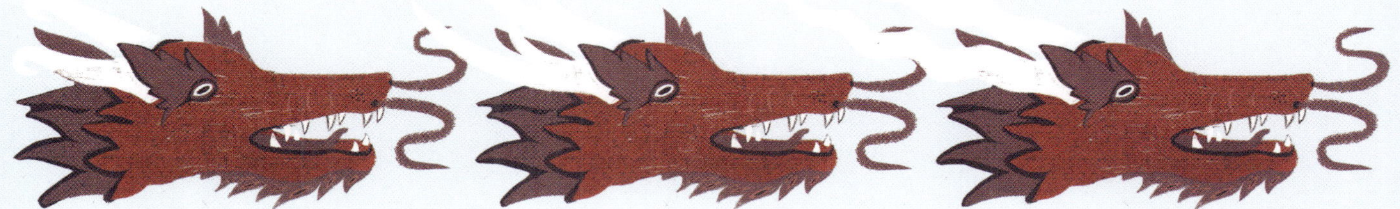

DRACHENHÖRNER: Drachenhörner kommen in alten Mythologien in allen Größen und Formen vor. Hat dein Drache ein gebogenes Horn wie eine Ziege oder ein Schafbock? Vielleicht ein kleines Geweih wie ein Hirsch? Viel Spaß beim Experimentieren!

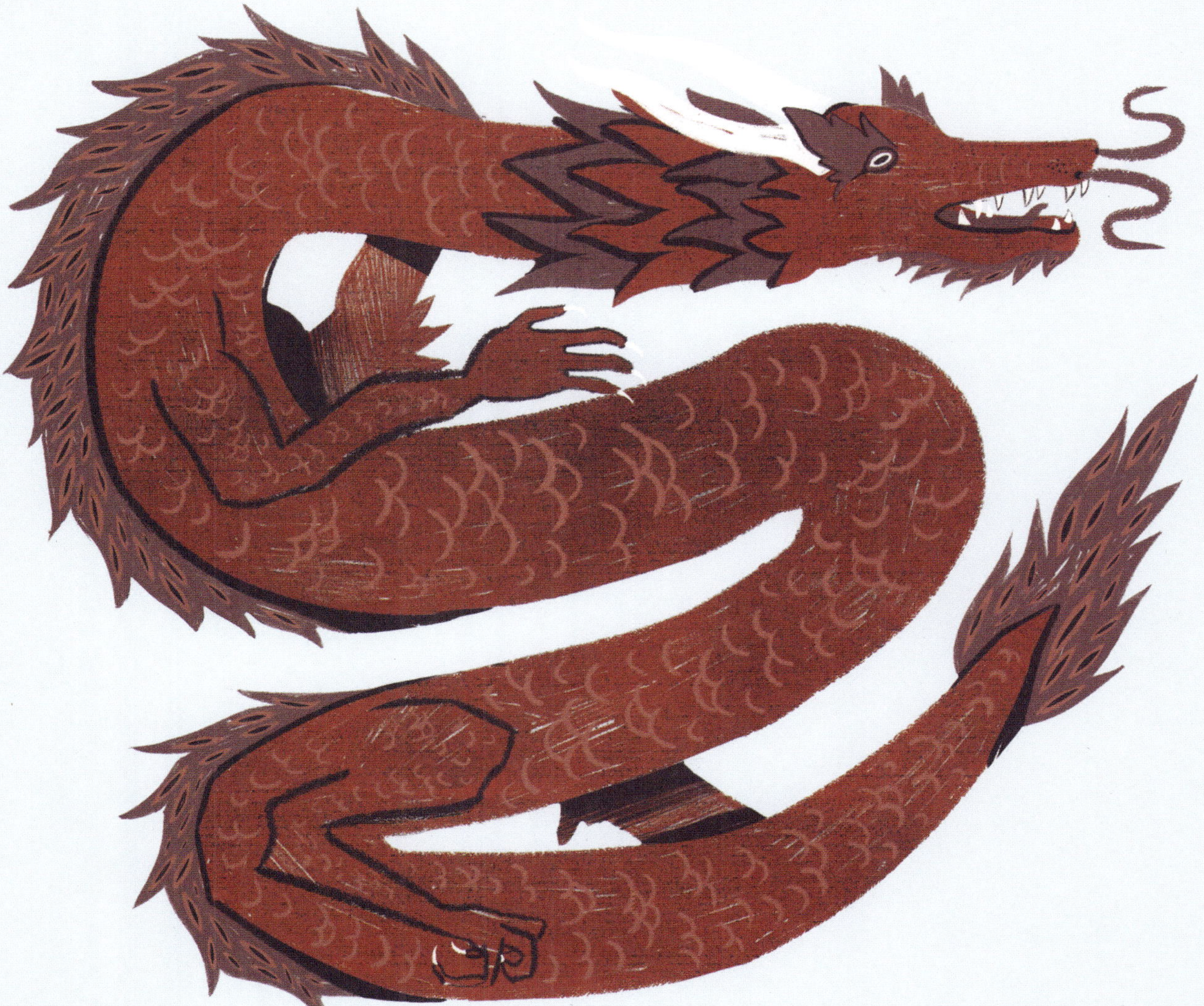

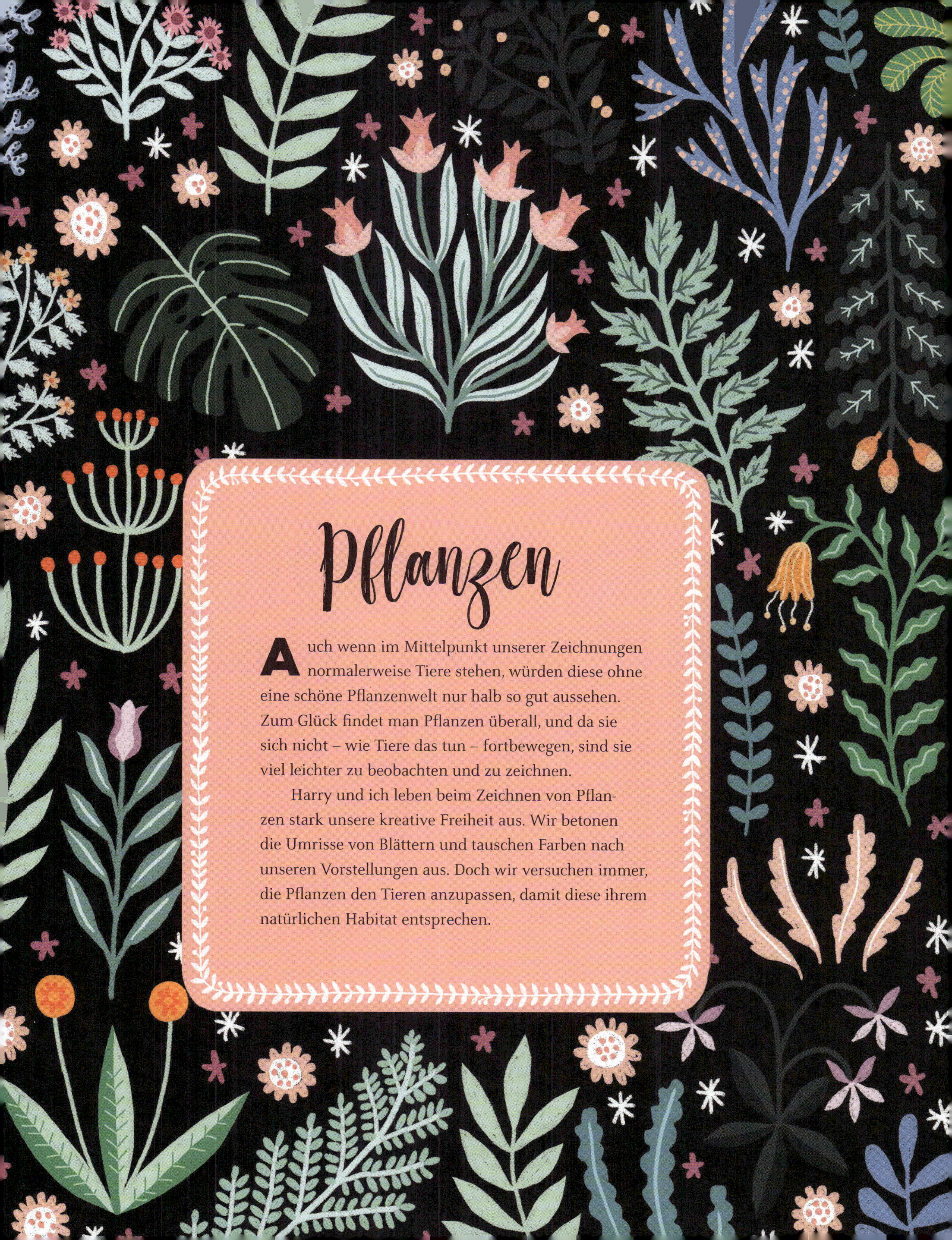

Pflanzen

Auch wenn im Mittelpunkt unserer Zeichnungen normalerweise Tiere stehen, würden diese ohne eine schöne Pflanzenwelt nur halb so gut aussehen. Zum Glück findet man Pflanzen überall, und da sie sich nicht – wie Tiere das tun – fortbewegen, sind sie viel leichter zu beobachten und zu zeichnen.

Harry und ich leben beim Zeichnen von Pflanzen stark unsere kreative Freiheit aus. Wir betonen die Umrisse von Blättern und tauschen Farben nach unseren Vorstellungen aus. Doch wir versuchen immer, die Pflanzen den Tieren anzupassen, damit diese ihrem natürlichen Habitat entsprechen.

GARTEN

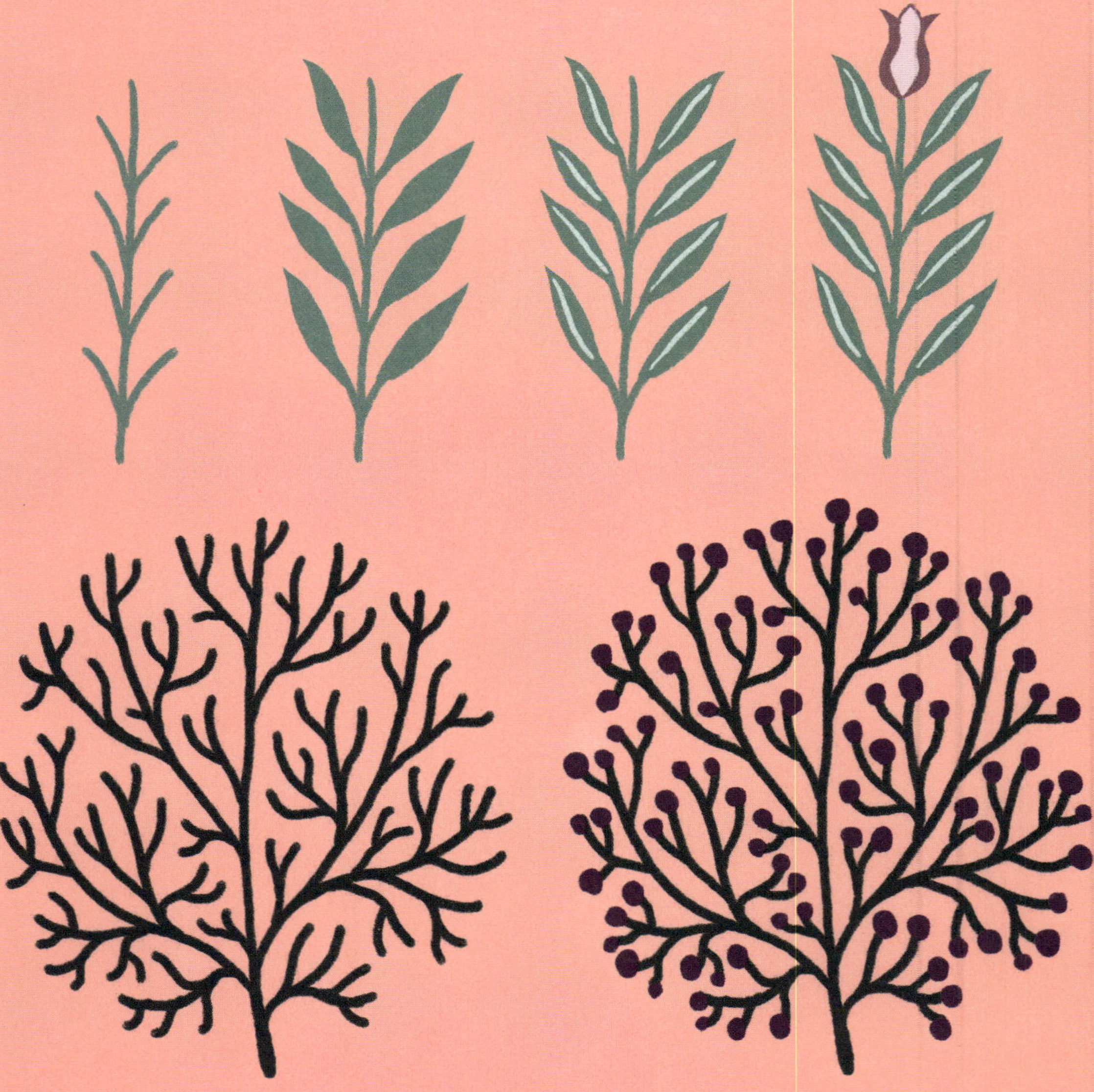

Gärten sind faszinierend unterschiedlich, ob natürlich gewachsen oder vom Menschen geschaffen, mit ordentlich aneinandergereihten hübschen Pflanzen. Gartenpflanzen sind meist hübscher und blumiger als Waldpflanzen und haben oft kleinere Blätter. Büsche sind gepflegt, Bäume sieht man dagegen immer seltener. Wir halten unsere Gartenpflanzen schlicht und anmutig.

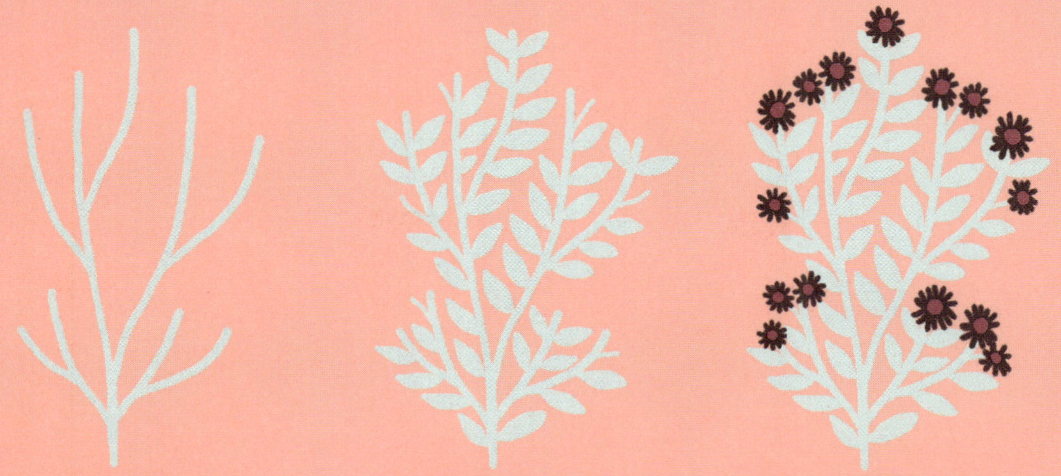

SCHRITT 1. Zeichne die leicht gebogenen langen grünen Stängel. Gib dem Stängel ein oder zwei Äste und lass sie sich weiter verzweigen.

SCHRITT 2. Füge an den Stielen der Äste und Zweige viele Blätter hinzu. Ein Strich in der Mitte deutet die Blattachse an.

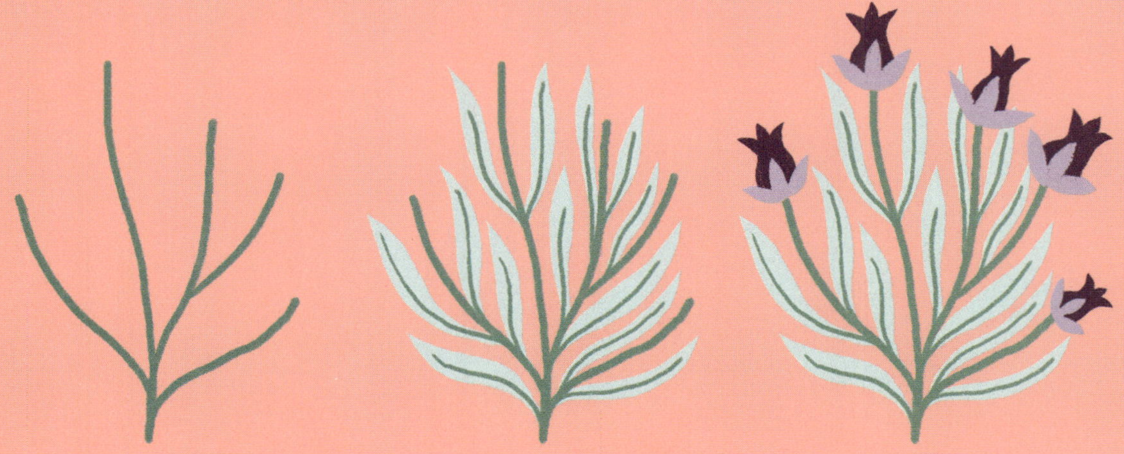

SCHRITT 3. Setze an die Enden der Zweige farbenfrohe Blumen. Das können einfache kleine Knospen sein oder große, prächtige Blüten – wie auch immer du deinen Garten gestalten willst!

WALD

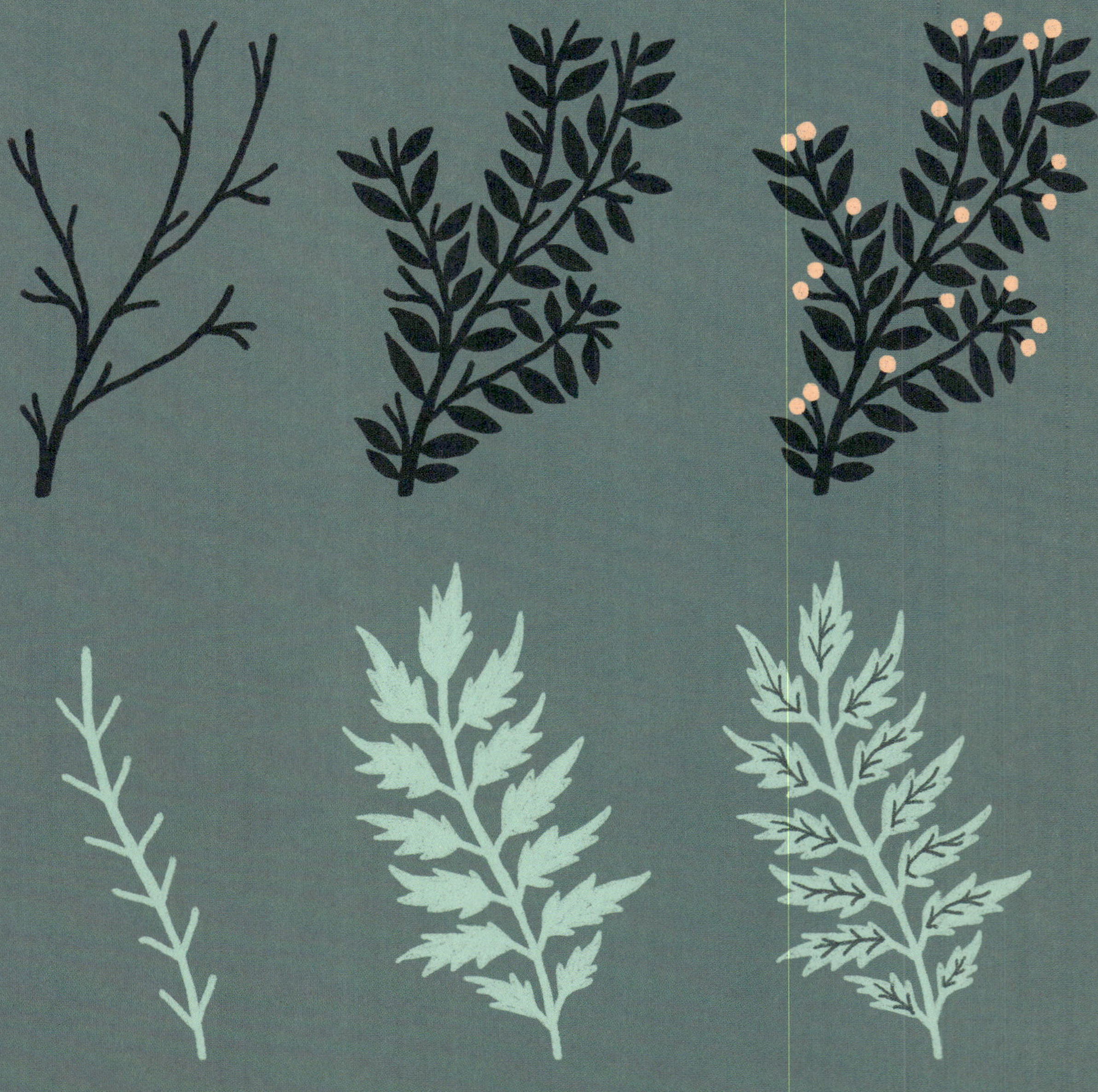

Der Wald ist ein Mittelding – wilder als ein Garten und gebändigter als ein Dschungel. Im Wald stehen meist rötlich grüne Pflanzen, wie Farne oder Kiefern, gewöhnlich haben sie aber ein paar farbige Stellen. Harry und ich machen regelmäßig lange Waldspaziergänge, und wir haben immer ein Skizzenbuch und Stifte dabei, falls wir interessante Blätter oder Blumen sichten.

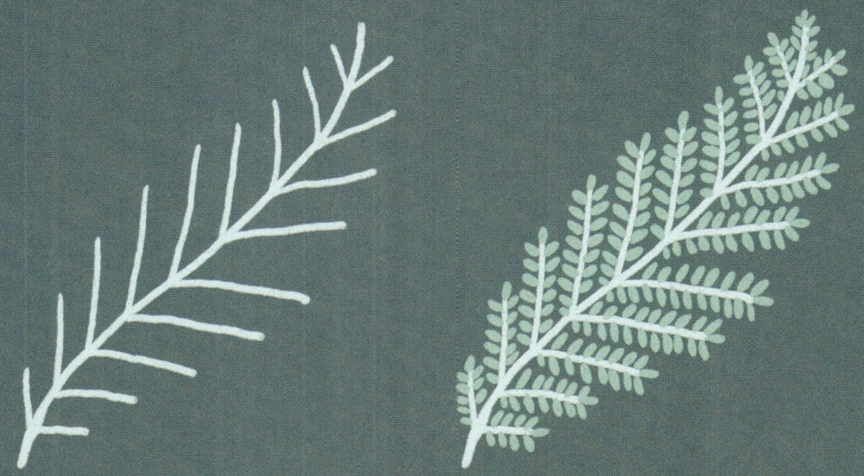

SCHRITT 1. Zeichne für den Stiel eine lange, leicht gebogene Mittellinie. Die Verästelungen können entweder symmetrisch oder willkürlich aufgefächert sein, je nachdem, welche Pflanze du zeichnest.

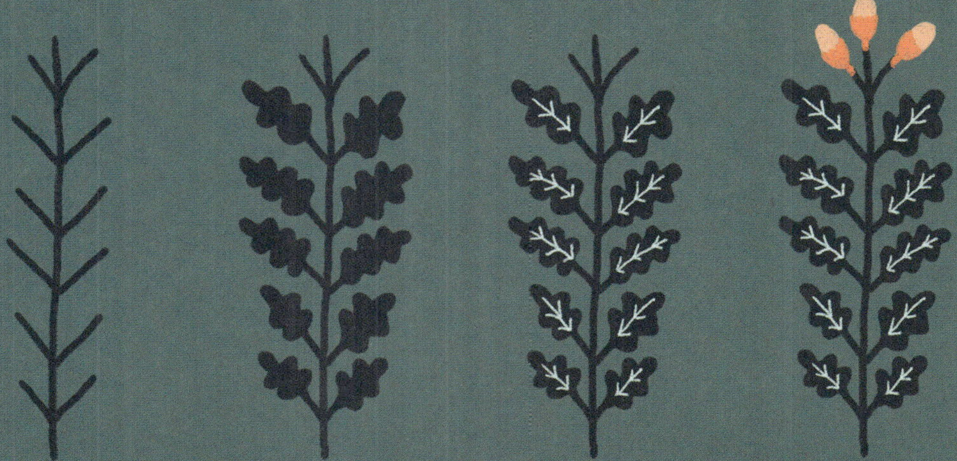

SCHRITT 2. Blätter gibt es in allen Formen und Größen. Egal, ob sie faserig sind wie beim Farn, spitzblättrig wie beim Efeu oder spitz und klein wie bei der Kiefer: Füge so viele du willst dazu.

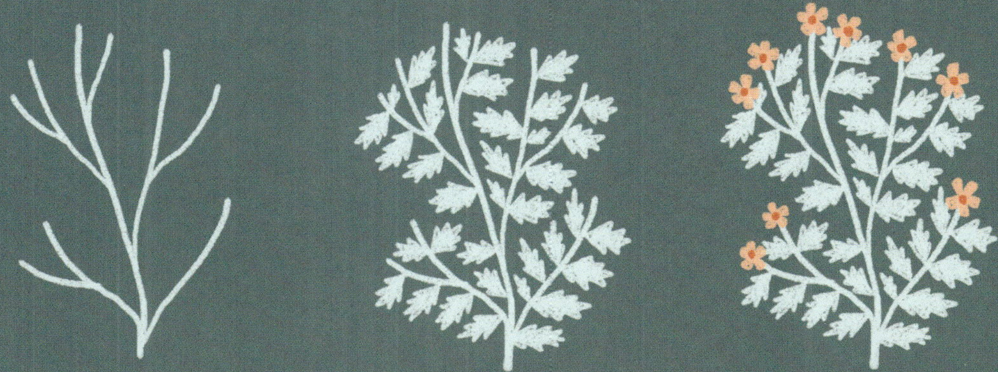

SCHRITT 3. Waldblumen sind oft zierlich und anmutig, wie kleine, farbenprächtige Flecken inmitten des dichten Grün des Waldes. Die meisten Waldpflanzen haben keine Blüten, aber wenn du willst, füge ein paar kleine hinzu.

DSCHUNGEL

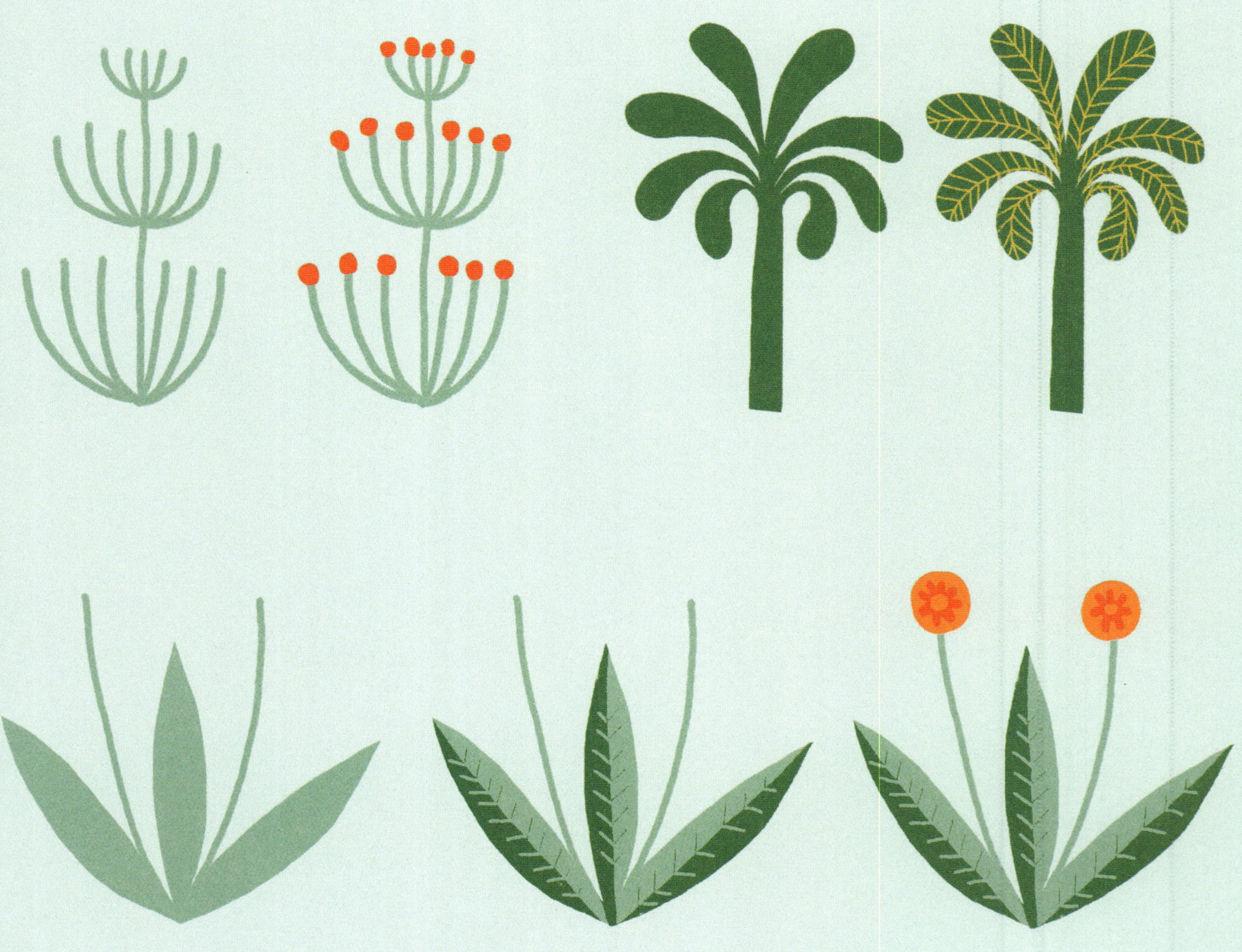

Wir sehen uns gern Dschungeldokumentationen an. Es gibt eine solche Fülle an Tieren und Pflanzen, die man kaum überblicken kann. Da Urwälder oftmals noch unberührt sind, können die Pflanzen enorm große Blätter haben, seltsame Formen und ungewöhnliche Farben. Sie erscheinen ein bisschen unwirklicher als die üblichen Pflanzen, und wir versuchen bei unseren Dschungelbildern immer, diesen ihnen eigenen und einzigartigen Wesenszug zu übertreiben.

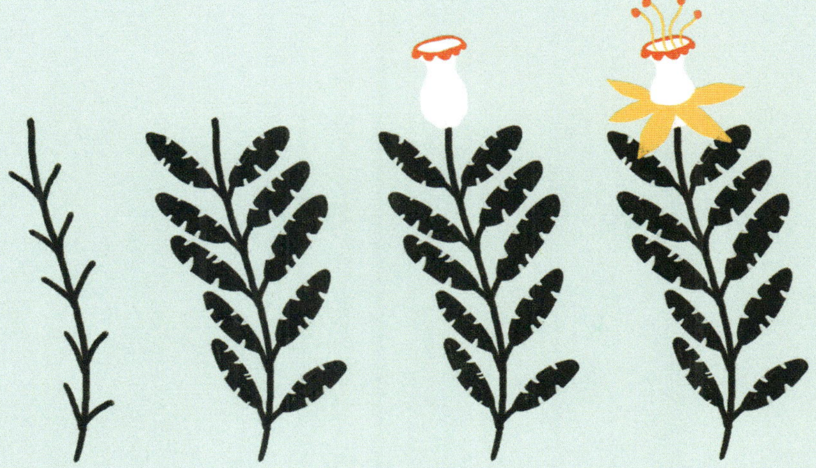

SCHRITT 1. Die Stiele von Dschungelpflanzen sind stärker gebogen und wilder als die aller anderen Pflanzen. Da sie in alle Richtungen wachsen, kannst du sie völlig verrückt malen.

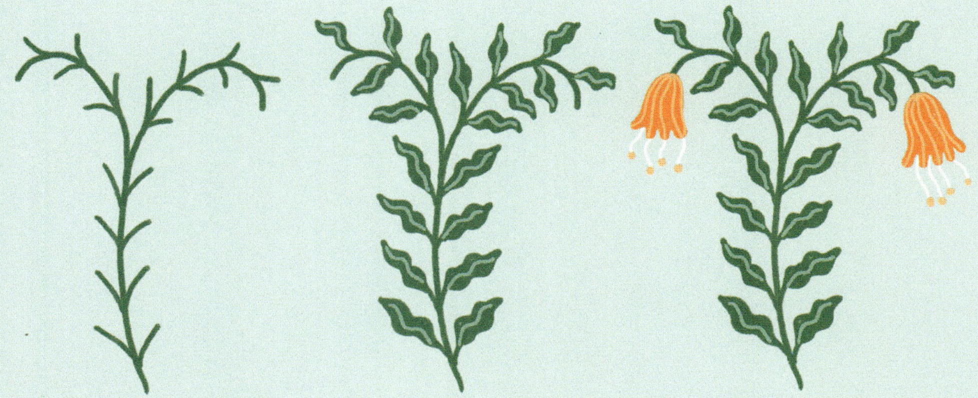

SCHRITT 2. Dschungelblätter können riesig werden! Zeichne die Blätter groß, breit und rund, mit Farbmischungen und vielen gemusterten Adern auf den Blättern.

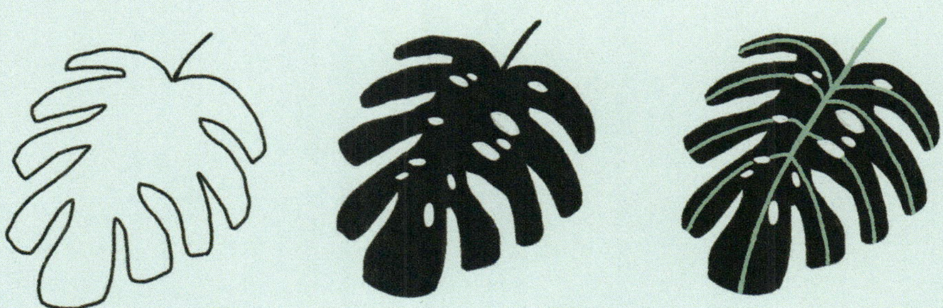

SCHRITT 3. Dschungelblüten können in bizarren Formen und Farben wachsen, du kannst sogar gelbe oder rote Punkte auf einem Blatt finden. Gestalte einfach deine eigenen kunstvollen Blumen – wer weiß, vielleicht gibt es sie sogar!

MEERESPFLANZEN UND KORALLEN

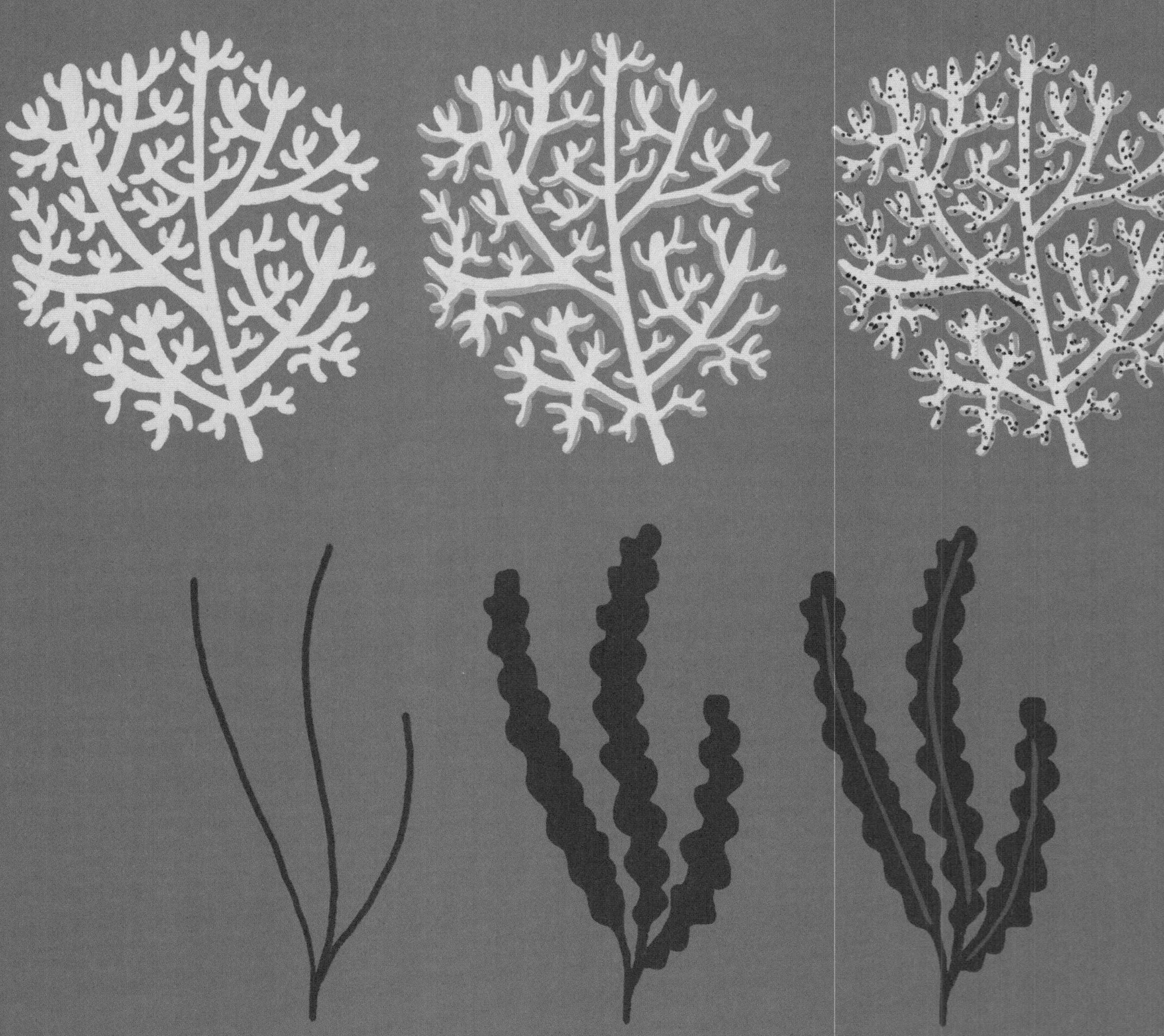

Meerespflanzen sind auf seltsame Art schön. Sogar Seegras kann hübsch aussehen, wenn es sanft unter Wasser schwingt (obwohl ich es nicht mag, wenn es sich um Beine und Füße legt). Ein Korallenriff, wenn du eines findest, ist der beste Ort für Inspirationen. Probiere verschiedene Stellungen der Pflanzen aus, und zeichne sie, wie sie sich in imaginären Strömungen winden.

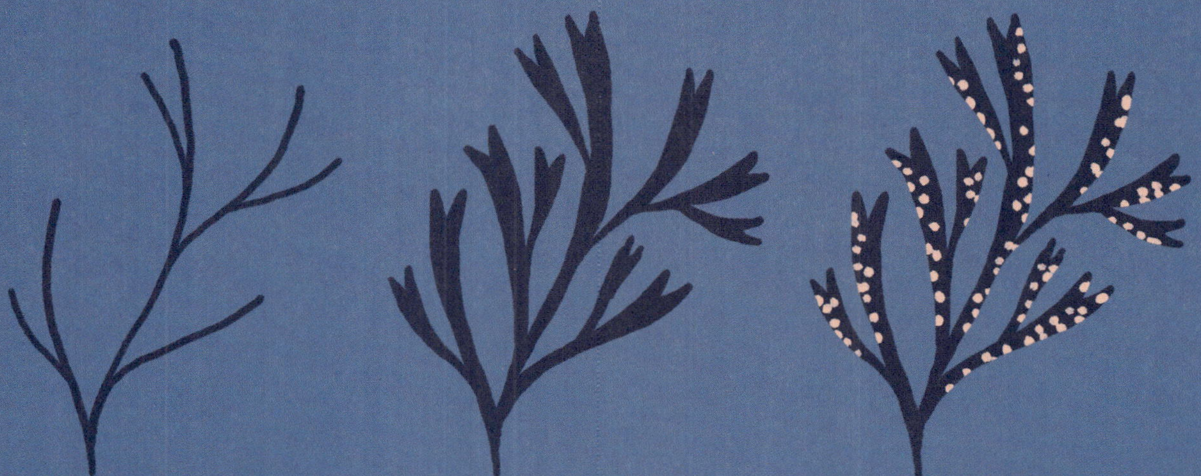

SCHRITT 1. Benutze beim Zeichnen von Meerespflanzen und Korallen die Formen von Stängeln, wie normale Pflanzen sie haben. Obwohl Seegras ein typisches Grün hat, male ich meines gern in Blau und Violett, um meiner Darstellung ein »Unterwasser-Feeling« zu verleihen.

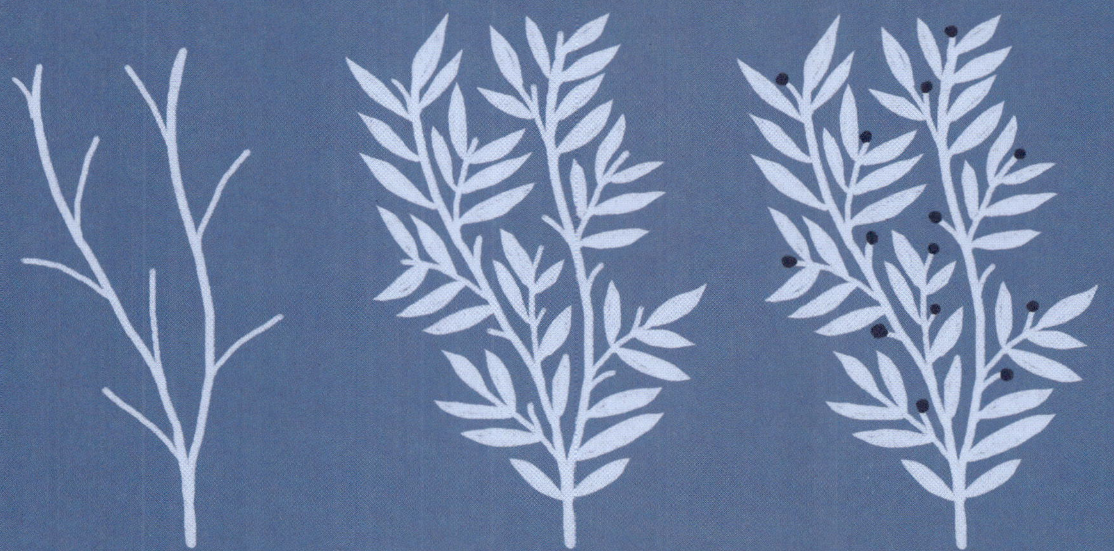

SCHRITT 2. Füge Blätter oder Zweige hinzu, mache sie groß und dick, damit sie leicht durch das Wasser gleiten können. Korallen sind besonders rund und schlauchförmig und können auch ein wenig wie ein menschliches Gehirn aussehen!

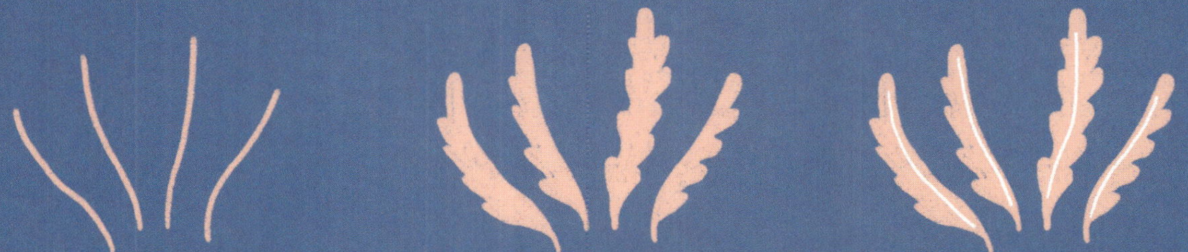

SCHRITT 3. Meerespflanzen haben zwar oft keine Blüten, dafür aber viele kleine Flecken und Texturen. Bringe mit einem kleinen Pinsel und leuchtenden, kontrastierenden Farben Punkte und Poren auf deine sonderbaren Unterwasserkreationen.

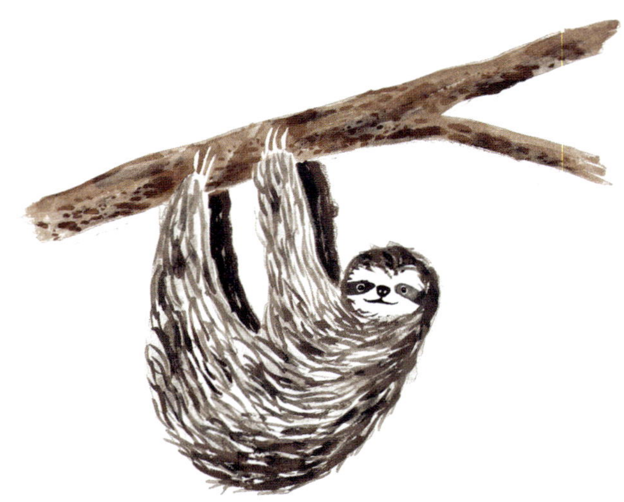

ANMERKUNG DER AUTOREN

Kürzlich besuchten wir unser College, um mit Studenten über unsere Berufslaufbahn zu sprechen. Zur Vorbereitung haben wir eine Liste mit all den Dingen angelegt, die wir gern zu Beginn unseres Studiums gewusst hätten. Ich dachte, dass diese Liste auch für deine Reise als Künstler hilfreich sein könnte.

Erstens: Versuche immer, deinen eigenen Weg zu gehen. Wenn du auf der Schule oder Universität bist oder schon als Illustrator arbeitest, kann es manchmal schwer sein, etwas anderes zu machen als das, was man von dir erwartet. Kunst, die du nur für dich schaffst, kommt aus einer besonderen Ecke in deiner Seele und wird immer die schönste und experimentellste sein. Wenn du zeichnest, was du liebst, wird deine Einzigartigkeit in dem vollendeten Werk immer durchscheinen!

Zweitens: Harry und ich verbrachten zu Beginn unserer Ausbildung viel Zeit damit, uns einen einzigartigen und unverwechselbaren Zeichenstil anzueignen – aber die ganzen Sorgen haben uns nichts gebracht! Wir erkannten, dass wir erst mal lernen mussten, richtig zu zeichnen, da man erst dadurch wirklich ermessen kann, wie ein Objekt oder ein Lebewesen tatsächlich funktioniert. Sobald du das verstanden hast, kannst du mit dem Experimentieren beginnen. Wenn du den Stil eines einzelnen Künstlers nachahmst, ist das Ergebnis einfach nur eine Imitation. Das ist dem Illustrator, den du kopierst, und auch dir selbst gegenüber unfair. Vergiss nicht, du verdienst die Chance, einzigartig zu sein und deine kreativen Fähigkeiten zu entdecken.

Drittens: Denke daran, dass auch Fotografen Künstler sind. Fotografen sind eine unschätzbare Quelle für Illustratoren. Durch sie können wir Dinge zeichnen, die wir in echt nie zu Gesicht bekommen haben. Benutze Fotografien immer nur als Referenz und kopiere nie einfach nur ein Foto, du würdest sonst das Copyright des Fotografen verletzen.

Und als Letztes: Hetze dich nicht. Jeder braucht unterschiedlich viel Zeit zum Lernen. Vergiss nicht, dass wir die Reise eines Künstlers nie kennen, wenn wir sein unglaubliches Werk betrachten. Es können zehn Jahre harter Arbeit dahinterstecken, die ihn oder sie so weit gebracht haben. Wenn du niemals aufhörst, dich anzustrengen, wirst auch du eines Tages dort sein, wo du hinmöchtest.

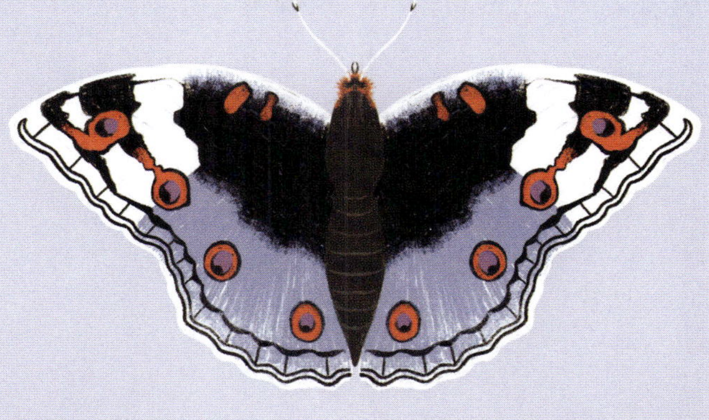

DANK

Eine Menge Inspiration für dieses Buch stammt aus all den Unterrichtsstunden bei unseren Kunstlehrern während unserer Ausbildung. Wir schätzen uns glücklich, so viele fantastische Lehrer gehabt zu haben. Deshalb danken wir unseren Dozenten am College: Jo Doidge, Jago Silver, Helen Merrin und Carl Marshall, die als Erste in uns die Liebe zur Illustration geweckt haben. Ein großer Dank geht an unsere Berater an der Universität, Georgina Hounsome, Jen Whiskerd, Andrew Morrison, Fumio Obata, Kieren Phelps, Dolores Phelps und Mark Unsworth, die uns mit Rat und Tat während der wichtigsten Phase unserer künstlerischen Entwicklung stets zur Seite standen.

Ebenso möchten wir unserer Freundin Holly Meehan danken, die dieses Buch korrekturgelesen hat und dafür gesorgt hat, dass alles einen Sinn ergibt. Wir sind froh, eine so hilfreiche und intelligente Freundin zu haben, die das von uns Geschriebene überprüft und uns klüger erscheinen lässt.

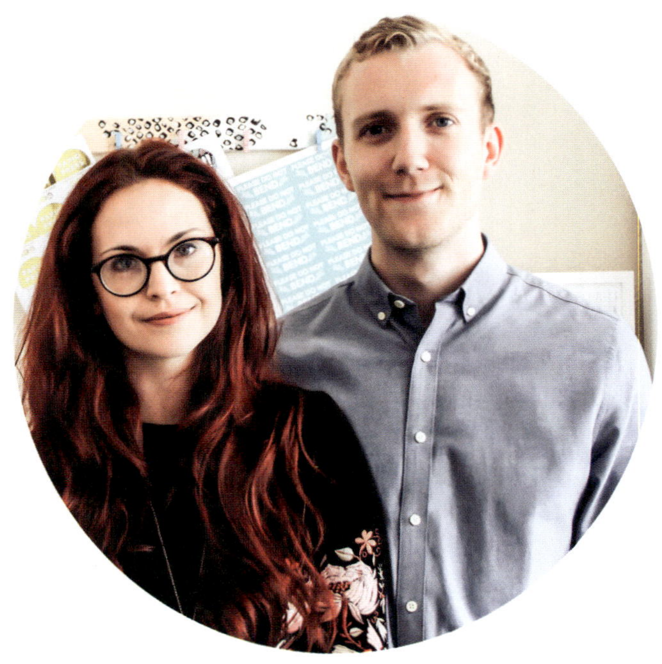

ÜBER DIE AUTOREN

Zanna und Harry Goldhawk sind ein Illustratorenehepaar. Sie haben sich auf skurrile Natur- und Tierthemen spezialisiert. Das Paar hat sich während des Zeichenstudiums an der Universität von Gloucestershire kennengelernt und im Sommer 2014 eine eigene Firma gegründet, Papio Press. Papio Press ist eine kleine Onlinefirma, die von Harry und Zanna entworfene illustrierte Geschenke und Accessoires verkauft, mit dem Ziel, das Leben jeden Tag ein bisschen mehr zu verzaubern.

Seit ihrem mit Auszeichnung absolvierten Universitätsabschluss 2015 haben Zanna und Harry Vollzeit für Papio Press gearbeitet und auch ihrer eigene, unabhängige Illustratorenlaufbahn verfolgt. 2016 haben beide geheiratet und sind in ein kleines Küstendorf in Cornwall, Großbritannien, gezogen, wo sie heute leben und arbeiten.

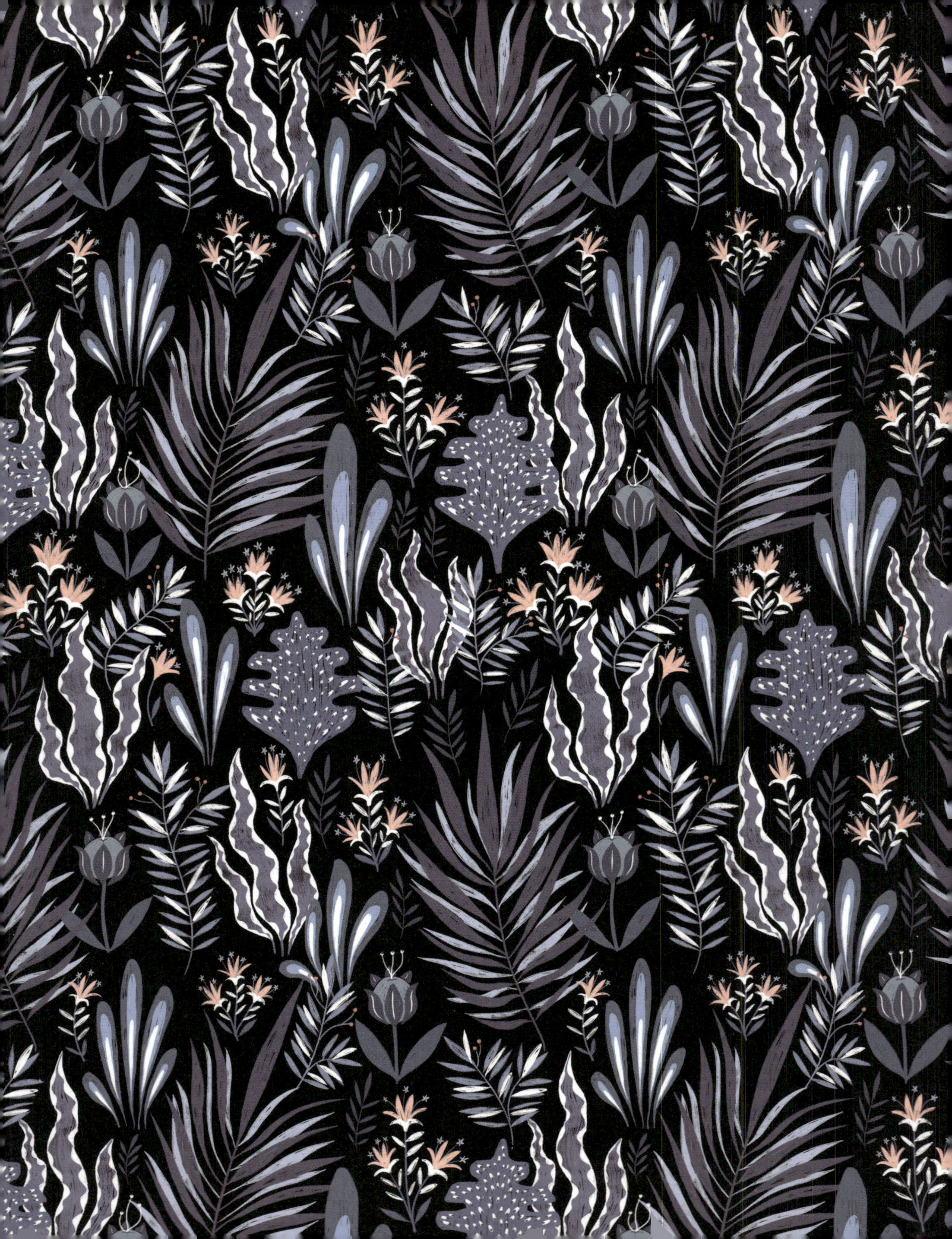